17일만에
배우는
파이썬 기초

이젠 나도!
파이썬

Thanks to

독자 여러분이 파이썬을 쉽고,
빠르게 배울 수 있도록 친절한 문법 설명과
예제 코딩, 활용을 위한 연습문제로
구성되어 있습니다.

네이버와 커넥트 재단이 설립한
에듀케이션위드(www.edwith.org)에서
무료 제공하는 저자 직강의 동영상
교육 프로그램으로 파이썬을 만나보세요.

컴퓨팅적 사고로 코딩하기

언제부터인가 디지털 시대에 필요한 능력 중의 하나로 컴퓨팅적 사고에 대해 많이 언급하고 있습니다. 예전에는 컴퓨팅적 사고가 프로그래머에게 필요한 특별한 능력이라고 생각되었는데, 요즘에는 문제 해결 능력을 키우기 위해 프로그래머가 아닌 일반인들도 알아야 한다는 인식이 많습니다. 실제로 일상의 많은 부분이 디지털화 되어감에 따라 컴퓨팅적 사고를 갖고 있다면, 컴퓨터 프로그램과 직접적인 관계가 없는 사람들에게도 많은 도움이 될 수 있을 거라 생각합니다.

그러면 컴퓨팅적 사고는 무엇이고 코딩과의 관계는 무엇일까요? 컴퓨팅적 사고는 컴퓨터가 생각하는 방식이라고 할 수 있습니다. 따라서 컴퓨터에게 어떤 일을 처리하도록 하려면, 컴퓨터가 아는 언어를 이용하여 컴퓨터의 사고 방식에 맞추어 일을 시켜야 합니다. 이러한 컴퓨터가 아는 언어를 '프로그래밍 언어'라고 하고, 프로그래밍 언어를 이용하여 컴퓨터가 일을 할 수 있도록 문서를 작성하는 일을 '코딩(coding)'이라고 합니다. 따라서 코딩을 잘 하려면 컴퓨터가 이해하는 사고를 알아야 하고 프로그래밍 언어를 배워야 합니다.

파이썬 언어

컴퓨터가 아는 언어는 여러 가지가 있습니다. 자바, C, C++, 파이썬 등이 모두 프로그래밍 언어인데, 이 중에서 파이썬이 현재 전 세계적으로 가장 인기있는 언어 중의 하나인 것 같습니다. 실제로 파이썬은 컴퓨터 공학 전공자 외의 일반 사람들이 가장 배우고 싶어하는 언어로 꼽히고 있습니다. 이는 파이썬 언어가 갖고 있는 간결함과 이해하기 쉽도록 작성할 수 있는 코드 형태 덕분일 것입니다. 이 책은 파이썬을 이용하여 코딩을 배우고자 하는 모든 사람들, 컴퓨터 공학 전공자뿐 아니라 인문계열의 학생들과 일반인들도 쉽게 코딩을 시작할 수 있도록 파이썬 언어의 문법을 알려 주고, 파이썬을 이용하여 어떻게 코딩하는지를 소개하는 책입니다.

파이썬 문법과 응용

많은 사람들이 파이썬 문법이 쉽다고 얘기하지만, 여러 해 동안 인문계 학생들에게 파이썬 코딩을 가르쳐 본 경험에서 볼 때, 파이썬 문법이 아주 쉽다고 할 수는 없습니다. 게다가 문법을 배운 후에 그 문법을 이용해서 문제를 해결하는 것은 다른 차원의 문제였어요. 학생들이 문법을 익히더라도 적절하게 문법을 이용하여 코딩하는 것은 쉽지 않습니다. 그래서 이 책을 집필하면서 문법은 되도록 자세히 설명하고, 배운 문법을 이용한 예제 코드를 많이 넣으려고 했습니다. 따라서 이 책으로 공부하는 분들은 꼼꼼하게 문법을 익히고 그 후에는 반드시 관련 예제 코드로 코딩 연습을 하시기 바랍니다. 제가 이 책을 내기 전에 커넥트 재단의 도움으로 edwith에 기초 파이썬 동영상 강의를 만들어 올렸습니다. 동영상의 내용은 이 책의 내용보다 간단하지만, 동영상으로 먼저 문법의 기초를 익히고, 이 책을 보는 것도 좋은 방법이 될 것 같습니다. 이 책이 많은 분들에게 파이썬을 이용한 코딩 실력을 쌓는데 도움이 되기를 바랍니다.

이지선

파이썬 17일 계획표

학습 계획표에 맞게 17일 안에 파이썬 학습 전략을 짜보세요.
얼~마나 혼자 쉽고 재미있게 배울 수 있게요?

START ➡ 1일차 ➡ 2일차

1장. 파이썬 시작하기

2장. 객체, 변수 자료형

3장. 수치자료형과 연산자

정수, 실수, 복소수와 연산

자료형 변환, 수치 연산 함수들

5일차 ➡ 6일차 ➡ 7일차

6장. if 조건문

7장. while 반복문

8장. for 반복문

조건 논리와 if 조건문 다양한 예제 실습하기

while 반복 구문 다양한 예제 실습하기

무한 루프와 break else와 continue

for 반복문의 기본 형태 range( ) 함수와 다양한 예제 실습

10일차 ➡ 11일차

11장. 집합 자료형

12장. 사전 자료형

집합 기초, 집합 메소드

집합의 연산 메소드 합집합, 교집합, 차집합집합과 for 반복문

사전의 기초

사전 메소드

14일차 ➡ 15일차

14장. 파일 입출력

15장. 모듈

파일 열기, 파일 입력

파일 출력, 파일 경로 다양한 예제 실습하기

모듈 사용하기, 만들기 random 모듈

itertools, keyword, sys, copy 모듈과 예제

3일차

4장. 문자열

문자열 기본, 인덱싱과 슬라이싱

아스키 코드, 문자열 메소드

4일차

5장. 표준 입출력문

5일차

6장. if 조건문

bool, 관계 연산자, 논리 연산자 연산자 간의 우선 순위

7일차

8장. for 반복문

break, continue, else 구문 중첩된 for 반복문

8일차

9장. 리스트 자료형

리스트 기초, 리스트 메소드

리스트 안에 리스트 구조 리스트 언패킹, 리스트 안에 for 구문 사용하기

9일차

10장. 튜플 자료형

11일차

12장. 사전 자료형

사전에 for 반복문 사용하기, 사전에 mutable 자료 저장하기

12일차

13장. 함수

함수 기초, 함수 정의와 호출, 매개변수, 인수, 반환값

지역 변수와 전역 변수, 매개 변수와 입력 인수의 다양한 형태

람다 함수, 파이썬 내장 함수

13일차

16일차

16장. 에러와 예외

17일차

17장. 클래스와 객체지향 개념

클래스 기초 이해하기

int 클래스 컨테이너 클래스 다양한 예제 실습하기

FINISH

이 책의 구성 미리보기

QR 코드를 이용하여 동영상을 재생합니다. 저자가 직접 강의하는 동영상으로 문법의 기초를 학습합니다.

해당 장에서 배울 내용을 소개합니다. 챕터를 이해하는 데 중요한 개념과 용어 등이 포함되어 있으니, 꼭 읽고 넘어가세요.

코딩을 처음 배우는 경우에는 언어의 문법을 배우고 나서 스스로 코드를 작성하려고 할 때, 어려움을 겪는 경우를 많이 보았습니다. 문법을 모르는 것은 아니지만 문법에 맞게 논리적인 코드를 작성하는 과정이 어렵기 때문입니다. 이를 해결하기 위해 실제적인 도움을 주는 것은 많은 예제 코드라고 생각합니다. 이 책에서는 문법을 꼼꼼히 설명하고, 해당 예제 코드를 넣어서 배운 문법을 실제 코딩에 어떻게 사용하는지 학습합니다.

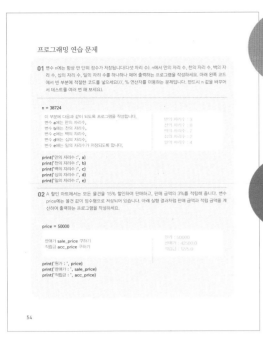

챕터 3부터는 연습문제를 제공합니다. 각각의 챕터가 끝나면 스스로 연습문제를 해결하도록 노력해 보세요. 문제를 푼 뒤에는 책 뒤에 넣은 답안 코드와 비교해 보세요. 같은 문제라도 다양한 코드가 나올 수 있기 때문에 답안 코드와 똑같을 필요는 없습니다. 본인의 코드와 답안 코드를 비교하면서 챕터에서 배운 것을 정리하면 좀 더 어려운 문제를 해결해야 할 때 많은 도움이 될 것입니다.

이 책의 본문에는 90개가 넘는 예제 코드를 제공하고 있으며, 각 코드들은 직관적으로 이해할 수 있도록 주석과 다양한 실행 결과를 제시합니다. 문법을 공부한 후에는 예제 코드를 통해서 각 문법이 어떻게 사용되는지를 확인하기 바랍니다.

챕터별 학습 어드바이스

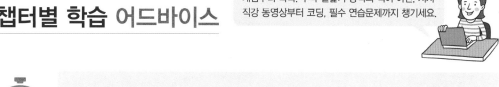

개념부터 쏙쏙! 수박 겉핥기 방식의 책이 아닌, 저자 직강 동영상부터 코딩, 필수 연습문제까지 챙기세요.

파이썬 코딩 공부를 위해 알아야 하는 기본 용어들을 이해하고, 파이썬을 스스로 설치하는 방법을 학습합니다. IDLE에서 파이썬 코드를 실행하는 방법과 코드를 파일에 저장해서 실행하는 연습을 합니다.

코딩을 잘 하려면 데이터를 어떻게 저장하고 사용해야 하는지를 알아야 합니다. 2장에서는 파이썬 언어에서 데이터를 어떻게 저장하고 사용하는지를 설명합니다. 특히 용어를 잘 이해해 두세요.

파이썬의 수치 자료형인 정수(int), 실수(float), 복소수(complex)에 대해서 학습하고 7가지 연산에 대해 공부합니다(+, −, *, /, **, //, %). 7가지 연산자들의 역할과 연산자들이 섞여 있을 경우에 어떤 순서로 계산해야 하는지를 꼼꼼히 학습하기를 바랍니다.

문자열은 이름, 주소, 아이디 등을 다룰 수 있는 자료형입니다. 문자열을 공부할 때는 우선 문자열을 만드는 문법을 꼼꼼하게 공부해야 합니다. 그리고 문자열에 적용할 수 있는 다양한 메소드를 익혀서 올바르게 사용할 수 있도록 공부해 두세요.

키보드로 데이터를 입력하는 것을 '표준 입력'이라고 하고, 모니터로 출력하는 것을 '표준 출력'이라고 합니다. 표준 입력은 input() 함수를 이용하고, 표준 출력은 print() 함수를 사용합니다. 5장에서는 input(), print() 함수의 사용법을 자세히 학습하기를 바랍니다.

조건이 맞는 경우에만 특정 코드를 수행시키려면 if 조건문을 공부해야 합니다. 이 때 조건을 표현하기 위해서 관계 연산자와 논리 연산자를 학습해야 합니다. 6장에서는 이러한 연산자와 if 조건문의 문법을 학습합니다. 중요한 문법이므로 반드시 다양한 예제를 통해서 코드의 실행 논리를 학습합니다.

프로그램에서는 어떤 조건이 맞는 동안 특정한 일을 반복해야 하는 경우가 많습니다. 동일한 일을 반복해서 시키기 위해 while 또는 for 반복문을 써야 합니다. 7장에서는 while 반복문의 문법을 배우고 스스로 while 반복문을 작성할 수 있도록 연습해야 합니다. 예제 코드를 통해서 while 반복문을 학습합니다.

for 반복문은 특별한 형태에 따라 사용해야 합니다. for 반복문은 문자열, 리스트, 튜플, 집합, 사전과 같은 컨테이너 자료형에 유용하게 적용할 수 있는 반복문입니다. for 반복문의 문법 형태를 익힌 후에는 스스로 for 반복문을 작성할 수 있도록 연습하기 바랍니다.

리스트 자료형은 여러 개의 데이터를 하나의 이름 아래에 저장할 수 있어서 많은 데이터를 처리하기에 적합합니다. 리스트에 대해서 어떤 연산을 할 수 있는지와 리스트 메소드를 모두 학습하기 바랍니다. 특히 for 반복문을 이용하여 리스트를 효율적으로 이용할 수 있도록 연습합니다.

튜플은 리스트처럼 여러 개의 데이터를 하나의 이름 아래에 저장할 수 있는 자료형입니다. 하지만 리스트와 달리 튜플은 한 번 만들면 튜플 안에 있는 데이터들을 수정할 수 없기 때문에 제한적으로 사용해야 합니다. 리스트와 비교하면서 공부하면 코딩할 때 도움이 됩니다.

집합은 많은 데이터를 모아서 처리할 수 있는 것은 리스트와 같지만, 리스트와 달리 중복된 데이터는 한 개로 처리하고, 저장된 데이터 간에 순서 개념이 없습니다. 집합을 공부할 때에는 이러한 부분을 이해해야 코딩할 때 어느 경우에 집합 자료형이 필요한 지를 판단할 수 있고, 또 필요할 때 올바르게 사용할 수 있습니다.

사전은 키와 값이 하나의 쌍으로 이루어진 데이터들을 모아 놓은 특별한 형태의 자료형입니다. 제일 마지막에 배우는 자료형인데, 실제로 코딩에서 아주 많이 사용하게 됩니다. 사전을 만드는 방법, 사전에 데이터 추가/삭제하는 방법 등을 학습하고, 사전 메소드를 어떻게 실제 코딩에서 사용하는지를 학습합니다.

함수는 특정한 일을 하는 부분을 따로 작성해 놓고, 필요할 때마다 가져다 사용할 수 있는 코드입니다. 파이썬에서 기본적으로 제공하는 내장 함수들을 어떻게 사용하는지를 공부해야 합니다. 그리고 특정한 일을 하는 함수를 작성할 수 있도록 함수와 관련된 문법을 학습하고, 함수 만드는 연습을 하기 바랍니다.

많은 데이터를 처리하기 위해서는 파일에 데이터를 저장해 놓고, 프로그램이 자동으로 파일의 내용을 읽어 오도록 합니다. 챕터 14에서는 파일에 있는 데이터를 읽어 오거나, 파일로 데이터를 저장하는 문법을 공부합니다. 파일 입출력 역시 다양한 예제를 통해서 익히고 코딩할 수 있도록 연습문제를 풀어봅니다.

모듈은 함수, 클래스, 데이터들을 모아 놓은 묶음입니다. 파이썬이 기본적으로 제공하는 모듈을 어떻게 사용해야 하는지를 공부하고, 코딩에 필요한 모듈을 적절하게 사용할 수 있도록 예제 코드를 통해서 연습합니다.

파이썬으로 코딩해 보면 다양한 에러를 보게 됩니다. 에러는 코드를 완전히 수정해야 하거나 코드에 추가적으로 수정하여 에러를 해결할 수 있습니다. 16장에서는 파이썬 에러 종류를 정리하고, 에러 해결 방법을 학습합니다. 이를 위해 에러 종류를 알아보고, 코드에 에러가 발생하면 스스로 처리할 수 있도록 연습합니다.

파이썬은 객체지향 언어이고 객체지향 언어의 핵심은 클래스입니다. 17장에서는 클래스 작성법과 클래스를 이용한 코드를 객체 지향 코드라고 하는 이유를 알게 됩니다. 지금까지 학습한 자료형을 다시 한 번 정리하고, 파이썬이 제공하지 않는 객체를 만들어야 하는 경우에 어떻게 클래스를 작성해야 하는지를 학습합니다.

파이썬
시작하기

2017년 7월, 미국의 학술지 《IEEE Spectrum》에서 발표한 탑 프로그래밍 언어 순위에서 파이썬 언어가 1위 자리에 올랐습니다. 《IEEE Spectrum》 외에도 해마다 여러 학술지나 IT 관련 잡지에서 프로그래밍 언어의 순위를 매겨서 발표하고 있는데, 파이썬 언어는 몇 년 전부터 가파르게 순위가 오르더니 최근에는 여러 곳에서 1위 자리에 올랐네요. 이렇게 파이썬 언어가 여러 곳에서 상위 자리를 차지하고 있다는 것은 전문 프로그래머뿐 아니라 일반인들에게도 많은 인기를 얻고 있기 때문이라고 생각해요(참고: https://spectrum.ieee.org/computing/software/the-2017-top-programming-languages).

파이썬 언어는 최근 2~3년 사이에 우리나라에서도 코딩을 배우고자 하는 사람들 사이에서 배우고 싶은 언어 1위가 아닐까 싶어요. 이는 파이썬이 코딩 초보자가 배우기에 쉬운 언어라는 이야기 때문이기도 할 거예요. 어느 정도는 맞는 말이지만 아무리 쉽다고 해도 무엇이든 처음 배우기 시작할 때에는 어려움이 있기 마련이에요. 특히 코딩을 배운다는 것은 프로그래밍 언어의 문법을 배우는 것 이상의 무엇이 있어요. 바로 배운 언어를 이용해서 스스로 컴퓨터로 문제를 해결할 수 있는 능력! 이것이 중요한 거예요.

우선 이번 장에서는 파이썬 언어가 어떻게 만들어졌는지를 간단히 살펴보고 파이썬으로 프로그래밍을 시작할 수 있도록 컴퓨터에 파이썬 언어를 설치하는 과정부터 설명할 거예요. 이제 파이썬 언어가 어디서 시작되었는지부터 이야기를 시작해 볼게요.

1/ 파이썬 언어 소개

파이썬은 1989년에 네덜란드 프로그래머인 귀도 반 로섬^{Guido van Rossum}이 개발한 언어예요. 귀도 반 로섬은 네덜란드의 국가 연구 기관인 CWI의 연구원이었어요. 그가 진행하는 프로젝트에 C언어로 개발한 코드를 넣어야 하는데 프로그램을 잘못 짠 것도 아닌데, 자신이 사용하는 환경에서 C언어 코드가 원활하게 돌아가지 않았다고 해요. 그래서 C언어 코드와 개발 환경 사이에서 발생하는 갭을 메꾸기 위한 코드를 만들기 위해서 파이썬 언어를 만들었다고 하네요. 1991년에는 오픈소스로 파이썬을 세상에 내놓았고요. 대단한 사람이죠.

- 여기에 대해 궁금한 분들은 아래 사이트를 읽어 보세요.
  http://python-history.blogspot.kr/2009/01/personal-history-part-1-cwi.html

귀도 반 로섬은 1995년부터 2000년까지 미국 CNRI에서 일하면서 파이썬 사이트를 만들고 파이썬 버전 1의 작업을 진행합니다. 이후 구글의 엔지니어로 일하면서 파이썬이 구글의 공식 언어가 되는 데에도 크게 기여했어요. 2000년에는 파이썬 버전 2가 나왔고, 현재 작성되어 있는 많은 파이썬 코드들은 버전 2에 기반한 코드들이에요. 하지만 파이썬 언어를 발전시키기 위해 좀 더 많은 큰 변화들을 채택하기로 하고 2008년부터 버전 3에 대한 작업이 시작됩니다. 2018년 현재는 파이썬 버전 2와 버전 3이 공존하고 있는 상황이에요. 두 버전이 같이 업데이트되고 있어요. 하지만 2020년 파이썬 버전 2의 업데이트는 중지된다고 해요. 2020년 이후로는 버전 3만이 유지 보수된다는 얘기죠. 이 책은 파이썬 버전 3을 기준으로 작성하였습니다. 버전 2와 버전 3의 차이가 큰 부분들이 있는데, 이런 부분 중에서 여러분이 반드시 알아야 한다고 생각되는 것들은 이 책에서 언급할 거예요.

```
Computer programming for everybody
```

이것은 귀도 반 로섬이 파이썬 언어 개발 펀딩을 받으려고 미국 국방성 연구소에 낸 제안서에 적은 글입니다. 귀도 반 로섬은 그 제안서에서 파이썬 언어의 특징을 다음과 같이 정리해 놓았어요.

- 파이썬은 쉽고 직관적인 언어입니다.
- 파이썬은 누구나 파이썬 발전에 기여할 수 있도록 하기 위하여 오픈소스로 제공합니다.

- 파이썬은 일반 영어처럼 이해하기 쉬운 코드로 작성할 수 있습니다.
- 파이썬은 개발 기간을 짧게 할 수 있도록 함으로써 일상적인 작업을 하는 데에 적합합니다.

이 네 가지가 귀도 반 로섬이 파이썬의 장점으로 부각시킨 내용인데요, 파이썬을 알면 알수록 정말 이 네 가지에 부합하는 언어로 발전되어 왔다는 것을 느끼게 됩니다. 바로 이 장점들이 오늘날 파이썬을 인기 1위의 언어로 만든 힘이기도 하고요. 이 책을 모두 공부한 다음에 다시 한번 위의 네 가지 파이썬 언어의 특징을 읽어 보세요.

2/ 컴퓨터 언어와 프로그래밍

프로그램^{program}은 무엇일까요? 프로그램의 정의는 '컴퓨터 명령어들의 집합$^{set\ of\ instructions}$'이에요. 즉, 컴퓨터에게 내리는 명령들을 모아 놓은 문서예요. 우리가 프로그램을 작성한다는 것은 컴퓨터가 이해하는 언어로 컴퓨터에게 시킬 일을 순서대로 한 줄씩 적어 나가는 것이고, 컴퓨터는 그 프로그램을 한 줄씩 읽어 나가면서 명령대로 어떤 일을 실행하는 거죠. 따라서 우리가 컴퓨터에게 일을 시키려면 컴퓨터가 아는 언어를 배워야 해요. 마치 한국어를 모르는 미국인과 대화하려면 영어를 배워야 하는 것처럼요. 그리고 이렇게 프로그램을 작성하는 일을 '프로그래밍^{programming}' 또는 '코딩^{coding}'이라고 해요.

프로그래밍 언어를 배운다는 것을 영어를 배우는 것에 빗대어 설명해 볼게요. 여러분이 영어를

나…. 선생님.
학생들의 성적을 저장해야지….
평균을 구해야지….
성적 순으로 정렬시켜야지….　파이썬으로 작성해야지….
등수를 매겨야지….
성적표를 출력해야지….

배우는 목적은 영어로 소통하고 싶은 거죠. 영어로 소통을 하려면 우선 영어 문법을 배우고 그 문법에 맞게 말을 하거나 글을 쓰는 능력을 키워야 해요. 컴퓨터 언어를 배우는 것도 똑같아요. 컴퓨터가 아는 언어를 배워서 컴퓨터와 소통하는 능력을 키워야 합니다. 이제는 많이 발전해서 컴퓨터가 사람의 언어를 배우고 이해하도록 하는 연구도 많이 진행되어 있어요. 하지만 아직까지는 우리가 컴퓨터 언어를 배워서 컴퓨터와 소통하는 것이 쉬워요.

여기에서 중요한 게 있어요. 영어 문법을 잘 알고 영어 시험을 잘 본다고 해서 영어 소통 능력이 뛰어나다고 할 수는 없어요. 문법 공부와 영어 소통 능력 사이에 약간의 갭이 있듯이 컴퓨터와의 소통에서도 마찬가지예요. 컴퓨터 언어의 문법을 배운다고 코딩 능력이 자동적으로 같이 함양되는 것은 아니에요. 바로 이러한 이유로 파이썬의 문법을 공부하면서 계속해서 이 문법을 이용해서 어떻게 문제를 풀어 나가야 하는지를 고민해야 합니다.

이 책은 두 가지 목표를 위해서 만들었습니다. 파이썬 문법을 익히는 것이 이 책의 첫 번째 목표이고, 배운 문법을 이용하여 컴퓨터에게 일을 시킬 수 있도록 코드 작성 능력을 키우는 것이 두 번째 목표입니다. 첫 번째 목표를 위해서 문법 설명을 되도록 꼼꼼하게 넣었고 해당 문법을 이용한 예제를 많이 넣으려고 노력했어요. 그리고 두 번째 목표를 위해서 코딩 연습 문제를 많이 넣으려고 노력했고요. 따라서 학생들은 꼼꼼히 문법을 익힌 후에는 코딩 연습 문제를 스스로 풀어보세요. 그러면 이 책을 덮을 즈음에는 스스로 코딩할 수 있는 능력을 갖추게 될 거예요.

3/ 파이썬은 인터프리터 언어예요

우리가 파이썬 문법에 맞게 프로그램을 작성하면 컴퓨터가 그 코드를 읽어 나가면서 일을 처리한다고 했어요. 이때 컴퓨터가 우리가 쓴 문장을 바로 이해하고 일을 처리하면 좋은데, 실제로는 그렇지가 못해요. 컴퓨터가 제일 좋아하는 언어는 기계어거든요.

여기서 잠깐 고급 언어와 저급 언어를 설명할게요. 컴퓨터 언어는 크게 고급 언어와 저급 언어로 나뉘어져요. 고급 언어는 사람이 아는 언어고, 저급 언어는 컴퓨터가 아는 언어예요(파이썬은 고급 언어이고 기계어는 저급 언어겠죠). 그래서 사람은 고급 언어를 이용해서 프로그램을 짜고, 그 프로그램을 저급 언어로 변환해야 합니다. 그래야 컴퓨터가 이해할 수 있으니까요. 이렇게 고급 언어로 짠 프로그램을 저급 언어로 변환하는 과정이 필요한데, 이 과정을 '컴파일compile' 또는 '인터프리트interpret'라고 해요. 어떤 고급 언어는 '컴파일'을 해야 저급 언어로 변환이 되고, 또 어떤 고급 언어는 '인터프리트'를 해야 저급 언어로 변환이 되요.

컴파일을 하기 위해서는 '컴파일러compiler'라는 소프트웨어가 필요하고, 인터프리트를 하기 위해서는 '인터프리터interpreter'라는 소프트웨어가 필요해요. 컴파일러가 필요한 대표적인 언어는 C언어이고, 인터프리터가 필요한 대표적인 언어는 파이썬이에요.

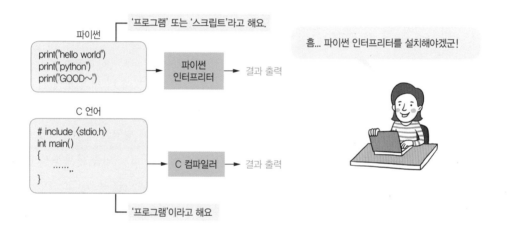

고급 언어와 저급 언어의 차이를 아시겠죠? 여러분이 C언어를 배우고 싶다면 C언어를 기계 언어로 번역해 주는 C 컴파일러가 필요하겠죠. 우리는 파이썬 언어를 배울 거니까 파이썬 인터프리터가 필요하고요. 파이썬 인터프리터의 이름은 IDLE이에요. 다음 절에서 IDLE을 다운로드 받아서 설치해 볼게요.

4/ 파이썬 설치 및 개발 환경

파이썬 언어로 작성한 코드를 실행하려면 인터프리터가 필요하다는 것을 알았을 거예요. 파이썬 언어를 배우기 전에 파이썬 인터프리터를 설치해 봅시다. 우선 다음 사이트에 들어가 보세요.

http://www.python.org

❶ 메뉴에서 [Downloads]를 선택합니다.

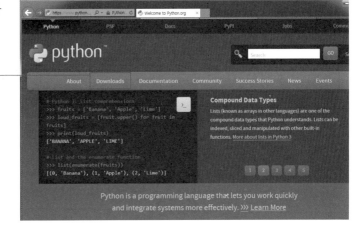

❷ 다음과 같은 화면을 볼 수 있어요. 파이썬 버전 3과 버전 2가 같이 보이는데, 우리는 파이썬 3.6.3을 다운로드합니다. 화면 아랫부분에 있는 〈실행〉 버튼을 클릭합니다.

❸ 다운로드 화면이 표시
되고 설치 화면이 나타납
니다. 이 화면에서 [Install
Now]를 클릭하세요.

❹ 설치가 시작됩니다.

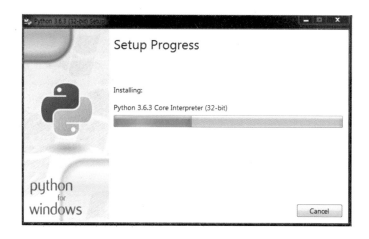

❺ 설치가 끝난 화면은 다
음과 같고 〈close〉 버튼을
누릅니다.

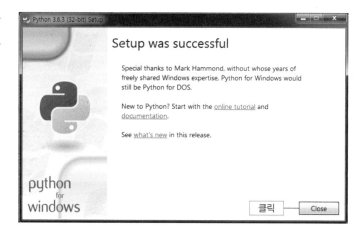

인터프리터 IDLE 실행하기

위와 같이 윈도우 메뉴에서 IDLE을 찾아서 실행시키면 오른쪽과 같은 화면이 뜰 거예요. 이 화면을 인터프리터, 셸(shell), 또는 IDLE이라고 부릅니다. 이 책에서는 IDLE이라고 부를게요. IDLE에서 >>> 기호가 보이시죠? 이 기호를 '프롬프트'라고 불러요. 그리고 그 옆에 보이는 작대기는 실제로는 깜빡이고 있을 거예요. 그 작대기는 '커서'이고 여기에다 파이썬 코드를 넣어서 실행할 수가 있어요.

그럼 IDLE에서 hello world라고 나오도록 해 볼까요? 프로그램을 배우는 모든 사람들이 가장 먼저 실행시키는 코드가 hello world 출력이에요. 우리도 hello world를 출력해 봐요. 다음과 같이 프롬프트(>>>)에서 print('hello world')라고 넣고 Enter← 키를 눌러 보세요.

```
>>> print('hello world')
hello world
>>>
```

Enter← 키를 누르면 print() 괄호 안에 적은 'hello world'를 화면에 출력해 줍니다. 그럼, 다음과 같이 한 줄 더 넣고 Enter← 키를 눌러 보세요.

```
>>> print('hello world')
hello world
>>> print('I am learning PYTHON ~ ')
I am learning PYTHON ~
```

이번에도 여러분이 print() 괄호에 넣은 대로 화면에 출력되었어요. Enter← 키를 눌렀을 때, 어떤 일이 일어난 걸까요? 프로그램 코드는 한 줄 한 줄이 컴퓨터에게 내리는 명령이라고 했어요. 프롬프트 옆에 명령을 입력하고 Enter← 키를 누르면 IDLE이 명령을 해석해요. 우선 파이썬 문법에 맞게 적었는지 확인해요. 그리고 문법에 맞게 작성했다면 시킨 일이 무엇인지 해석해요. print('hello world')는 컴퓨터에게 '화면에 hello world라고 출력해라'라는 명령이니까 화면에 hello world를 출력하고, 시킨 일을 다 했으니까 다시 프롬프트를 내 주고 다음 코드를 받을 준비를 하죠.

만약에 입력한 코드가 문법에 맞지 않는 부분이 있다면 어떤 문제인지 에러 메시지를 내 주고 바로 프롬프트를 내 줘요. 일부러 에러를 만들어 볼게요. print를 사용할 때 괄호 안에 따옴표 한 쌍을 제대로 사용하지 않으면 에러가 발생하는데 이것으로 에러를 확인해 볼게요. 괄호 안에 닫는 따옴표를 빠뜨렸어요.

```
>>> print('hello world)
SyntaxError: EOL while scanning string literal
>>>
```

SyntaxError는 문법에 맞지 않게 코드를 작성했을 때 내주는 에러예요. 제가 일부러 닫는 따옴표를 뺐더니 SyntaxError가 발생한 거예요. 이렇게 프롬프트 옆에 코드를 넣고 Enter← 키를 누르면 IDLE이 인터프리터의 역할을 하기 시작해요. 인터프리트 결과 오류가 없다면 코드를 실행하고, 오류가 있다면 에러 메시지를 내 주는 거죠.

5/ 파이썬 코드 실행 방법 두 가지

파이썬으로 프로그램을 작성해서 실행하는 방법은 두 가지가 있어요. 하나는 IDLE에서 한 줄씩 수행시키는 방법이고, 다른 하나는 파일에 파이썬 코드 여러 줄을 작성해서 한꺼번에 수행시키는 거예요. 하나씩 알아볼게요.

IDLE에서 코드 실행하기

다음과 같이 IDLE에서 수행시켜 보세요.

❶ >>> print('Python study time ~')
❷ Python study time ~
❸ >>> print('Coding is fun!')
❹ Coding is fun!
❺ >>> print('IDLE is a python interpreter')
❻ IDLE is a python interpreter

IDLE에서는 코드를 한 줄 넣고 Enter← 키를 누르면 바로 결과를 보여 준다고 했죠. 위에서 ❶, ❸,❺는 파이썬 코드고 ❷,❹,❻은 실행 결과죠. 이렇게 IDLE에서는 간단하게 코드 결과를 볼 때 좋아요. 그리고 에러가 있으면 바로 에러 메시지도 보여 주죠.

코드를 파일에 저장하여 한꺼번에 실행시키기

코드를 모두 파일에 저장하고 한꺼번에 실행하는 방법을 알려드릴게요. print() 세 줄을 파일에 저장하고 실행해 볼게요. 따라서 해 보세요.

❶ 새 파일 열기: IDLE 메뉴에서 [File] → [New File]을 실행합니다(단축키 Ctrl+N).

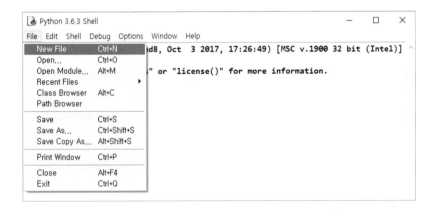

❷ 코드 작성하기: 새 창이 뜨면 코드를 작성합니다.

❸ 코드 저장하기: IDLE 메뉴에서 [File] → [Save]를 실행합니다(단축키 Ctrl+S). 코드를 저장하면 확장자 py가 붙습니다. 여기서는 first.py라고 저장합니다.

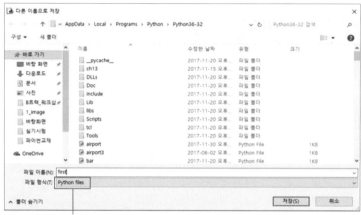

파일 형식 Python files 선택

❹ 코드 실행하기: IDLE 메뉴에서 [Run] → [Run Module] F5을 실행합니다.

❺ 실행 결과 확인하기: IDLE에서 실행 결과를 보여 줍니다.

26

객체 변수 자료형

수치자료형과 연산자

문자열 자료형

표준 입출력문

if 조건문

while 반복문

for 반복문

용어 **스크립트(Script)**

> **용어** **스크립트(Script)**
> first.py와 같이 프로그래밍 언어로 작성한 문서를 '프로그램' 또는 '소스 코드(source code)'라고 해요. 특히 파이
> 썬 언어와 같이 인터프리터가 필요한 언어로 작성한 프로그램은 '스크립트'라고도 합니다(C언어와 같이 컴파일러가
> 필요한 언어로 작성한 프로그램은 스크립트라고 부르지 않아요).

다음으로 코드에 에러가 있으면 어떻게 되는지 볼게요. first.py 코드 두 번째 줄에서 따옴표 하나를 삭제하고 실행해 볼게요.

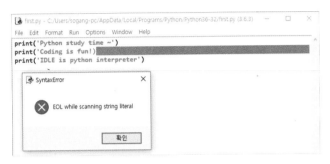

에러 메시지에 있는 EOL은 'End Of Line'의 약자로 줄 끝에 문제가 생긴 건데, print 괄호 안에 문장을 제대로 끝내지 못해서 나온 에러예요. 앞으로 지금과 같이 에러 메시지가 뜨면 한 번씩 읽어 보고 무슨 에러인지를 익혀 두기 바랍니다. 코딩은 에러 메시지에서도 많이 배우게 되거든요. 코딩을 배우는 과정에서는 에러를 내지 않는 것이 좋은 게 아니라, 다양한 에러를 만나 보는 게 코딩 실력 향상에 훨씬 도움이 된다는 게 저의 생각이에요. 그러니까 에러를 겁내지 말고 일부러 에러를 내서 어떤 메시지가 뜨는지도 보고, 에러를 고치는 과정에서 스스로 배우게 되는 문법도 있기를 바랍니다.

6/ 정리

1장에서는 간단하게 파이썬이 만들어진 배경을 알아보았고, 파이썬이 인터프리터 언어라는 것을 알았습니다. 그리고 파이썬 인터프리터를 설치하고 두 가지 방법으로 코드를 실행하는 방법을 알아보았어요. 아직 print() 함수를 자세히 설명하지 않았고, 실제 코드는 어떻게 구성되는지 등과 같은 코드 자체에 대한 설명도 안 했어요. 이번 장에서는 인터프리터 설치와 두 가지 코드 실행 방식만 잘 익혀 두면 될 것 같습니다. 그럼, 2장부터 본격적으로 파이썬 문법을 공부해 나가겠습니다.

객체, 변수, 자료형

우리는 왜 컴퓨터를 이용할까요? 지금은 컴퓨터가 하는 일이 워낙 다양해져서 이 질문에도 다양한 답이 나올 수 있을 것 같은데, '컴퓨터(computer)'라는 이름을 생각해 보세요. '컴퓨터(computer)'라는 이름 그대로 초창기에는 계산기의 역할이 가장 컸습니다. 컴퓨터는 계산을 위해서 만들어진 기계였어요. 물론 지금도 컴퓨터의 계산 능력은 아주 중요하죠.

컴퓨터가 어떤 계산을 하는 과정을 생각해 봅시다. 컴퓨터를 이용해서 학생 100명의 성적 처리를 하려고 해요. 컴퓨터는 어떤 일을 할 때 그 일에 필요한 모든 데이터를 컴퓨터 메모리 위에 저장해 놓고 처리해요. 따라서 100명의 성적을 처리하려면 첫 번째로 해야 하는 일이 100명의 성적을 메모리에 저장하는 일이에요. 100명의 성적을 메모리에 저장한다는 것은 메모리에 100개의 공간을 만들어서 각 공간에 성적을 넣는다는 거예요. 즉, 100개의 데이터가 각각 공간을 가져야 해요. 여기서 중요한 용어가 나와요. 메모리에 저장된 데이터는 '객체(object)'라고 하고 이 객체를 담는 공간은 '변수(variable)'라고 해요. 즉, 성적이 객체이고 변수에 담기게 되요. 그리고 각 변수는 이름을 가져야 해요. 이 이름을 '변수명'이라고 부릅니다. 이렇게 변수에 이름을 붙여 놓아야 나중에 이 이름을 이용해서 변수 안에 있는 객체를 이용할 수가 있어요.

그리고 각각의 성적을 메모리에 저장할 때, 컴퓨터가 성적이 어떤 유형인지를 결정해요. 성적은 정수일 수도 있고, 실수일 수도 있어요. 성적을 저장할 때 정수로 저장하면 컴퓨터는 정수형 자료가 들어왔다고 기억하고, 실수로 저장하면 실수형 자료가 들어왔다고 기억합니다. 여기에서 정수, 실수를 '자료형'이라고 해요. 이번 장에서는 바로 이 객체, 변수, 자료형을 학습할 거예요.

1/ 객체(object)와 변수(variable)

컴퓨터에 성적 80점과 90점을 저장해 볼게요. 성적 자체는 객체가 되고 변수에 저장하기 위해 '변수명'을 만들어야 해요. 변수명을 score1, score2라고 만들고, score1에는 80점, score2에는 90점을 저장합니다.

'아이디(id)' 개념도 같이 익혀 두세요. id는 우리가 일상생활에서도 많이 사용하죠. id는 무언가를 구별하기 위해 사용하는 고유값이에요. 대학생들은 학교에서 학번이라는 id를 사용하고, 이메일 주소도 id가 되죠. 이런 것처럼 파이썬에서는 객체가 만들어질 때 고유 번호를 할당받는데, 이 번호가 객체의 id예요. 우리가 코딩할 때 객체의 id를 의식할 필요는 없어요. 하지만 가끔 어떤 두 개의 객체가 메모리 위에 동일한 객체인지 아닌지를 확인할 필요가 있어요. 이 경우에 id를 체크해서 같은 id를 가지면 동일한 객체로 간주합니다.

메모리에 score1과 score2가 만들어진 모습은 다음과 같을 거예요.

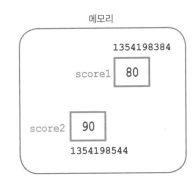

메모리

score1 1354198384 80

score2 90 1354198544

score1, score2 : 변수명
80, 90 : 객체
1354198384 : 객체 80의 아이디
1354198544 : 객체 90의 아이디

☐ : 변수(변수는 데이터를 담는 공간이예요)

변수 만들기

이제 파이썬 언어로 객체, 변수, 변수명을 만들어 볼게요. 다음과 같이 '변수명 = 값'이라고 쓰면 객체와 변수가 만들어지고 변수명이 붙습니다.

변수명 = 값

우변에 있는 값을 변수에 넣으시오!!

IDLE에서 다음과 같이 넣어 보세요.

```
>>> a = 80
>>> b = 90
```

'=' 기호가 눈에 띄죠? 우리가 알고 있는 '=' 기호는 '같다'는 의미예요. 하지만 컴퓨터에게 '=' 기호는 우변에 있는 값을 좌변 공간에 넣으라는 기호예요. 그러니까 '='의 우변에는 어떤 값이 와야 하고, 좌변에는 그 값을 받아서 저장할 공간, 즉 변수가 와야 해요. 'a = 80'은 '80이라는 객체를 만들어서 변수 a에 저장하라'는 명령입니다. 'b = 90'은 '90이라는 객체를 만들어서 변수 b에 저장하라'는 명령이고요.

다음과 같이 '=' 좌변에 숫자가 오는 코드는 모두 잘못된 문장이에요. 그래서 SyntaxError라는 에러 메시지가 나오는데, 이것은 문법 에러예요. '='의 좌변에 변수가 아닌 어떤 값이 와서 발생한 에러입니다. '='의 좌변에는 반드시 공간인 변수가 와야 합니다.

```
>>> 80 = 90
SyntaxError: can't assign to literal
>>> 90 = a
SyntaxError: can't assign to literal
```

그러면 다음은 어떤 의미일까요?

```
>>> x = 234 + 789
>>> y = a + b
```

'+' 기호는 학생들이 알고 있는 '더하기' 기호예요. '숫자 234와 789를 더하여 변수 x에 넣어라'하는 의미가 되겠죠. 둘째 줄은 '변수 a에 저장된 값과 변수 b에 저장된 값을 더하여 변수 y에 넣어라'하는 의미가 되고요. '=' 기호는 절대 '같다'는 의미가 아니라는 걸 기억하세요. 그러면 '같다'는 표현은 어떻게 하는지 궁금한 학생들이 있을 텐데, 파이썬에서 '같다'는 표현을 하고 싶다면 '=='이라고 해야 합니다('='을 두 개 연달아 붙여서 써요).

파이썬 시작하기

객체, 변수, 자료형

수치자료형과 연산자

문자열 자료형

표준 입출력문

IF 조건문

while 반복문

for 반복문

a = 10
변수   값

10을 변수(공간) a에 넣으라는 문장입니다.
'='는 '오른쪽 값을 왼쪽 변수에 넣어라' 의미예요.

변수를 만들 때 한 줄에 여러 개를 만들 수도 있는데, 이때는 세미콜론(;)을 이용해야 합니다. 아래 두 코드에서 빨간 색으로 표시한 부분은 같습니다.

```
>>> a = 10
>>> b = 20
>>> c = 30
>>> print(a, b, c)
10 20 30
```

```
>>> a = 10; b = 20; c = 30
>>> print(a, b, c)
10 20 30
```

변수명 만들기

변수는 '객체를 저장하는 공간'이라고 했어요. 변수에 객체를 저장하려면 변수명을 먼저 만들어야 해요. 모든 프로그래밍 언어에는 변수명을 만드는 규칙이 있는데 파이썬 언어에서 변수명 만드는 규칙은 다음과 같습니다.

❶ 영문자 대소문자를 사용할 수 있고 대문자와 소문자는 다른 문자로 취급합니다.

❷ 숫자를 사용할 수 있습니다.

❸ 특수문자는 '_'만 가능합니다.

❹ 숫자로 시작하면 안 됩니다.

❺ 한글로도 변수명을 만들 수 있습니다.

❻ 파이썬 키워드는 변수명으로 사용할 수 없습니다.

다음에서 빨간색으로 표시된 변수명이 잘못 만든 변수명임을 아시겠죠? score-1은 변수명 중간에 특수문자 '-'가 있어서 에러이고, 5data는 숫자로 시작해서 에러겠죠.

```
number_of_students    score-1       학생수
DaTa          5data    hello      numberOfStudents
```

변수명을 만들 때 우선은 위의 규칙을 지켜 주면서 의미 있는 이름으로 만들기를 권합니다. 학생 수를 변수에 저장한다면 number_of_students처럼 직관적으로 알 수 있는 이름이면 좋겠어요. number_of_students처럼 여러 단어를 연결해서 하나의 변수명을 만드는 경우에는 단어들을 '_'로 연결하기도 하고, numberOfStudents처럼 연결되는 단어의 첫 문자만 대문자로 써서 만들기도 해요. 이 책에서는 여러 단어로 하나의 변수명을 만들 때에는 '_'을 이용해서 표현할 거예요.

> **참고**
>
> 파이썬에는 PEP-8이라고 하는 것이 있어요. 이것은 '파이썬 코드 스타일'에 대한 권장 사항이 있는 문서예요. 여기에서 여러 이름을 결합해서 하나의 변수명을 만들려고 할 때는 모든 단어는 소문자로 하고 단어 사이는 '_'로 연결하도록 권장하고 있어요. 자세한 내용은 다음 사이트를 참고하세요.
> https://www.python.org/dev/peps/pep-0008

위의 변수명을 만드는 규칙에서 '❻ 파이썬 키워드는 변수명으로 사용할 수 없다'라고 되어 있어요. 키워드(keyword)는 파이썬 언어에서 의미있는 단어들이예요. 파이썬 언어에 어떤 키워드들이 있는지 알고 싶다면 다음과 같이 IDLE에 넣어 보세요.

```
>>> import keyword
>>> keyword.kwlist
['False', 'None', 'True', 'and', 'as', 'assert', 'break', 'class', 'continue', 'def', 'del',
 'elif', 'else', 'except', 'finally', 'for', 'from', 'global', 'if', 'import', 'in', 'is', 'lambda',
 'nonlocal', 'not', 'or', 'pass', 'raise', 'return', 'try', 'while', 'with', 'yield']
```

IDLE에서 위와 같이 넣으면 import가 오렌지색으로 나올 거예요. IDLE에서는 파이썬 키워드를 오렌지색으로 표시해 줍니다. 그리고 위의 목록이 파이썬 키워드들이예요. 이 키워드들은 모두 정해진 의미가 있고, 어떻게 사용해야 하는지도 문법이 정해져 있어요. 이 책을 공부해 나가면서 키워드들을 하나씩 알게 될 거예요.

객체 출력하기

변수 안에 저장된 값을 확인해 보려면 print() 함수를 사용해야 합니다. print라고 적고 괄호 안에 변수 이름을 적으면 그 변수 안에 저장되어 있는 객체의 값을 출력해 줍니다. 만약에 여러 변수 값들을 출력하려면 콤마로 분리해서 변수를 나열하면 되고요.

파이썬 시작하기

객체, 변수, 자료형

수치자료형과 연산자

문자열 자료형

표준 입출력문

if 조건문

while 반복문

for 반복문

```
>>>a = 80; b = 90; x = 1023; y = 170
>>> print(a)        # 변수 a의 값, 즉, 변수 a의 객체를 출력합니다.
80
>>> print(b)        # 변수 b의 값을 출력합니다.
90
>>> print(x, y)     # print() 안에 콤마를 이용해서 여러 변수를 넣을 수도 있습니다.
1023 170
```

위의 코드에서 초록색으로 표시한 '#'으로 시작하는 부분은 '주석(comment)'이에요. 주석은 코드에 대한 설명을 붙이는 부분이에요. 그러니까 코드의 일부가 아니죠. 컴퓨터는 코드에서 '#' 기호를 보면 주석이라 판단하고 '#' 이후 문장을 무시해요. 제가 이 책에서 코드를 설명할 때에도 위와 같이 주석을 이용할 거예요.

IDLE에서 간단히 변수 출력하기

IDLE에서는 프롬프트에서 변수명만 적어도 그 변수가 갖고 있는 객체의 값을 알려 줍니다.

```
>>> m = 500
>>> m       # IDLE에서는 print() 함수 없이 변수명만 입력해도 변수값을 출력해 줍니다.
500
```

여러 변수를 출력할 때, 아래 왼쪽과 같이 print() 함수 안에 변수들을 콤마로 분리해서 적어도 되지만 오른쪽과 같이 IDLE의 프롬프트(>>>) 옆에 콤마로 분리해서 변수를 나열해도 됩니다. 이 경우에는 괄호로 변수 값들을 묶어서 출력합니다. (사실 이 묶음을 튜플이라고 부르는데, 10장에서 튜플을 공부하면 나면 이것이 왜 튜플인지 알게 되요). 이 책에서는 IDLE에서 여러 변수를 출력할 때는 주로 아래 오른쪽과 같이 할게요.

```
>>> a = 10; b = 20; c = 30       >>> a = 10; b = 20; c = 30
>>> print(a, b, c)               >>> a, b, c    # IDLE에서 변수를 콤마로 분리하면,
10 20 30                         (10, 20, 30)   # 괄호로 묶어서 값들을 출력합니다.
```

하지만 파일로 저장해서 코드를 실행할 때는 반드시 print() 함수를 이용해야 변수 값을 출력할 수 있어요. 다음의 두 코드를 파일에 저장하고 수행시켜 보세요. 아래 파란색은 실행 결과입니다.

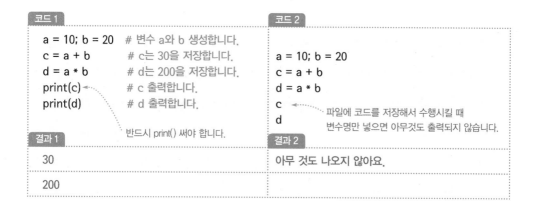

코드 1	코드 2

``
a = 10; b = 20   # 변수 a와 b 생성합니다.
c = a + b   # c는 30을 저장합니다.
d = a * b   # d는 200을 저장합니다.
print(c)   # c 출력합니다.
print(d)   # d 출력합니다.
`` 반드시 print() 써야 합니다.
	``
	a = 10; b = 20
	c = a + b
	d = a * b
	c
	d
	`` 파일에 코드를 저장해서 수행시킬 때
	변수명만 넣으면 아무것도 출력되지 않습니다.

결과 1	**결과 2**
30	아무 것도 나오지 않아요.
200	

id() 함수

객체를 만들면 id가 할당된다고 했는데, 이 id 값을 보려면 id() 함수를 사용하면 됩니다. 두 객체가 동일한 객체이면 id() 함수의 결과가 같습니다. id는 컴퓨터가 할당해 주기 때문에 id에 어떤 값이 할당될지는 알 수가 없어요. 그리고 id 값으로 큰 숫자가 할당되기 때문에 외울 필요도 없죠. 그냥 두 객체가 동일한 객체인지 아닌지를 판단할 때 id() 함수를 이용한다고 기억해 두세요.

```
>>> a = 10
>>> id(a)
1410258880
>>> b = 20
>>> id(b)
1410259040
```

```
        1410258880
a ——— [ 10 ]

        1410259040
b ——— [ 20 ]
```

변수 삭제하기

만든 변수를 삭제할 수도 있어요. del 키워드가 바로 그 역할을 합니다.

```
>>> x = 100
>>> print(x)
100
>>> del x
```

파이썬 시작하기

객체, 변수, 자료형

수치자료형과 연산자

문자열 자료형

표준 입출력문

if 조건문

while 반복문

for 반복문

```
>>> print(x)     # 없는 변수를 사용하려고 해서 NameError가 발생함.
......
NameError: name 'x' is not defined
```

2/ 함수 기초 이해하기

여기서 중요한 얘기를 하고 넘어가겠습니다. 바로 함수에 대한 얘기예요. 함수는 13장에서 자세히 다루지만 그 전에 함수를 너무 많이 사용하게 되요. 그래서 지금은 13장을 공부하기 전까지 함수 사용에 어려움이 없도록 기본적인 설명을 할 거예요. 여기서 다루는 함수는 중고등학교 수학 시간에 배웠던 함수와 의미는 같아요. 함수를 처음 배울 때 다음과 같은 그림을 보셨을 텐데, 그림의 의미는 x에 넣는 값에 따라서 결과가 정해진다는 거죠.

함수는 어떤 일을 하는지는 알지만 어떻게 안에서 동작하는지는 알 수가 없는 블랙박스 개념이에요. print() 함수를 생각해 보세요. print() 함수는 괄호 안에 내용을 모니터에 출력하라는 함수예요. print() 함수가 내부적으로 어떻게 처리해서 모니터 출력을 하는지 모르지만, 우리는 print() 함수가 괄호 안에 내용을 모니터에 출력한다는 것을 알고 print() 함수를 이용하는 거죠.

print(x) 함수

모니터에 출력

파이썬에서는 기본적으로 제공하는 함수들이 많아요. 이 책에서는 함수를 표현할 때 항상 함수 이름 옆에 괄호를 붙여서 적을 거예요. 그러니까 print 함수라고 적는 것이 아니라 print() 함수라고 적을 거예요. 함수는 괄호 안에 들어오는 값이 함수의 결과를 결정하기 때문에 괄호 부분이 아주 중요한데, 괄호 안에 넣는 값을 '인수argument'라고 불러요.

예를 들어서, 파이썬에는 abs()라는 함수가 있어요. 이 함수는 괄호에 넣은 숫자의 절대값을 결과로 내 주는 함수예요. 파이썬에 abs()라는 함수가 있다는 것을 알면 절대값이 필요할 때 바로 이용할 수가 있겠죠. 'y = abs(-5)'를 분석해 볼게요. '='의 우변이 함수 abs()를 수행하고 있어요.

abs() 함수는 괄호 안에 있는 인수 −5의 절댓값 5를 결과로 내 주고, 그 결과는 '='의 좌변에 있는 변수 y에 저장됩니다. 이때, abs(−5)의 결괏값인 5를 '반환값(return value)'이라고 부릅니다.

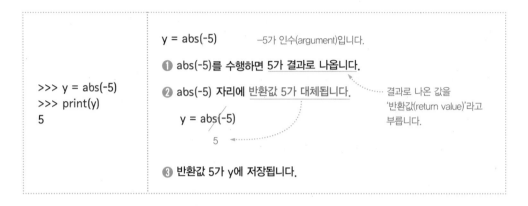

```
>>> y = abs(-5)
>>> print(y)
5
```

y = abs(-5)   −5가 인수(argument)입니다.

❶ abs(-5)를 수행하면 5가 결과로 나옵니다.

❷ abs(-5) 자리에 반환값 5가 대체됩니다.   결과로 나온 값을 '반환값(return value)'라고 부릅니다.

y = abs(-5)
        5

❸ 반환값 5가 y에 저장됩니다.

모든 함수가 반환값을 갖는 것은 아니에요. print() 함수도 반환값이 없어요. print() 함수의 반환값을 확인해 볼까요?

```
>>> y = print('hello world')   # print('hello world') 함수의 결과를 변수 y에 넣습니다.
hello world
>>> print(y)      # print() 함수의 반환값이 없어요. 반환값이 없을 때는 None이 나와요.
None
```

print() 함수의 반환값을 변수 y에 저장시킨 후에 출력해 봤어요. 결과가 'None'이라고 나오죠? abs()처럼 반환값이 있어서 그 값을 사용할 수 있는 함수도 있고, print()처럼 어떤 일을 하지만 반환값이 없는 함수도 있어요. 반환값이 없는 함수의 반환값을 받아서 출력하면 'None'이 나온다는 것도 기억해 두세요.

print(), id(), abs() 처럼 파이썬이 기본적으로 제공하는 함수를 '내장 함수(built-in function)'이라고 부릅니다. 13장에서 전체적으로 함수를 학습할 때 '내장 함수'를 자세히 공부합니다. 하지만 그 전에 우리는 많은 함수들을 보게 될 거예요. 새로운 함수가 나올 때마다 어떤 일을 하는 함수인지, 그리고 괄호에 어떤 인수^{argument}를 넣어야 하고, 반환값은 무엇인지를 설명할게요.

3/ 파이썬의 아홉 가지 자료형

이제는 파이썬의 아홉 가지 자료형에 대한 얘기를 시작해 볼게요. 컴퓨터는 객체를 만들 때 그 객체가 어떤 형태인지를 확인해요. 예를 들어서, 'a = 10'이라고 적으면 10이라는 '정수' 객체를 만들었다고 생각하고, 'b = 3.5'라고 적으면 3.5라는 '실수' 객체를 만들었다고 생각해요. 여기에서 '정수', '실수'를 자료형이라고 해요. 모든 객체는 자료형을 갖습니다. 파이썬이 제공하는 자료형은 다음과 같습니다.

> int(정수), float(실수), complex(복소수), bool(부울), bytearray, bytes
> str(문자열), list(리스트), tuple(튜플), set(집합), dict(사전), frozenset

이 중에서 주로 사용하는 자료형은 파란색으로 표시한 아홉 가지예요. 우선 파이썬의 아홉 가지 자료형을 표로 정리해 볼게요. 아홉 가지 자료형은 크게 수치 자료형, 부울 자료형, 컨테이너 자료형으로 나누어요. 수치 자료형에는 정수, 실수, 복소수가 포함되고, 컨테이너 자료형은 여러 자료를 모아서 하나의 군집 형태로 이용하는 자료형으로 문자열, 리스트, 튜플, 집합, 사전이 여기에 속합니다. 컨테이너 자료형 중에서 문자열, 리스트, 튜플은 안에 저장하는 데이터의 순서가 중요하고, 중복된 데이터가 저장될 수 있는 자료형이어서 따로 묶어서 '시퀀스^{Sequence} 자료형'이라고도 해요.

분류	자료형		예
수치 자료형 (3장)	정수 (int)		..., −3, −2, −1, 0, 1, 2, 3, ...
	실수 (float)		3.14, 5.5, 8.0, 0.54, −3.89, ...
	복소수 (complex)		3+4j, 5.7+2J, 2+9j, 5+1j, ...
부울 자료형 (6장)	부울 (bool)		True, False
군집 형태 자료형 (컨테이너 자료형)	시퀀스(Sequence) 자료형	문자열 (str) − 4장	'hello', "python", 'data', ...
		리스트 (list) − 9장	[1,2,3,4], ['red', 'blue'], [3.5, 2.4], ...
		튜플 (tuple) − 10장	(1,2,3,4), ('red', 'blue'), (3.4, 5.5, 1.2), ...
	집합 (set) − 11장		{1,2,3}, {'red', 'blue'}, {3.5, 1.2}, ...
	사전 (dict) − 12장		{1:'one', 2:'two'}, {'red':5, 'blue':2}, ...

파이썬 코딩을 잘 하려면 자료형을 잘 사용해야 하는데, 12장까지 학습해야 모든 자료형에 대한 공부가 끝나요. 여기에서는 각 자료형의 기본적인 형태와 특징만 간단히 정리 할게요.

정수(int) 자료형

정수는 수학 시간에 배운 내용 그대로예요. 정수는 음의 정수, 0, 양의 정수를 갖는다고 배웠을 거예요. 영어로 'integer'라서 파이썬에서 정수형을 int형이라고 해요. 변수에 정수를 넣고 자료형을 확인해 보려면 type() 함수를 사용하면 됩니다.

```
>>> n = 50 ·········· type() 함수는 인수로 넣은 데이터의 자료형을 알려줍니다.
>>> type(n)
<class 'int'>

>>> type(50)      # 인수로 데이터를 바로 넣어도 됩니다.
<class 'int'>
```

type() 함수의 괄호 안에 변수를 넣으면 그 변수가 어떤 자료형인지를 반환해 줍니다. type() 함수의 결과는 항상 〈class '자료형'〉의 형태로 나와요. class 개념은 17장에서 배우게 되요. 17장을 공부하고 나면 왜 class라고 나오는지 이해할 수 있어요. 지금은 그냥 type() 함수의 결과로 〈class '자료형'〉이 나온다고 기억해 두세요.

실수(float) 자료형

실수는 학생들이 초등학교 때부터 배운 소수점이 있는 숫자예요. 파이썬에서는 float형이라고 해요.

```
>>> f = 3.7
>>> type(f)
<class 'float'>
```

복소수(complex) 자료형

복소수는 고등학교 수학 시간에 배운 바로 그 복소수예요. 복소수는 실수부와 허수부로 구성되고 허수부에는 i를 붙여서 표현한다고 배웠을 거예요. 파이썬에는 i 대신에 j 또는 J를 붙여서 표현해요.

파이썬 시작하기

객체, 변수, 자료형

수치자료형과 연산자

문자열 자료형

표준 입출력문

if 조건문

while 반복문

for 반복문

```
>>> c = 2 + 5j
>>> type(c)
<class 'complex'>
```

부울(bool) 자료형

부울형 변수에 저장될 수 있는 값은 딱 두 개예요. True와 False. True는 '참', False는 '거짓'을 나타내는데 부울 자료형은 이렇게 참과 거짓 두 값만을 가질 수 있어요. 부울 자료형은 나중에 배울 조건문과 반복문에서 아주 중요한 역할을 합니다. 지금은 부울 자료형에 저장될 수 있는 값이 True 아니면 False 라는 정도만 기억해 두기 바랍니다.

```
>>> b = True
>>> type(b)
<class 'bool'>
```

```
>>> d = False
>>> type(d)
<class 'bool'>
```

문자열(str) 자료형

문자열은 문자들로 구성된 데이터를 말합니다. 예를 들어, 이름, 주소 등이 문자열로 표현하기에 적합한 데이터예요. 문자열은 프로그래밍에서 아주 중요해요. 학생들이 인터넷에서 많이 하는 일 중에 하나가 검색일거예요. 대부분의 검색은 문자열을 이용하게 되죠. 파이썬에서 문자열은 string을 줄여서 str 자료형이라고 불러요.

문자열을 만들려면 따옴표를 이용하는데, 작은따옴표 또는 큰따옴표 모두 사용 가능해요. 다음의 네 가지 형태 모두 문자열 객체를 만드는 데 이용될 수 있어요.

```
>>> s1 = 'python'                          # 작은따옴표
>>> s2 = "hello world"                     # 큰따옴표
>>> s3 = '''study programming'''           # 작은따옴표 세 개
>>> s4 = """python is good"""              # 큰따옴표 세 개
>>> type(s1), type(s2), type(s3), type(s4)   # 콤마로 분리하면 괄호로 묶어서 출력합니다.
(<class 'str'>, <class 'str'>, <class 'str'>, <class 'str'>)
```

4장에서 문자열을 만드는 네 가지 방식의 차이를 자세히 설명할 거예요. 지금은 그냥 네 가지 방식이 있다는 것만 알아 두세요.

리스트(list) 자료형

리스트는 여러 개의 데이터를 하나로 묶어서 처리할 수 있도록 해 주는 자료형이에요. 예를 들어, 다섯 명의 성적을 변수 다섯 개를 만들어서 저장할 수도 있지만 하나의 변수를 만들어서 다섯 개의 성적을 묶어서 관리하면 편하겠죠. 리스트로 데이터를 묶을 때는 대괄호 [ ] 기호를 사용합니다. 리스트는 순서 개념이 있어요. 아래 예에서 리스트 score에는 다섯 개의 데이터가 있고, 80은 첫 번째 데이터, 90은 두 번째 데이터, 77은 세 번째 데이터, 95는 네 번째 데이터, 89는 다섯 번째에 있는 마지막 데이터입니다. 그리고 중복된 데이터를 저장할 수도 있어요.

```
>>> score = [80, 90, 77, 95, 89]
>>> type(score)
<class 'list'>
```

튜플(tuple) 자료형

튜플은 모양이 리스트와 아주 비슷해요. 즉, 여러 데이터를 묶어서 하나의 큰 데이터로 처리하는 것이 똑같은데, 튜플에서는 [ ] 대신에 ()를 이용합니다. 리스트와 튜플 사이에는 큰 차이가 있어요. 리스트는 한 번 만든 후에 그 안에 저장된 자료들을 바꿀 수가 있는 반면에 튜플은 한 번 만들고 나면 그 안에 저장된 자료들을 바꿀 수가 없어요. 이것은 중요한 성질인데, 9장, 10장에서 자세하게 설명합니다. 튜플도 리스트와 마찬가지로 순서 개념이 있는 시퀀스 자료형이고 중복된 데이터를 저장할 수도 있어요.

```
>>> T = (1,3,5,7)
>>> type(T)
<class 'tuple'>
```

파이썬 시작하기

객체, 변수, 자료형

수치자료형과 연산자

문자열 자료형

표준 입출력문

조건문

while 반복문

for 반복문

시퀀스(sequence) 자료형은 순서가 있는 자료형으로 문자열, 리스트, 튜플이 여기에 속해요. 순서가 있기 때문에 순서대로 저장되고, 저장되는 공간에 인덱스가 붙게 됩니다. 아래 그림을 보세요. 인덱스 개념은 나중에 자세히 나오는데, 지금은 시퀀스 자료형에는 인덱스가 있다는 것을 알아 두세요.

```
>>> s = 'python'
>>> print(s[0])
p
```

	0	1	2	3	4	5	◁⋯⋯ 양수 인덱스
S	p	y	t	h	o	n	
	-6	-5	-4	-3	-2	-1	◁⋯⋯ 음수 인덱스

```
score = [80, 90, 77, 95, 89]
>>> print(score[3])
95
```

	0	1	2	3	4	◁⋯⋯ 양수 인덱스
score	80	90	77	95	89	
	-5	-4	-3	-2	-1	◁⋯⋯ 음수 인덱스

```
T = (1,3,5,7)
>>> print(T[-2])
5
```

	0	1	2	3	◁⋯⋯ 양수 인덱스
T	1	3	5	7	
	-4	-3	-2	-1	◁⋯⋯ 음수 인덱스

집합(set) 자료형

집합은 초등학교 때부터 배웠던 집합과 같아요. 파이썬에서도 집합 기호 {}를 사용해서 집합 객체를 만듭니다. 집합의 특징이 무엇인가요? 순서 개념이 없고, 중복된 데이터가 없다는 거죠. 위의 리스트나 튜플은 중복된 데이터가 있을 수도 있고 저장된 순서가 중요해요. 하지만 집합은 어떤 원소가 집합에 있는지 없는지 만이 중요합니다. 이 개념이 파이썬의 집합에도 그대로 적용되는데, 집합도 나중에 따로 자세히 배울 거예요. 지금은 간단하게 이 정도를 기억해 두세요.

```
>>> data = {1,3,4,6,7}
>>> type(data)
<class 'set'>
```

사전(dict) 자료형

마지막으로 사전이라는 자료형이 있어요. 사전은 아홉 가지 자료형 중에서 제일 복잡하게 생겼어요. 하지만 아주 중요한 자료형이에요. 사전은 집합의 일종이라고 생각해도 되요. 집합처럼 집합 기호 { }를 사용해서 원소들을 모아 놓은 것인데, 원소의 형태가 좀 특별해요. 사전에 저장되는 원소는 반드시 키와 값의 쌍으로 구성되어야 해요. 예를 들어서, 어느 고등학교에 1학년 학생 수는 200명, 2학년 학생 수는 220명, 3학년 학생 수는 170명인데, 이 정보를 컴퓨터에 저장하고 싶어요. 그러면 학년과 학생 수를 같이 묶어서 저장하면 좋을 거예요. 사전은 이렇게 데이터를 한 쌍으로 묶어서 저장할 수 있도록 해 주는 자료형이에요. 학년을 '키'로 하고 학생 수를 '값'으로 해서 아래와 같이 사전을 만들 수 있어요. 그러니까 사전에 저장하는 원소 한 개는 '키:값'의 형태여야 하고, '키'는 유일해야 해요. 즉, 같은 '키'가 사전에 여러 개 있을 수가 없어요. 12장에서 사전을 자세히 설명하고 사전이 파이썬에서 왜 중요한지도 배울 거예요.

```
>>> school = {1:200, 2:220, 3:170}
>>> type(school)
<class 'dict'>
```

간단하게 아홉 가지 자료형의 형태와 특징을 알아보았어요. 3장부터 시작해서 각 자료형을 자세하게 공부할 거예요. 지금은 다음의 모양대로 자료형을 분류해 두세요.

참고

집합과 사전은 다음과 같이 주머니에 데이터가 들어 있다고 생각하세요. 그래서 주머니에 데이터가 있는지 없는지가 중요하고, 어떤 순서로 들어가 있는지는 알 수가 없어요.

집합 data

집합은 원소가 유일해야 함.

사전 data

사전은 원소가 키와 값의 쌍으로 구성됨.
사전에서는 키가 유일해야 함.

파이썬 시작하기

객체, 변수, 자료형

수치자료형과 연산자

문자열 자료형

표준 입출력문

if 조건문

while 반복문

for 반복문

4/ mutable 자료형 vs. immutable 자료형

파이썬의 아홉 가지 자료형 중에는 mutable(변경 가능)한 자료형도 있고, im-mutable(변경 불가능)한 자료형도 있습니다. mutable하다는 것은 저장된 데이터를 수정할 수 있다는 의미이고, immutable하다는 것은 수정할 수 없다는 의미예요.

정수 자료형이 immutable한 자료형인데, 정수 자료형을 이용해서 immutable과 mutable의 의미를 설명해 볼게요.

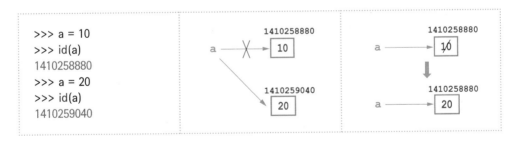

a에 10을 저장하고 id를 확인해 보고난 후, a에 20을 저장하고 다시 id를 확인해 보았어요. 그랬더니 다른 id가 나왔습니다. 이게 무슨 의미일까요? 가운데 그림을 보면 객체 10이 담긴 변수가 a가 되었다가, a에 객체 20을 넣었더니 객체 20이 새로 만들어지고 객체 20을 담은 변수가 a가 되었어요. 정수가 immutable하기 때문에 a에 담긴 10을 수정할 수 없으니까 10은 그대로 두고 다른 곳에 객체 20을 만든 거예요. 만약에 정수가 mutable하다면 오른쪽 그림과 같은 일이 일어

났을 거예요. 즉, 10이 담겼던 공간에서 10이 없어지고 20으로 바뀌는 거죠. 이렇게 되면 mutable 한 자료형인 거예요.

리스트와 튜플을 비교하면 mutable과 immutable의 차이를 좀 더 분명히 알 수 있어요. 리스트는 mutable 자료형이고 튜플은 immutable 자료형이에요.

리스트	튜플

>>> math_score = [80, 90, 85, 70]
>>> math_score[2] = 88
>>> print(math_score)
[80, 90, 88, 70]
	>>> english_score = (95, 82, 90, 80)
	>>> english_score[1] = 85
	......
	TypeError: 'tuple' object does not support item assignment

리스트에 저장된 데이터는 'math_score[2] = 88'이라고 하니까 85였던 데이터가 88로 수정되었어요. 그런데 튜플에 저장된 데이터는 'english_score[1] = 85'라고 했더니 TypeError가 발생했어요. 튜플은 수정할 수 없는 자료형인데 수정하려고 했다는 에러예요. mutable과 immutable의 차이를 분명히 이해하겠죠?

파이썬의 아홉 가지 자료형 중에서 mutable/immutable 자료형을 정리하면 다음과 같습니다.

mutable 자료형	리스트, 집합, 사전
immutable 자료형	정수, 실수, 복소수, 부울, 문자열, 튜플

5/ 자료형 변환 함수

프로그래밍을 하다 보면 자료형을 변환해야 하는 경우가 있어요. 예를 들어서, 실수 데이터를 정수 데이터로 바꿔서 사용해야 하는 경우도 있고 반대로 정수 데이터를 실수형으로 바꿔야 하는 경우도 있어요. 파이썬에는 기본적으로 제공하는 내장 함수가 있다고 했었죠. 그 중에 자료형과 똑같은 이름의 함수들이 있어요. 이 함수들은 모두 입력받은 인수의 자료형을 변환하여 반환하는 함수들이에요.

파이썬 시작하기

객체, 변수, 자료형

수치자료형과 연산자

문자열 자료형

표준 입출력문

조건문

while 반복문

for 반복문

함수명	의미
int(x)	인수 x의 자료형을 int로 변환한 객체를 반환합니다.
float(x)	인수 x의 자료형을 float로 변환한 객체를 반환합니다.
complex(x)	인수 x의 자료형을 complex로 변환한 객체를 반환합니다.
bool(x)	인수 x의 자료형을 bool로 변환한 객체를 반환합니다.
str(x)	인수 x의 자료형을 str로 변환한 객체를 반환합니다.
list(x)	인수 x의 자료형을 list로 변환한 객체를 반환합니다.
tuple(x)	인수 x의 자료형을 tuple로 변환한 객체를 반환합니다.
set(x)	인수 x의 자료형을 set으로 변환한 객체를 반환합니다.
dict(x)	인수 x의 자료형을 dict로 변환한 객체를 반환합니다.

간단한 예로 실수를 정수로, 정수를 실수로 바꾸어 볼게요.

```
>>> x = 3.2
>>> y = int(x)
>>> print(y)
3
>>> type(y)
<class 'int'>
```

```
>>> x = 5
>>> y = float(x)
>>> print(y)
5.0
>>> type(y)
<class 'float'>
```

자료형과 똑같은 이름으로 내장 함수가 있습니다.
int 자료형은 int() 함수가 있습니다.
float 자료형은 float 함수가 있습니다.

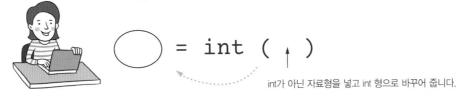

int가 아닌 자료형을 넣고 int 형으로 바꾸어 줍니다.

자료형 변환과 관련해서는 각각의 자료형에 대해서 공부할 때 자세히 설명하겠습니다.

6/ 주석 처리

주석은 프로그램 코드를 작성할 때 중간 중간에 메모를 남겨 놓는 거예요. 컴퓨터는 프로그램 코드를 실행할 때 주석 부분은 무시합니다. 프로그래머는 코드를 작성하면서 설명이 필요한 부분에 주석을 달아 놓기도 하고, 코드의 맨 위에 언제 작성한 코드인지 등을 기록해 두기도 해요.

파이썬 주석은 한 줄 주석과 여러 줄 주석이 있어요.

- 한 줄 주석은 # 기호를 이용합니다(# 이후가 주석이에요).
- 여러 줄 주석은 작은따옴표 세 개("'"..."'") 또는 큰따옴표 세 개("""...""")를 이용합니다.

다음 코드의 초록색 부분은 주석이라서 컴퓨터가 코드를 수행할 때 무시하고 그냥 넘어가요. 여러 줄 주석을 작성할 때는 작은따옴표 세 개를 쓰던지, 아니면 큰따옴표 세 개를 쓰던지 차이는 없어요. 그런데, 나중에 함수, 클래스, 모듈 안에서는 큰따옴표 세 개로 주석을 하는 것이 좋아요. 이 부분은 해당 내용을 공부할 때 다시 설명할게요.

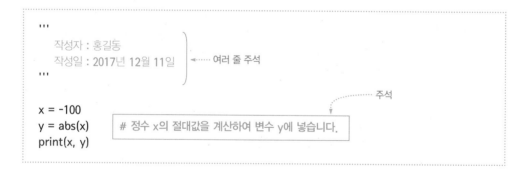

```
'''
    작성자 : 홍길동
    작성일 : 2017년 12월 11일          ◀---- 여러 줄 주석
'''

x = -100                                                    주석
y = abs(x)      # 정수 x의 절대값을 계산하여 변수 y에 넣습니다.
print(x, y)
```

주석은 컴퓨터가 신경쓰지 않는 부분이예요.
코드를 작성하다가 코드에 대한 설명을 넣거나 간단히
메모가 필요할 때 주석을 사용합니다.

7/ 정리

2장에서는 파이썬 프로그램에서 다루는 데이터에 대해서 알아보았습니다. 파이썬이 제공하는 자료형 중에서 많이 사용하는 9가지를 간단히 알아 보았고, 함수와 주석에 대해서도 공부했습니다. 이 후 장에서 파이썬 자료형을 하나씩 살펴봅니다.

파이썬 코딩을 잘 하려면 9가지 자료형에 대해서 잘 알아야 합니다. 여기서 9가지 자료형에 대해 정리해 볼게요. 지금은 다 이해가 되지 않겠지만, 이 책을 공부해 나가면서 하나씩 알게 될 거예요.

수치 자료형 VS. 컨테이너 자료형

수치 자료형	숫자 표현	int, float, complex
	참/거짓 표현	bool
컨테이너 자료형	시퀀스 자료형	str, list, tuple
	순서 없는 자료형	set, dict

immutable 자료형 VS. mutable 자료형

immutable 자료형	mutable 자료형
수치 자료형 - int, float, complex 부울 자료형 - bool 컨테이너 자료형 - str, tuple	컨테이너 자료형 - list, set, dict

+ 연산자 (뒤에서 배웁니다)

- 수치 자료형끼리는 섞어서 '+' 할 수 있습니다.(더하기)
- 시퀀스 자료형은 같은 자료형끼리만 '+' 할 수 있습니다.(연결하기)
- set, dict는 '+' 할 수 없습니다.

* 연산자 (뒤에서 배웁니다)

- 수치 자료형끼리는 섞어서 '*' 할 수 있습니다.(곱하기)
- 시퀀스 자료형은 '*' 가 반복의 의미입니다.
- set, dict는 '*' 할 수 없습니다.

수치 자료형과 연산자

2장에서 파이썬의 아홉 가지 자료형의 형태를 간단히 보았어요. 이번 장에서는 그 중에서 수치 자료형에 해당하는 정수(int), 실수(float), 복소수(complex) 에 대해 공부할 거예요. 정수와 실수로 주로 하는 일은 연산이죠. 파이썬에서는 다음과 같이 일곱 가지의 연산 기호가 있어요. 이 일곱 가지 연산 기호를 연산자(operator)라고 하는데, 이 연산자들은 모두 이항 연산자예요. 이항 연산자는 연산자 양쪽에 데이터를 갖는 연산자로 양쪽 데이터들은 피연산자(operand)라고 해요.

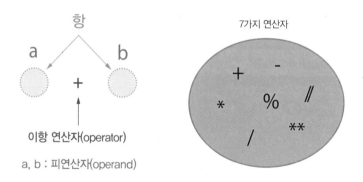

이번 장에서는 수치 자료형과 일곱 가지 연산자를 공부하고, 서로 다른 연산자들이 섞여 있을 경우에 어떤 순서로 계산해야 하는지를 알아볼 거예요. 또한 파이썬에서 수학 연산을 쉽게 할 수 있도록 제공하는 수학 관련 함수들도 소개할게요. 이번 장부터는 마지막에 프로그래밍 연습 문제를 넣을 테니까 꼼꼼하게 공부하고 연습문제는 스스로 풀 수 있도록 해 보세요.

1/ 정수 자료형과 연산

정수는 우리가 살아가면서 가장 많이 사용하는 숫자일 거예요. 날짜도 숫자로 구성되어 있고, 돈 계산을 할 때, 성적을 매길 때, 시간을 잴 때……, 모두 정수예요. 정수는 음의 정수, 0, 양의 정수로 구성된다는 것은 다들 아시죠? 바로 이 정수를 컴퓨터에 저장하고 연산하는 방법에 대해서 학습할 거예요.

정수 표현하기

정수는 ……, -3, -2, -1, 0, 1, 2, 3, …… 이런 수죠. 코드에서 정수는 숫자 그대로 표현하면 됩니다.

```
>>> x = 100; y = 200
>>> x, y
(100, 200)
>>> id(x), id(y)
(1515155120, 1515156720)
>>> type(x), type(y)
(<class 'int'>, <class 'int'>)
```

```
                    1515155120
        x ──────▶ │ 100 │

                    1515156720
        y ──────▶ │ 200 │
```

변수 x에 정수 객체 100을 저장하고, 변수 y에 정수 객체 200을 저장한 모습이에요. id() 함수는 객체의 고유 id를 확인하기 위해서 사용하는 함수이고, type() 함수는 객체의 자료형을 확인하기 위해서 사용하는 함수라는 것을 아실 거예요.

정수는 immutable하다

정수는 변경 불가능한 객체예요. 즉, 정수 객체를 만든 다음에는 그 내용을 바꿀 수 없어요. 다음의 예는 정수가 immutable하다는 것을 보여 줍니다. id() 함수 결과를 주의해서 보아 주세요.

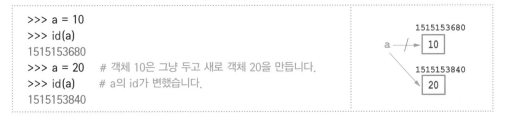

```
>>> a = 10
>>> id(a)
1515153680
>>> a = 20        # 객체 10은 그냥 두고 새로 객체 20을 만듭니다.
>>> id(a)         # a의 id가 변했습니다.
1515153840
```

```
                    1515153680
        a ──╳──▶ │ 10 │

                    1515153840
              ╲──▶ │ 20 │
```

정수 객체가 immutable하기 때문에 객체 10을 수정할 수 없어서 새로 객체 20을 만들어 준 거예요.

크기 제한이 없는 정수 자료형

정수로 표현할 수 있는 가장 큰 수는 무엇일까요? 파이썬 버전 2에서는 정수로 표현할 수 있는 가장 큰 수가 정의되어 있었는데, 버전 3에서는 가장 큰 수의 정의를 없앴어요. 따라서 아주 큰 수까지 자유롭게 사용할 수 있다고 생각하세요. 아주 큰 수를 한 번 볼게요. 파이썬에서 ** 기호는 제곱 계산 기호예요. 아래에 제곱 계산 결과를 보면 파이썬에서는 큰 수 연산이 가능함을 알수 있어요.

```
>>> 2 ** 10      # 2의 10 제곱
1024
>>> 2 ** 20      # 2의 20 제곱
1048576
>>> 2 ** 100     # 2의 100 제곱
1267650600228229401496703205376
>>> 2 ** 1000    # 2의 1000 제곱
10715086071862673209484250490600018105614048117055336074437503883703510511249
36122493198378815695858127594672917553146825187145285692314043598457757469857
48039345677748242309854210746050623711418779541821530464749835819412673987675
59165543946077062914571196477686542167660429831652624386837205668069376
```

```
>>> x = 1000000000000000000000
>>> x + 1000000000000
1000000001000000000000
```

산술 연산자

파이썬에는 모두 일곱 가지의 연산 기호가 있어요. 더하기, 빼기, 곱하기, 나누기 기호가 있고 추가로 제곱, 몫과 나머지 계산이 있어요.

연산자	의미	예	결과
+	더하기	10 + 5	15
−	빼기	20 − 7	13
*	곱하기	7 * 8	56
/	나누기	30 / 4	7.5 ◀······ 실수
**	제곱	3 ** 2	9
//	몫	50 // 6	8
%	나머지	50 % 6	2

참고 '정수/정수'의 결과는 항상 실수입니다.

```
>>> 100/10
10.0
```

위의 일곱 가지 연산자는 모두 이항연산자로 연산자 양쪽에 숫자가 와야 해요. 프로그래밍에서 곱하기 기호는 *이고, 나누기 기호는 /입니다. 일반적으로 쓰는 ×, ÷ 기호가 없어요. 일곱 가지 연산자 중에서 +, −, *, / 는 일상생활에서도 흔히 사용하는 연산이죠. 나머지 세 연산자 **, //, %는 코딩에서 특별히 유용하게 사용되는 연산자들이에요. 하나씩 살펴볼게요.

** 연산자는 제곱을 시켜주는 연산자예요. a**b라고 하면 a^b을 계산해 주죠. 10 ** 5라고 하면 100,000이 되겠죠. 파이썬에서는 정수 크기의 제한이 없다고 했으니까 ** 연산자를 편하게 써도 됩니다.

// 연산자와 % 연산자는 서로 연관이 많아요. a//b와 a%b는 각각 a를 b로 나눈 몫과 나머지를 계산해 줘요. 아래 그림으로 이해해 보세요.

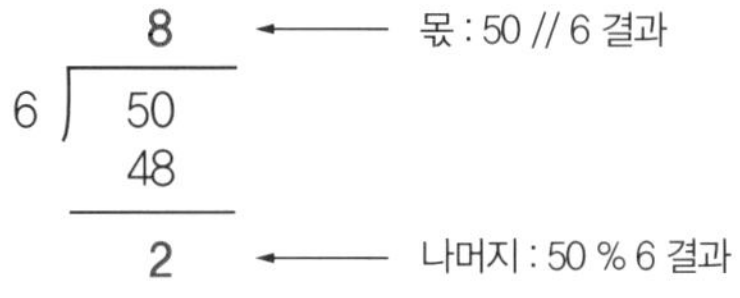

```
        8    ◀──── 몫 : 50 // 6 결과
    6 ) 50
        48
    ─────────
        2    ◀──── 나머지 : 50 % 6 결과
```

할당 연산자와 산술 연산자

프로그래밍에서 '='은 할당연산자 또는 대입연산자라고 부르고, '='
의 중요성은 아무리 강조해도 지나치지 않아요. '='의 왼쪽에는 변
수가 한 개 오기도 하고, 여러 개가 올 수도 있어요. 이번 장에서는
'='의 왼쪽에 변수가 한 개 오는 경우만을 보도록 할게요.

변수 = 값

```
>>> a = 10          # 정수 10을 변수 a에 넣습니다.
>>> b = 20          # 정수 20을 변수 b에 넣습니다.
>>> c = a + b       # a와 b를 더해서 변수 c에 넣습니다.
>>> print(a,b,c)
10 20 30
>>> a = a + 50      # a에 50을 더하여 a에 다시 넣습니다. 즉, a를 50만큼 증가시킵니다.
>>> print(a)
60
>>> a = a + b       # a와 b를 더하여 a에 다시 넣습니다. 즉, a를 b만큼 증가시킵니다.
>>> print(a)
80
```

'='의 실행은 항상 오른쪽에서 왼쪽으로 가야 합니다. 만약에 '='이 여러 개 있으면 가장 오른쪽부
터 왼쪽으로 차례대로 수행되는 거예요.

`>>> a = b = c = d = 10` ←	변수 d가 가장 먼저 10을 갖게 되고, 다음으로 c, b, a 순서대로 10을 갖게 되겠죠.

`>>> x = 10; y = 20`
`>>> a = b = c = x + y`
`>>> print(a, b, c, x, y)`
`30 30 30 10 20`
	x+y를 계산하여 먼저 c에 넣고, c 값을 b에 넣고,
	b 값을 a에 넣게 됩니다.

산술 연산자 간략히 쓰기

산술 연산자 일곱 가지는 상황에 따라 간략히 줄여서 쓸 수가 있어요. 다음 표의 첫 번째 연산식
을 볼게요. 'a = a + b'는 '='의 오른쪽인 a+b를 먼저 계산한 다음에 그 결과를 a에 저장하게 됩
니다. 다시 설명하면 현재 변수 a의 값을 b만큼 증가시켜서 다시 a에 저장하라는 의미가 됩니다.

따라서 이런 경우에는 간략하게 'a += b'라고 써도 됩니다. 처음에는 조금 어색할 수 있는데, 프로그래밍을 할수록 +=와 같이 간략한 형태가 보다 직관적이어서 점점 많이 사용할 거예요. 여기서 조심해야 할 것이 있어요. 반드시 +와 =을 붙여 써야 합니다. +=, -=, *=, /=, **=, //=, %= 모두 두 기호를 붙여 쓰세요.

원래 연산식	간략히 쓰기	의미
a = a + b	a += b	a에 b만큼 더합니다. (a 자체가 b만큼 증가함)
a = a - b	a -= b	a에서 b만큼 뺍니다. (a 자체가 b만큼 감소함)
a = a * b	a *= b	a를 b배합니다. (a 자체가 b배가 됨)
a = a / b	a /= b	a를 b로 나눈 값을 다시 a에 저장합니다.
a = a ** b	a **= b	a의 b 제곱 값을 다시 a에 저장합니다.
a = a // b	a //= b	a를 b로 나눈 몫을 다시 a에 저장합니다.
a = a % b	a %= b	a를 b로 나눈 나머지를 다시 a에 저장합니다.

다음과 같은 식을 볼까요?

```
>>> a = 5; b = 10; c = 17; d = 7      # 변수 a, b, c, d를 만듭니다.
>>> a += b * c - d                    # b * c - d를 계산한 값을 a에 더해 줍니다.
>>> a, b, c, d
(168, 10, 17, 7)
```

위의 두 줄을 수행한 후에 a값은 무엇일까요? 일곱 가지 연산자 기호에 '=' 기호가 같이 붙어 있는 축약된 형태도 할당 연산자이기 때문에 수식에서 가장 나중에 계산됩니다. 즉, b*c-d를 계산하여 그 결과 값을 a에 추가하게 되는 거예요.

연산자 우선 순위

일곱 가지 연산자가 섞여 있을 경우에 어떤 연산자부터 계산해야 할지를 생각해 봅시다. 기본적으로 연산자가 섞여 있을 경우에 곱셈, 나눗셈이 덧셈, 뺄셈보다 우선 순위가 높아서 먼저 계산된다는 것은

우선순위	연산자	결합 순서
↑ 높음	**	←
	*, /, //, %	→
	+, -	→

알 거예요. **까지 포함해서 보면 **가 연산 순위가 가장 높아요.

결합 순서를 보면 ** 연산자는 오른쪽에서 왼쪽으로 연산해 나갑
니다. 그래서 2**3**2를 계산하면 2*(3**2)의 결과를 내요.
즉, ** 연산이 연이어 나올 때에는 오른쪽 연산부터 시작해서 왼
쪽으로 연산을 진행해 줘요. 만약에 앞에서부터 연산을 하고 싶다
면 다음과 같이 괄호로 연산 순위를 바꿔 주어야 하고요.

```
>>> 2 ** 3 ** 2
512
>>> (2 ** 3) ** 2
64
```

일곱 가지 연산자가 모두 섞여 있을 때의 예제를 볼게요(동그라미 번호는 계산 순서임).

```
       ❸ ❷ ❶
>>> 2 + 3 * 4 ** 2
50       ❷   ❸      ❹ ❶
>>> 50 // 7 + 10000 - 3 ** 2
9998
```

```
       ❶   ❸ ❹   ❷
>>> 4 ** 2 * 2 * 3 ** 4
2592     ❹   ❷   ❺ ❸     ❶
>>> 100 - 30 % 4 + 2 * 10 ** 3
2098
```

$3x^2 + 4x + 5$를 계산한다고 해 볼게요
파이썬에서는 *(곱하기) 기호를 생략할 수 없습니다.
그래서 위의 수식은 다음과 같이 적어야 합니다.

$$3*x**2+4*x+5$$

가장 먼저 계산됩니다.

파이썬 수식에서는 우선 순위를 바꾸려면 반드시 괄호를 써야 합니다.
예를 들어서, (a+b*(c+a)) / (b-c)와 같이 써야 합니다.
중괄호는 수식에서 사용할 수 없습니다. 위의 식을 다음처럼 쓰면 안됩니다.

$$\{a+b*(c+a)\} \; / \; (b-c)$$

중괄호 때문에 에러가 발생합니다. (중괄호는 집합, 사전의 의미임)

파이썬 시작하기

객체, 변수, 자료형

수치자료형과 연산자

문자열 자료형

표준 입출력

if 조건문

while 반복문

for 반복문

CODE 01 하루가 몇 초인지 계산하여 출력하는 코드입니다.

변수명이 길지만 어떤 값을 저장하려는지 잘 알려줍니다.

```
sec_in_a_min = 60              # 1분은 60초
min_in_an_hour = 60            # 1시간은 60분
hours_in_a_day = 24            # 하루는 24시간
sec_in_a_day = hours_in_a_day * min_in_an_hour * sec_in_a_min
print(sec_in_a_day, 'seconds in a day')
```

```
86400 seconds in a day
```

CODE 02 형의 나이는 22살, 나의 나이는 18살, 동생은 16살이에요. 세 사람의 나이 차이를 출력합니다.

```
age_older_brother = 22                        # 형 나이
age_me = 18                                   # 내 나이
age_younger_brother = 16                      # 동생 나이

diff1 = age_older_brother - age_me            # 형과 나의 나이 차이
diff2 = age_older_brother - age_younger_brother   # 형과 동생의 나이 차이
diff3 = age_me - age_younger_brother          # 나와 동생의 나이 차이
print('형은 나보다', diff1,'살 위입니다.')
print('형은 동생보다', diff2, '살 위입니다.')
print('나는 동생보다', diff3, '살 위입니다.')
```

```
형은 나보다 4 살 위입니다.
형은 동생보다 6 살 위입니다.
나는 동생보다 2 살 위입니다.
```

CODE 03 세 명의 성적이 있습니다. 각각의 성적은 90, 85, 88입니다. 세 명의 평균을 구해 보세요.

```
score1 = 90
score2 = 85
score3 = 89
```

total = score1 + score2 + score3 라고 해도 되겠죠

```
total = score1 + score2       # total은 두 성적의 합을 저장합니다.
total += score3               # total에 score3을 더합니다.
average = total / 3          # 평균을 구합니다.

print('총점 :', total)
print('평균 :', average)
```

```
총점 : 264
평균 : 88.0
```

아주 간단한 문제들이지만 위의 코드들을 작성해 보면서 프로그램을 어떻게 작성해야 하는지 생각해 보세요. 프로그램은 내가 컴퓨터에게 일을 시키는 거라고 했으니까 어떻게 일을 시켜야 컴퓨터가 올바른 결과를 내 주는지를 생각하면서 한 줄 한 줄 컴퓨터가 이해하는 언어로 적어 나가면 되요. 어렵지 않죠? 바로 이렇게 자기의 생각을 순서대로 파이썬 문법에 맞추어 적어 나가는 것, 이것이 바로 코딩이에요. 연습 문제에 비슷한 문제들을 만들어 두었으니까 꼭 풀어 보세요.

2/ 실수 자료형과 연산

실수는 소수점이 있는 숫자예요. 파이썬에서도 소수점으로 실수를 표현해요.

실수 자료형 표현하기

파이썬에서는 숫자에 소수점이 포함되어 있으면 실수 자료형으로 판단해요. 그래서 다음과 같은 표현은 모두 실수로 취급합니다.

```
                              ···· 뒤에 0을 생략할 수 있어요.
                                     ···· 앞에도 0을 생략할 수 있어요.
>>> a = 3.5; b = 3.0; c = 0.5; d = 3.; e = .5
>>> a, b, c, d, e
(3.5, 3.0, 0.5, 3.0, 0.5)
>>> type(a), type(b), type(c), type(d), type(e)
(<class 'float'>, <class 'float'>, <class 'float'>, <class 'float'>, <class 'float'>)
```

소수를 표현하는 다른 방법이 있어요. 아주 큰 소수나 아주 작은 소수는 소수점을 이용해서 표현하다 보면 실수하기가 쉬워요. 이런 경우에는 과학적 표기법이 효율적인데, 다음과 같이 영문자 e 또는 E를 사용해서 표현하는 것이 과학적 표기법이에요.

```
>>> x = 3.7e8
>>> print(x)
370000000.0
>>> y = 2.5E-3
>>> print(y)
0.0025
```

$3.7e8 \rightarrow 3.7 * 10^8$

$2.5E\text{-}3 \rightarrow 2.5 * 10^{-3}$

이 책에서는 과학적 표기법보다는 그냥 소수점만을 이용한 실수 표기를 주로 사용할게요.

실수는 immutable하다

실수는 정수와 마찬가지로 변경 불가능한 자료형이에요. 즉, 한번 만든 객체는 바꾸지 못하는 거죠.

실수의 특징

실수에서 신경 써야 하는 부분이 있어요. 오른쪽 예를 보세요. 문제가 보이죠? 0.2와 0.1을 더했더니 0.3이 아니라 숫자 끝에 작은 오차가 붙어 나오죠. 이 부분은 컴퓨터가 실수를 저장하는 방식 때문에 생기는 문제예요. 이러한 문제는 파이썬 언어뿐만 아니라 다른 언어로 프로그래밍할 때도 발생하는 문제예요. 그러니까 컴퓨터가 실수를 저장하는 방식때문에 발생하는 문제라서 어떻게 할 수가 없어요. 하지만 소수점 아래 몇 째 자리까지 출력하도록 시킬 수는 있어요. 그렇게 되면 끝 부분에 붙어 나오는 숫자를 떼어낼 수가 있죠.

```
>>> 0.1 + 0.1
0.2
>>> 2 * 0.2
0.4
>>> 0.2 + 0.1
0.30000000000000004
>>> 3 * 0.1
0.30000000000000004
```

실수의 연산

실수도 정수와 마찬가지로 일곱 가지 연산자를 모두 사용할 수 있어요. 일곱 가지 연산자의 의미와 사용법이 정수와 똑같으니까 예를 보면서 정리하도록 할게요.

```
>>> 3.5 + 5.7
9.2
>>> 9.2 - 5.7
3.499999999999999
>>> 2.1 * 3.0
6.300000000000001
>>> 10.5 / 2.3
4.565217391304349
>>> 10.5 / 2.5
4.2
```

```
>>> 2.5 ** 1.5
3.952847075210474
>>> 5.8 // 2.2
2.0
>>> 5.8 % 2.2
1.3999999999999995
```

위에 보면 일곱 가지 연산자가 모두 실수에서 사용 가능해요. 그런데, //와 % 연산자는 정수에서 의미가 있는 연산자예요. 아마도 실수에 대해서 몫과 나머지 연산을 할 일은 별로 없을 거예요.

3/ 복소수 자료형과 연산

복소수 자료형은 고등학교 때 배운 복소수가 맞아요. 2+3i 이런 형태로 배웠을 거예요. 파이썬에서도 이러한 복소수를 표현할 수 있는 자료형이 있어요. 파이썬에서는 복소수를 표현할 때 i 대신에 j를 사용해요. 그 이유는 i는 전기공학에서 전류를 나타내기 때문에 j를 선택했다는 얘기가 가장 정확해 보입니다. 아무튼 파이썬에서는 특별하게 복소수를 표현할 수 있는 자료형이 있고 j 또는 J를 이용해서 표현합니다.

복소수 자료형 표현하기

복소수 자료형은 실수부와 허수부로 구성된 자료형이에요. 허수부에는 영문자 j 또는 J를 붙여주고 실수부가 없이 허수부만 있을 수도 있어요.

만약에 허수부가 1j 일 때는 반드시 숫자 1을 붙여야 합니다. 다음과 같이 c = 2.5 + j 라고 하면 에러가 발생하는데, 왜 에러가 발생할까요?

```
>>> a = 3 + 5j
>>> b = 2 + 7J
>>> print(a, b)
(3+5j) (2+7j)
>>> type(a); type(b)
<class 'complex'>
<class 'complex'>
```

```
>>> c = 2.5 + j          # j라고 적은 부분에서 문제가 발생합니다.
Traceback (most recent call last):
  File "<pyshell#94>", line 1, in <module>
    c = 2.5 + j
NameError: name 'j' is not defined
>>> c = 2.5 + 1J          # 반드시 1을 붙여 주세요.
>>> print(c)
(2.5+1j)
```

허수부를 1j 또는 1J 라고 하지 않고 그냥 j 또는 J 라고 하면, 컴퓨터는 j 또는 J 라는 변수를 찾게 됩니다. 그래서 에러 메시지를 보면 NameError가 발생하는 거예요.

복소수는 immutable하다

복소수도 정수, 실수와 마찬가지로 변경 불가능합니다.

복소수 연산

복소수에 대해서 +, −, *, /, ** 연산이 가능합니다. //와 % 연산은 사용할 수가 없어요.

```
>>> a = 3 + 5j
>>> b = 2 + 7j
>>> a + b        # 실수부끼리, 허수부끼리 더합니다.
(5+12j)
>>> a - b        # 실수부끼리, 허수부끼리 빼기 연산을 합니다.
(1-2j)
>>> a * b
(-29+31j)
>>> a / b
(0.7735849056603773-0.2075471698113208j)
```

```
>>> a = 3+5j
>>> a.real
3.0
>>> a.imag
5.0
```

복소수에서 실수부만 필요하거나 허수부만 필요할 때 쉽게 원하는 부분을 떼어올 수 있는 방법이 있어요. 다음과 같이 real과 imag를 이용해서 실수부 또는 허수부를 따로 떼어 올 수 있어요.

4/ 자료형 변환

프로그래밍을 하다 보면 자료형을 변환해야 하는 경우가 있어요. 파이썬에는 아홉 가지의 주요 자료형이 있다고 했었고 그 중에서 숫자를 표현하는 자료형은 모두 세 가지인데, 이 자료형 간에 변환이 필요할 때가 있어요. 이에 대해서 설명할게요.

정수로 변환하기

정수가 아닌 데이터를 정수로 변환하려면 int() 함수를 사용합니다. int() 함수의 인수로 올 수 있는 자료형은 int, float, bool, str, 이렇게 네 가지예요. 다른 자료형이 괄호 안에 인수로 오면 모두 TypeError가 발생해요. 그런데 int를 int로 변환하는 것은 의미가 없으니까 float, bool, str 자료형을 int 형으로 바꾸는 것을 정리해 볼게요.

변환	예제
정수 ← 실수 (int ← float)	실수를 정수로 변환할 때에는 소수점 뒤의 숫자들을 버리면서 정수로 바꾸어 줍니다. `>>> a = 5.2; b = 3.5; c = 1.9` .9를 떼어버립니다. `>>> x = int(a); y = int(b); z = int(c)` # 소수점 뒤를 모두 버립니다. `>>> x, y, z` a를 정수형으로 변환하여 x에 넣기 `(5, 3, 1)`

정수 ← 부울
(int ← bool)
	True는 1로, False는 0으로 변환해요.
	
	`>>> int(True)` # bool 자료형 True는 숫자로 변환하면 1이 됩니다.
	`1`
	`>>> int(False)` # bool 자료형 False는 숫자로 변환하면 0이 됩니다.
	`0`

정수 ← 문자열
(int ← str)
	문자열을 정수로 변환할 수 있어요. 하지만 정수로 된 문자열만 정수로 변환할 수 있어요. 정수가 아닌 다른 자료형의 문자열을 int() 함수에 넣으면 ValueError가 발생합니다.
	
	`>>> a = '10'; b = '3.5'`
	`>>> int(a)` # '10'은 정수 문자열이라서 int() 함수에 넣을 수 있습니다.
	`10`
	`>>> int(b)` # '3.5'는 실수 문자열이라서 int() 함수에 넣을 수 없습니다.
	`Traceback (most recent call last):`
	`  File "<pyshell#31>", line 1, in <module>`
	`    int(b)`
	`ValueError: invalid literal for int() with base 10: '3.5'`

아직 문자열에 대해 자세히 배우지 않았지만 숫자를 문자열로 저장할 수도 있어요. '100', '3.5' 등과 같이요. 지금 '왜 숫자를 문자열로 저장하지?'라고 생각할 것 같아요. 그런데 실제로 파이썬에서는 어쩔 수 없이 숫자를 문자열로 저장하는 경우가 있어요. 이에 대해서는 나중에 자세히 학습합니다.

아래 예와 같이 변수 a는 25라는 값을 숫자가 아닌 문자열의 형태로 갖고 있어요. a 값을 25라는 숫자로 간주해서 더하기 연산을 하려고 하면 TypeError가 발생해요. 왜 에러일까요? 컴퓨터 입장에서는 서로 다른 자료형끼리 계산하려고 해서 에러를 발생시키는 거예요. 이런 경우에는 문자열을 정수로 바꾸어서 계산을 하도록 해야 합니다. 바로 이때 int() 함수가 필요한 거예요.

```
>>> a = '25'
>>> b = a + 5          # 문자열 + 정수는 자료형이 맞지 않아서 TypeError가 발생합니다.
Traceback (most recent call last):
  File "<pyshell#183>", line 1, in <module>
    b = a + 5
TypeError: must be str, not int
>>> b = int(a) + 5
>>> print(b)
30                    문자열 '25'를 정수로 변환한 후에 5와 더합니다.
```

실수로 변환하기

실수가 아닌 데이터를 실수로 바꾸어야 하는 경우에는 float() 함수를 이용할 수 있어요. float() 함수의 인수로 올 수 있는 자료형은 int, float, bool, str, 이렇게 네 가지예요. 다른 자료형이 괄호 안에 인수로 오면 모두 TypeError가 발생해요. 정수를 실수로 바꾸는 것은 간단히 .0을 붙여 주는 거예요. 정수로 된 문자열에 float 함수를 적용해도 .0을 붙여서 실수로 바꾸어 줍니다.

변환	예제

실수 ← 정수
(float ← int)
	정수에 .0을 붙여서 실수로 변환합니다.
	
	`>>> a = 5; b = 0; c = -7`
	`>>> x = float(a); y = float(b); z = float(c)`
	`>>> x, y, z`
	`(5.0, 0.0, -7.0)`

실수 ← 부울
(float ← bool)
	True는 1.0으로, False는 0.0으로 변환해요.
	
	`>>> v = True; w = False`
	`>>> g = float(v); h = float(w)`
	`>>> g, h`
	`(1.0, 0.0)`
	bool 자료형인 False를 실수로 변환하면 0.0이 됩니다.
	bool 자료형인 True를 실수로 변환하면 1.0이 됩니다.

실수 ← 문자열
(float ← str)

문자열을 실수로 변환할 수 있어요. 하지만 정수 또는 실수로 된 문자열만 실수로 변환할 수 있어요. 정수나 실수가 아닌 자료형으로 된 문자열을 float() 함수에 넣으면 ValueError가 발생합니다.

```
>>> a = '5'; b = '5.7'
>>> float(a)        # 정수로 된 문자열
5.0
>>> float(b)        # 실수로 된 문자열
5.7
```

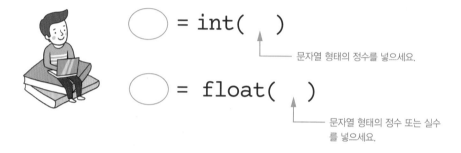

○ = int( )

└─ 문자열 형태의 정수를 넣으세요.

○ = float( )

└─ 문자열 형태의 정수 또는 실수를 넣으세요.

문자열 타입으로 저장된 실수와 그냥 숫자를 더하면 TypeError가 발생해요. 컴퓨터는 자료형에 민감해서 컴퓨터가 해 주는 일, 해 주지 않는 일을 분명히 구별해야 합니다. 다음의 예제로 자료형이 일치하지 않을 경우에 주의하기 바랍니다.

```
>>> x = '2.5'
>>> y = 3.0          '문자열 + 실수'는 계산이 불가능합니다.
>>> z = x + y
Traceback (most recent call last):
  File "<pyshell#57>", line 1, in <module>
    z = x + y
TypeError: must be str, not float
>>> z = float(x) + y
>>> z
5.5          문자열을 실수로 변환한 후에 더하기를 수행합니다.
```

수치 자료형끼리는 계산 가능합니다.
정수 + 문자열은 계산 불가능합니다. → 정수 + int(문자열)로 변환해야 합니다.
실수 + 문자열은 계산 불가능합니다. → 실수 + float(문자열)로 변환해야 합니다.

복소수로 변환하기

우리가 사용할 일은 없어 보이지만, 복소수 변환 함수인 complex()도 있어요. complex() 함수의 인수로도 int, float, bool, str 이렇게 네 가지만 올 수 있습니다.

```
>>> complex(3)
(3+0j)
>>> complex(2.3)
(2.3+0j)
>>> complex('3')
(3+0j)
>>> complex('2.3')
(2.3+0j)
```

```
>>> complex(True)
(1+0j)
>>> complex(False)
0j
>>> complex('2+3j')
(2+3j)
```

5/ 다양한 자료형이 섞인 연산식

기본적으로 수치 자료형끼리는 섞어서 계산할 수 있어요. 그리고 부울 자료형도 True는 1, False는 0으로 간주하기 때문에 수치 자료형들과 섞어서 계산이 가능합니다. 다음의 예를 보세요.

```
>>> i = 10; f = 2.5; b = True; c = 5 + 7J    # 정수, 실수, 부울, 복소수
>>> i + f, i + b, i + c                       # 정수 + 실수, 정수 + 부울, 정수 + 복소수
(12.5, 11, (15+7j))
>>> f + b, f + c                              # 실수 + 부울, 실수 + 복소수
(3.5, (7.5+7j))
>>> b + c                                     # 부울 + 복소수
(6+7j)
```

정수끼리 계산을 하면 일곱 가지 연산자 중에서 나눗셈(/)만 결과가 실수예요.

```
>>> a = 50; b = 6; c = 5
>>> a + b, a - b, a * b
(56, 44, 300)
```

```
>>> a / b, a / c          # 나누기 연산의 결과는 항상 실수입니다.
(8.333333333333334, 10.0)
>>> a ** b, a // b, a % b
(15625000000, 8, 2)
```

정수와 실수를 섞어서 계산하면 결과는 항상 실수가 나와요.

```
>>> x = 100; y = 2.5
>>> x + y, x - y, x * y, x / y
(102.5, 97.5, 250.0, 40.0)
>>> x ** y, x // y, x % y
(100000.0, 40.0, 0.0)
```

다음과 같이 IDLE에 넣어 보세요.
```
>>> a = '3'; b = '2.5'
>>> a + b
'32.5'
```

문자열끼리 더했더니 무슨 일이 생긴 걸까요?
문자열에 대해서 4장에서 배우겠지만, 잠깐 얘기할게요.
문자열 간에 '+'는 두 문자열을 '연결'하라는 거예요.

6/ 수치 연산 함수들

파이썬에는 사용자가 편하게 계산할 수 있도록 수치 연산과 관련된 내장 함수들을 여러 개 제공하고 있어요. 그 중에서 abs(), divmod(), pow()을 소개할게요. 이 세 함수 모두 수치 자료형을 인수로 넣어야 합니다.

함수명	사용법

abs()	```
	>>> x = -7
	>>> y = abs(x) # x에 넣은 수의 절대값을 반환합니다.
	>>> y
	7
	``

파이썬 시작하기

2장 변수, 함수, 자료형

수치자료형과 연산자

문자열 자료형

표준 입출력문

if 조건문

while 반복문

for 반복문

divmod()	```
	>>> a = 100; b = 8
	>>> p, q = divmod(a, b) # a//b 값은 p에, a%b 값은 q에 반환합니다.
	>>> p, q 함수의 결과가 2개일 수도 있어요.
	(12, 4)
	``

pow()	```
	>>> a = 5; b = 3
	>>> y = pow(a,b) # a^b을 반환합니다.
	>>> y
	125
	``

divmod() 함수는 두 개의 값을 인수로 받습니다. 그리고 첫 번째 인수를 두 번째 인수로 나눈 몫과 나머지를 반환해 줘요. 반환값이 두 개인 경우는 처음 나왔어요. 파이썬에서는 이렇게 함수의 반환값이 두 개 이상일 수도 있어요.

7/ math 모듈

파이썬에는 모듈module이라는 것이 있어요. 모듈은 파이썬에서 중요한 부분인데 뒤에서 자세하게 다룰 거예요. 그런데 지금 얘기를 시작하는 이유는 수치 계산에 유용한 math 모듈을 알려 주고 싶어서예요. 바로 이전에 print(), id(), type(), int(), ... 등이 내장 함수라고 했어요. 내장 함수는 사용자가 편하게 사용할 수 있도록 제공하는 함수들이고 그 중에서 수학과 관련된 abs(), divmod(), pow() 함수 등이 있다고 했어요. 그런데 파이썬에는 내장된 수학 함수외에도 수학 관련 함수들이 많아요. 그 함수들을 따로 모아서 'math 모듈'로 관리하고 있어요. 마치 관련있는 파일들을 모아서 폴더로 모아 두는 것처럼요.

파이썬에는 math 모듈 외에도 모듈이 많아요. 그리고 각 모듈은 이름이 있고, 그 안에 함수들을 갖고 있어요. 예를 들어서, 수학 관련 함수들은 math 모듈에 있고, 날짜 계산과 관련된 함수들은 datetime이라는 모듈에 있어요. 내장 함수에 있는 수학 관련 함수는 abs(), divmod(), pow()처럼 간단한 것들인데, math 모듈에는 삼각 함수, 루트 등과 같은 수학적인 함수들이 많이 있어서 실제로 복잡한 수학 계산이 많이 필요한 사람들에게는 아주 유용해요. 모듈에 대한 자세한 얘기는 뒤에서 하도록 하고, 여기에서는 math 모듈에 있는 함수 몇 개를 소개하고, 사용법을 알려 드릴게요.

내장 함수와 달리 모듈에 있는 함수들은 반드시 모듈을 가지고 온 후에 사용할 수 있어요. math 모듈을 가지고 오려면 'import math'라고 적어 줘야 합니다. 예를 들어서, math 모듈에 있는 루트 값을 계산해 주는 sqrt() 함수를 사용하려면 다음과 같이 적어야 해요. 이때 반드시 math 모듈에 있는 함수를 이용하려면 math.sqrt()처럼 사용해야 합니다.

```
>>> import math        # math 모듈을 가져와야 그 안에 함수를 사용할 수 있습니다.
>>> math.sqrt(100)     # 반드시 math를 붙여야 합니다.
10.0
```

math 모듈에 있는 함수 몇 개만 정리해 볼게요.

함수명	의미	예제

math.ceil(x)	x에는 정수 또는 실수를 넣습니다.
	x 이상의 수 중에서 가장 작은 정수를 반환합니다.
		>>> math.ceil(5.1)
		6
		>>> math.ceil(5.9999)
		6
		>>> math.ceil(5)
		5

math.floor(x)	x에는 정수 또는 실수를 넣습니다.
	x 이하의 수 중에서 가장 큰 정수를 반환합니다.
		>>> math.floor(3.5)
		3
		>>> math.floor(3.9999)
		3
		>>> math.floor(3)
		3

math.fabs(x)	x의 절대값을 실수로 반환합니다.
	내장 함수 abs()와 하는 일을 같은데, abs() 함수는 정수 결과를 반환해 줍니다.
		>>> math.fabs(-5)
		5.0
		>>> math.fabs(5)
		5.0

math.pow(x, y)	x^y 결과를 실수로 반환합니다. 내장 함수 pow()와 하는 일이 같은데, pow() 함수는 정수 결과를 반환해 줍니다.	>>> math.pow(2,3) 8.0
math.pi	원주율 π 값을 알려 줍니다. 함수가 아니라서 괄호를 붙이지 않습니다.	>>> math.pi 3.141592653589793

math.sqrt(x)	x의 루트값을 반환합니다.	>>> math.sqrt(100)
		10.0
		>>> math.sqrt(1000)
		31.622776601683793

math.trunc(x)	x의 소수점 이하를 버립니다.	>>> math.trunc(5.5)
		5
		>>> math.trunc(5.1)
		5

math 모듈에는 함수 외에도 데이터가 있어요. math.pi는 π 값을 갖고 있어서 코딩할 때 정확한 π 값이 필요한 경우에는 math.pi를 이용하면 됩니다.

지금까지 설명을 바탕으로 모듈을 정리해 보면 모듈은 관련된 함수와 데이터들을 모아 놓은 단위이고 어떤 모듈 안에 있는 함수를 사용하려면 반드시 'import 모듈'을 한 다음에, '모듈.함수()'의 형태로 사용해야 합니다. 모듈에 대해서는 나중에 자세히 배울 거예요.

8/ 정리

이번 장에서는 숫자를 저장하는 방법에 대해서 자세히 학습했어요. 파이썬 프로그래밍에서는 수치 자료형으로 정수, 실수, 복소수가 있고 부울 자료형도 경우에 따라서 숫자 1(True)과 0(False)으로 생각할 수도 있어요. 그리고 파이썬 프로그래밍을 할 때 정수와 실수를 어떻게 다루고 계산에 어떻게 이용해야 하는지를 배웠어요. 특히 일곱 가지 연산자의 사용법, 연산자의 우선 순위 등을 잘 알아 두어야 해요. 문자열로 생긴 숫자를 다룰 때 조심해야 한다는 얘기도 했습니다. 마지막으로 수학 계산이 필요할 때 유용하게 사용할 수 있는 수치 관련 함수들을 정리했어요. 이번 파트부터는 쉬운 예제부터 시작해서 프로그래밍 연습 문제를 넣었습니다. 뒤에 답안 코드가 있지만 답을 보지 말고 스스로 배운 내용을 복습해 가면서 해결해 보세요.

01 변수 n에는 항상 만 단위 정수가 저장됩니다(다섯 자리 수). n에서 만의 자리 수, 천의 자리 수, 백의 자리 수, 십의 자리 수, 일의 자리 수를 하나하나 떼어 출력하는 프로그램을 작성하세요. 아래 왼쪽 코드에서 빈 부분에 적절한 코드를 넣으세요(//, % 연산자를 이용하는 문제입니다. 반드시 n 값을 바꾸어서 테스트를 여러 번 해 보세요).

n = 38724

이 부분에 다음과 같이 되도록 프로그램을 작성합니다.
변수 a에는 만의 자리수,
변수 b에는 천의 자리수,
변수 c에는 백의 자리수,
변수 d에는 십의 자리수,
변수 e에는 일의 자리수가 저장되도록 합니다.

만의 자리수 : 3
천의 자리수 : 8
백의 자리수 : 7
십의 자리수 : 2
일의 자리수 : 4

```
print('만의 자리수 :', a)
print('천의 자리수 :', b)
print('백의 자리수 :', c)
print('십의 자리수 :', d)
print('일의 자리수 :', e)
```

02 A 할인 마트에서는 모든 물건을 15% 할인하여 판매하고, 판매 금액의 3%를 적립해 줍니다. 변수 price에는 물건 값이 정수형으로 저장되어 있습니다. 아래 실행 결과처럼 판매 금액과 적립 금액을 계산하여 출력하는 프로그램을 작성하세요.

price = 50000

판매가 sale_price 구하기
적립금 acc_price 구하기

원가 : 50000
판매가 : 42500.0
적립금 : 1275.0

```
print('원가 : ', price)
print('판매가 : ', sale_price)
print('적립금 : ', acc_price)
```

03 변수 n에 저장된 값을 '초'라고 생각하세요. 이 '초'를 '몇 시간 몇 분 몇 초'인지를 계산하여 출력하는 프로그램을 작성하세요.

n = 20000

    n을 시, 분, 초로 바꾸어서 h, m, s 변수에 저장하기

20000 초는 5 시간 33 분 20 초
입니다.

print(n, '초는', h, '시간', m, '분', s, '초입니다.')

---

04 섭씨온도를 화씨온도로 바꾸는 문제입니다. 변수 c에는 섭씨온도가 저장되어 있습니다. 아래 섭씨온도를 화씨온도로 바꾸는 식을 이용해서 c를 화씨온도로 출력하세요.

화씨온도 = 섭씨온도 * 1.8 + 32

c = 26.5

섭씨온도 26.5 는 화씨온도
79.7 와 같다

print('섭씨온도', c, '는 화씨온도', f, '와 같다')

---

05 이번 문제는 '근의 공식'을 이용하여 2차방정식 $ax^2 + bx + c = 0$의 해를 구하는 문제예요. 변수 a, b, c에는 각각 2차항 계수, 1차항 계수, 상수항 값이 저장되어 있어요. a, b, c를 이용하여 2차 방정식의 해 x1과 x2를 구하여 출력하는 프로그램을 작성하세요(루트 안에 있는 b^2-4ac는 항상 0 이상의 수라고 가정하세요).

$$x = \frac{-b \pm \sqrt{b^2 - 4ac}}{2a}$$

a = 2; b = 5; c = 3 # $2x^2 + 5x + 3 = 0$

x1 = −1.0
x2 = −1.5

print('x1 = ', x1)
print('x2 = ', x2)

문자열 자료형

3장에서는 파이썬에서 숫자를 어떻게 다루는지에 대해서 알아보았어요. 이번 장에서는 문자를 어떻게 다루는지를 알아볼 거예요. 우리가 일반적으로 '문자'라고 하면 한글에서는 한 글자를 말하고, 영어에서는 알파벳 한 개를 말해요. '문자열'이라고 하면 문자 여러 개가 연이어 있는 것을 의미하고요. 물론 문자 한 개도 문자열에 포함됩니다. 일반적으로 프로그래밍 언어에서는 문자 한 개를 나타내는 자료형과 문자열을 나타내는 자료형을 따로 제공합니다. 그런데 파이썬에서는 문자열 자료형 한가지만 있어요.

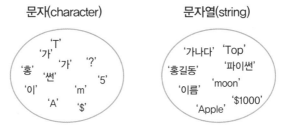

일반적으로 프로그래밍 언어에서는 '문자 한 개'와 '문자열'을 다른
자료형으로 분류하는데, 파이썬에서는 모두 '문자열'이라고 합니다.

문자열은 아주 중요한 자료형이에요. 인터넷 검색도 문자열을 이용하고, 아이디와 패스워드도 문자열 형태죠. 이름, 주소도 문자열을 이용하고 핸드폰 번호도 0으로 시작하고 중간에 '–'를 넣으니까 문자열 데이터로 처리하는 게 좋겠죠.

일단 문자열이 어떤 것인지에 대해서 아셨나요? 문자열은 내용이 많은데 찬찬히 설명해 볼게요.

1/ 문자열 객체와 인덱스

문자열 객체를 어떻게 만드는지부터 알아볼게요. 파이썬에서는 작은따옴표나 큰따옴표를 이용해서 문자열 객체를 만들어요. 그럼 작은따옴표나 큰따옴표로 만든 문자열 객체는 컴퓨터 안에 어떻게 저장될까요?

아래 예를 보면, S라는 변수에 작은따옴표를 사용해서 'How are you?'라는 문자열 객체를 저장하고 있어요. 컴퓨터는 문자열에 있는 문자수만큼 방을 만들어 줍니다. 그리고 하나의 방에 문자를 한 개씩 저장하고 방마다 번호를 붙여 놓아요. 이 방 번호를 인덱스^{index}라고 불러요. 그리고 파이썬에서는 양수 인덱스와 음수 인덱스 두 가지를 사용해요. 양수 인덱스는 첫 번째 문자가 있는 방이 0이고 1씩 증가하면서 오른쪽으로 번호를 붙여 나갑니다. 음수 인덱스는 맨 마지막 방에 −1을 붙이고 왼쪽으로 1씩 감소시켜 나가면서 번호를 붙여 나가요. 아래 그림을 보면 인덱스를 어떻게 붙이는지 쉽게 알 수 있어요. 그러니까 방 하나에 번호가 두 개씩 있는 거예요. 인덱스는 반드시 정수로 써야 합니다. 그리고 이렇게 순서대로 인덱스를 붙여서 저장할 수 있는 자료형을 '시퀀스 자료형'이라고 해요. 뒤에 9장과 10장에서 공부할 리스트와 튜플도 '시퀀스 자료형'이에요. 그래서 여기에서 인덱스 개념을 잘 익혀 두면 리스트와 튜플을 공부할 때 그대로 적용할 수 있어서 공부가 많이 수월할 거예요.

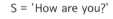

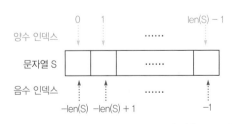

len(S) 자리에는 문자열 S의 길이가 대체됩니다(len(s)는 12입니다).

문자열에 있는 문자 한 개 또는 문자열 일부분에 접근하기 위해서 인덱스는 아주 중요하답니다. 문자열 객체에서 하나의 문자를 가져다 사용하려면 대괄호 기호([])를 사용해야 합니다. 예를 들어서, 다음과 같이 인덱스 위치에 있는 문자 한 개를 출력할 수 있어요.

```
>>> S = 'How are you?'
>>> S [0]         # S [-12], S[-len(S)]도 같은 곳을 가리켜요.
'H'
>>> S [5]         # S [-7] 이라고 해도 되겠죠.
'r'
>>> S [5.0]       # 인덱스는 반드시 정수로 써야 합니다.
Traceback (most recent call last):
  File "<pyshell#27>", line 1, in <module>
    S [5.0]
TypeError: string indices must be integers
```

이렇게 [ ]를 이용해서 문자열에 있는 문자 한 개에 접근하는 것을 '인덱싱indexing'이라고 해요. 이에 대해서는 다시 자세히 설명할 거예요.

2/ 문자열 만들기

문자열 객체는 따옴표를 이용해서 만들 수 있는데, 다음의 네 가지 방법이 있어요.

```
>>> s1 = 'hello world'          # 작은따옴표 한 개
>>> s2 = "hello world"          # 큰따옴표 한 개
>>> s3 = '''hello world'''      # 작은따옴표 3개
>>> s4 = """hello world"""      # 큰따옴표 3개
```

기본적으로 위의 네 가지 방식 모두 똑같이 문자열 객체를 만들지만 상황에 따라 위의 네 가지 방식 중에서 적합한 방식이 있어요. 그 부분을 유의하면서 공부하시기 바랍니다.

빈 문자열 만들기

빈 문자열이 필요할 때도 있어요. 빈 문자열이라는 것은 따옴표 안에 문자가 하나도 없는 거예요.

빈 문자열을 만드는 방법은 두 가지가 있어요.

① 빈 따옴표 사용하기	② str( ) 함수 이용하기
따옴표를 가운데 스페이스 없이 붙여씁니다.	w도 빈 문자열입니다.

`>>> s = ''`   # 빈 문자열
`>>> print(s)` # 아무 것도 안 나옵니다.
 	
`>>> len(s)`   # 빈 문자열 길이는 0 입니다.
`>>> type(s)`
`<class 'str'>`
	`>>> w = str()`
	`>>> print(w)` ← 아무것도 안나옵니다.
	
	`>>> len(w)`
	`0`
	`>>> type(w)`
	`<class 'str'>`

이때, 주의할 게 있어요. t와 같이 따옴표 사이에 스페이스가 들어가면 빈 문자열이 아니에요. 길이가 1인 문자열이에요. 따옴표를 바로 붙여서 입력해야 빈 문자열이에요.

```
>>> t = ' '     # 스페이스가 있습니다.
>>> print(t)

>>> len(t)     # 스페이스 한 개 있습니다.
1
>>> type(t)
<class 'str'>
```

> **참고**   스페이스도 한 개의 문자입니다.

따옴표 사용하기

따옴표를 사용하여 문자열 만드는 문법에 대해서 좀 더 자세히 살펴볼게요. 기본적으로 작은따옴표 한 개 또는 세 개, 큰따옴표 한 개 또는 세 개를 사용합니다. 그런데 상황에 따라 정해진 형태로 따옴표를 사용해야 하는 경우가 있어요. 그런 상황들을 정리해 보았습니다.

① 출력된 문자열에 작은 따옴표가 나오게 하고 싶은 경우

화면에 오른쪽과 같이 two에 홑따옴표가 붙어서 출력되도록 하고 싶다면 어떻게 해야 할까요? 문자열 s에는 홑따옴표가 포함되어야 하니까, 이 경우에는 s를 다음 세 방법 중에서 한 방법으로 만들어야 합니다.

```
>>> print(s)
one 'two' three
```

s = "one 'two' three"	s = '''one 'two' three'''	s = """one 'two' three"""

만약에 작은따옴표 안에 다시 작은따옴표를 사용하면 오른쪽과 같이 SyntaxError가 발생해요(이스케이프 시퀀스를 이용하면 작은따옴표 안에 작은따옴표를 쓸 수 있어요. 곧 설명할게요).

```
>>> s = 'one 'two' three'
SyntaxError: invalid syntax
```

② 출력된 문자열에 큰따옴표가 나오게 하고 싶은 경우

>>> s = 'one "two" three'
>>> print(s)
one "two" three
	>>> s = '''one "two" three'''
	>>> print(s)
	one "two" three
		>>> s = """one "two" three"""
		>>> print(s)
		one "two" three

③ 출력된 문자열에 작은따옴표와 큰따옴표가 모두 나오게 하고 싶은 경우

이 경우에는 작은따옴표 세 개 또는 큰따옴표 세 개짜리를 사용하면 됩니다.

>>> s = '''one 'two' and 'three' four'''
>>> print(s)
one 'two' and 'three' four
	>>> s = """one 'two' and "three" four"""
	>>> print(s)
	one 'two' and "three" four

④ 여러 줄에 걸친 긴 문장을 하나의 줄로 인식하고 싶을 때

작은따옴표 또는 큰따옴표 한 개짜리로 긴 문장을 출력하려고 할 때, 다음과 같이 하면 에러가 발생해요. 즉, 따옴표를 제대로 끝내지 않고 [Enter←] 키를 누르면 에러가 발생해요.

```
>>> print('Python is widely used high-level programming language

SyntaxError: EOL while scanning string literal
```

이런 경우에 [Enter←] 키를 누르기 전에 '아직 문장이 끝나지 않았다'는 신호를 주면 되는데, 이 신호가 '₩'(역슬래쉬)예요.

파이썬 시작하기

객체, 변수, 자료형

수치자료형과 연산자

문자열 자료형

표준 입출력문

분기문

while 반복문

for 반복문

> **참고** 역슬래쉬 기호는 키보드에 '₩'인데, IDLE에서 어떤 글자체를 이용하는지에 따라 화면에 '₩' 또는 '\'로 출력됩니다. 이 책에서는 '\' 라고 표기하겠습니다.

```
>>> print('Python is widely used high-level programming language \
for general-purpose programming.')
Python is widely used high-level programming language for general-purpose
programming.
```

작은따옴표 또는 큰 따옴표 세 개를 사용하면 '\'를 사용하지 않고 긴 문장을 처리할 수 있어요.

```
>>> print('''Python is widely used high-level programming language
for general-purpose programming.''')
Python is widely used high-level programming language
for general-purpose programming.
```

따옴표 세 개짜리는 따옴표 안에 있는 내용을 그대로 출력해 준다고 생각해도 됩니다. 다음과 같이 얼굴을 그려 보세요.

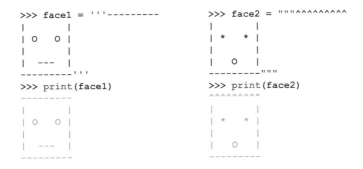

⑤ 큰따옴표 세 개를 사용하는 경우

큰따옴표 세 개는 작은따옴표 세 개와 똑같이 사용할 수 있습니다. 다른 점이 한 가지 있는데, 주석으로 사용할 때예요. 2장에서 여러 줄 주석이 필요할 때 작은따옴표 세 개 또는 큰따옴표 세 개를 사용할 수 있다고 했었죠. 그런데 큰따옴표 세 개를 주석으로 사용할 때는 특별히 'docstring'이라고 불러요. docstring에 대해서는 뒤에 설명합니다.

이스케이프 시퀀스(escape sequence)

만약에 작은따옴표 안에 작은따옴표를 쓰거나, 큰따옴표 안에 큰따옴표를 쓰고 싶다면 이스케이프 시퀀스를 사용하면 됩니다. 이스케이프 시퀀스는 '\' 기호와 문자 한 개가 합해져서 특별한 의미를 갖는 문자를 말해요. 우리가 많이 사용하게 될 이스케이프 시퀀스를 정리해 볼게요.

이스케이프 시퀀스	의미	예제
\'	작은따옴표를 그대로 사용함	>>> print('Let\'s learn python.') Let's learn python.
\"	큰따옴표를 그대로 사용함	>>> print("Say \"hello\" to your mom.") Say "hello" to your mom.
\n	줄바꿈 (엔터 효과)	>>> print("hello \nworld") hello world
\t	문자 사이에 탭 간격을 줌	>>> print("hello \tworld") hello world
\\	문자 \를 그대로 사용함	>>> print("hello \\ world") hello \ world

작은따옴표와 큰따옴표의 예를 볼게요.

```
>>> s = 'one \'two\' three'
>>> print(s)
one 'two' three
```

```
>>> s = "one \"two\" three"
>>> print(s)
one "two" three
```

수치 자료형을 문자열로 변환하기

정수나 실수로 된 자료형을 문자열로 변환해야 하는 경우가 있어요. 그때는 str() 함수를 사용하면 됩니다.

문자열 ← 정수	>>> str(10), str(5), str(1234) ('10', '5', '1234')
문자열 ← 실수	>>> str(3.14), str(5.0), str(123.123) ('3.14', '5.0', '123.123')

문자열을 정수로 변환하려면 int() 함수, 그리고 문자열을 실수로 변환하려면 float() 함수를 사용해야 한다는 것은 3장에서 설명했었죠.

3/ 문자열은 immutable 객체입니다

문자열은 immutable 객체예요. 지금까지 공부했던 정수, 실수, 복소수, 부울 자료형도 모두 immutable 자료형이었어요. 즉, 한 번 만들면 변경할 수 없는 자료형이라는 얘기죠. 문자열 객체도 일단 만든 다음에는 객체 안의 내용을 바꿀 수 없어요. 다음의 예를 보세요.

```
>>> s = 'hello world'
>>> s[0] = 'H'              # Hello world라고 수정하려는데 에러가 발생합니다.
Traceback (most recent call last):
  File "<pyshell#129>", line 1, in <module>
    s[0] = 'H'
TypeError: 'str' object does not support item assignment
>>> t = 'friemd'           'n'으로 바꾸려고 합니다.
>>> t[-2] = 'n'            # friend라고 수정하려는데 에러가 발생합니다.
Traceback (most recent call last):
  File "<pyshell#133>", line 1, in <module>
    t[-2] = 'n'
TypeError: 'str' object does not support item assignment
```

에러 메시지를 보면 'TypeError: 'str' object does not support item assignment'이라고 나오죠. 해석하면 '문자열 객체는 원소 대입을 지원하지 않는다' 대략 이런 의미인 거 같죠? 이미 만든 문자열에 다른 문자를 대입할 수 없다는 뜻이라고 기억해 두세요.

4/ 문자열 인덱싱(indexing), 슬라이싱(slicing)하기

문자열에 붙은 인덱스를 이용하여 인덱싱, 슬라이싱 작업을 할 수가 있어요. 인덱싱과 슬라이싱은 다른 시퀀스 자료형인 리스트와, 튜플에서도 똑같이 적용되니까 지금 제대로 공부해 두기 바랍니다.

인덱싱(Indexing)

인덱싱은 인덱스를 이용하여 문자열의 특정 위치에 있는 문자에 접근하는 것을 말해요. 인덱싱할 때 조심해야 할 것은 인덱스의 범위를 지켜 주는 거예요. 만약에 없는 공간의 인덱스를 사용하면 다음과 같이 IndexError가 발생하니까 주의해야 합니다. 다음 예에서 name 객체는 9번 인덱스가 없어서 IndexError가 발생했어요.

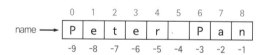

```
>>> name = 'Peter Pan'
>>> print(name[2])
t
>>> print(name[-3])
P
```

```
>>> print(name[9])      # 없는 인덱스
Traceback (most recent call last):
  File "<pyshell#12>", line 1, in <module>
    print(name[9])
IndexError: string index out of range
```

0에서 시작하기 때문에
가장 큰 양수 인덱스는 len(s)−1 입니다.

슬라이싱(Slicing)

슬라이싱은 문자열의 일부분을 잘라보는 거예요. 슬라이싱에는 다음과 같이 두 가지 형태가 있습니다. 즉, 콜론이 하나 있는 형태와 콜론이 두 개 있는 형태가 있어요. 여기에서 a, b에는 인덱스가 와야 하고, c에는 간격을 나타내는 수를 넣어야 합니다. a,b,c 모두 음수를 넣을 수도 있고, 의미는 다음과 같습니다.

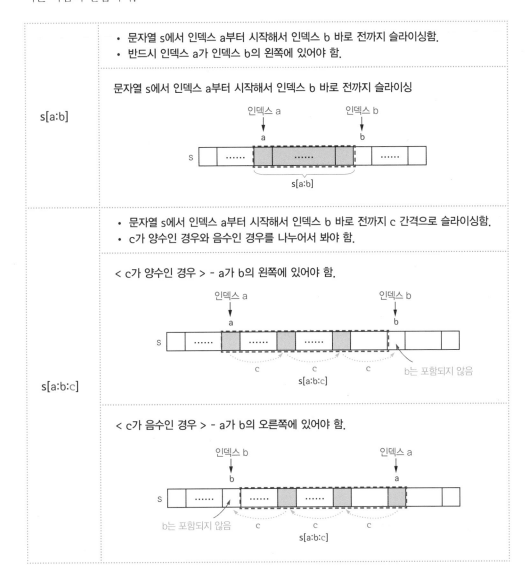

슬라이싱 예제

아래 문자열 alpha 객체에 대해서 슬라이싱 예를 보겠습니다.

$$alpha = \text{'abcdefghijklmnopqrstuvwxyz'}$$

	0	1	2	3	4	5	6	7	8	9	10	11	12	13	14	15	16	17	18	19	20	21	22	23	24	25
alpha	a	b	c	d	e	f	g	h	i	j	k	l	m	n	o	p	q	r	s	t	u	v	w	x	y	z
	−26	−25	−24	−23	−22	−21	−20	−19	−18	−17	−16	−15	−14	−13	−12	−11	−10	−9	−8	−7	−6	−5	−4	−3	−2	−1

예제 alpha[a:b] 형태

❶ alpha[a:b] – 'a부터 b 바로 전까지'

>>> alpha[3:10]	>>> alpha[20:25]	>>> alpha[-15:-7]	>>> alpha[9:-5]
'defghij'	'uvwxy'	'lmnopqrs'	'jklmnopqrstu'

이때 주의할 점이 있어요. 만약에 인덱스 a가 인덱스 b보다 오른쪽에 있다면 빈 문자열이 나온다는 거예요.

>>> alpha[10:5]	>>> alpha[25:20]	>>> alpha[-7:-15]	>>> alpha[-5:9]
''	''	''	''

❷ alpha[:b] – alpha[0:b]와 같아요(인덱스 0을 생략).

>>> alpha[:5]	>>> alpha[:-10]
'abcde'	'abcdefghijklmnop'

❸ alpha[a:] – alpha[a:len(alpha)]와 같아요(len(alpha)를 생략).

>>> alpha[20:]
'uvwxyz'
>>> alpha[20:len(alpha)]
'uvwxyz'
>>> alpha[20:len(alpha)-1] # 'z' 포함안됨
'uvwxy'
	>>> alpha[-10:]
	'qrstuvwxyz'
	>>> alpha[-10:-1]
	'qrstuvwxy'
	>>> alpha[-10:0] # -10이 0보다 오른쪽.
	''

❹ alpha[:] – 문자열 전체(alpha[0:len(alpha)]와 같아요)

>>> alpha[:]
'abcdefghijklmnopqrstuvwxyz'

나? 나만 꺼내고 싶은데..

```
>>> w = 'implication'
>>> w[5:8]
'cat'
>>> w[-6:-3]
'cat'
>>> w[5:-3]
'cat'
>>> w[-6:8]
'cat'
```

```
W [ 5 : 8 ]
W [ -6 : -3 ]        모두 OK
W [ 5 : -3 ]
W [ -6 : 8 ]
```

예제 alpha[a:b:c] 형태

❶ alpha[a:b:c] – 'a부터 b 바로 전까지 c 간격으로'

• c가 양수인 경우에는 반드시 a가 b보다 왼쪽에 있는 인덱스여야 해요.

>>> alpha[10:20:2]	>>> alpha[-20:-12:4]	>>> alpha[3:-10:2]
'kmoqs'	'gk'	'dfhjlnp'

• c가 양수인데 a가 b보다 오른쪽에 있으면 빈 문자열이 나와요.

>>> alpha[5:1:2]	>>> alpha[-5:-10:2]	>>> alpha[10:-20:2]
''	''	''

• c가 음수인 경우에는 반드시 a가 b보다 오른쪽에 있는 인덱스여야 해요.

>>> alpha[23:11:-3]	>>> alpha[-5:-20:-5]	>>> alpha[20:-20:-3]
'xuro'	'vql'	'uroli'

• c가 음수인데 a가 b보다 왼쪽에 있으면 빈 문자열이 나와요.

>>> alpha[10:20:-2]	>>> alpha[-20:-10:-2]	>>> alpha[10:-10:-2]
''	''	''

❷ alpha[:b:c] (인덱스 a를 생략한 경우) – c가 양수인 경우와 음수인 경우로 나누어서 봐야 해요.

- c가 양수인 경우에는 [0:b:c]와 같아요('0부터 b 전까지 c 간격으로'의 뜻입니다).

```
>>> alpha[:10:3]          >>> alpha[:-10:3]          >>> alpha[:-1:2]
'adgj'                    'adgjmp'                   'acegikmoqsuwy'
```

- c가 음수인 경우에는 [-1:b:c]와 같아요('-1부터 b 전까지 c 간격으로'의 뜻입니다).

```
>>> alpha[:10:-2]         >>> alpha[:-5:-2]          >>> alpha[:0:-1]
'zxvtrpnl'                'zx'                       'zyxwvutsrqponmlkjihgfedcb'
```

❸ alpha[a::c] (인덱스 b를 생략한 경우) – c가 양수인 경우와 음수인 경우로 나누어서 봐야 합니다.

- c가 양수인 경우에는 'a부터 끝까지 c 간격으로'의 뜻입니다.

```
>>> alpha[10::2]          >>> alpha[3::5]            >>> alpha[-10::3]
'kmoqsuwy'                'dinsx'                    'qtwz'
```

- c가 음수인 경우에는 'a부터 0까지 c 간격으로'의 뜻입니다.

```
>>> alpha[10::-2]         >>> alpha[-5::-7]          >>> alpha[-1::-1]
'kigeca'                  'voha'                     'zyxwvutsrqponmlkjihgfedcba'
```

❹ alpha[::c] – c가 양수인 경우와 음수인 경우로 나누어서 봐야 합니다. c가 양수인 경우에는 '0부터 끝까지 c 간격으로', c가 음수인 경우에는 '-1부터 0까지 c 간격으로' 슬라이싱합니다.

```
>>> alpha[::2]            >>> alpha[::-2]            >>> alpha[::-1]
'acegikmoqsuwy'           'zxvtrpnljhfdb'            'zyxwvutsrqponmlkjihgfedcba'
```

[::-1]이 문자열을 거꾸로 만들어 준다는 것을 알 수가 있어요. 그러니까 이것을 잘 기억해 두었다가 거꾸로 된 문자열이 필요할 때 사용하세요.

```
>>> a = 'python'
>>> b = a[::-1]
>>> print(a, b)
python nohtyp
```

❺ 간격 c를 생략한 경우 – 이 경우는 콜론 하나만 쓰는 형태와 같습니다.

```
>>> alpha[2:5:]
'cde'
>>> alpha[-5:-10:]
''
>>> alpha[:-10:]
'abcdefghijklmnop'
```

```
>>> alpha[2:5]
'cde'
>>> alpha[-5:-10]
''
>>> alpha[:-10]
'abcdefghijklmnop'
```

❻ alpha[::] (인덱스 a, b와 간격 c를 모두 생략한 경우) – 문자열 전체

```
>>> alpha[::]
'abcdefghijklmnopqrstuvwxyz'
```

$$[:], [::]$$ 문자열 전체

$$[::-1]$$ 거꾸로 된 문자열

인덱싱과 슬라이싱에 대해서 길게 설명하고 예제도 많이 보여드렸어요. 이 부분은 아주 중요해요. 왜냐하면 문자열에 적용되는 인덱싱, 슬라이싱을 9장 리스트와, 10장 튜플에서 그대로 사용하거든요. 그러니까 지금 잘 익혀 두면 리스트와 튜플을 학습할 때 수월하게 공부할 수 있어요.

5/ 문자열에 +, *, in, not in, del 연산자 사용하기

문자열과 문자열 사이에 +, * 기호를 사용할 수가 있어요. 그리고 in, not in, del 이라는 연산자도 사용할 수 있어요. +, *, in, not in, del 연산자는 다른 시퀀스 자료형인 리스트와 튜플에도 문자열과 똑같이 적용됩니다(하지만 집합과 사전에는 +, *는 사용할 수 없어요).

+ 연산: 두 문자열을 연결하기

```
>>> first_name = 'Bill'
>>> last_name = 'Gates'
>>> full_name = first_name + last_name      # 두 문자열을 연결함.
>>> full_name
'BillGates'
>>> full_name = first_name + ' ' + last_name    # 중간에 스페이스를 넣음.
>>> full_name
'Bill Gates'
```

문자열의 일부를 수정하고자 할 때에도 + 연산이 유용하게 사용될 수 있어요.

```
>>> s = 'computer on a desk'
>>> s = s[:12] + 'the' + s[13:]     # 'a'를 'the'로 수정함.
>>> s
'computer on the desk'
```

문자열은 immutable한 자료형이라서 내부적으로는 다음과 같이 문자열을 다루어요.

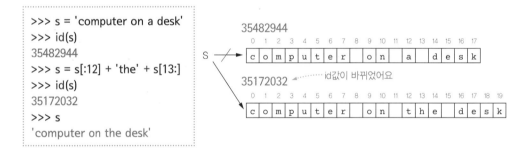

```
>>> s = 'computer on a desk'
>>> id(s)
35482944
>>> s = s[:12] + 'the' + s[13:]
>>> id(s)
35172032
>>> s
'computer on the desk'
```

숫자 계산에서 사용했던 += 기호를 문자열에서도 사용할 수 있어요. 같이 기억해 두세요.

```
>>> title = 'Girl'
>>> title += ' in a Blue Coat'      # 'Girl' 뒤에 'in a Blue coat'를 연결함.
>>> title
'Girl in a Blue Coat'
```

✱ 연산: 문자열을 반복하기

```
>>> greeting = 'Hello'
>>> greeting * 3
'HelloHelloHello'
>>> greeting    # greeting은 그대로임.
'Hello'
```

```
>>> greeting = 'Hello'
>>> greeting *= 3
>>> greeting        # greeting이 변함.
'HelloHelloHello'
```

하지만 += 기호와 마찬가지로 문자열은 immutable하기 때문에 내부적으로는 다음과 같은 일이
생기는 거예요.

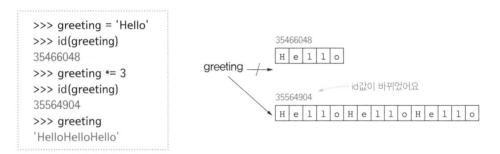

```
>>> greeting = 'Hello'
>>> id(greeting)
35466048
>>> greeting *= 3
>>> id(greeting)
35564904
>>> greeting
'HelloHelloHello'
```

in과 not in

in과 not in은 문자열에 하나의 문자 또는 임의의 문자열이 포함되어 있는지를 판단하는데 사용
합니다. 결과는 True 또는 False입니다.

```
>>> vowels = 'aeiouAEIOU'
>>> 'o' in vowels
True
>>> 'M' in vowels
False
>>> 'K' not in vowels
True
```

```
>>> x = 'programming'
>>> 'gram' in x
True
>>> 'mm' in x
True
>>> 'mm' not in x
False
```

del 연산자

문자열은 immutable 자료형이기 때문에 문자열 내에 있는 문자를 삭제할 수 없어요.

```
>>> name = 'Harrry'
>>> del name[2]        # 'r'을 하나 지우려고 함.
Traceback (most recent call last):
......
TypeError: 'str' object doesn't support item deletion
```

하지만, del 연산자를 이용해서 문자열을 통째로 삭제할 수는 있어요.

```
>>> name = 'Harrry'
>>> id(name)
58434368
>>> del name           # 문자열 객체를 통째로 삭제함.
>>> name
Traceback (most recent call last):
......
NameError: name 'name' is not defined
```

6/ 아스키코드와 ord()/chr() 함수

아스키코드를 설명하기 전에 잠시 컴퓨터에 자료가 저장되는 기본 단위에 대해서 얘기해 볼게요.

2진수와 비트(bit), 바이트(byte)

컴퓨터는 0과 1만을 저장할 수 있어요. 공간 하나에 0 또는 1만 저장한다는 거예요. 바로 이 공간 하나를 '비트^{bit}'라고 해요. 비트가 8개 모이면 '바이트^{byte}'라고 합니다. 컴퓨터는 0과 1만 저장이 가

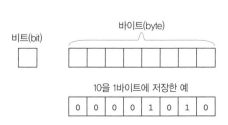

능하기 때문에 모든 데이터를 이진수로 저장합니다. 1바이트에 십진수 10을 저장하면, 2진수 00001010이 저장되는 거예요.

파이썬에서는 10진수를 2진수로 변환해서 반환하는 bin() 함수가 있어요.

```
>>> a = 10
>>> x = bin(a)    # bin() 함수는 괄호 안에 넣은 수를 이진수로 변환시킴.
>>> print(x)      # 앞에 붙는 '0b'는 이진수라는 뜻임.
0b1010
```

아스키코드(ASCII: American Standard Code for Information Interchange)

이제 문자에 대해서 얘기해 볼게요. 0과 1만을 아는 컴퓨터한테 문자를 저장하려고 해요. 그런데 문자는 2진수로 변환할 수 없잖아요. 그래서 미국에서는 문자마다 숫자를 하나씩 붙여 놓고, 문자를 저장할 때 붙여 놓은 숫자를 이진수로 변환해서 저장해 주도록 했어요. 바로 이 문자에 대응되는 숫자들이 아스키코드예요. 영어 대소문자 뿐 아니라 숫자, 특수문자 등에도 아스키코드가 할당되어 있어요. 그러니까 아스키코드는 영어 인코딩encoding 방식이에요.

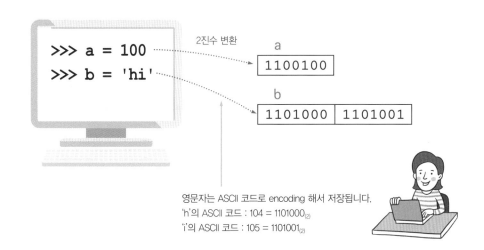

영문자는 ASCII 코드로 encoding 해서 저장됩니다.
'h'의 ASCII 코드 : 104 = 1101000(2)
'i'의 ASCII 코드 : 105 = 1101001(2)

아스키코드 표를 보고 다시 문자 저장에 대해 얘기할게요.

아스키코드	문자	아스키코드	문자	아스키코드	문자	아스키코드	문자
0	NUL	32	space	64	@	96	`
1	SOH	33	!	65	A	97	a
2	STX	34	"	66	B	98	b
3	ETX	35	#	67	C	99	c
4	EOT	36	$	68	D	100	d
5	ENQ	37	%	69	E	101	e
6	ACK	38	&	70	F	102	f
7	BEL	39	'	71	G	103	g
8	BS	40	(	72	H	104	h
9	TAB	41	)	73	I	105	i
10	LF	42	*	74	J	106	j
11	VT	43	+	75	K	107	k
12	FF	44	,	76	L	108	l
13	CR	45	−	77	M	109	m
14	SO	46	.	78	N	110	n
15	SI	47	/	79	O	111	o
16	DLE	48	0	80	P	112	p
17	DC1	49	1	81	Q	113	q
18	DC2	50	2	82	R	114	r
19	DC3	51	3	83	S	115	s
20	DC4	52	4	84	T	116	t
21	NAK	53	5	85	U	117	u
22	SYN	54	6	86	V	118	v
23	ETB	55	7	87	W	119	w
24	CAN	56	8	88	X	120	x
25	EM	57	9	89	Y	121	y
26	SUB	58	:	90	Z	122	z
27	ESC	59	;	91	[	123	
28	FS	60	〈	92	}	124		
29	GS	61	=	93	]	125	
30	RS	62	〉	94	^	126	~
31	US	63	?	95	_	127	DEL

표를 보니까 영문자 외에 숫자 하나하나에도 아스키코드가 붙어 있고, $, # 등과 같은 특수문자에도 아스키코드가 할당되어 있어요. 아스키코드를 알고 있으면 코딩에 도움이 많이 되요. 그렇다고 다 외울 필요는 없어요. 대문자 A 65, 소문자 a 97, 스페이스는 32 정도만 외워 두세요. 대문자 A가 65라는 것을 알고 있으면 나머지 대문자들은 1씩 증가시켜 나가면서 알 수가 있어요 (대문자와 소문자 사이 아스키코드 차이가 32라는 것도 같이 기억해 두세요).

그럼, 아스키코드를 어떻게 이용하는지 볼게요. 문자열 name에 'Alice'라는 이름을 저장하면 우리는 ❶처럼 저장되었다고 생각하지만, 실제로는 ❷와 같이 저장된 거예요. 즉, 실제로 컴퓨터 메모리에는 아스키코드로 문자를 저장하는 서죠. 좀 더 정확히 얘기하면 2진수로 저장하겠죠.

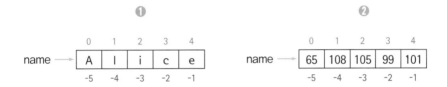

문자열을 다룰 때 가끔 아스키코드 값을 알아야 하는 경우가 있어요. 그 때는 ord(), chr() 함수가 유용해요.

ord(x)	인수 x 에는 문자 한 개를 넣어야 합니다.	``` >>> a = ord('D') >>> print(a) 68 >>> b = chr(100) >>> print(b) d ```
	반환값은 x의 아스키코드 값입니다.	
chr(x)	인수 x 에는 아스키코드 한 개를 넣어야 합니다.	
	반환값은 아스키코드 x에 해당하는 문자입니다.	

7/ 문자열에 함수 적용하기 – len(), max(), min(), sum(), sorted(), reversed()

다음 함수들은 컨테이너 자료형에 자주 사용하는 함수들이에요. 이번에는 문자열에 위의 함수들을 적용했을 때 어떤 결과가 나오는지를 공부합니다.

len(S)	문자열 S의 길이를 반환합니다.
max(S)	문자열 S의 문자들 중에서 ASCII 코드 값이 가장 큰 문자를 반환합니다.
min(S)	문자열 S의 문자들 중에서 ASCII 코드 값이 가장 작은 문자를 반환합니다.
sum(S)	문자열에는 sum 함수를 적용할 수 없습니다.
sorted(S)	문자열 S의 문자들을 ascii 코드 값으로 정렬하여 결과를 반환합니다. 결과는 리스트로 반환합니다.
reversed(S)	문자열 S를 역순으로 바꾸어 줍니다.

len() 함수

```
>>> language = 'python'
>>> len(language)
6
>>> book_title = 'Alice Wonderland'    # 스페이스도 하나의 문자임.
>>> len(book_title)
16
```

max() / min() 함수

max(), min() 함수의 인수로 문자열을 넣으면 그 문자열 중에서 아스키코드 값이 가장 큰 문자와 가장 작은 문자를 반환해 줍니다. 'A'는 65, 'a'는 97, 스페이스는 32라고 했죠. 그러니까 크기비교에서 소문자가 대문자보다 더 크고 스페이스가 영문자보다 작아요.

```
>>> device = 'computer'
>>> max(device)
'u'
>>> min(device)
'c'
```
```
>>> full_name = 'Alice Lee'
>>> max(full_name)
'l'
>>> min(full_name)
' '
```
```
>>> name = 'Alice'
>>> max(name)
'l'
>>> min(name)
'A'
```

sorted() 함수

문자열을 sorted() 함수에 인수로 넣으면 문자들을 정렬하여 리스트로 반환해 줍니다.

```
>>> device = 'computer'
>>> sorted(device)      # 아스키 코드값이 작은 문자부터 큰 문자 순서대로 리스트로 출력함.
['c', 'e', 'm', 'o', 'p', 'r', 't', 'u']
>>> language = 'python'
>>> sorted(language)
['h', 'n', 'o', 'p', 't', 'y']
>>> book = 'Harry Potter'      # 아스키코드는 소문자>대문자>스페이스 순서로 작아요
>>> sorted(book)
[' ', 'H', 'P', 'a', 'e', 'o', 'r', 'r', 'r', 't', 't', 'y']
>>> sorted(language, reverse=True)      # reverse=True 추가하면 내림차순 정렬함.
['y', 't', 'p', 'o', 'n', 'h']
```

만약에 내림차순으로 정렬하고 싶으면 sorted 함수에 두 번째 인수로 'reverse=True'라고 넣어 주면 되요. 이 부분에 대해서는 13장 함수에서 자세히 배우게 되니까 당분간은 내림차순 정렬하려면 'reverse=True'를 추가해야 한다는 걸 기억하세요.

> **참고** 정렬은 크기 순서대로 나열하는 것을 말합니다. 정렬에는 오름차순 정렬과 내림차순 정렬이 있어요. 오름차순 정렬은 작은 데이터에서 큰 데이터 순서로 정렬하는 것이고, 내림차순 정렬은 큰 데이터에서 작은 데이터 순서로 정렬하는 거예요.

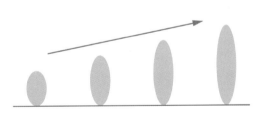

오름차순 정렬

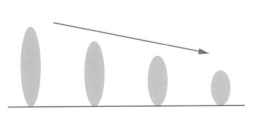

내림차순 정렬

reversed() 함수

문자열을 reversed() 함수에 인수로 넣으면 문자열을 역순으로 바꾸어서 반환해 줍니다. 우선 예제를 볼게요.

```
>>> thing = 'desk'
>>> R = reversed(thing)      # thing을 역순으로 바꾸어 변수 R에 저장함.
>>> print(R)                 # R에는 reversed 객체가 저장됨.
<reversed object at 0x021D2E50>
>>> L = list(R)              # R의 결과를 리스트로 보고 싶으면 list() 함수를 적용해야 함.
>>> print(L)
['k', 's', 'e', 'd']
```

reversed() 함수에 문자열을 적용해 보니까 결과가 이상하죠. 우리가 이해하기 쉬운 모양으로 결과를 보려면 위와 같이 list() 함수를 한 번 더 적용하면 되요. 우선 여기에서는 위의 sorted() 함수가 리스트 결과를 반환하는 것과는 다르게 reversed() 함수는 결과에 list() 함수를 적용해야 리스트로 된 결과를 볼 수 있다고 기억해 두세요.

8/ 문자열 메소드

우선 내장 함수와 메소드를 구별해야 합니다. 처음 파이썬을 공부할 때 학생들이 많이 헷갈려 하는 부분이에요. 내장 함수는 파이썬이 기본적으로 제공하기 때문에 어떤 것들이 있고 어떻게 사용하는지를 학습해 두어야 합니다. 지금까지 len(), max(), min(), sum(), sorted(), reversed(), print(), type(), id(), bin(), ord(), chr() 등의 내장 함수를 이용했어요.

내장 함수와 달리 문자열에만 적용할 수 있는 함수들이 있어요. 이런 함수들을 문자열 메소드라고 하는데, dir(str)이라고 넣으면 문자열 메소드의 목록이 나와요. 문자열 메소드를 문자열 속성attribute 이라고도 합니다. 문자열 메소드는 '문자열에 해당 메소드를 적용해라'하는 뜻이예요.

예를 들어서, 문자열 메소드 중에 upper() 라는 메소드가 있어요. upper() 메소드는 문자열을 모두 대문자로 바꾼 새로운 문자열을 만들어서 반환합니다.

```
>>> book = 'Alice in Wonderland'
>>> book2 = book.upper()    # 문자열 book에 upper() 메소드를 적용함.
>>> print(book2)            # book2는 book을 모두 대문자로 만든 문자열임.
ALICE IN WONDERLAND
>>> print(book)             # book은 그대로임.
Alice in Wonderland
```

내장 함수와 메소드를 그림으로 한 번 더 설명할게요.

내장 함수 int()는 독립적으로 쓰였어요. 즉, int() 앞에 아무 것도 붙지 않아요.

upper() 메소드는 문자열에만 적용 가능한 메소드예요. 그래서 문자열.upper() 형태로 써야 해요. upper() 메소드는 문자열을 모두 대문자로 변환해 줍니다.

```
>>> a = int(10.5)
>>> print(a)
10
>>> b = pow(2, 10)
>>> print(b)
1024
```

```
>>> book = 'Alice in Wonderland'
>>> book2 = book.upper()
>>> print(book2)
ALICE IN WONDERLAND
>>> book3 = book.title()
>>> print(book3)
Alice In Wonderland
```

pow()도 내장 함수니까 앞에 아무 것도 붙지 않아요.

title() 메소드 역시 문자열에만 적용 가능한 메소드예요. 그리고 문자열에 있는 각 단어의 첫 번째 문자만을 대문자로 변환해 줍니다.

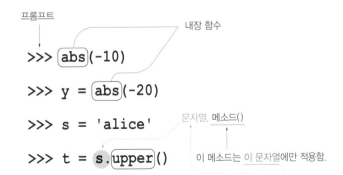

프롬프트

내장 함수

```
>>> abs(-10)

>>> y = abs(-20)

>>> s = 'alice'

>>> t = s.upper()
```

문자열 . 메소드()

이 메소드는 이 문자열에만 적용함.

객체에 메소드를 적용하려면, '객체.메소드( )'의 형태를 사용해야 한다는 것을 알았을 거예요. 그런데, 객체에 메소드를 적용하는 다른 방법도 있어요. 바로 'str.메소드(문자열 객체)'의 형태로 사용하는 거예요.

```
>>> x = 'hello world'          >> x = 'hello world'
>>> x.upper()                  >>> y = str.upper(x)
'HELLO WORLD'                  >>> y
>>> str.upper(x)               'HELLO WORLD'
'HELLO WORLD'
```

str.메소드(문자열 객체)

이렇게 써도 되는 이유는 17장의 클래스를 학습하면 이해가 될 거예요. 지금은 두 가지 방식으로 객체에 메소드를 호출할 수 있다고 알아 두세요. 이 책에서는 '객체.메소드( )'의 형태를 주로 사용합니다.

이제 내장 함수와 메소드를 헷갈려 하는 학생들이 없겠죠? 그럼 문자열 메소드가 어떤 것들이 있는지 보고, 하나씩 공부해 볼게요. dir(str)의 결과를 보면 꽤 많은 메소드 목록이 나오는데, 우리는 이 중에서 __로 시작하고 끝나는 메소드들을 제외한 나머지 메소드들을 사용할 거예요. __로 시작하고 끝나는 메소드들은 클래스를 학습해야 이해할 수 있어요. 지금은 파란색으로 표현된 메소드들을 익히는 게 중요합니다. 파이썬 코딩을 하다보면 문자열을 많이 사용할 텐데 어떤 메소드들이 있는지 학습해 두면 필요할 때 아주 유용하게 사용할 수가 있어요.

```
>>> dir(str)
['__add__', '__class__', '__contains__', '__delattr__', '__dir__', '__doc__', '__eq__',
'__format__', '__ge__', '__getattribute__', '__getitem__', '__getnewargs__',
'__gt__', '__hash__', '__init__', '__init_subclass__', '__iter__', '__le__', '__len__',
'__lt__', '__mod__', '__mul__', '__ne__', '__new__', '__reduce__', '__reduce_ex__',
'__repr__', '__rmod__', '__rmul__', '__setattr__', '__sizeof__', '__str__', '__
subclasshook__', 'capitalize', 'casefold', 'center', 'count',
'encode', 'endswith', 'expandtabs', 'find', 'format', 'format_map', 'index', 'isalnum',
'isalpha', 'isdecimal', 'isdigit', 'isidentifier', 'islower', 'isnumeric', 'isprintable',
'isspace', 'istitle', 'isupper', 'join', 'ljust', 'lower', 'lstrip', 'maketrans', 'partition',
'replace', 'rfind', 'rindex', 'rjust', 'rpartition', 'rsplit', 'rstrip', 'split', 'splitlines',
'startswith', 'strip', 'swapcase', 'title', 'translate', 'upper', 'zfill']
```

우선 문자열 메소드들을 목적이 비슷한 것들끼리 묶어서 정리해 보았어요.

	메소드	설명
대소문자 변환하기	capitalize()	첫 문자만 대문자로 변환하고 나머지 문자들은 모두 소문자로 변환합니다.
	title()	각 단어의 첫 문자들만 대문자로 변환하고 나머지 문자들은 모두 소문자로 변환합니다.
	upper()	문자열 전체를 대문자로 변환합니다.
	lower()	문자열 전체를 소문자로 변환합니다.
	swapcase()	문자열의 대문자와 소문자를 서로 바꾸어 줍니다.
정렬하기	center()	가운데로 정렬한 문자열을 반환합니다.
	ljust()	왼쪽으로 정렬한 문자열을 반환합니다.
	rjust()	오른쪽으로 정렬한 문자열을 반환합니다.
특정 문자열 개수세기	count(x)	문자열에서 부분 문자열 x의 개수를 반환합니다.
특정 문자열 인덱스 찾기	index(x)	문자열 x가 시작하는 인덱스를 반환합니다. 없는 문자를 넣으면 ValueError가 발생합니다.
	rindex(x)	문자열 x가 시작하는 인덱스를 오른쪽에서부터 찾아서 반환합니다. 없는 문자를 넣으면 ValueError가 발생합니다.
	find(x)	index(x) 메소드와 같습니다. 그런데, 없는 문자를 넣으면 −1을 반환합니다.
	rfind(x)	rindex(x) 메소드와 같습니다. 없는 문자를 넣으면 −1을 반환합니다.
문자열의 시작과 끝 확인하기	startswith(x)	문자열 x로 시작하는지 판단하여 True 또는 False를 반환합니다.
	endswith(x)	문자열 x로 끝나는지 판단하여 True 또는 False를 반환합니다.
출력 포맷 지정하기	format()	문자열 출력 포맷을 지정합니다.
	format_map()	map() 함수를 이용해서 문자열 출력 포맷을 지정합니다.
문자열 결합/분리하기	join()	리스트에 있는 문자열들을 하나의 문자열로 결합합니다.
	split()	문자열을 분리하여 리스트로 반환합니다.
	rsplit()	split() 메소드와 똑같은 일을 하는데, 오른쪽에서부터 문자열을 분리합니다.
	splitlines()	'\n'을 기준으로 문자열을 분리합니다.

문자열 떼어내기	strip()	문자열 양 끝에 있는 스페이스, '\t', '\n', '\r'을 떼어내는 메소드입니다.
	rstrip()	문자열 오른쪽에 있는 스페이스, '\t', '\n', '\r'을 떼어내는 메소드입니다.
	lstrip()	문자열 왼쪽에 있는 스페이스, '\t', '\n', '\r'을 떼어내는 메소드입니다.
문자열 분할하기	partition()	인수를 기준으로 문자열을 세 부분으로 분할한 튜플을 반환합니다.
	rpartition()	문자열을 오른쪽에서부터 분할한 결과를 튜플로 반환합니다.
문자 대체하기	maketrans() translate()	문자열의 일부 문자들을 다른 문자들로 대체할 때 사용하는 메소드입니다. 일반적으로 두 메소드를 같이 사용합니다.
	replace()	문자열의 일부분을 다른 문자열로 대체할 때 사용합니다.
0으로 채우기	zfill()	문자열 앞에 0'을 추가한 문자열을 반환합니다.
탭키 조정하기	expandtabs()	탭('')의 크기를 조정해 줍니다.
is로 시작하는 메소드	isalnum()	문자열이 모두 알파벳이나 숫자로 구성되어 있으면 True를 반환합니다.
	isalpha()	문자열이 모두 알파벳 문자로 구성되어 있으면 True를 반환합니다.
	isdigit()	문자열이 모두 숫자로 구성되어 있으면 True를 반환합니다.
	islower()	문자열이 모두 소문자로 구성되어 있으면 True를 반환합니다.
	isspace()	문자열이 스페이스로만 구성되어 있는지 판단하는 메소드입니다.
	istitle()	문자열의 모든 단어가 대문자로 시작하면 True를 반환합니다.
	isupper()	문자열이 모두 대문자로 구성되어 있으면 True를 반환합니다.
	isdecimal()	문자열이 모두 숫자로 구성되어 있으면 True를 반환합니다.
	isidentifier()	문자열이 identifier로 사용할 수 있으면 True를 반환합니다.
	isnumeric()	문자열이 모두 숫자로 구성되어 있으면 True를 반환합니다.

대소문자 변환하기 – capitalize(), title(), upper(), lower(), swapcase()

- **capitalize()**: 문자열이 어떻게 구성되어 있더라도 첫 문자만을 대문자로 만든 새로운 문자열을 반환합니다. 나머지 문자들은 소문자입니다.

```
>>> x = 'hello world'
>>> y = x.capitalize()
>>> x       # x는 그대로임.
'hello world'
>>> y       # y는 새 문자열임.
'Hello world'
```

```
>>> x = 'HELLO world'
>>> y = x.capitalize()
>>> x
'HELLO world'
>>> y
'Hello world'
```

```
>>> x = 'hELLO wORLD'
>>> y = x.capitalize()
>>> x
'hELLO wORLD'
>>> y
'Hello world'
```

- **title()**: 문자열에 있는 모든 단어의 첫 문자만을 대문자로 만든 새로운 문자열을 반환합니다. 나머지 문자들은 소문자입니다.

```
>>> x = 'how are you?'
>>> y = x.title()
>>> x
'how are you?'
>>> y
'How Are You?'
```

```
>>> x = 'HOW ARE YOU?'
>>> y = x.title()
>>> x
'HOW ARE YOU?'
>>> y
'How Are You?'
```

```
>>> x = 'hOW aRE yOU?'
>>> y = x.title()
>>> x
'hOW aRE yOU?'
>>> y
'How Are You?'
```

- **upper()/lower()**: upper()는 문자열을 모두 대문자로 바꾼 새 문자열을 반환하고, lower()는 모두 소문자로 바꾼 새 문자열을 반환합니다. 숫자나 특수문자는 그대로 둡니다.

```
>>> x = 'helLO woRLd'
>>> y = x.upper()
>>> x            # x는 그대로임.
'helLO woRLd'
>>> y
'HELLO WORLD'
```

```
>>> x = 'Happy NEW Year 2018'
>>> x.upper()
'HAPPY NEW YEAR 2018'
>>> x.lower()
'happy new year 2018'
```

> **참고** 문자열 메소드들은 모두 문자열.메소드( )로 사용합니다. 이때 문자열 자리에 직접 문자열을 넣어도 되요.
>
> ```
> >>> y = 'good'.upper()    # 문자열을 직접 넣고 메소드를 적용했어요.
> >>> y
> 'GOOD'
> ```

정렬하기 – center(), ljust(), rjust()

• **center():** 문자열을 가운데로 정렬해 주는 메소드로 한 개 또는 두 개의 인수를 넣습니다.

인수	1개	문자열.center(문자열 폭). 만약에 문자열 폭이 문자열 길이보다 작으면 무시합니다.
	2개	문자열.center(문자열 폭, 빈 칸을 채울 문자)
반환값		가운데로 정렬한 문자열

인수 1개인 경우	```
	>>> x = 'python'
	>>> y = x.center(10)
	>>> x # x는 그대로임.
	'python'
	>>> y # 10칸 안에 가운데 정렬함.
	' python '
	``
		``
		>>> x = 'hello world'
		>>> x.center(15)
		' hello world '
		>>> x.center(3)
		'hello world' # x의 길이가 3보다 크기
		                때문에 3은 무시함.
		``

인수 2개인 경우	```
	>>> x = 'happy' 빈 칸 채울 문자
	>>> x.center(20, '*')
	'*******happy********'
	>>> x.center(10, '@')
	'@@happy@@@'
	``
		``
		>>> x = 'programming'
		>>> x.center(len(x)+4, '$')
		'$$programming$$'
		>>> x.center(5, '$')
		'programming' # x의 길이가 5보다 크
		                기 때문에 5는 무시함.
		``

• **ljust():** (left just) 문자열을 왼쪽으로 정렬시키는 메소드예요. 기본적으로 위의 center() 메소드와 사용법이 같습니다.

인수 1개인 경우	```
	>>> x = 'python'
	>>> y = x.ljust(10)
	>>> x # x는 그대로임.
	'python'
	>>> y # 반환된 문자열
	'python '
	``
		``
		>>> x = 'geometry'
		>>> x.ljust(15) # 15칸 잡아서 x를
		'geometry ' 왼쪽 정렬함.
		>>> x.ljust(5)
		'geometry' # x의 길이가 5보다 크기
		              때문에 5를 무시함.
		``

인수 2개인 경우	```
	>>> book = 'geometry'
	>>> book.ljust(15, '+')
	'geometry+++++++'
	>>> book.ljust(3, '+')
	'geometry' 빈 칸 채울 문자
	``
		``
		>>> fruit = 'watermelon'
		>>> fruit.ljust(len(fruit)+5, '@')
		'watermelon@@@@@'
		``

- **rjust()**: (right just) ljust() 메소드와 반대로 동작하는 메소드로 문자열을 오른쪽으로 정렬시켜 줍니다.

인수 1개인 경우	```>>> x = 'python'```
	```>>> y = x.rjust(10)```
	```>>> x```
	```'python'```
	```>>> y```
	```' python'```
		```>>> x = 'geometry'```
		```>>> x.rjust(10)```
		```' geometry'```
		```>>> x.rjust(5)```
		```'geometry'```

인수 2개인 경우	```>>> book = 'geometry'```
	```>>> book.rjust(15, '+')```
	```'+++++++geometry'```
	```>>> book.rjust(3, '+')```
	```'geometry'```
		```>>> fruit = 'watermelon'```
		```>>> fruit.rjust(len(fruit)+5, '#')```
		```'#####watermelon'```

특정 문자열 개수 세기 – count()

- **count(x)**: 문자열에서 x가 몇 번 나오는지를 찾아서 반환합니다. 인수는 한 개, 두 개 또는 세 개 넣을 수 있어요.

인수	1개	문자열.count(x)
	2개	문자열.count(x, a) – 문자열[a:]에서 문자열 x를 찾습니다.
	3개	문자열.count(x, a, b) – 문자열[a:b]에서 문자열 x를 찾습니다.
반환값		문자열에서 x가 몇 번 나오는지 그 횟수를 반환합니다. 만약에 문자열에서 x가 한 번도 나오지 않는다면 0을 반환합니다.

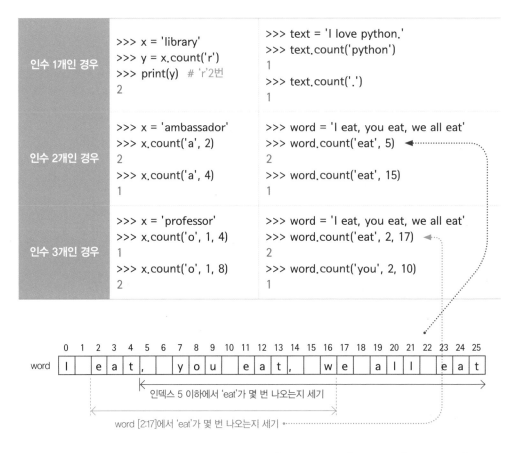

인수 1개인 경우	`>>> x = 'library'`
	`>>> y = x.count('r')`
	`>>> print(y)  # 'r' 2번`
	`2`
		`>>> text = 'I love python.'`
		`>>> text.count('python')`
		`1`
		`>>> text.count('.')`
		`1`

인수 2개인 경우	`>>> x = 'ambassador'`
	`>>> x.count('a', 2)`
	`2`
	`>>> x.count('a', 4)`
	`1`
		`>>> word = 'I eat, you eat, we all eat'`
		`>>> word.count('eat', 5)`
		`2`
		`>>> word.count('eat', 15)`
		`1`

인수 3개인 경우	`>>> x = 'professor'`
	`>>> x.count('o', 1, 4)`
	`1`
	`>>> x.count('o', 1, 8)`
	`2`
		`>>> word = 'I eat, you eat, we all eat'`
		`>>> word.count('eat', 2, 17)`
		`2`
		`>>> word.count('you', 2, 10)`
		`1`

	0	1	2	3	4	5	6	7	8	9	10	11	12	13	14	15	16	17	18	19	20	21	22	23	24	25
word	I		e	a	t	,		y	o	u		e	a	t	,		w	e		a	l	l		e	a	t

인덱스 5 이하에서 'eat'가 몇 번 나오는지 세기

word [2:17]에서 'eat'가 몇 번 나오는지 세기

특정 문자열의 인덱스 찾기 – index(), rindex(), find(), rfind()

- **index(x):** 문자열에서 어떤 문자열 x가 있는 위치의 인덱스를 알려 주는 메소드예요. 만약에 x 가 없다면, 'ValueError'가 발생합니다. 만약에 x가 여러 개 있으면, 가장 먼저 나오는 인덱스 를 반환해요. index() 메소드는 최대 3개의 인수를 가질 수 있습니다.

인수	1개	문자열.index(x)
	2개	문자열.index(x, a) 문자열[a:]에 x가 있으면 x가 시작하는 인덱스를 반환합니다.
	3개	문자열.index(x, a, b) 문자열[a:b]에 x가 있으면 x의 시작 인덱스를 반환합니다.
반환값	문자열에서 x가 시작하는 위치의 인덱스를 반환합니다. ◀····· x가 없으면 ValueError가 발생합니다.	

```
>>> s = 'python'
>>> s.index('t')   # s에서 't'의 위치 알려줌.
2
>>> s.index('ho')
3
>>> s.index('a')   # 'a'는 s에 없음.
Traceback (most recent call last):
  File "<pyshell#8>", line 1, in
<module>
    s.index('a')
ValueError: substring not found
```

```
>>> state = 'mississippi'
>>> state.index('s')
2
>>> state.index('s', 5) ◄
5
>>> state.index('p', 7, 10) ◄
8
```

```
       0 1 2 3 4 5 6 7 8 9 10
state  m i s s i s s i p p i  •
```

인덱스 5 이하에서 처음 's'가 나올 때의 인덱스는 5

state [7:10]에서 처음 'p'가 나올 때의 인덱스는 8 •······

- **rindex(x):** rindex(x)는 right index의 의미예요. 그래서, x가 시작하는 위치를 오른쪽 끝에서
  부터 찾아줍니다. x가 있으면 인덱스를 반환하고, 없으면 ValueError를 발생시킵니다. 만약에
  x가 여러 개라면, 가장 먼저 만나는 인덱스를 반환합니다.

>>> x = 'this is a chair and that is a desk'

```
0 1 2 3 4 5 6 7 8 9 10 11 12 13 14 15 16 17 18 19 20 21 22 23 24 25 26 27 28 29 30 31 32 33
t h i s   i s   a   c h a i r   a n d   t h a t   i s   a   d e s k
```

x [2:10]에서 오른쪽으로부터 가장 먼저 나오는 'is'의 인덱스는 5

```
>>> x.rindex('is')
25
>>> x.rindex('is', 15)   # x[15:]
25
```

```
>>> x.rindex('is', 2, 10)   # x[2:10]
5
>>> x.rindex('is', 10, 15)  # x[10:15]에는 'is' 없음.
......
ValueError: substring not found
```

- **find(x):** index() 메소드와 하는 일은 똑같아요. 그런데, 찾고자 하는 문자열이 없다면 index() 메소드는 ValueError를 내는 반면 find() 메소드는 -1을 반환합니다.

- **rfind(x):** rindex() 메소드와 하는 일이 같습니다. 다른 점이 있다면 없는 문자열을 찾으려고 하면 rindex()가 ValueError를 내는 반면, rfind()는 -1을 반환한다는 거예요.

```
>>> x = 'programming language'
```

0	1	2	3	4	5	6	7	8	9	10	11	12	13	14	15	16	17	18	19
p	r	o	g	r	a	m	m	i	n	g		l	a	n	g	u	a	g	e

```
>>> x.find('r')      # 첫번째 'r'의 인덱스 반환함.
1
>>> x.find('a')      # 첫번째 'a'의 인덱스 반환함.
5
>>> x.find('a', 10)   # x[10:]
13
>>> x.find('a', 2, 7)  # x[2:7]
5
>>> x.find('b')    # 'b'는 x에 없음.
-1
```

```
>>> x.rfind('r')   ◀········  # 오른쪽으로부터
4                              첫 번째 'r'의 인덱
>>> x.rfind('a')                스 반환함.
17
>>> x.rfind('a', 10)    # x[10:]
17
>>> x.rfind('a', 2, 7)   # x[2:7]
5
>>> x.rfind('b')
-1
```

문자열의 시작과 끝 확인하기 – startswith(), endswith()

- **startswith():** 문자열이 특정 문자열 x로 시작하는 지를 판단하는 메소드예요. 최대 세 개의 인수를 가질 수 있고 결과는 True 또는 False입니다.

인수	1개	문자열.startswith(x)
	2개	문자열.startswith(x, a) 문자열[a:]이 x로 시작하는지 판단합니다.
	3개	문자열.startswith(x, a, b) 문자열[a:b]이 x로 시작하는지 판단합니다.
반환값		True / False

```
>>> word = 'programming'

>>> word.startswith('p')                 >>> word.startswith('gram', 2)
True                                      False
>>> word.startswith('pr')                >>> word.startswith('gram', 3)
True                                      True
>>> word.startswith('prop')              >>> word.startswith('gram', 3, 6)
False                                     False
>>> word.startswith('programming')       >>> word.startswith('gram', 3, 7)
True                                      True
>>> word.startswith('')   # 빈 문자열      >>> word.startswith('g', len(word)-1)
True                                      True
>>> word.startswith(' ')   # 스페이스      >>> word.startswith('g', len(word))
False                                     False
```

.......10 11

word [3, 6]이 'gram'으로 시작하는지 판단합니다.

- **endswith(x):** 문자열이 특정 x로 끝나는지를 확인하는 메소드예요. 최대 세 개의 인수를 가질 수 있고 결과는 True 또는 False입니다.

인수	1개	문자열.endswith(x)
	2개	문자열.endswith(x, a) 문자열[a:]이 x로 끝나는지 판단합니다.
	3개	문자열.endswith(특정 문자열, a, b) 문자열[a:b]가 x로 끝나는지 판단합니다.
반환값		True / False

```
>>> word = 'technology'              >>> word.endswith('no', 2, 6)
>>> word.endswith('y')               True
True                                 >>> word.endswith('y', 4)
>>> word.endswith('logy')            True
True                                 >>> word.endswith('logy', 7)
>>> word.endswith('logt')            False
False                                >>> word.endswith('logy', 6)
>>> word.endswith('no', 2, 5)        True
False
```

출력 포맷 지정하기 – format(), format_map()

format()과 format_map() 메소드는 문자열의 포맷을 맞춰 주는 메소드예요.

- **format():** format() 메소드를 적용하는 문자열에는 중괄호가 포함되어야 해요. 중괄호는 비어 있을 수도 있고, 숫자 또는 변수가 들어갈 수도 있어요. format() 메소드는 5장에서 출력문을 설명할 때 print() 함수와 같이 자세히 다룰 생각이에요. 여기서는 간단히 설명하고 넘어갈게요.

❶ { }가 포함된 문자열에 format() 메소드 적용하기

문자열에 빈 중괄호가 포함되어 있으면, 중괄호 개수만큼 format() 메소드의 인수가 있어야 해요. 그리고 인수가 순서대로 빈 중괄호에 대체됩니다.

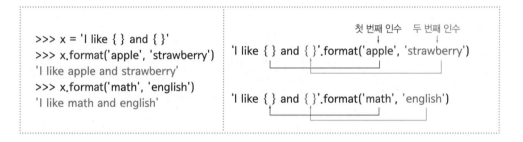

```
>>> x = 'I like { } and { }'
>>> x.format('apple', 'strawberry')
'I like apple and strawberry'
>>> x.format('math', 'english')
'I like math and english'
```

첫 번째 인수   두 번째 인수

'I like { } and { }'.format('apple', 'strawberry')

'I like { } and { }'.format('math', 'english')

❷ { 숫자 }가 포함된 문자열에 format() 메소드 적용하기

문자열에 안에 {숫자}가 나오면, 인수의 순서대로 번호를 붙이고 해당 번호 자리에 인수를 대체합니다.

```
                    {0} 자리에 들어감.
>>> x = 'I like {0} with {1}. {0} is my favorite drink'
>>> x.format('coffee', 'milk')        {1} 자리에 들어감.
'I like coffee with milk. coffee is my favorite drink'
>>> x.format('milk', 'chocolate')
'I like milk with chocolate. milk is my favorite drink'
```

```
                                                 인수 0    인수 1
                                                   ↓        ↓
'I like {0} with {1}. {0} is my favorite drink'.format('coffee', 'milk')

'I like {0} with {1}. {0} is my favorite drink'.format('milk', 'chocolate')
```

❸ **{ 변수 }가 포함된 문자열에 format( ) 메소드를 적용하기**

문자열에 {변수}가 나오면, 인수에 '변수 = 값'의 형태로 넣어줘야 합니다.

```
>>> x = '{name} is {age} years old'
>>> x.format(name='Alice', age=10)
'Alice is 10 years old.'
>>> x.format(name='Paul', age=7)
'Paul is 7 years old.'
```

```
'{name} is {age} years old'.format(name = 'Alice', age = 10)

'{name} is {age} years old'.format(name = 'Paul', age = 7)
```

- **format_map( ):** format( ) 메소드를 변형한 형태로 format 메소드를 조금 더 편하게 사용할 수 있게 해 줘요. format_map( ) 함수의 인수로는 사전이 들어가야 하는데 우리가 아직 사전에 대해 공부하지 않았어요. 그래도 사전이 어떤 형태인지만 알면 format_map( ) 함수를 사용할 수 있어서 설명할게요(사전은 2장에 나온 내용만 알면 됩니다).

여러 개의 변수는 다음과 같은 사전 형태로 선언할 수 있습니다. format_map( ) 메소드에는 이런 사전 형태가 인수로 들어갑니다.

```
                                            사전
a = 10; b = 20; c = 30    ➡    {'a' : 10, 'b' : 20, 'c' : 30}
```

```
>>> v = {'a':10, 'b':20, 'c':30}
>>> '{a}, {b}, {c}'.format_map(v)    # {a}에 10, {b}에 20, {c}에 3이 들어갑니다.
'10, 20, 30'
```

문자열 결합하기/분리하기 – join(), split(), rsplit(), splitlines()

- **join()**: 여러 개의 문자열을 하나의 문자열로 합해서 반환하는 메소드예요. join() 메소드의 인수로는 컨테이너 자료형인 리스트, 튜플, 집합, 사전을 모두 넣을 수 있어요. 그런데 컨테이너 데이터는 모두 문자열로 구성되어야 합니다.

인수 자료형	사용 예제

리스트	```>>> fruits = ['melon', 'apple', 'kiwi'] # 문자열로 구성된 리스트여야 합니다.```
	```>>> s = '***'```
	```>>> t = s.join(fruits)```
	```>>> print(t)```
	fruits의 문자열들을 s로 연결합니다.
	```melon***apple***kiwi```

튜플	```>>> book = ('java', 'python', 'c++') # 문자열로 구성된 튜플이어야 합니다.```
	```>>> s = '~~~~'```
	```>>> t = s.join(book)```
	```>>> print(t)```
	book의 문자열들을 s로 연결합니다.
	```java~~~~python~~~~c++```

집합	```>>> color = {'red', 'blue', 'white', 'black'} # 문자열로 구성된 집합이어야 합니다.```
	```>>> s = ' * '```
	```>>> t = s.join(color) # 집합은 순서 개념이 없어서 어떤 순서로 결합될지 알 수 없음.```
	```>>> print(t) # 저장 순서대로 결합하지 않을 수 있어요.```
	```blue * red * black * white```

사전	사전은 '키'들을 결합해 줘요. 그래서 사전의 '키'가 문자열로 되어 있어야 join() 메소드를 적용할 수 있습니다.
	키
	```>>> english = {'one':1, 'two':2, 'three':3} # 키가 문자열이어야 합니다.```
	```>>> s = '^^^'```
	```>>> t = s.join(english) # '^^^'로 키들만 결합합니다.```
	```>>> print(t)```
	```one^^^two^^^three```

문자열	```>>> name = 'Peter Pan' # 문자 하나하나를 분리한 후에 결합합니다.```
	```>>> s = ' ~*~ '```
	```>>> t = s.join(name) # '~*~'로 name의 문자들을 결합합니다.```
	```>>> print(t)```
	```P ~*~ e ~*~ t ~*~ e ~*~ r ~*~ ~*~ P ~*~ a ~*~ n```

만약에 위의 자료형의 원소들이 문자열이 아니라면, 다음과 같이 TypeError가 발생해요.

```
>>> score = [80, 90, 77]    # 정수로 구성된 리스트에는 join( ) 메소드가 수행되지 않아요.
>>> s = '*****'
>>> s.join(score)    # 에러 메시지를 보면 str(문자열)이 와야 한다고 되어 있어요.
Traceback (most recent call last):
  File "<pyshell#108>", line 1, in <module>
    s.join(score)
TypeError: sequence item 0: expected str instance, int found
```

> NOTE 사실 join( ) 메소드의 인수로는 iterable 자료형을 넣어야 해요. 파이썬을 공부하다 보면 iterable이란 용
> 어를 많이 접하게 됩니다. iterable 자료형은 데이터가 여러 개 묶여진 자료형으로 자동으로 데이터를 하
> 나씩 가져올 수 있도록 만들어진 자료형이에요. 아직은 쉽게 이해가 되지 않을 거예요. 우선 컨테이너 자
> 료형인 문자열, 리스트, 튜플, 집합, 사전이 모두 iterable 자료형이라고 기억해 두기 바랍니다.

결과 = 문자열.join(↑)

여기에는 문자열들로 구성된 iterable 데이터가 들어가야 합니다.
컨테이너 자료형인 문자열, 리스트, 튜플, 집합, 사전이 iterable 자료형입니다.

- **split():** split() 메소드는 join() 메소드의 반대로 동작하는 메소드예요. 하나의 문자열을 분리
해서 리스트로 반환합니다. 최대 두 개의 인수를 가질 수 있고 인수에 따라 다음과 같이 동작
합니다.

인수	없는 경우	문자열.split() 스페이스로 문자열을 분리합니다.
	1개	문자열.split(구별자) 구별자에도 문자열이 와야 하고, 구별자로 문자열을 분리합니다.
	2개	문자열.split(구별자, n) 구별자에는 문자열, n에는 정수가 와야 합니다. 문자열을 구별자로 분리하는데 n번 분리합니다.
반환값		분리된 문자열들을 리스트에 넣어 반환합니다.

스페이스로 문자열을 분리해서 단어들을 각각 떼어내려면 인수 없이 split() 메소드를 사용하면
됩니다. 만약에 스페이스 아닌 다른 문자열을 이용해서 분리하려면 인수로 그 문자열을 넣어 주

어야 해요. 그리고 두 번째 인수로 숫자가 올 수 있는데, 이 경우에는 문자열 앞부분에서 n개만 분리합니다. 예제를 보면 쉽게 이해가 될 거예요.

인수가 없는 경우	>>> text = 'Python is a widely used computer language.'
	>>> result = text.split() # 스페이스로 문자열을 분리합니다.
	>>> result # 문자열을 분리해서 리스트에 저장합니다.
	['Python', 'is', 'a', 'widely', 'used', 'computer', 'language.']

인수가 1개인 경우	>>> friends = 'Paul--Tom--Alice--Kelly--Cindy'
	>>> friends.split('--') # 문자열 friends를 '--'로 분리합니다
	['Paul', 'Tom', 'Alice', 'Kelly', 'Cindy']

인수가 2개인 경우	>>> words='desk-pencil-computer-book-eraser-chair'
	>>> words.split('-', 1) # 문자열 words를 '-'로 한 번 분리합니다.
	['desk', 'pencil-computer-book-eraser-chair']
	>>> words.split('-', 2) # 문자열 words를 '-'로 두 번 분리합니다.
	['desk', 'pencil', 'computer-book-eraser-chair']
	>>> words.split('-', 3) # 문자열 words를 '-'로 세 번 분리합니다.
	['desk', 'pencil', 'computer', 'book-eraser-chair']

- **rsplit():** split() 메소드와 동작은 같은데 r이 right를 의미해요. 그래서 오른쪽에서부터 단어들을 분리합니다. 다음 예를 보세요.

```
>>> words = 'desk-pencil-computer-book-eraser-chair'
>>> words.rsplit('-')      # 그냥 split() 메소드와 차이가 없음.
['desk', 'pencil', 'computer', 'book', 'eraser', 'chair']
>>> words.rsplit('-', 3)   # 오른쪽 끝에서부터 세 번 분리함.
['desk-pencil-computer', 'book', 'eraser', 'chair']
```

참고   lsplit( ) 메소드는 없어요. 사실 split( ) 메소드가 lsplit( )이죠.

- **splitlines():** 이름대로 라인을 분리하는 메소드예요. 즉, 문자열을 '\n'을 기준으로 잘라 줍니다. 그러니까 '\n'이 없으면 분리하지 못 하겠죠. 다음 예를 보세요.

```
>>> letter = 'Dear Alice, \n hello to your mom. \n from Carol'
>>> letter.splitlines()
['Dear Alice,', 'Say hello to your mom.', 'from Carol']
>>> letter = 'Dear Alice, Say hello to your mom. from Carol'   # '\n' 없음.
>>> letter.splitlines()
['Dear Alice, Say hello to your mom. from Carol']
```

문자열에서 불필요한 문자 떼어내기 - strip(), rstrip(), lstrip()

문자열 앞이나 뒤에 스페이스나 '\n', '\r' 등이 붙어 있으면 문제가 생기는 경우가 있어요. 이런 경우에는 문자열 앞이나 뒤에 붙은 불필요한 문자들을 떼어 내야 해요. strip(), rstrip(), lstrip() 메소드가 바로 이런 불필요한 문자들을 떼어내는 일을 합니다. strip()은 양쪽에 있는 불필요한 문자들을 떼어내고, rstrip()은 오른쪽에서, lstrip()은 왼쪽에서 문자들을 떼어냅니다. 이 메소드들은 인수가 없거나 한 개를 갖습니다.

- **strip():** 인수가 없으면 양쪽에서 불필요한 문자를 떼어냅니다.
- **rstrip():** right strip()이니까 오른쪽에서 불필요한 문자열을 떼어냅니다.
- **lstrip():** left strip()이니까 왼쪽에서 불필요한 문자열을 떼어냅니다.

인수	없는 경우	문자열.strip() 문자열 양쪽에 ' ', '\t', '\n', '\r'이 있다면 떼어냅니다.
	1개	문자열.strip(x) 문자열 양쪽에서 x를 떼어 냅니다(x도 문자열이어야 해요).
반환값		특정 문자열을 떼어낸 나머지 문자열을 반환합니다.

이 메소드들은 특히 나중에 파일에서 데이터를 읽어올 때 유용해요. 우선은 예제를 통해서 익혀 두기 바랍니다.

인수가 없는 경우	
	>>> line1 = ' hello world ' ······ 문자 양끝에 있는 스페이스를 떼어냅니다.
	>>> result = line1.strip()
	>>> result # line1 양쪽에서 ' '(스페이스) 떼어낸 문자
	'hello world' 열을 반환함.
	>>> len(line1), len(result) # 떼어낸 후 문자열의 길이가 줄어듬.
	(18, 13)
	>>> line1.rstrip() # 오른쪽에서 떼어낸 문자열을 반환함.
	' hello world'
	>>> line1.lstrip() # 왼쪽에서 떼어낸 문자열을 반환함.
	'hello world '
	
	>>> line2 = 'hello world\n'
	>>> result = line2.strip() # '\n'떼어냄.
	>>> result
	'hello world'
	>>> len(line2), len(result)
	(12, 11)

인수가 있는 경우	`>>> line = '***hello*****world********'`
	`>>> result1 = line.strip('*')` # 양 옆에서 '*'떼어냄.
	`>>> result1`
	`'hello*****world'`
	`>>> result2 = line.rstrip('*')` # 오른쪽 끝에서 '*'떼어냄.
	`>>> result2`
	`'***hello*****world'`
	`>>> result3 = line.lstrip('*')` # 왼쪽 끝에서 '*'떼어냄.
	`>>> result3`
	`'hello*****world********'`

문자열 분할하기 – partition(), rpartition()

partition(), rpartition() 메소드에는 문자열 인수 한 개를 반드시 넣어야 해요. 그러면 인수를 기준으로 문자열을 세 부분으로 분할해서 튜플로 반환해 줍니다. 결과로 나온 튜플의 첫 번째 부분은 인수 전 부분이고, 두 번째 부분은 인수 자체, 세 번째 부분은 인수 이후 부분이에요. partition() 메소드는 왼쪽에서부터 분할하고, rpartition() 메소드는 오른쪽에서부터 분할해 줘요. 예를 보면 이해가 쉽습니다.

```
                        ┈┈ 스페이스 있음.
>>> x = 'You should go to school today.'
>>> x.partition('go')      # 'go'를 기준으로 문자열 x를 세 부분으로 분할합니다.
('You should ', 'go', ' to school today.')
>>> x.partition(' go ')     # ' go '를 기준으로 문자열 x를 세 부분으로 분할합니다.
('You should', ' go ', 'to school today.')
>>> x.partition('school')   # 'school'를 기준으로 문자열 x를 세 부분으로 분할합니다.
('You should go to ', 'school', ' today.')
```

문자열에서 인수가 여러 개 있으면 가장 먼저 나오는 인수 문자열을 기준으로 분할해요.

```
>>> y = 'I learn swimming and I learn dancing'
>>> y.partition('learn')    # 문자열 y를 앞에 나오는 'learn'을 기준으로 분할합니다.
('I ', 'learn', ' swimming and I learn dancing')
          ┈┈ learn이 2개인데 앞의 learn을 기준으로 분할함.
```

rpartition() 메소드는 right partition 메소드예요. 즉, 오른쪽에서 왼쪽으로 가면서 먼저 나오는 인수를 기준으로 분할해 줍니다.

파이썬 시작하기
객체 변수 자료형
수치자료형과 연산자
문자열 자료형
요소 인출문
if 조건문
while 반복문
for 반복문

```
>>> y = 'I learn swimming and I learn dancing'
>>> y.rpartition('learn')    # 오른쪽부터 보았을 때 먼저 나오는 'learn'을 기준으로 분할합니다.
('I learn swimming and I ', 'learn', ' dancing')
```

만약에 인수가 문자열에 없다면, 다음과 같이 분할이 됩니다.

```
>>> x = 'You should go to school today.'
>>> x.partition('gg')      # x에 'gg'가 없습니다.
('You should go to school today.', '', '')
>>> x.rpartition('gg')
('', '', 'You should go to school today.')
```

각각의 문자를 대체하기 – maketrans(), translate()

문자열에서 특정 문자를 다른 문자로 대체하기 위한 메소드로 maketrans()와 translate()가 있어요. 일반적으로 이 두 메소드는 같이 사용합니다.

- **maketrans():** 길이가 같은 문자열 두 개를 인수로 넣어야 해요. 첫 번째 인수는 문자열에 있는 문자들이어야 하고, 두 번째 인수는 새 문자들이에요. maketrans() 메소드는 이 두 인수를 아스키코드로 변환하여 사전으로 반환합니다. 아래 예제 코드를 보세요. 소문자 'a'의 아스키코드는 97이고, 대문자 'A'는 65라고 했죠.

```
>>> x = str.maketrans('abc', 'ABC')    # str.maketrans( , )로 사용합니다.
>>> x        # {'a': 'A', 'b': 'B', 'c': 'C'} 사전을 반환합니다(아스키코드로 저장).
{97: 65, 98: 66, 99: 67}
```

- **translate():** 이 메소드는 maketrans() 메소드의 결과로 나온 사전을 인수로 넣어야 해요. 그러면, translate() 메소드를 적용하는 문자열에 사전의 '키'에 해당하는 문자를 '값'에 있는 문자로 대체시켜 줍니다. 다음의 예를 보세요.

```
>>> s = 'ambassador'
>>> t = str.maketrans('adr', 'ADR') # 'a'를 'A'로, 'd'를 'D'로, 'r'을 'R'로 변환하려고 합니다.
>>> print(t)
97: 65, 100: 68, 114: 82              # a(97), d(100), r(114), A(65), D(68), R(82)
>>> s.translate(t)                    # s를 t에 따라 적용해 줍니다.
'AmbAssADoR'
```

문자열 대체하기 – replace()

replace() 메소드는 문장에서 단어를 대체할 때 유용하게 사용할 수 있어요. 인수는 두 개 또는 세 개가 올 수 있고요.

인수	2개	문자열.replace(x, y) 문자열 x를 모두 문자열 y로 대체합니다.
	3개	문자열.replace(x, y, n), 문자열 x n개를 문자열 y로 대체합니다.
반환값		대체한 결과 문자열을 반환합니다.

```
>>> text = 'I scream you scream we all scream'
>>> text.replace('scream', 'play')          # 'scream'을 'play'로 대체합니다.
'I play you play we all play'
>>> text.replace('scream', 'play', 2)       # 'scream'을 'play'로 대체합니다(두 개만).
'I play you play we all scream'
>>> text.replace('scream', 'play', 1)       # 'scream'을 'play'로 대체합니다(한 개만).
'I play you scream we all scream'
```

문자열에 0을 채우기 – zfill()

zfill() 메소드는 문자열에 '0'을 채운 새로운 문자열을 반환하는 메소드예요. 인수로 정수 한 개가 와야 하는데, 이 정수는 0을 채운 후에 결과로 나올 문자열의 폭을 의미해요. 인수로 넣은 문자열의 폭이 문자열 길이보다 작으면 인수를 무시하고요.

```
>>> x = 'hello world'
>>> x.zfill(20)          # 문자열 x의 앞 부분에 0을 채워서 문자열의 길이를 20으로 만듦.
'000000000hello world'
>>> x                    # x는 그대로입니다.
'hello world'
>>> x.zfill(10)
'hello world'            문자열의 길이보다 작은 수이므로 0을 못채웁니다.
```

is로 시작하는 메소드 – istitle(), isalnum(), isalpha(), isdigit(), isidentifier(), islower(), isupper(), isspace()

is로 시작하는 메소드들이 여러 개 있어요. 이 메소드들은 모두 인수를 갖지 않고 결과는 모두 True 또는 False예요. 메소드 이름을 보면 어떤 일을 하는 메소드인지 알 수가 있을 거예요.

- **istitle()**: 문자열을 구성하는 단어들 각각이 모두 대문자로 시작하는지 판단합니다. 반드시 각 단어의 첫 글자만 대문자여야 합니다. 숫자는 무시하고 영문자만 보고 판단합니다(title() 메소드 기억하시죠?).

```
>>> x = 'Alice wonderland'
>>> x.istitle()
False
>>> y = 'Alice Wonderland'
>>> y.istitle()
True
```

```
>>> s = 'Snow WhiTe'
>>> s.istitle()
False
>>> t = 'Snow 123 White'    # 숫자 무시합니다.
>>> t.istitle()
True
```

- **isalnum()**: 문자열이 영문자 또는 숫자로만 구성된 경우에 True를 반환하고 나머지 경우는 False를 반환하는 메소드예요.

```
>>> a = 'python2018'
>>> b = 'python'
>>> c = '2018'
>>> d = 'python_2018'
>>> e = 'python-version'
>>> f = 'python 2018'
```

```
>>> a.isalnum()    # 영문자와 숫자로 구성되면 True입니다.
True
>>> b.isalnum()    # 영문자로만 구성되어도 True입니다.
True
>>> c.isalnum()    # 숫자로만 구성되어도 True입니다.
True
>>> d.isalnum()    # 특수문자 '_'있음.(underscore)
False
>>> e.isalnum()    # 특수문자 '-'있음.(dash)
False
>>> f.isalnum()    # 스페이스 때문에 False입니다.
False
```

- isalpha(): 문자열이 모두 알파벳인 경우에만 True를 반환하는 메소드예요.

```
>>> a = 'python'
>>> b = 'python programming'
>>> a.isalpha()
True
>>> b.isalpha()      # 스페이스가 중간에 들어가서 False예요.
False
```

- isdigit(): 문자열이 모두 숫자로 구성된 경우에만 True를 반환하는 메소드예요.

```
>>> number1 = '12489'
>>> number1.isdigit()
True
>>> number2 = '123-456'      # '-'가 중간에 있어서 False예요.
>>> number2.isdigit()
False
```

- isidentifier(): 문자열이 식별자identifier로 사용할 수 있는지를 판단하는 메소드예요. 대표적인 식별자는 변수명이에요. 2장에서 변수명 만드는 규칙이 있었어요. 그 규칙에 맞게 식별자를 만들었는지를 판단하는 메소드예요. 규칙에 맞게 만든 식별자인 경우에는 True를 반환하고, 그렇지 않으면 False를 반환합니다. isidentifier() 메소드를 이용하면 올바르게 만든 변수명인지를 확인해 볼 수가 있겠죠.

```
>>> number = 10
>>> number1 = 20
>>> number_2 = 30
>>> number-3 = 40   # '-'는 사용할 수 없어요.
SyntaxError: can't assign to operator
>>> 5number = 50   # 숫자로 시작하면 안 되요.
SyntaxError: invalid syntax
```

```
>>> 'number'.isidentifier()
True
>>> 'number1'.isidentifier()
True
>>> 'number_2'.isidentifier()
True
>>> 'number-3'.isidentifier()
False
>>> '5number'.isidentifier()
False
```

- **islower()**: 문자열에 있는 영문자가 모두 소문자이면 True를 반환하는 메소드예요. 문자열에 영문자 외에 다른 특수문자가 포함되어 있다면 특수문자는 모두 무시하고 영문자만 소문자인지를 판단해 줘요. 만약에 알파벳 소문자가 하나도 없으면 False를 반환합니다.

```
>>> 'world war'.islower()
True
>>> 'world wAr'.islower()  # 'A'False
False
>>> 'world war 2'.islower()
True
```

```
>>> '1234'.islower()   # 소문자가 없습니다.
False
>>> '1234a'.islower()
True
```

- **isupper()**: 문자열을 구성하는 문자들 중에 영문자가 모두 대문자인지 판단하는 메소드예요. islower() 메소드처럼 영문자가 아닌 문자들은 무시합니다.

```
>>> x = 'PYTHON'
>>> x.isupper()
True
>>> y = 'pyTHon'
>>> y.isupper()
False
```

```
>>> s = 'PYTHON PROGRAMMING'
>>> s.isupper()
True
>>> t = 'PYTHON VERSION 3 !!'
>>> t.isupper()
True
```

- **isspace()**: 문자열이 스페이스로만 구성되어 있는 경우에 True를 반환하는 메소드예요.

```
>>> x = ' '
>>> x.isspace()
True
>>> y = 't'
>>> y.isspace()
False
```

```
>>> y = ' a '   ◀······ 스페이스 a가 같이 있음.
>>> y.isspace()
False
```

참고 isdigit( )와 비슷한 일을 하는 메소드로 isdecimal( )과 isnumeric( )이 있어요.

9/ 정리

이번 장에서는 파이썬에서 문자열을 어떻게 저장하고 처리하는지를 알아보았어요. 문자열은 컴퓨터에서 아주 중요해요. 실제로 여러분들이 컴퓨터를 이용해서 하는 일들을 보면 이메일, 검색, 문서 작성 등과 같이 모두 문자열로 이루어지는 일들이죠. 이번 장을 통해서는 파이썬에서 문자열이 어떻게 저장되고, 인덱싱과 슬라이싱을 어떻게 하는지를 꼼꼼히 알아 두어야 합니다. 특히 인덱싱과 슬라이싱은 다른 시퀀스 자료형인 리스트와 튜플에 그대로 적용되기 때문에 지금 제대로 익혀 두어야 해요. 또한 문자열을 쉽게 사용하기 위해서는 문자열 객체에 적용할 수 있는 메소드들에 대한 학습이 중요해요. 이번 장에서는 메소드들을 정리하고 실제로 어떻게 사용하는지를 자세히 보이고 있어요. 잘 학습해 두고 나중에 필요한 메소드들을 적절히 사용할 수 있도록 하기 바랍니다.

프로그래밍 연습문제

06 영문 이름을 이용해서 로그인 아이디를 만들려고 합니다. 아이디는 이름(first name)의 첫 문자 한 개를 소문자로 바꾸고 그 뒤에 성(last name)을 소문자로 붙여서 구성합니다. 예를 들어, 변수 first_name에 'Bill'이 저장되어 있고, 변수 last_name에 'Gates'가 저장되어 있다면 로그인 id는 'bgates'가 됩니다. 빈 칸에 들어갈 코드를 작성해 보세요(오른쪽이 출력 결과입니다).

```
first_name = 'Bill'
last_name = 'Gates'



login_id : bgates



print('login_id : { }'.format(login_id))
```

파이썬 시작하기

객체 변수 자료형

수치 자료형과 연산자

문자열 자료형

표준 입출력

if 조건문

while 반복문

for 반복문

07 Pig Latin은 단어를 바꾸는 게임이에요. 단어를 바꾸는 규칙은 첫 모음 전까지의 자음들을 떼어서 단어의 맨 뒤에 붙입니다. 그리고 그 뒤에 ay를 붙여 줍니다. 예를 들어서, 'happy'라는 단어를 바꾸면 'appyhay'가 되는 거예요. 이 코드를 작성하려면 앞에서 몇 번째 문자가 처음으로 모음인지를 알아야 하는데 지금까지 우리가 배운 내용으로 이 부분을 코딩하기가 쉽지 않아요. 그래서 조금 바꾸어서 무조건 첫 문자 하나를 맨 뒤로 보내고 그 뒤에 'ay'를 붙이는 규칙으로 단어를 바꾸는 프로그램을 작성해 보세요.

```
a = 'happy'; b = 'pig'; c = 'python'
```

```
happy -> appyhay
pig -> igpay
python -> ythonpay
```

```
string = '{ } -> { }'
print(string.format(a, x))
print(string.format(b, y))
print(string.format(c, z))
```

08 문자열 x에는 'Korea:Korean'과 같이 '국가:언어'가 저장되어 있어요. 여기에서 ':' 앞과 뒤를 떼어서 'In Korea, people speak Korean.'이 출력되도록 코딩하세요. 이때, 세 가지 다른 방법을 이용하도록 합니다.

```
x = 'Korea:Korean'      # split()
y = 'England:English'   # partition()
z = 'France:French'     # find() 또는 index()

# 코드 완성하기
```

```
In Korea, people speak Korean.
In England, people speak English.
In France, people speak French.
```

09 문자열 text는 항상 4개의 단어로 구성됩니다. text에 저장된 단어들의 평균 길이를 구하는 프로그램을 작성해 보세요. 반드시 split() 메소드를 사용합니다.

```
text = 'I like python programming'
# 코드 완성하기

print('average length of words :', average_length)
```

```
average length of words : 5.5
```

표준
입출력문

학생들의 성적을 처리하려고 합니다. 그러면 가장 먼저 해야 할 일이 무엇일까요? 바로 학생들의 성적을 입력해야겠죠. 학생들의 성적을 프로그램에 입력하는 방법은 두 가지가 있어요. 하나는 성적을 일일이 키보드로 입력하는 방법이고, 다른 하나는 파일에 모든 학생들의 성적을 저장하고 성적 처리 프로그램이 자동으로 파일을 읽어 들이도록 하는 방법이에요. 다음으로 학생들의 성적을 모두 입력했다면, 성적 처리 결과를 출력하도록 해야겠죠. 이때 결과를 모니터에 출력할 수도 있고, 파일에 저장해서 파일을 열어서 결과를 볼 수도 있어요. 아래 그림에서 보듯이 키보드로 입력하고 모니터로 출력하는 것을 표준 입출력이라고 합니다. 그리고 파일로부터 데이터 입력을 받아서 처리한 후에 결과를 파일에 저장하는 것을 파일 입출력이라고 해요.이번 장에서는 표준 입출력에 대해서 공부합니다.

표준 입출력

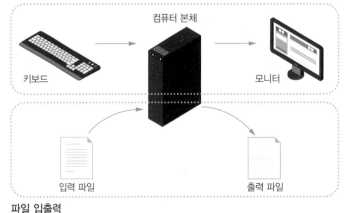

파일 입출력

1/ print() 함수를 이용하여 표준 출력하기

파이썬에는 아홉 가지 자료형이 있다고 했죠. 이 아홉 가지 자료형 객체는 모두 print() 함수의 괄호에 넣어서 출력할 수가 있어요. 우선 각 자료형에 print() 함수를 적용했을 때 결과를 볼게요. 그리고 print() 함수의 괄호 안에 인수를 어떻게 넣어야 하는지를 설명하겠습니다.

정수 출력하기

print() 함수에 변수를 넣으면 그 변수에 저장된 값이 출력됩니다. 여러 변수의 값들을 출력하고 싶다면 콤마로 분리해서 적어 주면 되는데 출력할 때 콤마 자리에 스페이스 하나가 들어가요. 다음 예로 콤마 자리에 스페이스가 하나 들어가는 것을 확인해 보세요.

```
>>> a = 10; b = 20; c = 30
>>> print(a, b, c)          # 콤마 자리에 스페이스가 하나 출력됨.
10 20 30
>>> print(a,b,c)            # 콤마 자리에 스페이스가 하나 출력됨.
10 20 30
>>> print(a,    b,    c)    # print() 함수의 괄호 안에 스페이스는 별 의미가 없음.
10 20 30
```

콤마 자리에 스페이스가 한 개 들어갑니다.

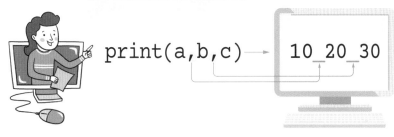

print() 함수 안에 넣은 스페이스는 별 의미가 없다는 것을 알겠죠? print() 함수에 숫자를 직접 넣어도 되요. 이 경우에는 그 숫자를 그냥 출력하겠죠.

```
>>> print(50, 100)        # print() 함수의 괄호에 데이터를 그냥 써도 됨.
50 100
>>> x = 5
>>> print(x, 10)          # 변수와 숫자를 섞어서 써도 됨.
5 10
```

print() 함수 안에 연산식이 들어갈 수도 있어요. 이런 경우에는 연산 결과를 출력합니다.

```
>>> a = 5; b = 10
>>> print(a+b)            # a와 b를 더한 결과를 출력함.
15
>>> print(a+100)          # a에 100을 더한 결과를 출력함.
105
>>> print(b**a)           # bᵃ 결과를 출력함.
100000
```

실수 출력하기

실수 출력도 정수의 출력과 같아요. 콤마 자리에 스페이스가 하나 오고 숫자가 그대로 출력됩니다.

```
>>> a = 3.5; b = 7.0; c = 1.235
>>> print(a, b, c)
3.5 7.0 1.235
```
└─ 스페이스

복소수 출력하기

복소수도 출력해 볼까요? 복소수는 실수부와 허수부가 모두 있는 경우에는 괄호로 묶어서 출력해 주고, 허수부만 있으면 괄호 없이 그냥 출력해 줍니다.

```
>>> x = 4+5j; y = 10J; z = 7+1j
>>> print(x, y, z)
(4+5j) 10j (7+1j)
```

부울 출력하기

부울 자료형도 필요한 경우 print() 함수를 이용해서 출력할 수 있는데, True 또는 False를 그대로 출력해 줍니다.

```
>>> t = True; s = False
>>> print(t, s)
True False
```

```
>>> print(True)
True
>>> print(False)
False
```

리스트 출력하기

리스트를 print() 함수에 넣으면 통째로 출력해 줍니다. 리스트 안에 있는 원소를 하나씩 출력하는 방법은 9장에서 공부합니다.

```
>>> L = [80, 'python', 90, 3.5, True]    # 다양한 데이터를 저장한 리스트.
>>> print(L)                             # 리스트를 그대로 출력함.
[80, 'python', 90, 3.5, True]
```

튜플 출력하기

튜플도 리스트처럼 print() 함수에 넣으면 통째로 출력해 줍니다. 튜플 안에 있는 원소를 하나씩 출력하는 방법은 10장에서 공부합니다.

```
>>> T = ('Alice', 'David', 'Paul')    # 문자열로 구성된 튜플임.
>>> print(T)                          # 튜플을 통째로 그대로 출력함.
('Alice', 'David', 'Paul')
```

집합 출력하기

집합 역시 print() 함수에 넣으면 통째로 출력해 줍니다. 그런데, 집합은 중복된 데이터는 하나만 원소로 취급하기 때문에 똑같은 데이터를 여러 개 넣더라고 한 번만 출력되고, 또 집합은 순서 개념이 없기 때문에 저장하는 순서대로 출력되지 않을 수도 있어요. 집합은 11장에서 자세히 공부합니다.

```
>>> S = {4, 9, 10, 2, 3, 4, 7, 9, 4, 2, 5}
>>> print(S)        # 중복 데이터는 한 번만 출력되고 저장된 순서대로 출력되지 않을 수 있음.
{2, 3, 4, 5, 7, 9, 10}
```

사전 출력하기

사전은 집합처럼 { }로 묶는데, 각 원소가 키와 값의 쌍으로 구성된다고 했어요. print() 함수에
사전을 넣으면 사전을 통째로 출력합니다. 사전에 대해서는 12장에서 자세하게 학습할 거예요.

```
>>> D = {'name':'Alice', 'age':10, 'grade':3}
>>> print(D)
{'name': 'Alice', 'age': 10, 'grade': 3}
```

문자열 출력하기

아무래도 print() 함수의 인수로 문자열을 넣는 경우가 가장 많을 거예요. 4장에서 배운 따옴표
사용하기, 이스케이프 시퀀스 등이 모두 출력에서도 중요해요. 기본적으로 print() 함수의 인수
로 따옴표가 붙은 문자열이 오면 따옴표 안에 있는 문자열을 그대로 출력하라는 의미이고, 아래
4개의 print() 문은 같다고 했어요.

```
>>> print('hello world')            >>> print('''hello world''')
hello world                         hello world
>>> print("hello world")            >>> print("""hello world""")
hello world                         hello world
```

print() 함수 안에 따옴표가 붙어 있으면 문자열이고, 없으면 변수예요. 다음의 예를 보세요. 'x'는 x
라는 문자열이고, x는 변수가 되겠죠. 즉, 따옴표가 있는 경우와 없는 경우는 조심해야 합니다.

```
>>> x = 10
>>> print(x, 'x')        # 변수 x의 값과 문자열 'x'를 출력함.
10 x
```

따옴표 안에 글자는 항상 글자 자체를 의미해요.
따옴표가 없다면 변수명을 의미하고요.

```
>>> print('hello')
hello          ←——— 'hello'글자를 출력합니다.
>>> print(hello) ←——— hello라는 변수를 찾습니다.
```

문자열끼리 연결하는 기호는 '+'라는 것을 배웠죠. print() 함수 안에서도 사용할 수 있습니다.

```
>>> print('hello' + 'world')        # 'hello'다음에 바로 'world'를 연결함.
helloworld
>>> print('hello', 'world')         # 콤마 자리에 스페이스가 하나 출력됨.
hello world
>>> print('hello' + ' ' + 'world')  # 'hello'다음에 ' ', 그리고 'world'를 연결하여 출력함.
hello world
```

print() 함수 안에서 '+'기호를 사용할 때 주의해야 할 점이 있어요. 문자열과 숫자를 '+'로 연결해서 넣는 경우에 문제가 생긴다는 거예요. 왜 문제가 생길까요? 다음 예를 보세요.

```
>>> print('hello' + 100)        # 문자열 'hello'에 정수 100을 연결하려고 해요.
Traceback (most recent call last):
  File "<pyshell#42>", line 1, in <module>
    print('hello' + 100)
TypeError: must be str, not int   # '문자열 +'다음에는 문자열(str)이 와야 합니다.
```

```
>>> print(100 + 'hello')        # 정수 100에 문자열 'hello'를 더하려고 해요.
Traceback (most recent call last):
  File "<pyshell#21>", line 1, in <module>
    print(100 + 'hello')
TypeError: unsupported operand type(s) for +: 'int' and 'str'
```

위의 두 예제가 왜 에러인지 이해가 되셨나요?

'hello' + 100

'+' 앞에 문자열이 있기 때문에 '+' 기호 뒤에도 문자열이 있기를 기대합니다.

100 + 'hello'

'정수+문자열'은 불가능합니다.

그럼, 위의 두 에러를 해결해 봐요.

우선 첫 번째 에러는 'hello' 뒤에 100을 연결해서 출력하려는 의도였다면 정수 100을 문자열 100으로 변환하면 되겠죠. 이때 str 함수를 사용합니다.

```
>>> print('hello' + str(100))    # 'hello'+ '100'이 되겠죠.
hello100
```

두 번째 에러는 어떤 의도였는지 잘 모르겠어요. 만약에 100과 'hello'를 연결해서 '100hello'가 출력할 의도라면 역시 str 함수를 이용하면 되겠죠.

```
>>> print(str(100) + 'hello')    # '100' + 'hello'가 되겠죠.
100hello
```

만약에 다음과 같이 하면 어떤 결과가 나올까요?

```
>>> 100 + int('hello')
```

위와 같이 하면 에러가 발생합니다. int() 함수는 괄호 안에 넣는 데이터를 정수로 변환하는 함수 죠. 그런데 int() 함수 괄호에 문자열이 오는 경우에는 정수가 저장된 문자열이어야 해요.

```
>>> int('5')    # int() 함수 인수로 문자열이 오려면 반드시 정수 문자열이어야 합니다.
5
>>> int('a')    # int() 함수 인수로 숫자가 아닌 문자열을 넣으면 ValueError 발생합니다.
Traceback (most recent call last):
  File "<pyshell#1>", line 1, in <module>
    int('a')
ValueError: invalid literal for int() with base 10: 'a'
```

IDLE에서는 print() 함수를 사용하지 않아도 간단하게 프롬프트에서 변수명을 치면 그 변수에 저장된 값을 보여 주는데, 문자열은 따옴표를 붙여서 출력해 줍니다. 다음 예를 보세요.

```
>>> m = 5        # m은 정수형 변수입니다.
>>> n = '5'      # n은 문자열 변수입니다.

>>> print(m)
5
>>> print(n)     # print() 함수를 사용 따옴표가 나오지 않아요. n이 정수인지 문자열인지 알 수가 없어요.
5

>>> m            # m은 정수로 저장되어 있기 때문에 그냥 숫자 5가 출력됩니다.
5
>>> n            # n은 숫자 5를 문자열로 저장하기 때문에 따옴표를 붙여서 출력합니다.
'5'
```

숫자가 정수형으로 저장되어 있는지, 문자열로 저장되어 있는지를 알고 싶을 때는 이렇게 프롬프트에서 변수만 넣어 보세요. 이 부분이 나중에 input() 함수를 이해할 때 아주 중요합니다.

n은 정수? 아니면 문자열?
아하! IDLE에서 그냥 n이라고 넣어야 겠구나!
'5'라고 나오니까 문자열이네.

```
>>> print(n)
5
>>> n
'5'
```

특수문자 출력하기

4장에서 문자열을 공부할 때 이스케이프 시퀀스에 대해 공부했어요. 이스케이프 시퀀스도 문자열이기 때문에 print() 함수 괄호에서도 사용할 수 있어요. 아래 예로 다시 한 번 정리해 보세요.

print() 함수 내에 end, sep 매개변수 사용하기

print() 함수는 괄호 안의 내용을 출력한 후에 항상 '[Enter]'를 추가합니다. 즉, print() 함수는 괄호 안에 내용을 출력한 후에 '[Enter]'가 기본으로 적용된다는 말이에요. 무슨 말인지 모르겠으면 다음의 예를 볼까요? 아래 내용을 파일에 저장한 후에 수행시켜 보세요.

코드	결과
print('hello') # 'hello'출력하고 Enter↵키를 누르는 효과가 있음. print('world') # 'world'출력하고 Enter↵키를 누르는 효과가 있음. print('Let\'s learn python.')	hello world Let's learn python.

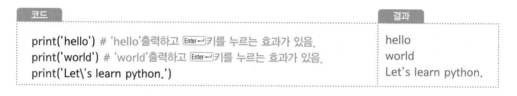

위의 예를 보면 print() 함수는 괄호 안의 내용을 출력하고 Enter↵ 키를 누릅니다. 만약에 print() 괄호가 비어 있으면 그냥 한 줄을 건너뜁니다.

코드	결과

print('hello')
print()   # 괄호 안이 비었으니까 아무 것도 출력되지 않음.
print('world')
	hello
	
	world

print() 함수에 기본으로 되어 있는 '[Enter]'를 없애는 것이 가능할까요? 가능해요. 괄호 안에 'end'매개 변수를 추가하면 됩니다. print() 괄호 안에 end = '......'라고 넣으면 print() 괄호 안에 내용을 출력한 후에 [Enter] 대신에 ......를 출력해 줍니다. 예제로 설명하겠습니다.

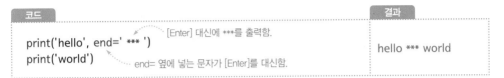

코드
```
print('hello', end=' *** ')
print('world')
```
[Enter] 대신에 ***를 출력함.
end= 옆에 넣는 문자가 [Enter]를 대신함.

결과
hello *** world

위의 예제는 'hello'를 출력하고 나서 '[Enter]' 대신에 '***'를 출력하고 줄을 수행합니다. 예제를 조금 더 볼게요.

코드
```
print('hello', end='#$%*')
print('world', end='@!')
print('python programming')
```

결과
hello#$%*world@!python programming

이해가 되었나요? 첫 줄에서는 '[Enter]' 대신에 문자열 '#$%*'를 입력하라고 시킨 거예요. 그랬더니 '#$%*'이 'hello' 뒤에 붙어 나왔어요. 두 번째 줄도 마찬가지예요. 'world' 뒤에 '[Enter]' 대신 '@!'를 넣으라고 했더니 '@!'이 붙어 나왔네요. print() 함수 안에서 'end'를 어떻게 사용하는지 이해했을 거예요.

print() 함수의 괄호 안에 콤마(,)는 스페이스 한 칸으로 이용된다는 것을 배웠습니다. 콤마의 기본 값이 스페이스라는 얘기죠. 만약에 콤마 자리에 스페이스가 아닌 다른 문자열을 넣고 싶다면 어떻게 할까요? 즉, 콤마의 기본 값을 바꾸고 싶어요. 이 경우에는 'sep' 매개 변수를 사용하면 콤마의 기본 값을 다른 것으로 바꿀 수 있어요. sep는 separator의 약자예요.

sep을 이용한 예제를 볼게요.

코드
```
a = 10
b = 20
c = 30
print(a, b, c)
print(a, b, c, sep = '@@')   # 콤마 자리에 '@@'를 넣음.
```
sep= 옆에 넣는 문자가 콤마 자리에 오는 스페이스를 대신함.

결과
10 20 30
10@@20@@30

sep도 어떻게 사용하는지 아시겠죠? 우선 사용법을 익혀 두세요. 13장에서 함수를 배우면 이 부분의 원리를 이해하게 됩니다.

이제 end와 sep를 같이 사용한 예제를 한번 볼게요. 한번 분석해 보세요.

코드

```
friend1 = 'Paul' ; friend2 = 'Cindy' ; friend3 = 'Tom'

print('my friends ', end=':')
print(friend1, friend2, friend3, sep=' ^^ ')
```

결과

```
my friends :Paul ^^ Cindy ^^ Tom
```

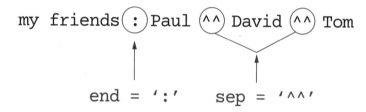

참고 파이썬 버전 2에서는 괄호없이 print를 사용하기도 합니다. 괄호없이 사용한다는 것은 함수가 아니라는 얘기죠. 따라서 print를 어떻게 사용했는지를 보면 파이썬 버전 2로 작성한 코드인지, 아니면 버전 3으로 작성한 코드인지 알 수 있어요.

>>> print "hello world"   # 파이썬 버전2에서는 이렇게 괄호 없이 출력할 수도 있어요.

print 옆에 괄호가 없으니까 파이썬 버전 2로
작성한 코드구나!

CODE

```
print 'hello'
```

파이썬 시작하기

객체 변수 자료형

수치자료형과 연산자

문자열 자료형

표준 입출력문

if 조건문

while 반복문

for 반복문

2/ print() 함수에 % 기호를 이용하여 포맷팅하기

만약에 다음과 같이 줄 맞춰서 보기 좋게 출력하고 싶다면 어떻게 해야 할까요? 이렇게 줄 맞춰서 출력하는 것을 '포맷팅(formatting)'이라고 해요.

```
     name     score       goods     price
 ----------   -------    ----------   -------
      Alice        90     eraser     $ 1.50
       Paul       100     cup        $ 5.25
   Jennifer        77     staple     $ 9.99
      Jimmy        88     folder     $ 2.10
```

파이썬에서 포맷팅을 이용해서 원하는 형태로 출력하는 방법은 다음과 같이 세 가지가 있어요.

❶ % 기호 이용하기

❷ 문자열 자료형의 format() 메소드 이용하기

❸ format() 내장 함수 이용하기

파이썬 버전 2에서는 ❶의 방식이 많이 사용되었어요. 그런데 파이썬 버전 3에서는 ❷의 방식이 많이 사용됩니다. ❷와 ❸은 이름이 같지만 ❷의 format()은 문자열 소속 메소드이기 때문에 반드시 '문자열.format()'으로 사용해야 하고, ❸은 내장 함수니까 그냥 format()으로 사용하면 되겠죠. 이번 장에서는 ❶과 ❷에 대해 설명합니다.

파이썬에서 줄맞춰서 포맷팅을 하고 싶다면 다음과 같이 print() 함수 안에 ' .... '% ( ) 형태를 이용해야 해요. %d 자리에는 정수, %f 자리에는 실수, %s 자리에는 문자열 데이터로 대체되어야 해요. %d는 decimal(십진정수) , %f는 float(실수), %s는 string(문자열)을 의미해요. 그리고 %f는 실수를 소수점 아래 여섯 자리까지 출력해 줍니다.

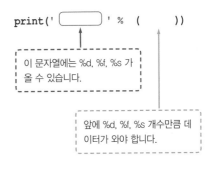

```
>>> a = 345; b = 5.3678; c ='apple'          >>> a = 345;b = 5.3678; c = 'apple'
>>> print('%d and %f and %s' % (a, b,        >>> print('%d and %f and %s' %(a,b,c))
c))                                          345 and 5.367800 and apple
345 and 5.367800 and apple                   >>> print('%s,%f,%d' %(c,b,a))
>>> print('%s, %f, %d' % (c, b, a))          apple, 5.367800, 345
apple, 5.367800, 345
        ·····> %f는 소수점 아래 여섯자리까지 출력함.
```

 print('%d and %f and %s' % (a, b, c))

%와 d 사이에 정수가 올 수 있는데 그 수는 자리 수를 의미해요. 예를 들어 %5d라고 하면, 다섯 자리를 잡아서 정수를 출력하라는 뜻이에요. 이 표현을 이용하면 포맷팅이 아주 쉬워요.

괄호 안에 변수가 한 개만 오는 경우에는 괄호를 해도 되고 안 해도 됩니다. 변수가 두 개 이상 오는 경우에는 반드시 괄호를 해야 하고요. 만약에 %와 d 사이에 오는 정수가 음수라면 왼쪽으로 정렬하라는 의미입니다.

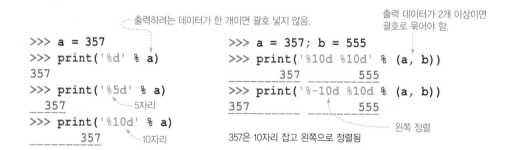

다음으로 %f를 알아볼게요. %f는 실수 출력에 사용한다고 했어요. 실수 출력에서 중요한 것은 소수점 아래 몇 째 자리까지 출력할지를 표현하는 거죠. 그렇게 하기 위해서 %와 f 사이에 소수점 몇 째 자리까지 출력하는지를 표현해 줍니다. 예를 들어 %10.5f 라고 하면, 열 자리를 잡아서 소수점 아래 다섯 자리까지 출력하라는 의미예요. 이때 열 자리에는 소수점까지 포함되어야 합니다. 그리고 %-10.5f 라고 하면, 정수에서와 마찬가지로 왼쪽으로 정렬하라는 의미예요. 아래 몇 가지 예를 볼게요. 마지막 예는 만약에 전체 자리 수가 실제 표현해야 하는 자리 수보다 작다면 무시합니다.

```
>>> x = 35.756; y = 234.63452
>>> print('x = %10.5f and y = %10.3f' % (x, y))
x =   35.75600 and y =    234.635
>>> print('x = %10.2f and y = %10.2f' % (x, y))
x =       35.76 and y =     234.63
>>> print('x = %-10.3f and y = %-10.1f' % (x, y))
x = 35.756     and y = 234.6
>>> print('x = %5.3f and y = %0.2f' % (x, y))
x = 35.756 and y = 234.63
```

35.756 출력하려면 최소 6자리 필요함.
5보다 큰 자리가 필요하므로 5는 무시함.

마지막으로 %s를 알아볼게요. %s는 문자열을 출력한다고 했어요. %와 s 사이에 들어가는 정수는 자리 수를 나타내고, 음수는 왼쪽 정렬을 나타내요.

```
>>> title = 'nudge'
>>> author = 'R. H. Tahler'
>>> print('The book %s is written by %s.' % (title, author))
The book nudge is written by R. H. Tahler.
>>> print('The book %10s is written by %20s.' % (title, author))
The book      nudge is written by         R. H. Tahler.
>>> print('The book %-10s is written by %20s.' % (title, author))
The book nudge      is written by         R. H. Tahler.
```

3/ 문자열 format() 메소드를 이용하여 출력하기

위와 같이 출력하는 방식은 파이썬 버전 2에서 많이 사용했던 방식이에요. 파이썬 버전 3에서는 지금부터 설명하는 문자열의 format() 메소드를 많이 사용합니다. 문자열 format() 메소드에 대해서 자세히 공부해 봅시다. 4장에서 문자열의 format() 메소드에는 세 가지 패턴이 있다고 했어요. { }, {숫자}, {변수} - 이렇게 세 가지 패턴이 있는데, 여기에 %5d, %10.3f와 같이 자리 수를 추가할 수가 있어요. 다음의 예를 보면서 이해해 보세요.

$$\text{' \{ \} \{ \} \{ \}'.format(\quad)}$$

중괄호에 넣을 값을 format 인수 자리에 넣어야 합니다.

format() 메소드에 정수 포맷 넣기

4장에서 문자열 내에 있는 { }자리에 format의 인수가 들어간다고 했습니다. 여기에 정수가 들어가는 경우에는 {:자리 수d}의 형태로 자리 수를 정해 줄 수 있어요.

```
>>> x = 'I got { } score in the test'
>>> x.format(90)
'I got 90 score in the test'
```

'I got { } 90 score in the test'.format(90)

```
>>> x = 'I got {:5d} score in the test'
>>> x.format(90)
'I got ___90 score in the test'
```

'I got {:5d} 90 score in the test'.format(90)

'I got ___90 score in the test'

```
>>> x = 'I got {:10d} score in the test'
>>> x.format(90)
'I got _____90 score in the test'
```

'I got {:10d} 90 score in the test'.format(90)

'I got _____90 score in the test'

{%5d}, {%10d}는 %를 이용한 포맷팅에서 %5d, %10d와 같은 표현 방식이라는 것을 알 수 있을 거예요. 만약에 %-5d, %-10d라고 하면 왼쪽으로 정렬된 형태로 출력한다고 했었죠. format() 메소드에서도 정렬시키는 방법이 있어요. format() 메소

<	왼쪽 정렬
>	오른쪽 정렬
^	가운데 정렬
=	숫자의 부호(+,−)를 가장 왼쪽에 정렬

드 안에서 정렬하려면 표의 네 가지 기호 중에 하나를 콜론과 숫자 사이에 사용해야 합니다. 몇 가지 예를 볼게요.

```
>>> x = 'I got {:>10d} score in the test'
>>> x.format(90)
'I got        90 score in the test'
```

'I got _____90 score in the test'

```
>>> x = 'I got {:<10d} score in the test'
>>> x.format(90)
'I got 90        score in the test'
```

'I got 90_____ score in the test'

132

파이썬 시작하기

객체, 변수, 자료형

수치자료형과 연산자

문자열 자료형

표준 입출력문

if 조건문

while 반복문

for 반복문

```>>> x = 'I got {:^10d} score in the test'```
```>>> x.format(90)```
```'I got   90   score in the test'```
	```'I got _____90_____ score in the test'```

```>>> x = 'I got {:=10d} score in the test'```
```>>> x.format(-90)```
```'I got -   90 score in the test'```
	```'I got - ____90____ score in the test'```

format() 메소드에 실수 포맷 넣기

실수 포맷을 넣으려면 %10.5f처럼 사용했었는데, format() 메소드를 적용하는 문자열에도 사용할 수 있어요(10.5f는 10자리를 잡아서 소수점 이하 5자리까지 출력하라는 의미이고, 10자리에 소수점 한 자리가 포함된다고 했었죠). 다음의 예를 보면서 이해해 보세요.

```>>> x = 'I got {:10.3f} score in the test'```
```>>> x.format(85.78294)```
```'I got   85.783 score in the test'```
	```'I got ____85.783 score in the test'```

```>>> x = 'I got {:>10.3f} score in the test'```
```>>> x.format(85.78294)```
```'I got   85.783 score in the test'```
	```'I got ____85.783 score in the test'```

```>>> x = 'I got {:<10.3f} score in the test'```
```>>> x.format(85.78294)```
```'I got 85.783   score in the test'```
	```'I got 85.783____ score in the test'```

```>>> x = 'I got {:^10.3f} score in the test'```
```>>> x.format(85.78294)```
```'I got   85.783   score in the test'```
	```'I got __85.783__ score in the test'```

```>>> x = 'I got {:=10.3f} score in the test'```
```>>> x.format(-85.78294)```
```'I got -   85.783 score in the test'```
	```'I got - ___85.783 score in the test'```

format() 메소드에 문자열 포맷 넣기

{:숫자} 의 형태로 넣으면 문자열을 포맷 맞출 수 있어요. 〈, 〉, ^ 사용은 정렬을 위해서 정수나 실수에서처럼 이용할 수 있고요. 〈, 〉, ^ 앞에 어떤 문자가 오면 빈 공간을 그 문자로 채우라는 뜻입니다. 다음 예를 보면서 이해해 보세요.

`>>> x = 'I have a { } pen'`
`>>> x.format('green')`
`'I have a green pen'`
	`'I have a green pen'`

`>>> x = 'I have a {:10} pen'`
`>>> x.format('green')`
`'I have a green     pen'`
	`'I have a green_____ pen'`

`>>> x = 'I have a {:>10} pen'`
`>>> x.format('blue')`
`'I have a     blue pen'`
	`'I have a _____blue pen'`

`>>> x = 'I have a {:<10} pen'`
`>>> x.format('red')`
`'I have a red     pen'`
	`'I have a red_____ pen'`

`>>> x = 'I have a {:^10} pen'`
`>>> x.format('red')`
`'I have a   red   pen'`
	`'I have a ___red___ pen'`

`>>> x = 'I have a {:*<10} pen'`
`>>> x.format('red')`   빈 공간을 '*'으로 채움
`'I have a red****** pen'`
	`'I have a red****** pen'`

`>>> x = 'I have a {:*^10} pen'`
`>>> x.format('red')`
`'I have a ***red**** pen'`
	`'I have a ***red**** pen'`

`>>> x = 'I have a {:?>10} pen'`
`>>> x.format('blue')`   빈 공간을 '?'으로 채움
`'I have a ??????blue pen'`
	`'I have a ??????blue pen'`

4/ input() 함수를 이용하여 입력하기

다음은 4장의 연습문제 6번 문제예요. 영문 이름을 이용해서 로그인 아이디를 만드는 문제였어요. 다음과 같이 코드의 일부를 주고 코드를 완성하라고 했었죠.

```
first_name = 'Bill'
last_name = 'Gates'



print('login_id : { }'.format(login_id))
```

login_id : bgates

이때 다른 이름을 이용해서 로그인 아이디를 만들려면 코드를 수정하고 다시 수행시켜야 해요. 만약에 다음과 같이 프로그램이 수행되면 성과 이름을 묻고, 이때 사용자가 넣고 싶은 성과 이름을 넣을 수 있다면 어떨까요? 그러면 코드를 수정하지 않아도 다양한 이름으로 프로그램을 수행할 수 있겠죠.

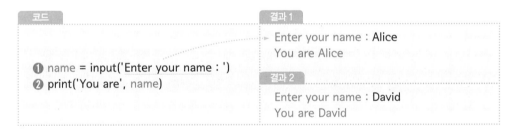

위와 같이 하면 프로그램을 수행할 때마다 이름을 입력받기 때문에 코드를 고치지 않고 매번 다른 이름을 넣어서 코드를 수행해 줄 수 있어요. 지금부터 설명하려는 input() 함수가 바로 이 일을 해 줍니다.

프로그램을 수행하면 'Enter your name : '이라고 IDLE에 나오고 커서가 깜빡이도록 합니다. 이때 커서 자리에 이름을 넣으려고 해요. input() 함수를 이용해서 위의 코드를 작성해 볼게요.

코드

```
❶ name = input('Enter your name : ')
❷ print('You are', name)
```

결과 1

```
Enter your name : Alice
You are Alice
```

결과 2

```
Enter your name : David
You are David
```

❶이 어떻게 수행되는지 설명할게요. '='은 기본적으로 우변의 값을 좌변에 있는 변수에 저장하라는 거죠. '='의 우변에 있는 input() 함수가 수행됩니다. input() 함수의 괄호는 비어 있을 수도 있고, 문자열이 들어갈 수도 있어요. 이 부분이 프롬프트(')))') 역할을 합니다. 그리고 커서가 바로 옆에서 깜빡일 거예요. 커서가 깜빡일 때 데이터를 입력하고 Enter↵ 키를 누르면 좌변에 있는 변수 name에 저장됩니다. 위의 코드를 꼭 컴퓨터에서 수행시켜 보세요.

input() 함수를 사용할 때 조심해야 하는 부분이 있습니다. 다음의 예를 보면 input() 함수를 사용할 때 무엇을 조심해야 하는지를 알 수 있을 거예요.

```
>>> name = input('Enter name : ')
Enter name : Alice
>>> print(name)
Alice
>>> name
'Alice'  ←········· name은 문자열 자료형
```

```
>>> number = input('Enter number : ')
Enter number : 5
>>> print(number)
5
>>> number
'5'  ←········· number는 문자열 자료형
```

```
>>> value = input('Enter value : ')
Enter value : 35.78
>>> print(value)
35.78
>>> value
'35.78'  ←········· value는 문자열 자료형
```

```
>>> boolValue = input('Enter bool value : ')
Enter bool value : True
>>> print(boolValue)
True
>>> boolValue
'True'  ←········· boolvalue는 문자열 자료형
```

조심해야 할 부분이 무엇인지 감 잡으셨나요? 변수의 값을 출력할 때 print() 함수를 이용하면 어떤 자료형이든 값만 출력이 되죠. 하지만 변수명만 치면 문자열의 경우는 따옴표가 붙어 나온다고 했어요. 이제 input() 함수의 특징을 아시겠죠? 바로 입력받은 자료를 무조건 문자열로 처리한다는 거예요. 입력받은 자료를 문자열이 아닌 다른 자료형으로 받을 방법은 없어요. input() 함수는 항상 입력받은 데이터를 문자열 객체로 만들어서 저장하거든요.

그럼, 일단 문자열의 형태로 받은 후에 목적에 따라 자료형을 바꿔야죠. 정수로 바꾸려면 int() 함수, 실수로 바꾸려면 float() 함수, 부울형으로 바꾸려면 bool() 함수가 필요하다고 배웠죠. 바로 이 함수들을 사용해서 원하는 자료형으로 변환시켜야 합니다. 다음은 정수를 입력받아서 int() 함수를 이용해서 정수 데이터로 변환하는 예제예요.

```
name = input('Enter name')
```

············· 프롬프트 >>> 대신 화면에 'Enter name'이 출력되고 커서가 깜빡입니다.

```
Enter name ▮
```
커서가 깜빡이면 값을 입력합니다.
입력한 값이 name 변수에 저장됩니다.
입력한 값은 항상 '문자열'로 취급합니다.

```
>>> number = input('Enter number : ')
Enter number : 5
>>> type(number)
<class 'str'>
>>> number
'5'
>>> number + 10          # 문자열 + 정수이기 때문에 TypeError가 발생함.
Traceback (most recent call last):
  File "<pyshell#112>", line 1, in <module>
    number + 10
TypeError: must be str, not int
>>> int(number) + 10
15
```

```
>>> number = input('Enter number : ')
Enter number : 5
>>> number = int(number)      # 문자열 '5'를 정수 5로 바꾸어야 합니다.
```

input() 함수를 이용해서 데이터를 입력받은 후에 int() 함수를 적용해서 정수로 변환하는데, input() 함수와 int() 함수를 다음과 같이 한꺼번에 적용할 수 있어요.

```
>>> number = int(input('Enter number : '))
Enter number : 5
>>> number
5
>>> type(number)
<class 'int'>
```

만약 입력받는 수를 실수 변수에 저장하려면 float() 함수를 이용해야겠죠.

```
>>> number = float(input('Enter number : '))
Enter number : 5.5
>>> type(number)
<class 'float'>
```

input() 함수의 괄호 안에 아무 것도 안 넣을 수도 있다고 했어요. input() 함수의 괄호에 오는 문자열이 프롬프트 대신에 나온다고 했는데, 괄호에 아무 것도 안 넣는다고 했으니까 프롬프트 없이 커서가 깜빡이겠죠.

코드	결과
sentence = input() print(sentence)	Hello world <-- 사용자가 입력한 거예요. Hello world <-- 컴퓨터가 출력한 거예요.

이번 파트에서는 표준 입출력 함수인 input(), print() 함수에 대해서 공부했어요. 이 두 함수는 아주 중요하겠죠. 반드시 컴퓨터에서 직접 코드를 입력하고 수행시켜 보면서 공부를 진행하기 바랍니다.

참고 파이썬 버전 3에서는 표준 입력 함수가 input( ) 한 개지만, 버전 2에서는 표준 입력 함수가 2개 있어요. 하나는 input( ), 다른 하나는 raw_input( )입니다. 버전 2의 input( ) 함수가 버전 3에서는 없어지고, 버전 2의 raw_input( ) 함수가 우리가 사용하는 버전 3의 input( ) 함수와 같은 거예요. 만약에 인터넷에서 다른 사람이 작성한 코드를 보았더니, raw_input( ) 이라는 함수를 사용했다면, 파이썬 버전 2로 작성한 코드임을 알 수 있고, 또 버전 3의 input( ) 함수와 똑같이 동작한다고 알고 있으면 도움이 될 것 같아요.

5/ 정리

이번 장에서는 코딩에서 아주 중요한 입력과 출력에 대해서 배웠습니다. 키보드로 데이터를 입력받는 것을 표준 입력standard input이라고 했고, 모니터로 데이터를 출력하는 것을 표준 출력standard output이라고 했죠. 파이썬에서는 표준 입출력을 프로그래머가 쉽게 할 수 있도록 input(), print() 내장 함수를 제공해 주고 있어요. 그러니까 이 두 함수의 사용법을 잘 알면 원하는 대로 입출력할 수가 있어요. 그런데, 출력할 때 문법이 약간 복잡해요. 이 부분을 잘 정리해서 원하는 포맷팅을 할 수 있도록 연습해 두면 도움이 많이 될 거예요. 연습 문제를 통해서 잘 정리해 두고 다음 장으로 넘어 가기 바랍니다.

프로그래밍 연습문제

10 69쪽의 연습문제 **03**번을 다음과 같이 초를 입력받아서 시, 분, 초를 계산하고 출력하도록 수정해 보세요(초는 정수로 받도록 합니다).

> 초를 입력하세요 : **25000**
> 25000 초는 6 시간 56 분 40 초입니다.

11 69쪽의 연습문제 **04**번을 다음과 같이 섭씨 온도를 입력받아서 화씨온도를 계산하여 출력하도록 수정해 보세요(이때, 섭씨온도를 실수로 받도록 합니다).

> 섭씨온도를 입력하세요 : **12.5**
> 섭씨온도 12.5 는 화씨온도 54.5 와 같다.

12 117쪽의 연습문제 **09**번을 다음과 같이 하나의 문장을 입력받아서 처리하도록 수정해 보세요. 이때, 문장은 한 개의 단어만 있을 수도 있고, 여러 개의 단어가 있을 수도 있습니다.

> Enter one sentence : I learn python and you learn java.
> average length of words : 4.0

if
조건문

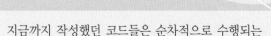

지금까지 작성했던 코드들은 순차적으로 수행되는 코드들이었어요. 즉, 순서대로 한 줄씩 수행해서 결과를 내는 프로그램들이었지요. 이번 장 부터는 코드의 실행 흐름을 바꿀 수 있는 형태에 대해 학습할 거예요. 코드의 실행 흐름을 바꾸려면 조건문이나 반복문을 사용해야 합니다. 조건문을 사용하려면 if 구문에 대한 문법을 학습해야 하고, 반복문을 사용하려면 while과 for 구문을 학습해야 합니다. 우선 이번 장에서는 if 조건문에 대해 학습할 거예요.

파이썬 자료형에 대해서 학습할 때 부울 자료형을 배웠어요. 부울 자료형은 True와 False, 이렇게 두 가지 값만을 갖는다고 했었죠. 바로 if 구문에서 판단의 결과로 나오는 값이 이 부울 자료형이에요. 이번 장에서는 부울 자료형에 대해서도 자세히 공부하고, if 조건문에 대한 문법도 자세히 알아볼 거예요. 그리고 이번 장에서부터는 중간에 예제를 많이 넣었어요. 예제를 연습해 두면 코딩에 자신감이 붙을 거예요. 모든 예제들을 꼭 이해하고 넘어가기 바랍니다.

if는 조건에 따라 다음에 수행할 문장을 선택하도록 합니다

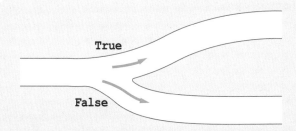

True

False

1/ bool 자료형 이해하기

if 조건문에서는 True인지 False인지를 판단하는 문장이 중요한데, 이 True 또는 False를 값으로 가질 수 있는 자료형이 bool이예요. 다음과 같이 IDLE에서 bool 자료형을 확인해 보세요.

```
>>> b1 = True; b2 = False
>>> type(b1)        # b1은 bool 자료형
<class 'bool'>
>>> type(b2)        # b2는 bool 자료형
<class 'bool'>
```

```
>>> b = 5 > 3    # 5>3의 결과를 b에 저장함.
>>> print(b)
True
>>> type(b)
<class 'bool'>
```

변수 b1에 True 값을 저장하고 변수 b2에 False 값을 저장한 후에 b1, b2의 자료형을 출력하였더니 bool 자료형이라고 나옵니다. 오른쪽 예에서는 할당연산자 '='은 우변의 결과를 좌변에 있는 변수에 저장하라는 의미죠. 우변에 있는 '5 > 3'은 계산을 하는 것이 아니고 판단을 하는 식이기 때문에 True 또는 False가 결과로 나오죠. '5 > 3'은 참이니까 변수 b에 True가 저장됩니다. 이처럼 어떤 식의 결과가 True 또는 False일 때, 이 결과를 저장하는 변수는 항상 'bool' 자료형입니다.

2/ 관계연산자

관계연산자는 두 데이터 간의 대소를 비교하는 연산자로 모두 여섯 개가 있어요. 그리고 결과는 항상 True 또는 False입니다.

관계연산자	사용법	의미
>	a > b	a는 b보다 크다.
>=	a >= b	a는 b보다 크거나 같다.
<	a < b	a는 b보다 작다.
<=	a <= b	a는 b보다 작거나 같다.
==	a == b	a와 b는 같다.
!=	a != b	a와 b는 같지 않다.

>=, <=, ==, != 는 모두 두 기호를 반드시 붙여 써야 해요. 우리가 수학 시간에 사용했던 ≤, ≥ 기호는 키보드로 사용할 수 없어서 반드시 위처럼 <=, >= 로 써야 합니다.

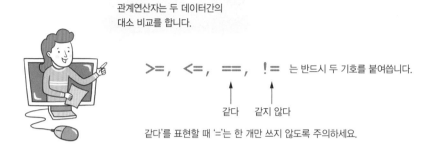

관계연산자는 두 데이터간의
대소 비교를 합니다.

>=, <=, ==, != 는 반드시 두 기호를 붙여씁니다.

↑   ↑
같다   같지 않다

'같다'를 표현할 때 '='는 한 개만 쓰지 않도록 주의하세요.

아래 예를 통해서 관계연산자의 결과가 True 또는 False 임을 확인해 볼게요.

코드

```
a = int(input('Enter a : '))  # 정수 a 입력받기
b = int(input('Enter b : '))  # 정수 b 입력받기

x1 = a > b          # a > b의 결과를 x1에 저장하기
x2 = a >= b         # a >= b의 결과를 x2에 저장하기
x3 = a < b          # a < b의 결과를 x3에 저장하기
x4 = a <= b         # a <= b의 결과를 x4에 저장하기
x5 = a == b         # a == b의 결과를 x5에 저장하기
x6 = a != b         # a != b의 결과를 x6에 저장하기


print('{} >  {} -> {}'.format(a, b, x1))
print('{} >= {} -> {}'.format(a, b, x2))
print('{} <  {} -> {}'.format(a, b, x3))
print('{} <= {} -> {}'.format(a, b, x4))
print('{} == {} -> {}'.format(a, b, x5))
print('{} != {} -> {}'.format(a, b, x6))
```

결과 1

```
Enter a : 5
Enter b : 7
5 >  7 -> False
5 >= 7 -> False
5 <  7 -> True
5 <= 7 -> True
5 == 7 -> False
5 != 7 -> True
```

결과 2

```
Enter a : 7
Enter b : 7
7 >  7 -> False
7 >= 7 -> True
7 <  7 -> False
7 <= 7 -> True
7 == 7 -> True
7 != 7 -> False
```

3/ 논리연산자

논리연산자에는 and, or, not 이렇게 세 가지 종류가 있습니다. 아래 표와 같은 형태로 사용할 수가 있는데, A와 B에는 반드시 True 또는 False 결과를 내는 문장이 와야 해요.

논리연산자	사용법 및 의미
A and B	A와 B가 모두 True인 경우에만 A and B는 True입니다. 나머지 경우는 모두 False입니다.
A or B	A와 B 둘 중에 하나라도 True이면 A or B는 True가 됩니다. 즉, A와 B가 모두 False인 경우에만 A or B는 False이고 나머지 경우는 모두 True입니다.
not A	A가 True이면 not A는 False입니다. A가 False이면 not A는 True입니다. 즉, not 뒤의 문장이 True인지 False인지를 판단한 후에 그 결과를 반대로 만들어 줍니다. (not 연산자가 나오면 뒷부분이 False인지를 판단하세요)

각각의 논리연산자를 표로 정리해 볼게요.

A and B	결과
True and True	True
True and False	False
False and True	False
False and False	False

A or B	결과
True or True	True
True or False	True
False or True	True
False or False	False

not A	결과
not True	False
not False	True

다음의 몇 가지 논리연산자 예를 보면서 확실히 이해해 두기 바랍니다.

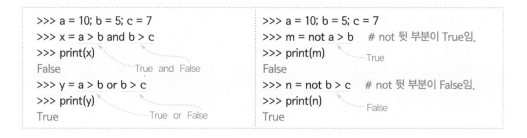

```
>>> a = 10; b = 5; c = 7
>>> x = a > b and b > c
>>> print(x)
False                    True and False
>>> y = a > b or b > c
>>> print(y)
True                     True or False
```

```
>>> a = 10; b = 5; c = 7
>>> m = not a > b        # not 뒷 부분이 True임.
>>> print(m)             True
False
>>> n = not b > c        # not 뒷 부분이 False임.
>>> print(n)             False
True
```

> **참고** 파이썬에서는 a 〉 b and b 〉 c를 a 〉 b 〉 c 라고 써도 됩니다.

코딩에서 논리연산자는 아주 중요합니다.

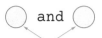 and

양쪽이 모두 True여야
True입니다.

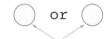 or

둘 중에 하나라도 True면,
True입니다.
(양쪽이 모두 False인 경우에만 False)

 not

False

True

4/ 산술연산자, 관계연산자, 논리연산자 간의 우선 순위

3장에서 연산에 대해 공부하면서 일곱 가지의 산술 연산자가 섞여 있는 혼합식의 연산자 우선 순위를 알아보았어요. 즉, **이 가장 우선 순위가 높았고, 다음으로 *, /, //, %이 우선 순위가 높았습니다. +와 -가 가장 나중에 계산되는 연산자였죠. 이제는 산술연산자, 관계연산자, 논리연산자가 모두 섞여 있는 경우에 우선 순위를 알아볼게요.

기본적으로 세 가지 연산자가 섞여 있으면 '산술연산자 〉 관계연산자 〉 논리연산자' 순으로 우선 순위가 적용됩니다. 즉, 산술연산자를 가장 먼저 계산하고 다음으로 관계연산자를 판단하고 마지막으로 논리연산자에 대한 판단을 합니다. IDLE에서 다음 코드들을 직접 넣어서 확인해 보세요.

`>>> a = 3; b = 5; c = 2`	
`>>> print( a + b > b + c )` `True`	$\underset{8}{a+b} > \underset{7}{b+c}$ True
`>>> print( a + b * c > a * b - c )` `False`	$\underset{13}{a+b*c} > \underset{13}{a*b-c}$ False

144

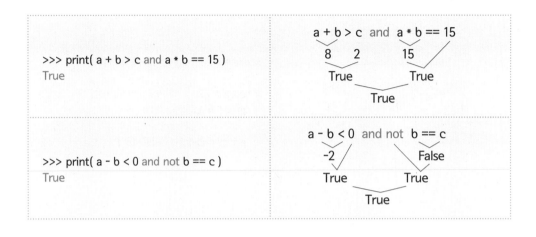

5/ 조건 논리와 if 조건문

영어 단어 'if'는 '만약에 ……이라면'이라는 뜻이죠. 파이썬 언어에도 'if' 키워드가 있고 같은 의미로 사용해요. 프로그램에서 'if'는 조건문이라고 부르고 조건이 True인지 False인지에 따라 다음 단계를 결정하는 구문이에요. 따라서 if 바로 옆에는 반드시 True 또는 False임을 판단할 수 있는 문장이 와야 해요. 그리고 if 조건문은 크게 세 가지 형태가 있습니다. if만 있는 형태, if~else 형태, if~elif~else 형태가 있어요.

다음의 그림은 순서도Flow chart라고 합니다. 가운데 있는 다이아몬드 박스 안에는 참True인지 거짓False인지를 판단할 수 있는 문장이 들어가야 하고, 판단 결과가 True인지 False인지에 따라서 다음에 수행되어야 하는 코드가 결정됩니다. 만약에 성적이 70점 이상이면 True 표시가 있는 선을 따라 가서 '통과하셨습니다'를 출력하고, 그렇지 않다면 False가 표시된 선을 따라 가서 '시험을 다시 치르세요'가 출력될 거예요. 이 그림에서 두 문장이 모두 출력될 수 없다는 것은 아시겠죠?

오른쪽 코드는 왼쪽의 순서도를 그대로 파이썬의 if 구문으로 작성한 거예요.

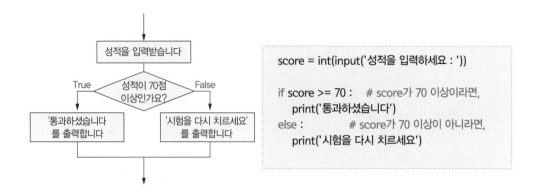

```python
score = int(input('성적을 입력하세요 : '))

if score >= 70 :    # score가 70 이상이라면,
    print('통과하셨습니다')
else :              # score가 70 이상이 아니라면,
    print('시험을 다시 치르세요')
```

위의 코드는 if~else 형태 예제입니다. 그러면 세 가지 형태에 대해서 하나씩 설명할게요.

if만 있는 형태

if 조건문의 형태는 다음과 같아요. if 바로 옆에 True/False를 판단할 수 있는 문장을 적어 주고 줄 마지막에는 콜론(:)을 적어 주어야 해요. 여기에서 Enter↵ 키를 누르면 다음 줄에서 자동으로 네 칸이 들여 쓰기^{indentation}가 될 거예요. 이 들여 쓰기는 반드시 지켜주어야 합니다. 이 들여 쓰기 부분에 if 조건이 True일 때 수행되어야 하는 문장들을 적어 줍니다. 이렇게 들여 쓰기된 부분을 묶어서 'if 블록'이라고 부릅니다.

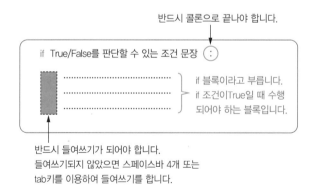

반드시 콜론으로 끝나야 합니다.

if True/False를 판단할 수 있는 조건 문장 ⁞:⁞

if 블록이라고 부릅니다.
if 조건이 True일 때 수행
되어야 하는 블록입니다.

반드시 들여쓰기가 되어야 합니다.
들여쓰기되지 않았으면 스페이스바 4개 또는
tab키를 이용하여 들여쓰기를 합니다.

146

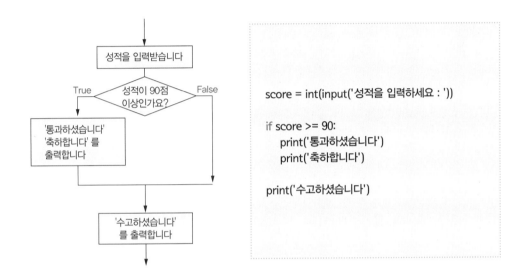

프로그램이 순차적으로 수행되어 오다가 if를 만나면 if 옆에 있는 조건이 True인지 False인지를 판단합니다. 만약에 조건이 True이면 'if 블록'에 있는 코드를 수행해요. 즉, if 바로 아래 들여 쓰기된 부분을 모두 수행해요. 만약에 조건이 False라면 if 블록을 모두 건너뜁니다.

CODE 04 성적을 입력받아서 성적이 90점 이상인 경우에는 '통과하셨습니다. 축하합니다. 수고하셨습니다'를 출력하고, 90점 미만인 경우에는 '수고하셨습니다'만 출력하는 코드입니다.

성적을 입력받습니다

성적이 90점 이상인가요?

True

False

'통과하셨습니다' '축하합니다' 를 출력합니다

'수고하셨습니다' 를 출력합니다

```python
score = int(input('성적을 입력하세요 : '))

if score >= 90:
    print('통과하셨습니다')
    print('축하합니다')

print('수고하셨습니다')
```

위의 코드를 수행하면 입력하는 성적에 따라 다음과 같이 결과가 나옵니다.

결과 1

성적을 입력하세요 : 93
통과하셨습니다
축하합니다
수고하셨습니다

결과 2

성적을 입력하세요 : 80
수고하셨습니다

print('수고하셨습니다')는 if 조건의 참/거짓과 관계없이 항상 수행되는 부분이죠.

파이썬에서는 '들여쓰기'가 아주 중요해요. if 조건문을 코드에 작성할 때에도 '들여쓰기'에 신경 써야 합니다. 코드를 입력할 때, if 조건문 끝에 콜론을 넣고 Enter┘를 치면 바로 들여쓰기된 자리에 커서가 깜빡이게 되요. 그 자리에 if 블록에 해당하는 문장들을 넣어주면 됩니다. 그리고 if 블록이 끝나면 백스페이스 키를 눌러서 if 블록을 나오면 되고요.

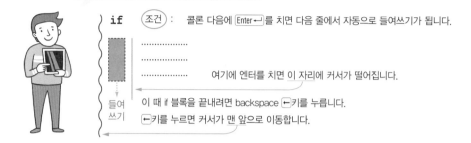

파이썬에서는 들여쓰기가 아주 중요합니다.

`if` (조건) : 콜론 다음에 Enter↵를 치면 다음 줄에서 자동으로 들여쓰기가 됩니다.

여기에 엔터를 치면 이 자리에 커서가 떨어집니다.

들여쓰기 이 때 if 블록을 끝내려면 backspace ←키를 누릅니다.
←키를 누르면 커서가 맨 앞으로 이동합니다.

if~else 형태

if~else 형태는 if와 else가 한 쌍으로 있는 형태에요. if 옆에 조건에 따라 if 블록과 else 블록 중에 반드시 하나만 수행되는거죠. if 옆에 조건이 True이면 if 블록이 수행되고, False이면 else 블록이 수행됩니다. else 옆에는 아무 것도 적으면 안 되고 콜론만 적어야 합니다.

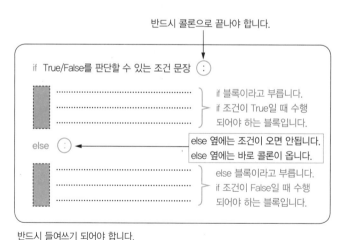

반드시 콜론으로 끝나야 합니다.

if True/False를 판단할 수 있는 조건 문장 (:)

if 블록이라고 부릅니다.
if 조건이 True일 때 수행
되어야 하는 블록입니다.

else (:) ← else 옆에는 조건이 오면 안됩니다.
else 옆에는 바로 콜론이 옵니다.

else 블록이라고 부릅니다.
if 조건이 False일 때 수행
되어야 하는 블록입니다.

반드시 들여쓰기 되어야 합니다.
들여쓰기가 되지 않았으면 스페이스바 4개 또는 tab키를 이용하여 들여쓰기를 합니다.

CODE 05 [CODE 04]를 수정해서 만약에 90점 이상이면 그대로 '통과하셨습니다. 축하합니다. 수고하셨습니다'를 출력하고, 90점 미만이면 '90점 이상이 되어야 통과입니다. 수고하셨습니다' 를 출력하도록 수정해 보겠습니다.

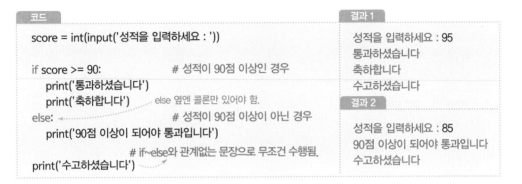

코드
```
score = int(input('성적을 입력하세요 : '))

if score >= 90:              # 성적이 90점 이상인 경우
    print('통과하셨습니다')
    print('축하합니다')        else 옆엔 콜론만 있어야 함.
else:                        # 성적이 90점 이상이 아닌 경우
    print('90점 이상이 되어야 통과입니다')
                             # if~else와 관계없는 문장으로 무조건 수행됨.
print('수고하셨습니다')
```

결과 1
```
성적을 입력하세요 : 95
통과하셨습니다
축하합니다
수고하셨습니다
```
결과 2
```
성적을 입력하세요 : 85
90점 이상이 되어야 통과입니다
수고하셨습니다
```

CODE 06 로그인 아이디를 표준 입력받아서 'admin'이 로그인했는지, 아니면 일반 사용자가 로그인했는지를 판단하는 프로그램을 작성하려고 해요. 만약에 로그인 아이디가 'admin'이면, 'Hi, admin! Please check log files.'라고 출력합니다. 그리고 일반 사용자라면 'Welcome! 아이디'를 출력합니다.

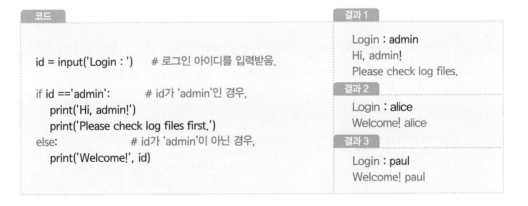

코드
```
id = input('Login : ')     # 로그인 아이디를 입력받음.

if id =='admin':           # id가 'admin'인 경우,
    print('Hi, admin!')
    print('Please check log files first.')
else:                      # id가 'admin'이 아닌 경우,
    print('Welcome!', id)
```

결과 1
```
Login : admin
Hi, admin!
Please check log files.
```
결과 2
```
Login : alice
Welcome! alice
```
결과 3
```
Login : paul
Welcome! paul
```

CODE 07 [CODE 06]을 조금 수정해 보겠습니다. 아이디를 표준 입력으로 받아서 admin이 로그인했는지 판단합니다. 이 때, admin을 모두 소문자, 모두 대문자, 또는 대소문자를 섞어서 입력하더라도 admin이 로그인했다고 판단해야 합니다. 만약에 로그인한 사용자가 admin이 아니면 'You are not admin'이라고 출력합니다.

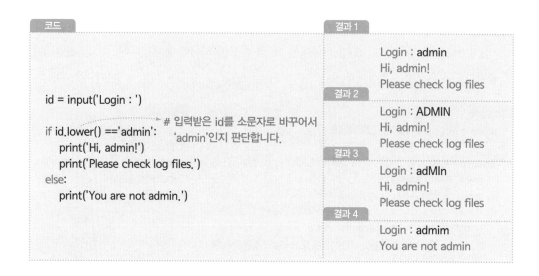

코드

```
id = input('Login : ')

if id.lower() =='admin':      # 입력받은 id를 소문자로 바꾸어서
    print('Hi, admin!')           'admin'인지 판단합니다.
    print('Please check log files.')
else:
    print('You are not admin.')
```

결과 1
```
Login : admin
Hi, admin!
Please check log files
```

결과 2
```
Login : ADMIN
Hi, admin!
Please check log files
```

결과 3
```
Login : adMIn
Hi, admin!
Please check log files
```

결과 4
```
Login : admim
You are not admin
```

CODE 08 놀이 공원에 있는 놀이 기구는 나이가 8세 이상이고, 키가 120cm 이상이어야 탈 수 있어요. 나이와 키를 입력받아서 놀이 기구를 탈 수 있으면 '입장하세요'라고 출력하고, 놀이 기구를 탈 수 없으면 '다음에 오세요'라고 출력하려고 해요. 조건을 어떻게 적어야 할까요? 이번에는 조건이 두 개 필요하겠죠? 이런 경우에 논리연산자를 사용합니다.

'and' 논리연산자는 양쪽의 식이 모두 참이어야 'and' 결과를 참으로 만드는 연산자니까 위의 조건문에 적절하게 사용될 수 있어요. 위의 코드를 4가지 경우에 따라 수행해 보겠습니다.

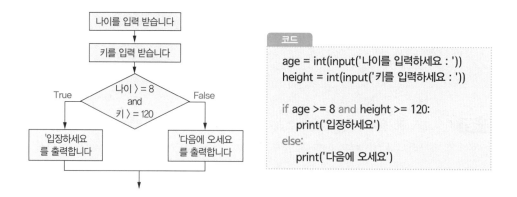

```
age = int(input('나이를 입력하세요 : '))
height = int(input('키를 입력하세요 : '))

if age >= 8 and height >= 120:
    print('입장하세요')
else:
    print('다음에 오세요')
```

파이썬 시작하기

생각, 변수, 자료형

수 자료형과 연산자

문자열 자료형

표준 입출력문

if 조건문

while 반복문

for 반복문

결과 1

나이를 입력하세요 : 9
키를 입력하세요 : 130
입장하세요

결과 2

나이를 입력하세요 : 9
키를 입력하세요 : 117
다음에 오세요

결과 3

나이를 입력하세요 : 7
키를 입력하세요 : 132
다음에 오세요

결과 4

나이를 입력하세요 : 7
키를 입력하세요 : 110
다음에 오세요

if~else 블록이 간단할 때는 콜론 옆에 바로 코드를 적어도 됩니다. 아래 코드는 a와 b중에서 큰 값을 max_value 변수에 넣는 코드예요. if 블록도 한 줄로 간단하고, else 블록도 한 줄로 간단해서 콜론 바로 옆에 적었어요. 코드가 늘어지지 않는 것은 좋은데 코드의 가독성^{readability}을 따져 보면 왼쪽 코드가 더 이해하기 쉬워 보이죠.

```
if a > b :
    max_value = a
else :
    max_value = b
```

```
if a > b : max_value = a
else : max_value = b
```

if~else 구문을 사용할 때 반드시 if 블록이 끝나면 바로 else 블록이 나와야 합니다. 즉, else 구문은 반드시 위에 if 블록이 있어야 해요. 예를 들어서, 다음의 코드를 보세요.

```
    a = 10; b = 15; c = 20

❶  if a < b:
❷      print('a is smaller than b')
❸  print('between if and else')      # if와 else의 연결을 끊습니다.
❹  else:      # if~else만 있는 경우에는 else는 반드시 if 블록이 끝나면 바로 나와야 합니다.
❺      print('a is larger than b')
```

위의 코드는 어느 줄에서 에러가 발생할까요? ❹ else: 에서 에러가 발생해요. 에러가 발생하는 이유는 ❸ print('between if and else') 구문 때문이에요. 들여쓰기가 끝났으니까 if와 연관된 모든 부분이 끝났다고 생각하는 거예요. 그래서 ❹의 else: 구문이 if 없이 나왔다고 생각해서 에러를 냅니다.

if~elif~else 형태

만약에 여러 조건을 테스트해야 하는 경우에는 if~elif~else 형태를 사용할 수 있어요. 여기에서 elif 블록은 얼마든지 올 수 있어요. 그리고 조건에 따라 if, elif, else 중에 한 블록만 수행됩니다.

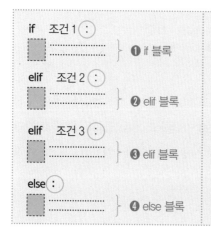

- if를 만나면, if 옆에 조건 1을 판단합니다. 조건 1이 True이면 ❶ if 블록이 수행되고 이후부터 else 블록까지 모두 무시합니다.
- 조건 1이 False이면 첫 번째 elif 옆에 조건 2를 판단합니다. 만일 이 조건이 True이면 ❷ elif 블록이 수행되고 이후부터 else 블록까지 모두 무시합니다.
- 조건 2도 False이면 두 번째 elif 옆에 조건 3을 판단합니다. 만일 이 조건이 True이면 ❸ elif 블록이 수행되고 else 블록을 무시합니다.
- 조건 3도 False이면 마지막에 있는 else 블록이 수행됩니다.

이렇게 if, elif, else가 있는 if~elif~else 논리를 이해할 수 있는 코드를 보겠습니다. 다음 예제들을 스스로 파일로 만들어서 테스트해 보기 바랍니다.

CODE 09 성적을 입력받아서 학점을 출력하는 코드를 작성하려고 합니다. 다음의 조건에 따라 학점을 A부터 F까지 매기려고 합니다.

- 만약에 성적이 90점 이상이면 '당신의 학점은 A입니다'를 출력합니다.
- 만약에 성적이 80점 이상이고 90점 미만이면 '당신의 학점은 B입니다'를 출력합니다.
- 만약에 성적이 70점 이상이고 80점 미만이면 '당신의 학점은 C입니다'를 출력합니다.
- 만약에 성적이 60점 이상이고 70점 미만이면 '당신의 학점은 D입니다'를 출력합니다.
- 만약에 성적이 60점 미만이면 '당신의 학점은 F입니다'를 출력합니다.

위의 순서도를 그대로 if~elif~else 구문을 이용해서 작성하면 다음과 같습니다.

위와 같은 if~elif~else 구문에서는 if의 조건부터 차례로 내려가면서 True가 되는 조건을 찾게 됩니다. 그런데 95점이면 ❶, ❷, ❸, ❹ 조건에 모두 맞습니다. 하지만 순서가 중요하죠.

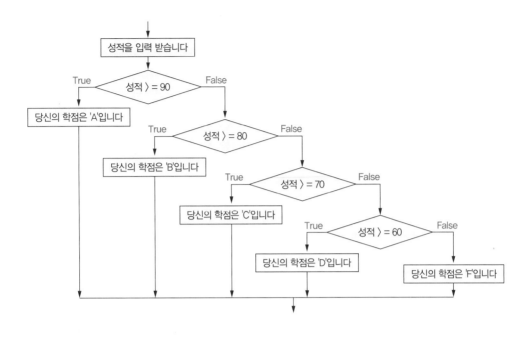

파이썬 시작하기

02개. 변수. 자료형

수치자료형과 연산자

문자열 자료형

표준 입출력

if 조건문

while 반복문

for 반복문

코드

```
score = int(input('성적을 입력하세요 : '))    # 성적을 입력받습니다.

❶ if score >= 90:                         # 성적이 90점 이상인 경우
     print("당신의 학점은 'A'입니다")
❷ elif score >= 80:                       # score < 90 and score >= 80 과 같아요.
     print("당신의 학점은 'B'입니다")
❸ elif score >= 70:                       # score < 80 and score >= 70 과 같아요.
     print("당신의 학점은 'C'입니다")
❹ elif score >= 60:                       # score < 70 and score >= 60 과 같아요.
     print("당신의 학점은 'D'입니다")
❺ else:                                   # score < 60 과 같아요.
     print("당신의 학점은 'F'입니다")
```

결과 1	결과 2	결과 3
성적을 입력하세요 : 92 당신의 학점은 'A'입니다	성적을 입력하세요 : 86 당신의 학점은 'B'입니다	성적을 입력하세요 : 75 당신의 학점은 'C'입니다

결과 4	결과 5	
성적을 입력하세요 : 60 당신의 학점은 'D'입니다	성적을 입력하세요 : 59 당신의 학점은 'F'입니다	

입력받은 성적 score가 92점이면 모든 조건에 맞습니다. 이 때 가장 먼저 True가 되는 경우가 if score>=90: 이기 때문에 '당신 학점은 A입니다'를 출력하고 프로그램을 끝냅니다. 마찬가지로 성적이 75점이라면 ❸, ❹ 조건이 모두 맞지만 ❸을 먼저 만나게 되기 때문에 '당신의 학점은 C 입니다'가 출력됩니다. 위의 코드를 분명히 하기 위해서 다음과 같이 조건을 적어도 됩니다.

```
score = int(input('성적을 입력하세요 : '))

if score >= 90:
    print("당신의 학점은 'A'입니다")
elif 80 <= score < 90:
    print("당신의 학점은 'B'입니다")
elif 70 <= score < 80:
    print("당신의 학점은 'C'입니다")
elif 60 <= score < 70:
    print("당신의 학점은 'D'입니다")
else:
    print("당신의 학점은 'F'입니다")
```

```
score = int(input('성적을 입력하세요 : '))

if score >= 90:
    print("당신의 학점은 'A'입니다")
elif 80 <= score and score < 90:
    print("당신의 학점은 'B'입니다")
elif 70 <= score and score < 80:
    print("당신의 학점은 'C'입니다")
elif 60 <= score and score < 70:
    print("당신의 학점은 'D'입니다")
else:
    print("당신의 학점은 'F'입니다")
```

CODE 10 어느 놀이 공원에서는 아래 기준으로 입장료를 결정합니다. 나이를 입력받아서 아래 기준에 따라 입장료를 정하여 출력하는 코드를 작성해 보았어요.

- 만약 나이가 65세 이상이면 입장료는 8,000원입니다.
- 만약 나이가 20세 이상 65세 미만인 경우에는 입장료가 10,000원입니다.
- 만약 나이가 7세 이상 20세 이하이면 입장료가 7,000원입니다.
- 만약 나이가 7세 미만이면 무료입니다.

이때 나이를 입력받아서 나이에 맞는 입장료를 받는다고 할 때, 다음과 같이 if~elif~else 문장 으로 표현할 수 있겠죠(이때 나이는 반드시 양의 정수로 입력한다고 가정할게요).

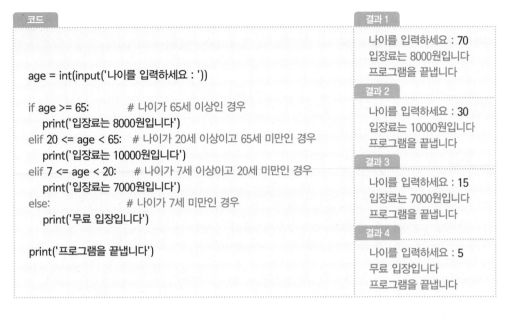

코드

```
age = int(input('나이를 입력하세요 : '))

if age >= 65:          # 나이가 65세 이상인 경우
    print('입장료는 8000원입니다')
elif 20 <= age < 65:   # 나이가 20세 이상이고 65세 미만인 경우
    print('입장료는 10000원입니다')
elif 7 <= age < 20:    # 나이가 7세 이상이고 20세 미만인 경우
    print('입장료는 7000원입니다')
else:                  # 나이가 7세 미만인 경우
    print('무료 입장입니다')

print('프로그램을 끝냅니다')
```

결과 1

나이를 입력하세요 : 70
입장료는 8000원입니다
프로그램을 끝냅니다

결과 2

나이를 입력하세요 : 30
입장료는 10000원입니다
프로그램을 끝냅니다

결과 3

나이를 입력하세요 : 15
입장료는 7000원입니다
프로그램을 끝냅니다

결과 4

나이를 입력하세요 : 5
무료 입장입니다
프로그램을 끝냅니다

if~elif 구문만 있고 else 구문이 없는 경우도 가능합니다. 위의 [CODE 10]에서 만약에 else 구문이 없는데 if나 elif 조건 중에 True가 되는 조건이 없다면 수행되는 블록은 하나도 없게 되겠죠. 위의 코드에서 else 블록을 없앴습니다. 그러면 나이가 7세 미만이면 if와 elif 어느 부분의 조건도 참이 되지 않고, 마지막 print() 함수만 수행됩니다.

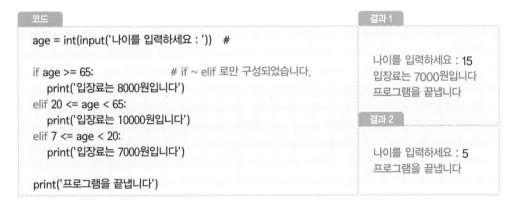

코드

```
age = int(input('나이를 입력하세요 : '))   #

if age >= 65:                  # if ~ elif 로만 구성되었습니다.
    print('입장료는 8000원입니다')
elif 20 <= age < 65:
    print('입장료는 10000원입니다')
elif 7 <= age < 20:
    print('입장료는 7000원입니다')

print('프로그램을 끝냅니다')
```

결과 1

나이를 입력하세요 : 15
입장료는 7000원입니다
프로그램을 끝냅니다

결과 2

나이를 입력하세요 : 5
프로그램을 끝냅니다

조건문에 in, not in을 사용하는 예제

문자열을 공부할 때 문자의 포함 관계를 알 수 있는 in, not in 연산자를 학습했어요. in, not in

연산자는 True/False 결과를 내는 연산자이기 때문에 if 조건문에서 유용한 경우가 많아요. 이와 관련된 예제를 보려고 해요. in, not in 연산자는 문자열뿐만이 아니라 리스트, 튜플, 집합, 사전에 모두 적용됩니다.

CODE 11 다음은 영문자 하나를 입력받아서 그 문자가 자음인지 모음인지를 판단하는 코드입니다. 이런 경우에 in 연산자가 유용합니다.

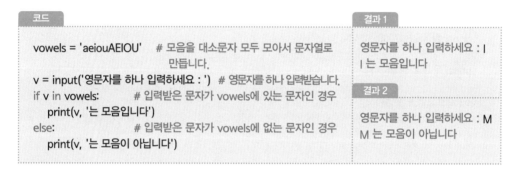

코드
```
vowels = 'aeiouAEIOU'    # 모음을 대소문자 모두 모아서 문자열로
                         만듭니다.
v = input('영문자를 하나 입력하세요 : ')   # 영문자를 하나 입력받습니다.
if v in vowels:          # 입력받은 문자가 vowels에 있는 문자인 경우
    print(v, '는 모음입니다')
else:                    # 입력받은 문자가 vowels에 없는 문자인 경우
    print(v, '는 모음이 아닙니다')
```

결과 1
```
영문자를 하나 입력하세요 : I
I 는 모음입니다
```

결과 2
```
영문자를 하나 입력하세요 : M
M 는 모음이 아닙니다
```

CODE 12 리스트 fruits에는 내가 좋아하는 과일들이 저장되어 있습니다. 과일을 입력받아서 내가 좋아하는 과일인지 판단하는 프로그램을 작성해 볼게요. 대괄호 [ ]를 이용해서 데이터를 묶어 놓는 자료형이에요. 문자열과 똑같이 in 연산자를 이용해서 리스트에 있는 데이터인지 아닌지를 판단해요.

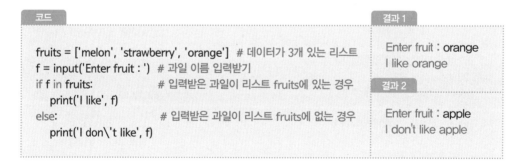

코드
```
fruits = ['melon', 'strawberry', 'orange']   # 데이터가 3개 있는 리스트
f = input('Enter fruit : ')   # 과일 이름 입력받기
if f in fruits:              # 입력받은 과일이 리스트 fruits에 있는 경우
    print('I like', f)
else:                        # 입력받은 과일이 리스트 fruits에 없는 경우
    print('I don\'t like', f)
```

결과 1
```
Enter fruit : orange
I like orange
```

결과 2
```
Enter fruit : apple
I don't like apple
```

CODE 13 튜플에는 내가 좋아하는 색 목록이 들어 있습니다. 친구도 나와 같은 색을 좋아하는지 알고 싶습니다. 튜플에는 모두 소문자로 저장되어 있고, 친구는 대소문자 상관없이 좋아하는 색을 입력합니다. 대소문자에 관계없이 친구가 좋아하는 색이 내가 좋아하는 색인지 판단하는 프로

그램을 작성해 볼게요. 튜플도 아직 배우지 않았지만, 괄호 ()를 이용해서 데이터를 묶어 놓는 자료형이예요. 문자열과 똑같이 in 연산자를 이용해서 튜플에 있는 데이터인지 아닌지를 판단해요.

코드

```
colors = ('blue', 'green', 'purple')  # 데이터가 3개 있는 튜플

color = input('What is your favorite color? ')  # 색을 입력받기
if color.lower() in colors:  # 입력받은 색을 소문자로 바꾼 후에,
                               colors에 있는 경우
    print('Oh!', color.title(), 'is also my favorite color.')
else:                          # 입력받은 색이 colors에 없는 경우
    print(color.title(), 'is not my favorite color.')
```

결과 1

```
What is your favorite
color? BLUE
Oh! Blue is also my
favorite color.
```

결과 2

```
What is your favorite
color? REd
Red is not my favorite
color.
```

CODE 14 집합 subjects에는 A 영어 학원에서 가르치는 과목들이 저장되어 있습니다. 내 동생은 A학원에 자기가 듣고 싶은 과목이 있는지 알고 싶습니다. A학원에서 가르치는 과목들은 'toefl', 'toeic', 'gre', 'lsat'입니다. 집합도 아직 배우지 않았지만, 집합 기호 { }를 이용해서 데이터를 묶어 놓는 자료형이예요. 문자열과 똑같이 in 연산자를 이용해서 집합에 있는 데이터인지 아닌지를 판단해요.

코드

```
subjects = {'toefl', 'toeic', 'gre', 'lsat'}  # 데이터가 4개인 집합
                                # 과목을 입력받습니다.
sub = input('Enter subject you want to register : ')

if sub in subjects:    # 입력받은 과목이 집합 subjects에 있는 경우
    print('You can register', sub, 'class.')
else:                  # 입력받은 과목이 집합 subjects에 없는 경우
    print('There is no', sub, 'class.')
```

결과 1

```
Enter subject you want to
register : toeic
You can register toeic
class.
```

결과 2

```
Enter subject you want to
register : sat
There is no sat class.
```

빈 문자열, 빈 리스트, 빈 튜플, 빈 집합, 빈 사전은 False입니다.

- 빈 문자열이 True 또는 False를 판단하는 자리에 있으면 False로 판단합니다. 즉, [코드 1]과 같이 변수 c에 빈 문자열을 넣고 if 조건문에 적어 넣으면 False로 판단하여 if 블록은 수행되지 않고 else 블록이 수행됩니다. [코드 2]는 문자가 하나 있으므로 True로 판단합니다. [코드 3]은 스페이스가 하나 있어서 빈 문자열이 아니에요.

코드 1	코드 2	코드 3
``c = '' # c는 빈 문자열
if c : # 빈 문자열은 False
print('if block')
else:
print('else block')```	```c = 'A' # len(c) = 1
if c :
print('if block')
else:
print('else block')```	```c = ' ' # 스페이스 있음
if c :
print('if block')
else:
print('else block')```
결과 1	결과 2	결과 3
else block	if block	if block

- 빈 리스트가 True 또는 False를 판단하는 자리에 있으면 False로 판단합니다.

코드	결과
``L = []   # 빈 리스트, len(L) = 0
if L: # if False: 로 해석합니다.
print('if block')
else:
print('else block')```	else block

- 빈 튜플이 True 또는 False를 판단하는 자리에 있으면 False로 판단합니다.

코드	결과
``T = ()   # 빈 튜플, len(T) = 0
if T: # if False: 로 해석합니다.
print('if block')
else:
print('else block')```	else block

- 빈 집합이 True 또는 False를 판단하는 자리에 있으면 False로 판단합니다.

코드	결과

``
S = set()   # 빈 집합은 set()으로 만듭니다, len(S)=0
if S: # if False: 로 해석합니다.
    print('if block')
else:
    print('else block')
``
	else block

- 빈 사전이 True 또는 False를 판단하는 자리에 있으면 False로 판단합니다.

코드	결과

``
D = {}   # {}는 빈 집합입니다, len(D)=0
if D:
    print('if block')
else:
    print('else block')
``
	else block

컨테이너 자료형은 비어 있을 수 있어요.

빈 문자열 → ''
빈 리스트 → [ ]
빈 튜플 → ( )
빈 집합 → set()
빈 사전 → { }

이렇게 빈 객체가 True 또는 False를 판단해야 하는 자리에 있으면 False라고 판단합니다. 그리고 비어 있지 않은 경우에는 True라고 판단합니다.

6/ 중첩된 if 구문

if 구문 안에 또 다시 if 구문이 올 수도 있어요. 이런 형태를 중첩된 if 구문이라고 해요. 다양한 형태의 중첩된 if 구문 예제들을 보겠습니다.

CODE 15 놀이 동산에서 놀이 기구 타는 문제를 다시 보겠습니다. 나이가 8세 이상, 키가 120cm 이상인 경우만 놀이 기구를 탈 수 있습니다. 이번에는 다음과 같은 형태로 if 구문을 작성하려고 합니다.

- 나이를 입력받습니다.
- 나이가 8세 미만이면, '8세 이상이어야 입장 가능합니다'라고 출력합니다.
- 나이가 8세 이상이면, 키를 입력받습니다.
  - 키가 120cm 이상이면 '입장 가능합니다'를 출력합니다.
  - 키가 120cm 미만이면 '키가 120cm 이상이어야 입장가능합니다'를 출력합니다.

코드

```python
age = int(input('나이를 입력하세요 : '))

if age >= 8 :      # 입력받은 나이가 8세 이상인 경우, 키를 입력받음.
    height = int(input('키를 입력하세요 : '))
    if height >= 120 :   # 나이가 8세 이상이고, 키가 120 이상인 경우
        print('입장 가능합니다')
    else :               # 나이가 8세 이상이고, 키가 120 미만인 경우
        print('키가 120cm 이상이어야 입장 가능합니다')
else :                   # 입력받은 나이가 8세 미만인 경우
    print('8세 이상이어야 입장 가능합니다')
```

결과 1

나이를 입력하세요 : 10
키를 입력하세요 : 115
키가 120cm 이상이어야
입장 가능합니다

결과 2

나이를 입력하세요 : 9
키를 입력하세요 : 121
입장 가능합니다

결과 3

나이를 입력하세요 : 7
8세 이상이어야 입장 가
능합니다

CODE 16 현재 admin의 패스워드는 1234로 설정되어 있어요. 아이디를 입력받아서 대소문자 관계없이 admin이 맞다면, 패스워드를 입력하라는 메시지가 나오도록 할 거예요. 이때, 패스워드를 1234로 올바르게 입력하면 'Welcome, admin'이라는 메시지가 출력되도록 하고, 만약에 패스워드가 틀리면 'Wrong password'라는 메시지가 출력되도록 합니다. 만약에 처음부터 아이디가 admin이 아니라면, 'You are not admin'이라고 출력되도록 합니다.

```
코드

id = input('Login : ')       # 아이디 입력받기

if id.lower() =='admin':     # id를 소문자로 바꾸었을 때, 'admin'인 경우
    pwd = input('Password : ')      # 패스워드 입력받기
    if pwd == '1234':               # 입력한 패스워드가 '1234'인 경우
        print('Welcome, admin')
    else:                    # id는 'admin'이지만, 패스워드가 '1234'가 아닌 경우
        print('Wrong password')
else:                        # id가 소문자로 바꾸었을 때, 'admin'이 아닌 경우
    print('You are not admin')
```

결과 1

Login : admin
Password : 1234
Welcome, admin

결과 2

Login : admin
Password : 1111
Wrong password

결과 3

Login : admmin
You are not admin

CODE 17 이번 장의 마지막 예제 코드예요. 조금 긴 코드를 작성해 볼게요. 이번 문제는 새로운 회원 가입 코드예요. 우선 input() 함수를 이용해서 영문 이름을 first name, last name 순으로 받아서 first name의 첫 문자와 last name을 합하여 아이디를 만들어 줍니다. 이 때, 아이디는 모두 소문자로 만듭니다. 아이디를 만든 후에 출력하고, 다음과 같은 문장이 화면에 나오도록 합니다.

> Make a password as follows.
> - Must be at least 8 letters
> - Alphabet and numbers only

그리고 패스워드를 입력받습니다. 패스워드는 길이가 8자 이상이어야 하고, 영문자와 숫자로만 구성되어야 해요(영문자로만 또는 숫자로만 구성되어도 되고, 영문자와 숫자가 섞여 있어도 됩니다). 만약에 이 조건에 맞는 패스워드를 입력하면 'Nice Password'라고 출력하고, 길이가 8자가 안 되는 패스워드를 입력하면, 'Must be at least 8 letters'라는 에러 메시지가 나오도록 합니다. 그리고 만약에 특수 문자가 포함되어 있으면 'Alphabet and numbers only'라고 출력되도록 합니다.

```
first_name = input('Enter your first name : ')   # first name 입력받기
last_name = input('Enter your last name : ')    # last name 입력받기
login_id = first_name[0].lower() + last_name.lower()  # id 만들기
print('Welcome! your id is "', login_id, '"', sep='')
print()
print('=' * 32)
print('| Make a password as follows.  |')  # 따옴표 세 개짜리로 출력할 수도 있음.
print('| − Must be at least 8 letters    |')
print('| − Alphabet and numbers only |')
print('=' * 32)
print()
password = input('Input new password : ')     # 패스워드를 입력받음.

if len(password) >= 8:          # 패스워드 길이가 8 이상인 경우
    if password.isalnum():  # isalnum()은 문자와 숫자로만 구성되었는지 판단함.
        print('Nice password')
    else:
        print('Alphabet and numbers only')
else:                    # 패스워드 길이가 8 미만인 경우
    print('Must be at least 8 letters')
```

결과 1

```
Enter your first name : Alice
Enter your last name : Lee
Welcome! your id is "alee"
================================
|    Make a password as follows    |
|    - Must be at least 8 letters    |
|    - Alphabet and numbers only    |
================================
Input new password : alice12345
Nice password
```

결과 2

```
Enter your first name : Tom
Enter your last name : Kim
Welcome! your id is "tkim"
================================
|    Make a password as follows    |
|    - Must be at least 8 letters    |
|    - Alphabet and numbers only    |
================================
Input new password : 123hh123
Nice password
```

결과 3

```
Enter your first name : Paul
Enter your last name : Park
Welcome! your id is "ppark"
================================
|    Make a password as follows    |
|    - Must be at least 8 letters    |
|    - Alphabet and numbers only    |
================================
Input new password : paul*1233
Alphabet and numbers only
```

결과 4

```
Enter your first name : Jenny
Enter your last name : Chang
Welcome! your id is "jchang"
================================
|    Make a password as follows    |
|    - Must be at least 8 letters    |
|    - Alphabet and numbers only    |
================================
Input new password : jj1234
Must be at least 8 letters
```

7/ 정리

　　이번 장에서는 프로그래밍에서 아주 중요한 if 조건문을 학습했어요. if 조건문은 if만 있는 형태, if~else 형태, 그리고 여러 조건을 갖는 if~elif~else 형태가 있습니다. 해결하고자 하는 문제에 따라서 어떤 형태를 선택할 지는 프로그래머가 결정할 일이에요. 중요한 것은 논리적으로 올바르게 작성해야 한다는 거예요. 따라서 if 조건문에 오는 True/False를 판단하는 표현식을 올바르게 작성해야 합니다. 프로그래밍 연습 문제에 간단한 if를 사용하는 문제부터 중첩된 if 구문이 필요한 문제까지 있으니까 뒤에 있는 답안 코드를 보지 말고 스스로 해결해 보도록 노력해 보기 바랍니다.

 프로그래밍 연습문제

13 세 개의 정수를 입력받아서 세 수 중에서 가장 큰 수를 찾아서 출력하는 코드를 작성해 보세요. 이때, 반드시 if와 else만 사용하기 바랍니다. 실행 결과는 다음과 같습니다(elif는 사용하지 않습니다).

Enter a : 5	Enter a : 1	Enter a : 10	Enter a : 1
Enter b : 10	Enter b : 3	Enter b : 8	Enter b : 1
Enter c : 15	Enter c : 2	Enter c : 6	Enter c : 1
Max value : 15	Max value : 3	Max value : 10	Max value : 1

14 정수 네 개를 입력받아서 가장 큰 수를 찾는 프로그램을 작성해 보세요. 역시 이번에도 if와 else만 사용해 보세요(elif는 사용하지 않습니다).

Enter a : 1	Enter a : 4	Enter a : 1	Enter a : −1
Enter b : 2	Enter b : 2	Enter b : 100	Enter b : 0
Enter c : 3	Enter c : 3	Enter c : 200	Enter c : −5
Enter d : 4	Enter d : 5	Enter d : 5	Enter d : −10
Max value : 4	Max value : 5	Max value : 200	Max value : 0

15 A 쇼핑센터에서는 회원의 나이에 따라 물품 정가의 일부를 할인해 주고 있어요. 나이와 정가를 입력받아서 아래 할인율에 따라 지불해야 하는 금액을 출력하는 프로그램을 작성하세요.

> 18세 미만이거나 70세 이상이면 20% 할인
> 60세 이상부터 70세 미만이면 15% 할인
> 18세 이상부터 60세 미만이면 할인 없음

Enter age : **50**
Enter price : **20000**
You should pay 20000won.

Enter age : **80**
Enter price : **20000**
You should pay 16000won.

Enter age : **15**
Enter price : **10000**
You should pay 8000won.

Enter age : **65**
Enter price : **20000**
You should pay 17000won.

16 어느 도시에서는 사용자의 등급에 따라 전기 사용료를 납부해야 합니다. 1등급은 535원, 2등급은 377원, 3등급은 291원을 내야 합니다.

- 사용량은 항상 올바르게 양의 정수를 입력한다고 가정합니다.
- 등급은 1, 2, 3을 입력해야 합니다. 만약에 1, 2, 3이 아닌 다른 정수를 입력하면 'No such grade'라고 출력합니다.
- 최종 전기 사용료는 소수점 둘째 자리까지 출력합니다.

> 최종 전기 사용료 = 사용량 * 등급별 단가 + 세금
> 세금은 사용 금액의 3%를 적용합니다.

electricity usage : **315**
grade : **1**
Your amount is 173580.75

electricity usage : **199**
grade : **2**
Your amount is 77273.69

electricity usage : **258**
grade : **3**
Your amount is 77330.34

electricity usage : **150**
grade : **5**
No such grade

17 A 매장에서는 직원들에게 일한 경력에 따라 시급을 계산하여 1주일에 한 번씩 주급을 줍니다. 3년 이상 일했던 사람에게는 시급 15,000원, 1년 이상 3년 미만 일했던 사람에게는 시급 12,000원, 1년 미만의 사람들에게는 시급 9,000원으로 계산합니다. 세금은 똑같이 1.5%를 뗍니다. 만약에 40시간을 초과해서 일하면 초과한 시간에 대해서는 시급의 30%를 더 지급해 줍니다. 경력과 1주일 동안 일한 시간을 입력받아서 주급을 계산하는 프로그램을 작성해 보세요(경력은 개월 수로 입력합니다).

career : **36**
hour : **40**
Your weekly salary is 591000

career : **30**
hour : **50**
Your weekly salary is 626460

career : **20**
hour : **30**
Your weekly salary is 354600

career : **20**
hour : **60**
Your weekly salary is 780120

18 앞에서부터 읽으나 뒤에서부터 읽으나 같은 문자열을 'Palindrome'이라고 합니다. 하나의 문자열을 입력받아서 Palindrome인지를 판단하는 프로그램을 작성해 보세요.

string : **baab**
baab is palindrome.

string : **abcba**
abcba is palindrome.

string : **aaaaaaa**
aaaaaaa is palindrome.

string : **papaap**
papaap is not palindrome.

19 적합한 패스워드인지를 판단하는 프로그램을 작성합니다. 패스워드는 다음의 조건을 만족해야 합니다.

- 여덟 글자 이상이어야 합니다(여덟 자 미만이면, 'password should be at least 8'를 출력하고 프로그램을 끝냅니다).
- 반드시 영어 소문자로 시작해야 합니다(첫 글자가 영어 소문자가 아니면 'first letter should be a lower letter'를 출력하고 프로그램을 끝냅니다).
- 반드시 마지막 두 글자는 숫자여야 합니다(마지막 두 글자가 숫자가 아니면, 'last two letters should be numbers'를 출력하고 프로그램을 끝냅니다).
- 위의 조건을 만족하면, 'Nice password'를 출력합니다.

Enter password : **jenny55**
password should be at least 8

Enter password : **Abcdef55**
first letter should be a lower letter

Enter password : **aaaaaaaa**
last two letters should be numbers

Enter password : **5abcde77**
first letter should be a lower letter

Enter password : **asdf*t22**
Nice password

Enter password : **jenny??123**
Nice password

while
반복문

우리가 컴퓨터를 이용하는 이유는 무엇일까요? '컴퓨터'라는 용어 그대로 계산 능력이 뛰어나기 때문이죠. 컴퓨터에는 계산 능력에 버금가는 능력이 또 있어요. 바로 똑같은 일을 지치지 않고 반복해서 처리하는 능력이에요.

사람은 똑같은 일을 반복적으로 하면 실수도 하고 지루해 하는데, 컴퓨터는 반복적으로 일하는 것을 아주 좋아해요. 대신 컴퓨터한테 반복적인 일을 시킬 때, 정확히 몇 번 반복해야 하는지, 또 반복해서 어떤 일을 처리해야 하는지를 분명하게 알려줘야 합니다.

파이썬에서는 반복 처리를 하기 위해서 while 반복문과 for 반복문을 배워야 해요. 이번 장에서는 while 반복문에 대해 설명하고 다음 8장에서 for 반복문에 대해서 설명할게요.

while은 조건이 맞는 동안 같은 일을 계속 반복 처리합니다

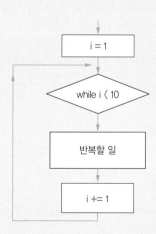

i = 1

while i < 10

반복할 일

i += 1

1/ while 반복 구문

파이썬으로 'hello world'를 10회 출력하는 프로그램을 작성하는 경우를 생각해 보세요. 지금까지 배운 방법으로 한다면 아래와 같이 print('hello world')를 10번 적어야겠죠. 하지만 100번, 1000번 이렇게 출력횟수가 늘어난다면 이런 식으로 코딩할 수는 없어요. 이런 경우에는 print('hello world')는 한 번만 적어주고 이 일을 여러 번 반복하도록 시켜야 합니다. 아래 오른쪽 순서도는 출력횟수를 1에서 시작해서 한 번 출력할 때마다 출력횟수를 1씩 증가시켜 나가면서 출력횟수가 11이 되는 순간에 출력을 멈추도록 하고 있어요.

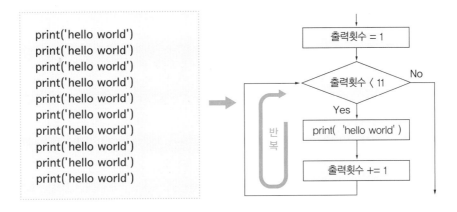

순서도를 파이썬 코드로 작성하면 다음과 같아요.

코드

```
출력횟수 = 1              # 출력 횟수 1에서 시작함.
while 출력횟수 < 11 :      # 출력 횟수가 11보다 작은 동안 아래 두 줄을 반복함.
    print('hello world')  # 'hello world'를 출력함.
    출력횟수 += 1          # 출력 횟수를 1 증가시킴.
```

아직 안 배운 내용이지만 파이썬 코드가 이해될 거라 생각해요. while은 영어 단어 뜻 그대로 '~하는 동안'의 의미죠. 코딩에서도 그 의미 그대로 사용됩니다. 그럼, 본격적으로 while 반복문 구조에 대하여 설명할게요.

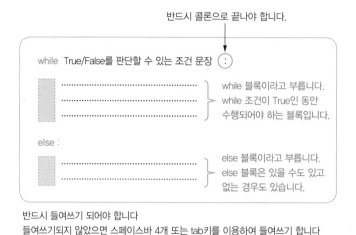

반드시 콜론으로 끝나야 합니다.

while True/False를 판단할 수 있는 조건 문장 (:)

> while 블록이라고 부릅니다.
> while 조건이 True인 동안
> 수행되어야 하는 블록입니다.

else :

> else 블록이라고 부릅니다.
> else 블록은 있을 수도 있고
> 없는 경우도 있습니다.

반드시 들여쓰기 되어야 합니다
들여쓰기되지 않았으면 스페이스바 4개 또는 tab키를 이용하여 들여쓰기 합니다

'hello world'를 다섯 번 출력하는 코드를 다시 작성해서 분석해 볼게요.

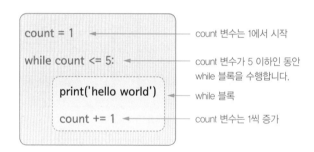

count = 1 ← count 변수는 1에서 시작

while count <= 5: ← count 변수가 5 이하인 동안
while 블록을 수행합니다.

print('hello world') ← while 블록

count += 1 ← count 변수는 1씩 증가

while 반복문은 위의 코드처럼 '어디에서 시작해서', '어떻게 변화되어 가면서', '어디까지 가는지' 를 분명히 명시해야 합니다.

만약에 위의 코드에서 while 블록 안에 있는 count += 1을 없애면 어떻게 될까요? count가 계속 1이기 때문에 while의 조건인 count <= 5를 계속 True로 판단하게 됩니다. 따라서 무한 루프 가 발생하게 됩니다.

코드 1	코드 2

count = 1
 	
while count <= 5:
    print(count)
    count += 1 # count가 1씩 증가함
	count = 1
	
	while count <= 5: # count값이 계속 1입니다.
	    print(count)

결과 1	결과 2
1 2 3 4 5	1 1 1 1 ...... 무한히 1이 출력됩니다.

루프의 가장 기본적인 형태는 '어디에서 시작해서', '어떻게 변화해 가면서', '어디까지 가는지'를 명확히 명시하는 거예요.

```
count = 1        ┄┄ '어디에서 시작해서'
while count <= n :   ┄┄ '어디까지 가는지'

    n번 반복수행할 일

count += 1       ┄┄ '어떻게 변화해 가면서'
```

2/ while 반복문의 다양한 예

while 반복문 기본 예제들

다양한 예제를 통해서 while 반복의 기본 형태에 대해서 연습해 보겠습니다.

CODE 18 1부터 10까지의 합을 구하는 while 반복문을 작성해 볼게요.

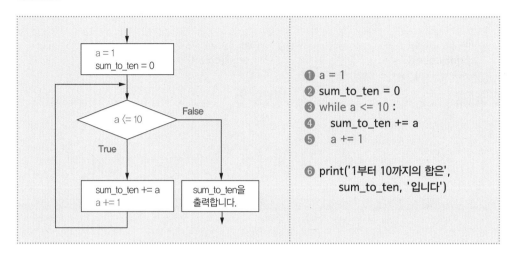

코드를 보면 변수 a가 반복문 처리에 중요한 변수임을 알 수가 있어요. ❶ a = 1에서 시작해서, ❺ a += 1 처럼 변화되어 가면서, 조건 ❸ a 〈= 10이 True인 동안 반복을 처리하라는 코드예요. while 구문에서는 이 세 부분을 올바르게 작성해야 합니다. 그리고 sum_to_ten 변수는 처음에는 0으로 초기화 되어 있다가 a가 1에서 10까지 변하면서 sum_to_ten에 계속 더해지게 됩니다. 따라서 ❷에 sum_to_ten이 0으로 초기화되어 있는 것은 아주 중요해요.

사실 파이썬에서는 다음과 같이 sum() 이라는 내장 함수를 이용하면 간단히 1부터 10까지의 합을 구할 수 있어요. 아직 range() 함수에 대해 배우지 않았는데, range(11) 함수는 0부터 10까지

```
>>> sum(range(11))
55
```

의 수들을 가져 오는 함수예요. 그래서 그 수들을 더해 주는 거죠. 앞으로 파이썬에 익숙해지면 오른쪽 같은 유형의 코드를 많이 사용할 거예요. 하지만 지금은 while 구문을 배우는 과정이기 때문에 위의 코드를 익혀 두시기 바랍니다.

> **NOTE**
>
> 위의 코드에서 1부터 10까지의 합을 저장하는 변수 이름을 sum_to_ten이라고 했어요. 많은 학생들이 합을 저장하는 변수 이름으로 sum을 사용해요. 하지만 파이썬에서는 sum을 변수명으로 사용할 때 조심해야 합니다. 왜냐하면 파이썬이 sum이라는 내장 함수를 갖고 있어서예요. 다음을 보세요. 어떤 일이 일어나고 있나요?

```
>>> L = [1, 3, 5]
>>> sum(L)      # sum() 내장 함수에 리스트를 넣으면 리스트 원소의 합을 구해 줍니다.
9
>>> sum = 10  # sum이라는 변수를 만들어서 10을 저장함.
>>> sum(L)      # sum 변수를 만든 후에 sum() 함수를 사용하니까 에러가 발생했어요.
Traceback (most recent call last):
  File "<pyshell#3>", line 1, in <module>
    sum(L)
TypeError: 'int' object is not callable
>>> del sum    # 제가 만든 sum 변수를 삭제했어요.
>>> sum(L)      # sum 변수를 없앴더니 sum() 내장 함수가 다시 동작하네요.
9
```

파이썬이 제공하는 내장 함수 이름을 변수로 사용하지 마세요.
만약에 sum이라는 변수명을 사용하면 sum() 내장 함수를 사용
할 수 없어요.

```
>>> L = [1, 2, 3]
>>> sum = 10  ◀---- sum을 변수로 사용
>>> sum(L)  ◀·········· sum() 내장 함수 사용하려니까
                         에러 발생
······

TypeError:.....
```

CODE 19 하나의 양의 정수를 입력받아서 1부터 그 수까지의 짝수의 합을 구하는 while 반복문
을 작성해 보겠습니다.

| 코드 1 | ```
n = int(input('Enter n : '))

a = 2                    # a는 2에서 시작함.
even_sum = 0
while a <= n:            # a는 입력받은 n까지 가면서  even_sum에 a를 더함.
    even_sum += a
    a += 2               # a는 2씩 증가함.
print('1부터 {}까지의 짝수의 합 : {}'.format(n, even_sum))
``` |
|---|---|
```

코드 2

```
n = int(input('Enter n : '))
a = 1                    # a는 1에서 시작함.
even_sum = 0

while a <= n:            # a는 입력받은 n까지 감.
    if a % 2 == 0:       # a가 짝수라면 even_sum에 a를 더함.
        even_sum += a
    a += 1               # a는 1씩 증가함.
print('1부터 {}까지의 짝수의 합 : {}'.format(n, even_sum))
```

코드 1은 2부터 시작해서 2씩 증가해 가면서 합을 구하고 있어요. 짝수의 합이니까 이렇게 해도 되겠죠. 코드 2는 어떻게 짝수의 합을 구하고 있나요? a를 1부터 시작해서 1씩 증가해 가면서 a를 2로 나눈 나머지가 0일 때 합에 추가하고 있죠. 2로 나눈 나머지가 0인 수가 짝수이니까 역시 올바르게 결과가 나오게 됩니다. 두 코드 모두 올바르게 작성한 코드에요. 여기서 짝수 또는 홀수를 판단할 때 2로 나눈 나머지가 0인지, 1인지로 판단한다는 것도 많이 사용하는 표현임을 배워 두기 바랍니다.

CODE 20 하나의 양의 정수를 입력받습니다. 그리고 그 수만큼 숫자를 입력받아서 입력받은 수들의 평균을 구해보겠습니다.

코드

```
n = int(input('Enter n : '))  # 정수 n을 입력받음. n은 반복 횟수임.

i = 1
sum_data = 0   # 변수 sum_data는 0으로 초기화함.
while i <= n:   # n이 반복 횟수로 이용됨.
    data = int(input('Enter number : '))   # 정수를 n번 입력받음.
    sum_data += data   # sum_data에 입력받는 수 data를 계속 더함.
    i += 1

avg = sum_data / n   # 입력받은 수의 합 sum_data를 n으로 나누어 평균을 구함.
print('average : {:<10.2f}'.format(avg))
```

결과 1

```
Enter n : 5
Enter number : 88
Enter number : 93
Enter number : 95
Enter number : 75
Enter number : 82
average : 86.60
```

결과 2

```
Enter n : 4
Enter number : 90
Enter number : 88
Enter number : 75
Enter number : 89
average : 85.50
```

결과 3

```
Enter n : 3
Enter number : 100
Enter number : 90
Enter number : 80
average : 90.00
```

172

코드에서 보듯이 입력받은 수가 반복문의 반복 횟수를 결정할 수도 있어요.

CODE 21 　정수 10개를 하나씩 입력받아서 10개의 수 중에서 가장 큰 수를 출력하는 프로그램을 작성해 보겠습니다. 이 문제를 해결하려면 우선 첫 번째로 입력된 수를 가장 큰 수라고 가정하고 변수 max_value에 저장합니다. 다음에 더 큰 수가 들어오면 max_value는 그 수로 업데이트 됩니다. 이 작업을 루프를 돌리면서 반복하면 마지막에 max_value에는 10개의 수 중에서 가장 큰 수가 남게 됩니다.

코드

```
i = 1
prompt = 'Enter number ' + str(i) + ' : '  # str(i)라고 해야 문자열을 연결함.
data = int(input(prompt))   # 첫 번째 데이터를 입력받음.
max_value = data            # 첫 번째로 입력받는 데이터를 max_value에 저장함.

while i <= 9:      # 남은 9개의 데이터를 입력받아야 함.
    i += 1
    prompt = 'Enter number ' + str(i) + ' : '
    data = int(input(prompt)) # 다음 데이터를 입력받음.
    if data > max_value:      # 현재 max_value보다 더 큰 data가 입력되면,
        max_value = data      # max_value를 data로 바꿈.

# 루프가 끝나고 나서 max_value에 남은 값이 가장 큰 값입니다.
print('The largest value is {}.'.format(max_value))
```

결과 1

```
Enter number 1 : 4
Enter number 2 : 10
Enter number 3 : 20
Enter number 4 : 5
Enter number 5 : 1
Enter number 6 : 40
Enter number 7 : 22
Enter number 8 : 7
Enter number 9 : 13
Enter number 10 : 9
The largest value is 40.
```

결과 2

```
Enter number 1 : 100
Enter number 2 : 97
Enter number 3 : 88
Enter number 4 : 70
Enter number 5 : 65
Enter number 6 : 55
Enter number 7 : 50
Enter number 8 : 45
Enter number 9 : 33
Enter number 10 : 11
The largest value is 100.
```

결과 3

```
Enter number 1 : 10
Enter number 2 : 12
Enter number 3 : 13
Enter number 4 : 50
Enter number 5 : 55
Enter number 6 : 56
Enter number 7 : 70
Enter number 8 : 77
Enter number 9 : 78
Enter number 10 : 80
The largest value is 80.
```

CODE 22 　하나의 정수를 입력받아서 그 수가 소수인지를 판단하는 프로그램을 작성해 보겠습니다. 소수는 1과 자기 자신만을 약수로 갖는 수죠. 그러니까 n이 소수라면, n을 1부터 n까지의 수로

나누었을 때 나머지가 0인 경우가 정확히 2번이 되겠죠. 지금 얘기한 것을 그대로 코드로 작성하면 아래 오른쪽과 같아요(이 때 항상 올바르게 양의 정수를 입력한다고 가정할게요).

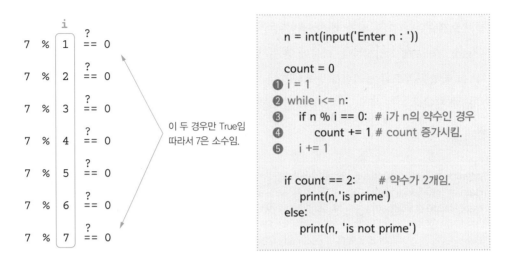

위의 코드는 i가 1부터 n까지 증가해 가면서 ❸ n % i 값이 0인지 판단합니다. 이 판단 결과가 True이면 i가 n의 약수라는 뜻이고 이때 count 값을 1 증가시켜요. n 번의 루프가 모두 돌고 나서 count 값이 2가 되면 n의 약수가 1과 자기 자신인 n 뿐이라는 결과이므로 n은 소수임을 알 수가 있겠죠. 그런데, 지금 보면서 불필요하게 루프가 많이 돈다는 생각이 들 거예요. 사실 굳이 i가 1부터 n까지 증가해 가면서 n번의 나머지 연산을 할 필요가 없어요. 나중에 break에 대해 배울 거예요. break를 배우면 이 코드에서 불필요한 루프를 수행하지 않도록 할 수 있어요.

시퀀스 자료형에 while 반복문 수행하기

앞으로 코딩을 하다보면 시퀀스 자료형인 문자열, 리스트, 튜플에 대해 반복을 수행하는 문제를 많이 접하게 될거에요. 이러한 시퀀스 자료형은 인덱스 개념이 있기 때문에 인덱스를 이용해서 처음부터 끝까지 루프를 돌리기가 쉬워요. 그리고 len() 함수를 이용하면 시퀀스 데이터에 원소가 몇 개인지를 알기도 쉽습니다. 이와 관련한 예제를 몇 개 볼게요.

• **문자열에 while 루프 수행하기**

CODE 23 하나의 문자열을 입력받아서 while 반복문을 이용하여 그 문자열에 모음이 몇 개인지 세는 프로그램을 작성해 보겠습니다.

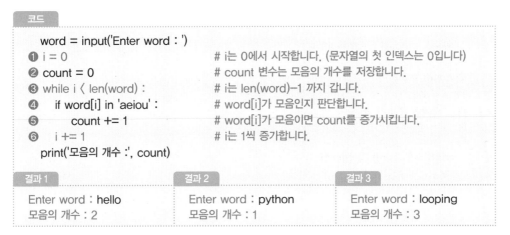

```
word = input('Enter word : ')
❶ i = 0                          # i는 0에서 시작합니다. (문자열의 첫 인덱스는 0입니다)
❷ count = 0                      # count 변수는 모음의 개수를 저장합니다.
❸ while i < len(word) :          # i는 len(word)−1 까지 갑니다.
❹     if word[i] in 'aeiou' :    # word[i]가 모음인지 판단합니다.
❺         count += 1             # word[i]가 모음이면 count를 증가시킵니다.
❻     i += 1                     # i는 1씩 증가합니다.
    print('모음의 개수 :', count)
```

결과 1

Enter word : hello
모음의 개수 : 2

결과 2

Enter word : python
모음의 개수 : 1

결과 3

Enter word : looping
모음의 개수 : 3

위의 코드에서는 변수 i를 문자열 word의 인덱스로 이용할 거라서 i가 될 수 있는 값은 0부터 len(word)−1까지 입니다. 이때 만약에 i <= len(word)라고 하면 문자열에 없는 공간인 word[len(word)]를 찾게 되어서 IndexError가 발생해요. 이 부분을 조심해야 합니다.

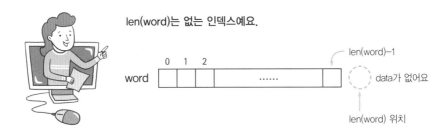

위와 똑같은 일을 하는 코드를 조금 다르게 작성해 보았습니다. 다음의 코드를 위의 코드와 비교했을 때, 눈에 띄는 부분이 어디인가요? 반복을 수행하는 변수 i가 없어요. 그리고 ❺에서 word = word[1:] 라고 되어 있어요. 이 줄의 의미가 무엇일까요? 맨 앞에 문자 하나를 떼어 내고 다시 word에 넣으라는 명령이죠. 그러니까 루프가 돌면서 word의 길이가 하나씩 줄어들겠죠. 그래서 word가 빈 문자열이 되면서 끝나게 되겠죠. 빈 문자열은 False로 판단한다고 했습니다. 조금 어렵지만 이런 코드도 잘 이해해 두기 바랍니다.

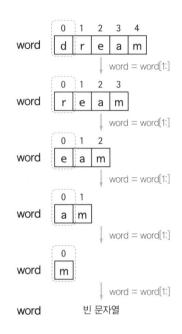

```
word = input('Enter word : ')

❶ count = 0
❷ while word :    # word가 빈 문자열이면 False임.
❸     if word[0] in 'aeiou' :
❹         count += 1
❺     word = word[1:]  ◁── word[0]을 떼어내고 나머지를
      print('모음의 개수 :', count)         word에 넣습니다.
```

CODE 24 하나의 문자열을 입력받아서 대문자의 개수, 소문자의 개수, 스페이스의 개수, 숫자의 개수를 세어서 출력하는 프로그램을 작성해 보겠습니다.

코드

```
word = input('word : ')           # 문자열을 입력받습니다.
count_upper = 0                   # 대문자의 개수를 저장할 변수입니다.
count_lower = 0                   # 소문자의 개수를 저장할 변수입니다.
count_space = 0                   # 스페이스의 개수를 저장할 변수입니다.
count_digit = 0                   # 숫자의 개수를 저장할 변수입니다.

i = 0          ⌐ i <= len(word)-1 이라고 해도 되겠죠.
while i < len(word):
    if word[i].isupper(): count_upper += 1    # word[i]가 대문자인 경우
    elif word[i].islower(): count_lower += 1   # word[i]가 소문자인 경우
    elif word[i].isspace(): count_space += 1   # word[i]가 스페이스인 경우
    elif word[i].isdigit(): count_digit += 1   # word[i]가 숫자인 경우
    i += 1
print('upper letters :', count_upper)     # 대문자의 개수 출력
print('lower letters :', count_lower)     # 소문자의 개수 출력
print('spaces        :', count_space)     # 스페이스의 개수 출력
print('digits        :', count_digit)     # 숫자의 개수 출력
```

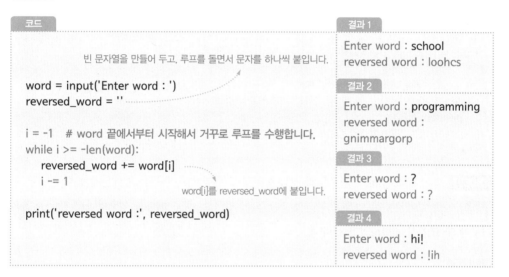

결과 1

word : hE11pR 9@!-5Y
upper letters : 3
lower letters : 2
spaces   : 1
digits   : 4

결과 2

word : pyTHOn 3 !!
upper letters : 3
lower letters : 3
spaces   : 2
digits   : 1

결과 3

word : 12 345 !6
upper letters : 0
lower letters : 0
spaces   : 2
digits   : 6

CODE 25 하나의 문자열을 입력받아서 그 문자열을 거꾸로 만들어 출력하는 코드를 작성해 볼게요.

코드

빈 문자열을 만들어 두고, 루프를 돌면서 문자를 하나씩 붙입니다.

```python
word = input('Enter word : ')
reversed_word = ''

i = -1    # word 끝에서부터 시작해서 거꾸로 루프를 수행합니다.
while i >= -len(word):
    reversed_word += word[i]
    i -= 1

print('reversed word :', reversed_word)
```

word[i]를 reversed_word에 붙입니다.

결과 1

Enter word : school
reversed word : loohcs

결과 2

Enter word : programming
reversed word :
gnimmargorp

결과 3

Enter word : ?
reversed word : ?

결과 4

Enter word : hi!
reversed word : !ih

위의 코드에서는 문자열의 음수 인덱스를 사용해서 while 반복문을 처리했습니다. −1은 맨 끝에 있는 문자의 인덱스이기 때문에 맨 끝의 문자부터 거꾸로 앞의 문자를 하나씩 가져오면서 가져오는 대로 reversed_word에 붙이면 원래 문자를 거꾸로 만든 결과가 나오게 됩니다.

참고 사실 파이썬에서는 문자열을 거꾸로 만드는 일이 아주 쉽죠.

```python
>>> word = 'python'
>>> reversed_word = word[::-1]    # 이렇게 해도 되죠. 루프가 필요하지 않아요.
>>> word, reversed_word
('python', 'nohtyp')
```

- 리스트에 while 반복문 수행하기

리스트에는 중복된 데이터를 저장할 수도 있고, 저장된 데이터의 순서가 중요한 자료형입니다. 리스트도 시퀀스 자료형이기 때문에 인덱스를 이용해서 반복 처리를 하기에 적합해요.

CODE 26 리스트 fruits에는 과일들이 저장되어 있어요. 리스트에 루프를 돌려서 과일들을 하나씩 출력해 보겠습니다. 리스트도 문자열과 똑같이 인덱스를 갖기 때문에 0부터 len(fruits)−1까지 루프를 수행해야겠죠.

코드

```
fruits = ['orange', 'strawberry', 'kiwi', 'pineapple']

i = 0        # 인덱스 0부터 시작합니다.
while i < len(fruits):    # 마지막 인덱스까지 루프를 돌립니다.
    print(fruits[i])
    i += 1    # 인덱스를 1씩 증가시킵니다.
```

결과 1

```
orange
strawberry
kiwi
pineapple
```

CODE 27 리스트 friends에 친구들의 이름을 저장해 두었어요. 친구들 중에는 이름이 똑같은 친구들이 여럿 있어서 같은 이름이 여러 번 저장되어 있어요. 친구 이름을 입력받아서 같은 이름의 친구가 몇 명인지 출력하려고 합니다.

코드

```
friends = ['Paul', 'Bob', 'Alice', 'Bob', 'David', 'Cindy', 'Alice', 'Bob']
name = input('Enter one name : ')    # 이름을 입력받습니다.
count = 0                # 친구의 수를 세는 변수로 초기값은 0입니다.

if name not in friends:    # 입력받은 이름이 친구 리스트에 없는 경우입니다.
    print('There is no "{}" in friends list.'.format(name))
else:            # 입력받은 이름이 친구 리스트에 있으면, 몇 명인지 세어 봅니다.
    i = 0
    while i < len(friends):
        if friends[i] == name:    # name과 같은 이름이 friends 리스트에 있는 경우
            count += 1        # count를 1 증가시킵니다.
        i += 1

if count > 0:    # count가 0보다 크면 입력한 이름의 친구가 count명만큼 있습니다.
    print('There are {} "{}" in friends list.'.format(count, name))
```

파이썬 시작하기

객체, 변수, 자료형

수치자료형과 연산자

문자열 자료형

표준 입출력문

조건문

while 반복문

for 반복문

<table>
<tr><td>

결과 1

Enter one name : Alice
There are 2 "Alice" in friends list.

</td><td>

결과 2

Enter one name : Bob
There are 3 "Bob" in friends list.

</td></tr>
<tr><td>

결과 3

Enter one name : Jenny
There is no "Jenny" in friends list.

</td><td>

결과 4

Enter one name : bob
There is no "bob" in friends list.

</td></tr>
</table>

- **튜플에 while 반복문 수행하기**

튜플에 대해서 while 반복문을 수행하는 것은 리스트에 while 반복문을 수행하는 것과 똑같습니다. 리스트와 튜플에 대한 자세한 내용은 9장과 10장에서 공부할 거예요. 여기에서는 인덱스를 이용해서 각각의 데이터 접근이 가능하다는 것을 이용해서 while 반복문을 수행하는 방법에 대해 공부해 두기 바랍니다.

CODE 28 튜플에는 10명의 토플 성적이 저장되어 있습니다. 이 성적들을 하나씩 출력해 보겠습니다. 그런데 출력할 때, 각 성적 사이에 '*'를 추가하고 한 줄에 모두 출력해 볼게요.

코드

```
toefl = (80, 98, 115, 105, 85, 118, 100, 92, 75, 93)

i = 0
while i < len(toefl):
    if i == len(toefl) - 1:      # 맨 마지막 데이터 다음에는 '*'를 출력하지 않습니다.
        print(toefl[i])
    else:        # 맨 마지막 데이터를 제외한 데이터들은 성적 다음에 '*'를 출력합니다.
        print(toefl[i], '* ', end='')
    i += 1
```
└── [Enter]를 없앱니다.
.에 space가 하나 들어갑니다.

결과

```
80 * 98 * 115 * 105 * 85 * 118 * 100 * 92 * 75 * 93
```

CODE 29 위의 코드에서 토플 성적이 100점 이상인 사람이 모두 몇 명인지 출력하는 코드를 작성해 볼게요.

코드

```
toefl = (80, 98, 115, 105, 85, 118, 100, 92, 75, 93)
count = 0    # 100점 이상인 사람의 수를 세는 변수입니다.
```

```
i = 0                          # 0부터 len(toefl)-1까지 루프를 수행합니다.
while i < len(toefl):
    if toefl[i] >= 100:        # toefl[i]가 100 이상이라면, count를 1 증가합니다.
        count += 1
    i += 1
print('There are {} people over 100.'.format(count))
```

결과

There are 4 people over 100.

3/ 무한 루프와 break

while 반복문을 작성할 때 while 바로 옆에 적는 조건이 아주 중요하다는 것을 잘 아실 거예요. 이 부분이 루프가 언제 끝나는지를 알 수 있도록 하는데, 가끔 언제까지 루프를 돌려야 하는지 정하지 못하는 경우가 있어요. 그럴 때는 일단 조건 부분에 True라고 적어 줍니다. while 조건이 무조건 참이라는 의미가 되는 거죠. 이것이 무한루프예요. 이 경우에는 루프를 돌면서 무조건 항상 참으로 판단해요. 그래서 이런 경우에는 루프 안에 루프를 끝내도록 하는 문장이 있어야 합니다. 이 일을 하는 키워드가 break입니다. 무한루프의 형태는 다음과 같아요.

아래 왼쪽은 무한 루프 안에 break 구문을 갖는 기본 형태예요. 오른쪽은 친구의 이름을 입력받는 코드인데 'none'을 입력하면 프로그램을 끝내도록 합니다.

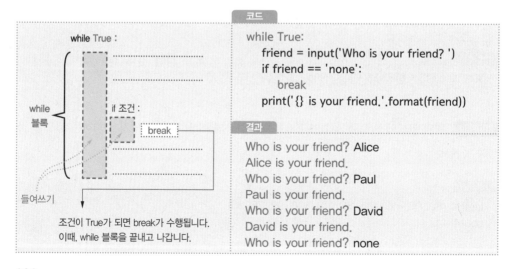

코드

```
while True:
    friend = input('Who is your friend? ')
    if friend == 'none':
        break
    print('{} is your friend.'.format(friend))
```

결과

Who is your friend? Alice
Alice is your friend.
Who is your friend? Paul
Paul is your friend.
Who is your friend? David
David is your friend.
Who is your friend? none

코드를 한 개 더 볼게요.

코드	결과

i = 1
while True :
   print(i)
   if i == 5 : break   # 간단한 if 블록은 콜론 옆에 적어도 됩니다.
   i += 1
	1
	2
	3
	4
	5

위의 코드에서 break가 없다면 무한 루프가 돌게 되겠죠.

NOTE

❶ while 조건에 True가 아니더라도 코드를 잘못 작성하면 무한 루프에 빠질 수가 있어요. 다음 코드와 같이 루프를 돌리는데 중심이 되는 변수가 제대로 변화하지 않으면 무한 루프에 빠질 수 있다고 했어요.

```
a = 1
while a <= 10:      # a의 변화에 해당하는 코드가 없어서 무한 루프가 돌겠죠.
    print(a)
```

❷ 위와 같은 실수를 하지 않으려면 당분간은 while 반복문을 작성할 때, 어디에서 시작해서, 어떻게 변화되어 가면서, 어디까지 가는지에 해당하는 코드를 제대로 작성했는지를 염두에 두어야 합니다.

아래 두 코드의 결과는 어떨까요? 눈으로 보기에는 루프의 시작, 변화, 끝이 제대로 완성되어 있어 보이죠. 그런데 위의 코드는 문제가 없지만, 아래 코드는 문제가 있어요. while 조건문이 중요하다는 것을 아시겠죠?

코드	결과 1

a = 1
while a != 9:   # a가 9가 되면 while 루프를 끝냅니다.
   print(a)
   a += 2
	1
	3
	5
	7

코드	결과 2

# 아래 코드는 무한 루프를 수행합니다. 	
a = 1
while a != 10:   # a가 홀수로 변해 가기 때문에 10이 될 수가 없죠.
   print(a)
   a += 2
	1
	3
	5
	7
	9
	11
	⋮

참고 IDLE에서 무한 수행을 멈추게 하려면 [Ctrl] 키를 누른 상태로 [C]를 눌러주세요([Ctrl]+[C]). 그러면 IDLE에서 무한 루프의 수행을 멈추고 프롬프트를 다시 내 줍니다.

CODE 30 [CODE 22]에서 하나의 정수 n을 입력받아서 그 수가 소수인지를 판단하는 프로그램을 작성해 보았습니다. 그런데, break 구문을 이용하면 코드를 개선할 수 있어요. 다음과 같이 일찍 소수가 아님을 판단할 수가 있는 경우가 많기 때문이죠.

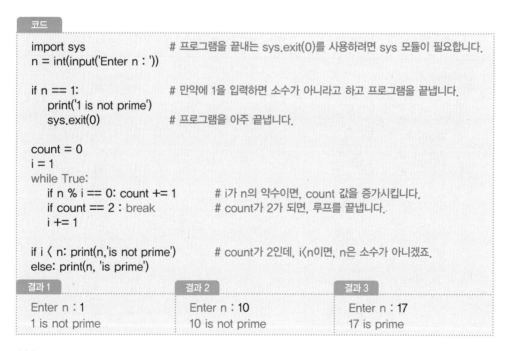

이를 코드로 작성해 볼게요. 즉, 루프가 n까지 가지 않았는데 약수의 개수가 2가 되면 break를 이용해서 루프를 나가려고 하는 거예요.

코드

```
import sys            # 프로그램을 끝내는 sys.exit(0)를 사용하려면 sys 모듈이 필요합니다.
n = int(input('Enter n : '))

if n == 1:            # 만약에 1을 입력하면 소수가 아니라고 하고 프로그램을 끝냅니다.
    print('1 is not prime')
    sys.exit(0)       # 프로그램을 아주 끝냅니다.

count = 0
i = 1
while True:
    if n % i == 0: count += 1    # i가 n의 약수이면, count 값을 증가시킵니다.
    if count == 2 : break        # count가 2가 되면, 루프를 끝냅니다.
    i += 1

if i < n: print(n,'is not prime')    # count가 2인데, i<n이면, n은 소수가 아니겠죠.
else: print(n, 'is prime')
```

결과 1	결과 2	결과 3
Enter n : 1	Enter n : 10	Enter n : 17
1 is not prime	10 is not prime	17 is prime

> **참고** sys 모듈과 sys.exit(0)를 간단히 알아볼게요. 프로그램을 작성하다 보면 더 이상 프로그램을 진행할 필요가 없는 경우가 있어요. 위의 소수 문제처럼 n이 1이면 바로 소수가 아님을 알 수 있으니까 이런 경우에는 코드의 나머지 부분이 수행될 필요가 없는 거죠. 이런 경우에 무조건 프로그램을 끝내라고 할 수 있어요. sys 모듈의 exit( ) 함수가 바로 이 일을 합니다.

플래그를 이용한 루프 제어

break는 루프를 제어할 수 있는 키워드입니다. 그런데, 간혹 플래그를 이용해서 루프를 제어하는 경우도 있습니다. 앞에 'none'이 입력될 때까지 친구의 이름을 넣는 코드를 플래그를 이용하여 바꾸어 볼게요.

코드

```
flag = True
while flag:                    # flag가 True인 동안 루프가 수행됩니다.
    friend = input('Who is your friend? ')
    if friend == 'none':       # 'none'이 입력되면 flag 값을 False로 바꿉니다.
        flag = False
    else:
        print('{} is your friend.'.format(friend))
```

결과

```
Who is your friend? Tom
Tom is your friend.
Who is your friend? Kelly
Kelly is your friend.
Who is your friend? none
```

위의 코드에서 flag의 역할을 잘 이해해 두어야 합니다. flag 값이 True인 동안에는 계속 루프를 수행하다가 flag가 False가 되면 루프를 끝내게 됩니다.

> **참고** '플래그'라는 용어는 꼭 프로그래밍에서만 쓰이는 용어는 아니에요. 그냥 일반적인 용어인데, 프로그래밍에서도 의미가 쉽게 전달되어서 많이 사용합니다. 프로그래밍에서 '플래그'는 True(1) 또는 False(0) 값을 갖는 변수예요. '플래그'에 True를 저장하고 어떤 일을 수행하다가 그 일을 멈추게 하기 위해서 '플래그' 값을 False로 바꾸어서 일을 전환시킨다는 의미가 있어요.

4/ else 구문

　　　　　while 루프에 else 블록이 있을 수도 있다고 했어요. 이번에는 else 블록에 대해서 공부합니다.

무한 루프가 아니어도 루프 안에서 break를 사용할 수 있습니다. 즉, while True가 아니어도 while 루프 안에 break가 올 수가 있어요. 다음의 두 코드는 무한 루프가 아닌데, 루프 안에 break를 갖고 있어요. 그러면, while 루프가 언제 끝나게 될까요? 루프가 끝나는 경우는 두 가지 중에 하나겠죠. while 옆에 조건이 False가 되어서 끝나거나 while 루프 안에서 break를 만나서 끝나거나. 이렇게 두 가지겠죠. 아래 두 코드에서 왼쪽 코드는 ❹에 break가 걸려서 루프가 끝나고, 오른쪽 코드는 ❷에 while 옆 조건이 False가 되어서 루프가 끝나요.

```
❶ i = 1                              ❶ i = 1
❷ while i <= 10 :                    ❷ while i <= 3 :    # 반복 끝남
❸     print(i)                       ❸     print(i)
❹     if i == 5 : break  # 반복 끝남   ❹     if i == 5 : break
❺     i += 1                         ❺     i += 1
```

else 블록이 바로 이런 상황과 연관이 됩니다. else 블록은 있어도 되고 없어도 되는 블록이에요. 그런데, 만약에 else 블록이 있다면, while 옆에 조건이 False가 되어서 루프가 끝나는 경우 else 블록이 수행됩니다. 하지만 else 블록이 있더라도 루프 안에 break 때문에 루프가 끝나는 경우에는 else 블록을 무시하게 됩니다. 정리하면 다음과 같아요.

❶ while의 조건이 False가 되어 루프를 끝내는 경우 else 블록이 있으면 수행됩니다.
❷ while 블록 안에서 break를 만나서 루프를 끝내는 경우 else 블록이 있어도 수행되지 않습니다.

다음 두 코드의 결과가 어떻게 될까요? 한번 생각해 보고, 컴퓨터로도 확인해 보세요.

코드 1	코드 2

``i = 1
while i <= 5 : # 루프가 여기서 끝납니다.
    print(i)
    if i == 10 :
        break
    i += 1   ⟵ else 블록이 있으면 수행합니다.
else : ⟵
    print('else block')
print('outside while')```
	``i = 1
	while True :
	    print(i)
	    if i == 5 : # 루프가 여기서 끝납니다.
	        break
	    i += 1
	else : break 때문에 루프가
	    print('else block') 끝나면 else를 수행
	print('outside while') 하지 않습니다.```

결과 1	**결과 2**
```1 2 3 4 5 else block outside while```	```1 2 3 4 5 outside while```

5/ continue 구문

　　　　　continue 구문은 루프 안에서만 사용할 수 있어요. while 블록 안에서 contin-ue를 만나면 while 키워드 옆에 조건으로 제어가 갑니다. 그 때 조건이 여전히 True이면 다시 while 블록을 수행하게 되고, 만약에 while 루프의 조건이 False가 되면 while 블록을 끝내게 됩니다. continue가 반복문 내에서 어떤 역할을 할까요? continue를 만나면 while 조건으로 간다고 했으니까 while 블록 안에서 continue 이하 부분을 무시하게 되겠죠. 다음 그림에서 조건 A가 True이면 ❶번 블록은 항상 수행되지만, ❷번 블록은 조건 B가 True가 되어 continue를 만나게 되면 수행되지 못합니다.

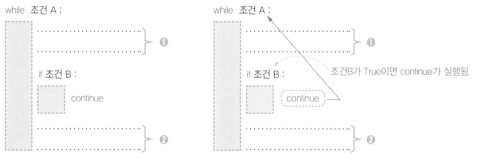

continue를 만나면 조건 A로 제어가 갑니다(❷를 건너뜀).
조건 A를 판단합니다.

continue 구문이 있는 while 반복문 예제를 보겠습니다.

코드	결과
| ```python
i = 0
while i < 10 :
    i += 1
    if i % 3 == 0 :
        continue
    print(i)
``` i가 3의 배수인 경우 continue를 만나서 while 조건으로 제어가 갑니다. print(i)가 수행되지 못합니다. | 1<br>2<br>4<br>5<br>7<br>8<br>10 |

CODE 31 루프를 수행하면서 단어를 입력 받습니다. 입력받은 단어가 영어나 숫자로만 구성되어 있으면 출력하고 그렇지 않으면 출력하지 않도록 합니다. 이런 단어를 3개 출력하도록 합니다. 이때 반드시 continue를 사용합니다.

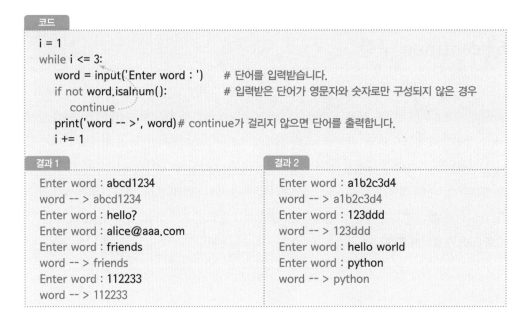

코드
```python
i = 1
while i <= 3:
    word = input('Enter word : ')    # 단어를 입력받습니다.
    if not word.isalnum():           # 입력받은 단어가 영문자와 숫자로만 구성되지 않은 경우
        continue
    print('word -- >', word)# continue가 걸리지 않으면 단어를 출력합니다.
    i += 1
```

결과 1
```
Enter word : abcd1234
word -- > abcd1234
Enter word : hello?
Enter word : alice@aaa.com
Enter word : friends
word -- > friends
Enter word : 112233
word -- > 112233
```

결과 2
```
Enter word : a1b2c3d4
word -- > a1b2c3d4
Enter word : 123ddd
word -- > 123ddd
Enter word : hello world
Enter word : python
word -- > python
```

6/ 중첩된 반복문

while 반복문에 다시 while 반복문이 중첩되어 올 수도 있습니다.
```

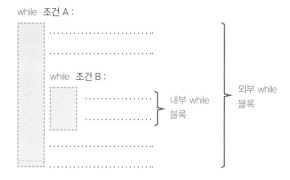

중첩된 while 반복문을 이용해서 구구단을 출력해 볼게요. i가 2부터 9까지 1씩 증가하면서 각 단을 출력할 거예요. 그리고 각 단을 출력하기 위해서 j는 1부터 10까지 증가하면서 i번째 단을 출력하도록 할 거예요. 이 문제는 중첩된 반복문을 이용해야 쉽게 해결할 수 있는 문제예요.

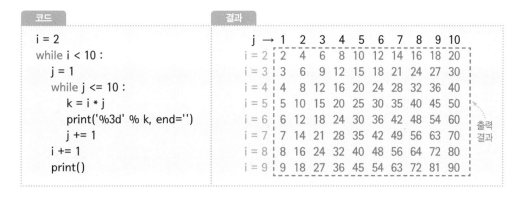

위의 중첩 while 반복문은 다음과 같이 수행됩니다.

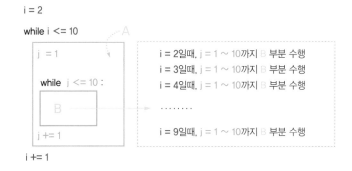

CODE 32 하나의 양의 정수를 입력받아서 그 수만큼 한 줄에 '*'를 출력하는 프로그램을 작성해 볼게요. 이번 문제는 중첩 루프가 필요없는 문제예요.

코드

```
b = int(input('Enter b : '))   # 정수 b를 입력받습니다.
i = 1
while i <= b :                  # b번 루프돌면서 '*'를 출력합니다.
    print('*', end='')
    i += 1
```

결과 1	결과 2	결과 3
Enter b : 15 ***************	Enter b : 7 *******	Enter b : 10 **********

물론 이 문제는 루프가 꼭 필요하지는 않아요. 정수 b를 입력받아서 print('*' * b)라고 해도 '*'를 원하는대로 출력해 줍니다. 아래 이중 루프 연습을 위해서 넣은 예제예요.

CODE 33 [CODE 32]를 조금 변형해서 두 개의 정수 a와 b를 입력받아서 a행 b열의 행렬에 *를 출력하는 코드를 작성해 보겠습니다.

코드

```
a = int(input('Enter a : '))
b = int(input('Enter b : '))

i = 1
while i <= a:              # i는 1부터 a까지 1씩 증가하면서 루프를 수행합니다.
    j = 1
    while j <= b:          # j는 1부터 b까지 1씩 증가하면서 '*'를 출력합니다.
        print('*', end='')
        j += 1
    i += 1
    print()               # 다음 줄로 넘어갑니다.
```

결과 1	결과 2	결과 3
Enter a : 5 Enter b : 7 ******* ******* ******* ******* ******	Enter a : 7 Enter b : 5 ***** ***** ***** ***** ***** ***** *****	Enter a : 1 Enter b : 10 **********

중첩된 반복문에서는 break를 사용할 때 주의할 점이 있습니다. 루프가 하나인 경우에는 신경쓸게 없는데, 만약에 루프가 중첩되어 있다면 break는 자기를 감싸고 있는 루프만을 빠져나간다는 것을 알아야 합니다. 다음의 예를 보세요. 별로 의미는 없는 코드인데, 어떤 순서로 코드가 수행되는지를 보기 바랍니다.

코드	결과
❶ a = 1 ❷ while a <= 3: ❸ b = 1 ❹ while b <= 5: ❺ if b == 3: ❻ break ❼ print('{} - {}'.format(a,b)) ❽ b += 1 ❾ a += 1	1 - 1 1 - 2 2 - 1 2 - 2 3 - 1 3 - 2

위의 코드에는 break 문이 내부 while 블록에 있습니다. b가 3이 되어 ❻의 break를 만나게 되면 다음에 몇 번 줄이 수행되어야 할까요? break는 자기를 감싸고 있는 루프만을 나간다고 했으니까 ❾번 줄이 다음에 수행되겠죠. 따라서 a가 1 증가하고 ❷의 while 조건으로 가서 a가 3 이하의 값인지 판단합니다.

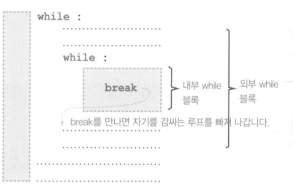

7/ 정리

코딩에서 조건문과 반복문은 아주 중요합니다. 사실 조건문과 반복문이 코딩의 핵심이라고 할 수 있어요. 우리가 컴퓨터를 이용하는 이유 중에 가장 기본적인 이유가 다양한 조건의 문제를 해결하고 똑같은 일을 반복 처리하는 컴퓨터의 기능 때문이에요. 그런데, 코딩을 배우고자 하는 많은 사람들이 가장 먼저 어려움을 느끼는 부분이기도 해요. 조건문과 반복문에서는 논리적인 사고가 필요한데, 쉽게 반복 문장을 만들 수 없다면 우선은 다양한 문제를 보고 익히면서 깨우치는 방법 밖에 없는 것 같습니다. 문제를 어떻게 해결했는지를 분석해 보고, 유사한 문제를 갖고 스스로 연습해 보는 방법이 가장 빠르게 코딩의 기본 논리를 습득하는 방법이라고 생각합니다.

20 while 반복문을 이용해서 열 개의 정수를 입력받습니다. 이때, 양의 정수의 개수, 0의 개수, 음의 정수의 개수를 구하여 출력해 보세요.

Enter number 1 : 5   Enter number 1 : 0
Enter number 2 : 9   Enter number 2 : 0
Enter number 3 : 0   Enter number 3 : 0
Enter number 4 : 0   Enter number 4 : 0
Enter number 5 : 0   Enter number 5 : 0
Enter number 6 : -1   Enter number 6 : 0
Enter number 7 : 2   Enter number 7 : 3
Enter number 8 : 8   Enter number 8 : 2
Enter number 9 : 3   Enter number 9 : -5
Enter number 10 : 10   Enter number 10 : 3
Number of positive integers : 6   Number of positive integers : 3
Number of negative integers : 1   Number of negative integers : 1
Number of zeros : 3   Number of zeros : 6

---

21 하나의 양의 정수를 입력받아서 그 수의 약수를 모두 출력하고 약수의 개수도 출력하는 프로그램을 작성해 보세요.

Enter one integer : 30
1 2 3 5 6 10 15 30 (8)

Enter one integer : 25
1 5 25 (3)

Enter one integer : 1536
1 2 3 4 6 8 12 16 24 32 48 64 96 128 192 256 384 512 768 1536 (20)

22 피보나치 수열은 앞의 두 수를 더하여 다음 수를 결정하는 수열입니다. 우선 첫 번째 수와 두 번째 수는 1이고, 세 번째 수부터는 앞의 두 수를 더하여 만들어 갑니다.

입력	1	2	3	4	5	6	7	8	9	…
출력	1	1	2	3	5	8	13	21	34	…

(피보나치 값)

프로그램을 수행하면 입력값을 받아서 그 입력에 해당하는 피보나치 값을 출력하는 프로그램을 작성해 보세요. 입력이 1 또는 2인 경우에는 피보나치 값은 1을 출력합니다.

```
Enter input : 7                      Enter input : 9
fibonacci number of 7 : 13           fibonacci number of 9 : 34

Enter input : 1                      Enter input : 2
fibonacci number of 1 : 1            fibonacci number of 2 : 1
```

---

23 188쪽의 [CODE 33]을 수정하여 *가 다음과 같이 출력되도록 해 보세요.

```
                           Enter a : 7
                           *
Enter a : 5                **
*                          ***                    Enter a : 1
**                         ****                    *
***                        *****
****                       ******
*****                      *******
```

24 리스트에는 여러 개의 영어 단어가 저장되어 있습니다. 하나의 단어를 입력받아서 리스트에 그 단어가 대소문자 구별 없이 몇 번 인덱스에 저장되어 있는지와 저장된 글자대로 출력하는 프로그램을 작성해 보세요.

L = ['apple', 'APPle', 'Melon', 'melon', 'Grape', 'kiwi', 'appLE', 'KIwI']

```
Enter word to find : apple
0 - apple
1 - APPle                      Enter word to find : kiwi
6 - appLE                      5 - kiwi
                               7 - KIwI
```

for
반복문

이번 장에서는 for 반복문에 대해서 학습하려고 해요. while 반복문에 비해서 for 반복문은 형태가 특별한데, 아주 유용합니다. 특히 for 반복문은 컨테이너 자료형과 같이 데이터를 묶어 놓은 형태에 루프를 수행할 때 아주 편리해요.

for 반복문을 공부할 때 반드시 알아야 하는것이 iterable 자료형이예요. 다음의 자료형들이 iterable 자료형입니다.

• 컨테이너 자료형(문자열, 리스트, 튜플, 집합, 사전)은 모두 iterable 자료형이예요.
• 내장 함수들 중에 반환값으로 iterable 객체를 내 주는 것들이 있어요. 다음 함수들이 여기에 해당합니다. 이 함수들을 for 반복문에서 유용하게 사용됩니다.
   → range(), reversed(), enumerate(), filter(), map(), zip()

이번 장에서는 위의 내용에 대해서 학습합니다.

iterable 자료형에는 for 반복문이 아주 유용해요.

❶ 컨테이너 자료형
   • 문자열   'hello world'
   • 리스트   [80, 90, 70, 85]
   • 튜플   ('red', 'blue', 'green')
   • 집합   {7, 5, 13, 29, 113}
   • 사전   {'Korea' : Seoul', 'Japan' : 'Tokyo', 'France' : 'Paris'}
❷ iterable 객체를 반환하는 내장함수들

1/ for 반복문의 기본 형태

        for 반복문은 아래 그림과 같은 형태입니다. for 키워드 다음에는 변수를 적어 주고 다음에는 in 키워드를 적습니다. in 키워드 옆에 iterable 데이터 자리에는 컨테이너 자료형이나 iterable 객체를 반환하는 내장 함수를 적어 주어야 합니다. 그리고 줄의 맨 끝에는 콜론을 넣어야 하고요. 그러면 iterable 데이터의 원소를 하나씩 순서대로 자동으로 가져와서 변수에 넣습니다. 그리고 for 블록을 수행해 줍니다. 즉, iterable 데이터에 저장된 원소의 개수만큼 루프가 수행되는 거예요.

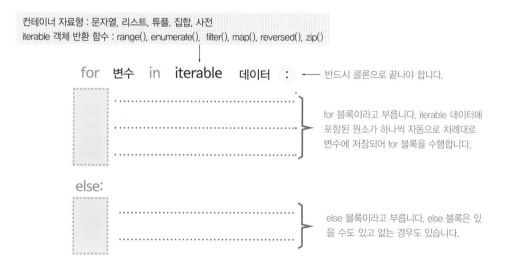

컨테이너 자료형 : 문자열, 리스트, 튜플, 집합, 사전
iterable 객체 반환 함수 : range(), enumerate(), filter(), map(), reversed(), zip()

for 변수 in **iterable** 데이터 : ← 반드시 콜론으로 끝나야 합니다.

for 블록이라고 부릅니다. iterable 데이터에 포함된 원소가 하나씩 자동으로 차례대로 변수에 저장되어 for 블록을 수행합니다.

else:

else 블록이라고 부릅니다. else 블록은 있을 수도 있고 없는 경우도 있습니다.

이제 컨테이너 자료형에 대해서 for 반복문을 어떻게 사용하는지 하나씩 공부해 봅시다.

2/ 문자열과 for 반복문

문자열은 시퀀스 자료형으로 인덱스를 사용할 수가 있어요. 바로 이 인덱스가 while 반복문에서 문자열을 다루기 쉽게 해 주죠. 문자열에 있는 문자를 하나씩 차례대로 출력하는 while 문을 다시 한번 보겠습니다.

코드	결과
| ```python
string = 'star'
i = 0
while i < len(string):
    print(string[i])
    i += 1
``` | s<br>t<br>a<br>r |

위의 while 반복문과 똑같이 동작하는 for 반복문을 볼게요. 변수 ch에는 string에 있는 문자가 하나씩 순서대로 저장되면서 자동으로 print(ch)를 수행합니다. 즉, print(ch)가 'star'의 문자 수만큼 수행되겠죠.

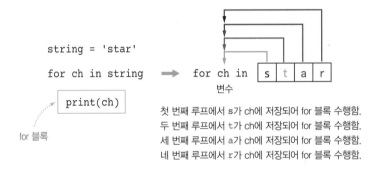

for 반복문은 이렇게 군집된 형태의 자료에서 데이터를 자동으로 하나씩 가져와서 반복 블록을 수행하기 때문에 정확히 군집된 자료의 개수만큼 반복됩니다.

CODE 34 문자열 'AliCe'를 모두 대문자로 바꾸어 한 줄에 한 문자씩 출력하는 코드를 작성해 보겠습니다.

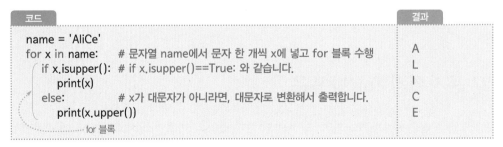

위의 코드를 if~else를 사용하지 않고 upper() 메소드를 바로 적용해도 괜찮겠죠. 문자열의 upper() 메소드는 문자열을 무조건 모두 대문자로 변환합니다.

194
```

```
name = 'AliCe'
for x in name:        # 'AliCe'가 차례대로 x에 저장되어 print(x.upper())를 출력합니다.
    print(x.upper())
```

CODE 35 문자열을 입력받아서 자음의 개수와 모음의 개수를 구하는 프로그램을 for 반복문을 이용해서 작성해 보겠습니다.

코드

```
string = input('Enter string : ') # 문자열을 입력받습니다.
vowel_count = 0                    # 모음의 개수
con_count = 0                      # 자음의 개수
for s in string:                   # 입력받은 string의 문자가 하나씩 순서대로 s에 저장됩니다.
    if s.lower() in 'aeiou':       # s를 소문자로 바꾸었을 때 'aeiou' 중에 하나인 경우.
        vowel_count += 1
    else:                          # s가 자음인 경우.
        con_count += 1
print('number of vowels : {}'.format(vowel_count))    # 결과 출력
print('number of consonants : {}'.format(con_count))
```

결과 1

Enter string : proGRAMMING
number of vowels : 3
number of consonants : 8

결과 2

Enter string : mississippi
number of vowels : 4
number of consonants : 7

CODE 36 문자열을 입력받아서 대문자는 소문자로 바꾸고, 소문자는 대문자로 바꾼 새로운 문자열을 만든 후에 새로 만든 문자열을 출력해 보겠습니다.

코드

```
string = input('Enter string : ')   # 문자열을 입력받습니다.
new_string = ''                     # 빈 문자열을 만들어 놓습니다.

for ch in string:                   # 문자열 string에서 한 문자씩 ch에 저장하고 루프를 수행합니다.
    if ch.islower():                # ch가 소문자인 경우
        new_string += ch.upper()    # 대문자로 변환하여 new_string에 추가합니다.
    else:                           # ch가 대문자인 경우
        new_string += ch.lower()    # 소문자로 변환하여 new_string에 추가합니다.
print(new_string)
```

결과 1

Enter string : heLLo wORld
HEllO WorLD

결과 2

Enter string : pytHoN prograMMIng
PYThOn PROGRAmmiNG

사실 이 문제는 문자열의 swapcase() 메소드를 이용하면 간단합니다.

```
string = input('Enter string : ')
new_string = string.swapcase()
print(new_string)
```

3/ 리스트와 for 반복문

리스트에 대한 for 반복문도 문자열과 같습니다. 다음은 리스트 ['red', 'blue', 'white']에 대해서 for 반복문을 수행하는 예입니다. in 다음에 바로 리스트를 넣을 수도 있어요.

`for x in ['red', 'blue', 'white'] :` `print(x)`	red blue white

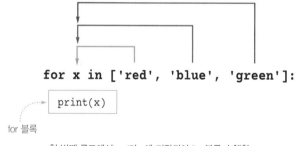

for 블록

첫 번째 루프에서 red가 x에 저장되어 for 블록 수행함.
두 번째 루프에서 blue가 x에 저장되어 for 블록 수행함.
세 번째 루프에서 green가 x에 저장되어 for 블록 수행함.

CODE 37 리스트 friends에는 친구들의 이름이 저장되어 있어요. friends에 대해 for 반복문을
수행해 보겠습니다.

파이썬 시작하기

2진법 변수, 자료형

수치자료형과 연산자

문자열 자료형

표준 입출력문

if 조건문

while 반복문

for 반복문

```
friends = ['Paul', 'David', 'Alice', 'Jenny']

for friend in friends:
    print('Welcome! {}.'.format(friend))
```

결과
```
Welcome! Paul.
Welcome! David.
Welcome! Alice.
Welcome! Jenny.
```

CODE 38 리스트 books에는 동화책 제목이 저장되어 있어요. 동화책 제목의 각 단어의 첫 문자들만을 대문자로 바꾸어서 출력하려고 합니다(문자열이 여러 단어로 구성되어 있을 때 각 단어의 첫 문자를 대문자로 바꾸어 주는 메소드로 title()이 있었죠).

코드
```
books = ['alice in wonderland',
        'peter pan',
        'snow white',
        'sleeping beauty',
        'goldilocks and the three bears']

for book in books:
    print(book.title())
```

결과
```
Alice In Wonderland
Peter Pan
Snow White
Sleeping Beauty
Goldilocks And The Three
Bears
```

CODE 39 리스트 words에는 여러 개의 단어가 저장되어 있습니다. 가장 길이가 긴 단어를 찾아서 출력하는 프로그램을 작성해 보겠습니다. 우선 리스트에 가장 앞에 있는 단어를 가장 긴 단어라고 가정하고, 뒤로 가면서 더 긴 길이의 단어가 나오는지를 봐야겠죠.

코드
```
words = ['hello', 'computer', 'bookshelf', 'chair', 'bicycle']
longest = len(words[0])    # longest - 첫 번째 단어('hello')의 길이를 갖습니다.
l_word = words[0]          # l_word - 첫 번째 단어('hello')를 갖습니다.

for w in words[1:]:        # words의 두 번째 단어부터 끝까지 차례로 w가 됩니다.
    if len(w) > longest:   # w의 길이가 longest보다 더 길다면,
        l_word = w         # w를 l_word로 대체합니다.
        longest = len(w)   # w의 길이가 longest가 됩니다.

print('longest word : {}'.format(l_word))
print('length : {}'.format(longest))
```

```
longest word : bookshelf
length : 9
```

CODE 40 리스트에는 몇 개의 정수가 저장되어 있습니다. 이 중에서 짝수만을 더한 합을 구하여 출력해 보겠습니다.

코드

```
numbers = [4, 10, 9, -5, 5, 1, 8, 2, -2]
total = 0
for n in numbers:      # numbers의 원소들을 차례로 n에 저장합니다.
    if n%2 == 0:       # n이 짝수라면 total에 더해 줍니다.
        total += n
print('total :', total)
```

결과

```
total : 22
```

CODE 41 프로그램을 수행하면 첫 줄에는 'What is the capital of Korea?'라고 질문을 출력합니다. 다음으로는 여러 도시가 저장되어 있는 리스트 cities에 for 반복문을 돌려서 일련 번호를 붙여 가면서 도시들을 한 줄에 하나씩 출력해 볼게요. 마치 질문의 보기처럼요. 마지막으로는 질문에 대한 답을 적도록 하고, 답이 맞았는지 틀렸는지 판단합니다.

코드

```
print('What is the capital of Korea ?')
cities = ['Berlin', 'Seoul', 'Tokyo', 'Paris']

no = 1                                        # 일련 번호를 붙이기 위한 변수입니다.
for city in cities:                           # 리스트 cities에 대해서 for 반복문을 수행합니다.
    print('{}. {}'.format(no, city))          # '번호. 도시'의 형태로 출력합니다.
    no += 1                                    # 일련 번호를 1 증가시킵니다.

answer = int(input('Choose an answer : '))    # 답을 입력받습니다.
if answer == 2:                               # 2번이 답입니다.
    print('Correct!')
else:
    print('Incorrect!')
```

결과 1

```
What is the capital of Korea ?
1. Berlin
2. Seoul
3. Tokyo
4. Paris
Choose an answer : 1
Incorrect!
```

결과 2

```
What is the capital of Korea ?
1. Berlin
2. Seoul
3. Tokyo
4. Paris
Choose an answer : 2
Correct!
```

4/ 튜플과 for 반복문

튜플에 대해서도 문자열이나 리스트와 똑같이 for 반복문을 적용할 수 있어요.

코드	결과
T = (100, 200, 300) for x in T: print(x)	100 200 300

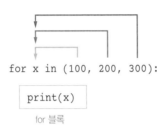

```
for x in (100, 200, 300):

    print(x)
```

for 블록

첫 번째 루프에서 100 이 x에 저장되어 for 블록 수행함.
두 번째 루프에서 200 이 x에 저장되어 for 블록 수행함.
세 번째 루프에서 300 이 x에 저장되어 for 블록 수행함.

5/ 집합과 for 반복문

집합 자료형은 시퀀스 자료형이 아니어서 인덱스를 갖지 못합니다. 인덱스가 없기 때문에 집합에는 인덱스를 이용한 while 반복문을 적용할 수 없지만, for 반복문은 쉽게 적용할 수 있어요.

집합은 데이터가 주머니에 들어 있다고 생각하세요.

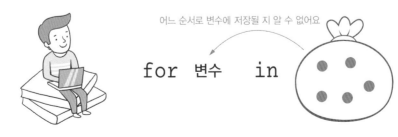

어느 순서로 변수에 저장될 지 알 수 없어요

for 변수 in

예제를 통해서 집합에 대해 for 반복문을 수행하면 어떤 결과나 나오는지 볼게요. 다음 코드는 집합에 있는 스포츠에 대해서 하나씩 루프를 수행하는 예제인데, 결과를 잘 보세요. 아래 코드를 여러 번 실행하였는데, 코드를 수행할 때마다 출력 결과가 조금씩 달랐어요. 이렇게 집합에 대해서 for 반복문을 수행하면 집합에서 어떤 순서로 루프가 수행될지 알 수 없어요.

```python
sports = {'baseball', 'soccer', 'tennis', 'basketball'}
for sport in sports:
    print('{} is my favorite sports.'.format(sport))
```

결과 1

```
basketball is my favorite sports.
soccer is my favorite sports.
baseball is my favorite sports.
tennis is my favorite sports.
```

결과 2

```
basketball is my favorite sports.
baseball is my favorite sports.
soccer is my favorite sports.
tennis is my favorite sports.
```

결과 3

```
soccer is my favorite sports.
baseball is my favorite sports.
tennis is my favorite sports.
basketball is my favorite sports.
```

결과 4

```
tennis is my favorite sports.
baseball is my favorite sports.
soccer is my favorite sports.
basketball is my favorite sports.
```

CODE 42 집합 A에는 동생이 좋아하는 과일이 저장되어 있고, 집합 B에는 형이 좋아하는 과일이 저장되어 있습니다. 동생과 형이 같이 좋아하는 과일을 찾아서 출력하려고 합니다. 즉 집합 A와 집합 B의 교집합을 찾는 문제예요.

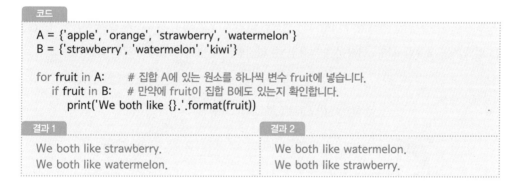

```python
A = {'apple', 'orange', 'strawberry', 'watermelon'}
B = {'strawberry', 'watermelon', 'kiwi'}

for fruit in A:      # 집합 A에 있는 원소를 하나씩 변수 fruit에 넣습니다.
    if fruit in B:   # 만약에 fruit이 집합 B에도 있는지 확인합니다.
        print('We both like {}.'.format(fruit))
```

결과 1

```
We both like strawberry.
We both like watermelon.
```

결과 2

```
We both like watermelon.
We both like strawberry.
```

위의 코드를 여러 번 수행하였더니 출력 순서가 바뀌는 경우가 여러 번 있었어요. 이를 통해서 집합에는 순서 개념이 없다는 것을 한번 더 확인할 수 있습니다.

6/ 사전과 for 반복문

문자열, 리스트, 튜플, 집합과 달리 사전은 '키:값'의 쌍으로 데이터가 저장됩니다. 사전에 대해서 for 반복문을 수행하면 '키'에 대해서 반복 처리가 됩니다. 간단한 예를 통해서 사전에서 for 반복문이 어떻게 처리되는지를 보겠습니다.

사전 info에는 한 사람의 정보가 저장되어 있어요. 'name'은 'Alice', 'age'는 20, 'phone'는 '010-111-1111'이라는 정보예요. 이 사전에 대해서 for 반복문을 수행해 보겠습니다.

코드	결과

``python
info = {'name': 'Alice',
        'age': 20,
        'phone': '010-111-1111'}
 	
for x in info:
    print(x)
``
	name
	age
	phone

키만 변수에 차례대로 저장됩니다.

```
for 변수 in
```

'name'   : 'Alice'
'age'   : 20
'phone' : '010-111-1111'

사전

파이썬 코딩에서 사전은 아주 많이 사용합니다. 사전에 대해서는 12장에서 자세히 학습할 거예요. 지금은 for 반복문에서 사전을 사용하면 '키'들만 하나씩 가져와서 반복 처리를 한다는 것을 알아 두기 바랍니다.

7/ range() 함수

파이썬에서 많이 사용하는 range() 함수가 있어요. range() 함수는 특히 for 반복문과 같이 사용하는 경우가 많고, for와 같이 공부하면 이해가 쉽기 때문에 여기에서 자세히 알아보겠습니다.

range() 함수는 다음과 같이 인수를 1개, 2개 또는 3개 가질 수 있어요. 사용법은 문자열 슬라이싱과 비슷합니다.

인수	range() 함수	의미	예제
1개	range(a)	0부터 a−1까지의 정수	range(5) → 0, 1, 2, 3, 4
2개	range(a, b)	a부터 b−1까지의 정수	range(2, 7) → 2, 3, 4, 5, 6
3개	range(a, b, c)	a부터 b−1까지 c 간격의 정수	range(2, 10, 3) → 2, 5, 8

range() 함수를 사용할 때 주의할 점이 있어요. 아래 왼쪽과 같이 range() 함수의 반환값을 받아서 출력해 보면 range(0,5)라고 나옵니다. 그리고 range(0,5)의 자료형을 알아보려고 type() 함수에 넣었더니 〈class 'range'〉라고 나와요. 따라서 우리가 알아보기 쉬운 형태로 만들려면 range() 함수의 결과에 list(), tuple(), set() 함수를 적용해서 리스트, 튜플, 또는 집합으로 변환해서 사용해야 합니다.

```
>>> a = range(5)    # a는 range(5)의 반환값
>>> print(a)
range(0, 5)  ········· range() 함수의 반환값 출력 결과
>>> type(a)
<class 'range'>
```

```
>>> list(range(5))    # 리스트로 변환
[0, 1, 2, 3, 4]
>>> tuple(range(5))    # 튜플로 변환
(0, 1, 2, 3, 4)
>>> set(range(5))    # 집합으로 변환
{0, 1, 2, 3, 4}
```

`a = list(range(5))`

range() 함수의 결과값에 list() 함수를 적용해야 리스트로 결과를 볼 수 있어요.

range() 함수의 예를 조금 더 볼게요.

```
>>> list(range(3))            # 0부터 2까지의 정수
[0, 1, 2]
>>> list(range(11))                    # 0부터 10까지의 정수
[0, 1, 2, 3, 4, 5, 6, 7, 8, 9, 10]
>>> list(range(5, 10))                 # 5부터 9까지의 정수
[5, 6, 7, 8, 9]
>>> list(range(2, 15, 3))              # 2부터 14까지 3칸 간격으로
[2, 5, 8, 11, 14]
>>> list(range(10,5))                  # 첫 번째 인수가 두 번째 인수보다 크면 [ ] 반환
[]
>>> list(range(10, 5, -2))             # 첫 번째 인수가 두 번째 인수보다 클 때,
[10, 8, 6]              # 세 번째 인수가 음수인 경우에는 결과가 있습니다.
```

위에서는 list() 함수를 적용했지만 tuple() 함수, set() 함수를 적용해도 결과는 같습니다. 여기에서 문자열 슬라이싱과 비교했을 때 주의점이 있습니다. 문자열 슬라이싱에서는 숫자를 생략하고 [::-1] 등과 같이 사용할 수 있지만 range() 함수에서는 숫자를 생략할 수 없습니다.

```
>>> list(range(,10,2))        # list(range(0,10,2)) 이라고 해야 합니다.
SyntaxError: invalid syntax
>>> list(range(10,,-1))       # list(range(10,0,-1)) 이라고 해야 합니다.
SyntaxError: invalid syntax
```

for 반복문에 range() 함수를 사용하는 경우를 보겠습니다. for 반복문에서는 in 다음에 range() 함수를 바로 적어도 됩니다. 즉, list(), tuple(), set() 함수를 적용하지 않아도 자동으로 루프를 수행할 수 있어요.

코드	결과

for 반복문에는 range() 함수를 바로 넣어도 됩니다.
for a in range(5):   # for a in list(range(5)):
    print(a, end=' ')
	0 1 2 3 4

1부터 10까지의 합을 while 반복문과 for 반복문으로 작성해 볼게요. 두 코드를 비교해 보세요. while 반복문의 특징과 for 반복문의 특징이 눈에 띌 거예요. 그리고 앞으로 반복문이 필요할 때 while 반복문이 적합한지, 아니면 for 반복문이 적합한지 판단할 수 있는 능력이 생길 거예요.

<table>
<tr><td>

```
 while 
total = 0
a = 1
while a <= 10:
    total += a
    a += 1
print(total)
```

</td><td>

```
 for 
total = 0


for a in range(11):
    total += a


print(total)
```

</td></tr>
</table>

인수가 두 개인 range() 함수의 예를 볼게요. 10에서 15까지의 정수의 합을 구해 봅시다.

코드	결과
```total = 0 for x in range(10, 16): total += x print('10부터 15까지의 합 :', total)```	10부터 15까지의 합 : 75

마지막으로 인수가 세 개인 range() 함수의 예를 볼게요. 100이하의 3의 배수의 합을 구해 보려고 해요. range(0, 101, 3)은 0부터 100까지 3씩 증가해 가면서 반복문을 수행할 수 있도록 하겠죠.

코드	결과
```total = 0 for x in range(0, 101, 3): total += x print('100이하의 3의 배수의 합 :', total)```	100이하의 3의 배수의 합 : 1683

> **참고** 사실 위의 합을 구하는 코드는 sum( ) 함수를 이용하면 루프없이 아주 쉽게 처리됩니다.
>
> ```
> print(sum(range(11)))
> print(sum(range(10,16)))
> print(sum(range(0, 101, 3)))
> ```

CODE 43 하나의 양의 정수를 입력받아서 그 수의 약수를 모두 출력하는 프로그램을 작성해 보겠습니다. 이때 for 구문을 이용합니다([연습문제 21]에서는 while을 이용했었죠).

```
코드
n = int(input('Enter one integer : '))     # 하나의 정수 n을 입력받습니다.
for a in range(1,n+1):          # 변수 a는 1부터 n까지 1씩 증가하면서 루프를 수행합니다.
    if n % a == 0:              # n%a가 0이면 a는 n의 약수입니다.
        print(a, end = ' ')
```

결과 1
```
Enter one integer : 20
1 2 4 5 10 20
```

결과 2
```
Enter one integer : 30
1 2 3 5 6 10 15 30
```

다음의 두 코드는 똑같은 결과를 내줍니다. 왼쪽 코드는 name에서 글자를 하나씩 가져와서 루프를 수행하고, 오른쪽 코드는 name의 길이만큼 인덱스를 이용하여 반복문을 수행합니다.

```
name = 'python'
for n in name:
    print(n)
```

```
name = 'python'
for x in range(len(name)):  # range(6)
    print(name[x])
```

리스트에도 똑같이 적용할 수 있어요.

```
score = [80, 90, 88, 93, 75]
for s in score:
    print(s)
```

```
score = [80, 90, 88, 93, 75]
for i in range(len(score)):  # range(5)
    print(score[i])
```

위 코드를 조금 수정해 볼게요.

리스트에 있는 학생들의 성적을 모두 5점씩 올리려고 합니다. 즉, 5명 모두 5점씩 올리려고 합니다. 아래 두 코드를 비교해 보세요.

코드 1
```
score = [80, 90, 88, 93, 75]
for s in score:
    s += 5
print(score)
```

코드 2
```
score = [80, 90, 88, 93, 75]
for i in range(len(score)):
    score[i] += 5
print(score)
```

결과 1
```
[80, 90, 88, 93, 75]
```

결과 2
```
[85, 95, 93, 98, 80]
```

결과를 보니까 오른쪽 코드는 올바르게 5점씩 올려서 수정하였고, 왼쪽 코드는 성적이 변하지 않앉습니다. 왼쪽 코드가 5점씩 수정하지 못한 이유를 아시겠나요? for 반복문은 in 옆에 있는 군집된 자료에서 데이터를 하나씩 가져와서 변수 s에 넣습니다. 따라서 s += 5라고 하면 변수 s의 값이 5 증가하는 것이지, 원래 군집된 자료가 수정되는 것이 아닙니다. 이에 반해 오른쪽 코드는 군집 자료형에서 가져온 데이터는 인덱스로 이용되고 score[i] += 5는 score의 i번째 데이터를 5 증가시키기 때문에 리스트 score가 수정되는 거죠. 리스트를 학습할 때 리스트에 대한 for 반복문을 더 자세히 학습하겠습니다.

8/ for 반복문 내에서 break 사용하기

break 구문은 while 반복문에서와 같이 루프를 끝내는 일을 합니다. 아래 예제를 보면 리스트에 여덟 개의 정수가 저장되어 있어요. 리스트에 저장 된 데이터를 하나씩 보면서 0이 나오면 for 루프를 끝내려고 합니다.

코드	결과

``
for x in [2, 9, -3, 8, 0, 10, -2, 1]:
    if x == 0:   # x에 0이 들어오면 for 반복문을 끝냅니다.
        break
    print(x)
``
	2
	9
	-3
	8

9/ for 반복문 내에서 continue 사용하기

다음으로 for 반복문 안에서 continue의 역할을 살펴볼게요. for 안에 continue도 while 안에 continue와 똑같아요. while 루프 안에서 continue를 만나면 루프의 남은 부분을 무시하고 while 문의 조건에서부터 다시 시작하죠. for 반복문에서도 마찬가지에요. continue를 만나면 루프의 다음 단계로 넘어갑니다. 다음의 예를 보세요. 조건 'x == 0'이 True일 때 continue가 실행됩니다. 따라서 print('x : {}'.format(x)) 줄이 수행되지 않겠죠.

파이썬 시작하기

객체, 변수, 자료형

숫자자료형과 연산자

문자열 자료형

표준 입출력

조건문

for 반복문

while 반복문

코드	결과
| ```python
for x in [5, 7, 0, 8, 0, 1]:
    if x == 0: continue
    print('x : {}'.format(x))    # x == 0이면 수행되지 않습니다.
``` | x : 5<br>x : 7<br>x : 8<br>x : 1 |

```python
for x in [5, 7, 0, 8, 0, 1] :
    if  x == 0 : continue
    print( ··· )
```

continue를 만나면 다음 데이터를
x에 넣고 for 반복문을 수행합니다.

10/ for 반복문에서 else 구문 사용하기

다음으로 else 블록이 있는 for 구문을 볼게요. else 구문 역시 while 반복문에서의 else와 같아요. for 반복문 역시 반복을 끝내는 경우는 두 가지가 있어요. 모든 데이터에 대해서 for 루프가 모두 수행되었거나 아니면 break를 만나면 반복이 끝납니다.

❶ 모든 데이터에 대해서 for 반복문이 수행된 경우에는 else 블록이 있으면 수행됩니다.

❷ for 블록 안에서 break를 만나서 for 반복문이 끝나는 경우, else 블록이 있더라도 수행되지 않습니다.

이와 관련한 예를 보겠습니다. 다음의 코드를 보세요.

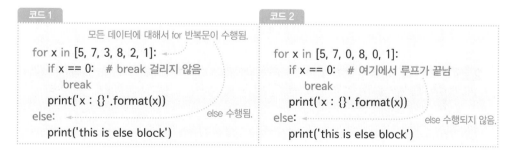

코드 1

모든 데이터에 대해서 for 반복문이 수행됨.
```python
for x in [5, 7, 3, 8, 2, 1]:
    if x == 0:   # break 걸리지 않음
        break
    print('x : {}'.format(x))
else:
    print('this is else block')
```
else 수행됨.

코드 2
```python
for x in [5, 7, 0, 8, 0, 1]:
    if x == 0:   # 여기에서 루프가 끝남
        break
    print('x : {}'.format(x))
else:
    print('this is else block')
```
else 수행되지 않음.
```

결과 1
x : 5
x : 7
x : 3
x : 8
x : 2
x : 1
this is else block

결과 2
x : 5
x : 7

11/ 중첩된 for 반복문

for 반복문 내에 다시 for 반복문이 중첩되어 올 수도 있어요. 구구단을 for 중첩 반복문으로 작성하면 while 반복문보다 훨씬 이해가 쉬워요.

코드

```
for y in range(1, 11):
    for x in range(1, 11):
        print('{:4d}'.format(y*x), end='')
    print()
```

결과

```
  1  2  3  4  5  6  7  8  9 10
  2  4  6  8 10 12 14 16 18 20
  3  6  9 12 15 18 21 24 27 30
  4  8 12 16 20 24 28 32 36 40
  5 10 15 20 25 30 35 40 45 50
  6 12 18 24 30 36 42 48 54 60
  7 14 21 28 35 42 49 56 63 70
  8 16 24 32 40 48 56 64 72 80
  9 18 27 36 45 54 63 72 81 90
 10 20 30 40 50 60 70 80 90 100
```

이중 반복문 잘 이해하고 계시죠? 위의 구구단 이중 루프는 y가 1일 때 x가 1부터 10까지 루프를 돌면서 print('{:4d}'.format(y*x), end='')를 수행합니다. 그리고 y가 2가 되어서 다시 x가 1부터 10까지 루프를 돌면서 print('{:4d}'.format(y*x), end='')를 수행합니다.

> **참고** 이중 루프를 작성할 때 for 반복문에 안에 내부 루프로 while 반복문을 사용할 수도 있고, 반대로 while 반복문 안에 내부 루프로 for 반복문을 사용할 수도 있어요. 코딩에서 중요한 것은 문법을 올바르게 사용하고 논리적으로 맞는 코드를 작성하는 거예요.

CODE 44 [CODE 42]의 코드를 이중 for루프를 이용해서 다시 작성해 볼게요. 집합 A에는 동생이 좋아하는 과일이 저장되어 있고, 집합 B에는 형이 좋아하는 과일이 저장되어 있는데, 동생과 형이 같이 좋아하는 과일을 찾아서 출력하는 문제였죠. [CODE 42]에서는 for 반복문과 in 연산자를 사용했는데, 이번에는 for 이중 루프로 해결해 보겠습니다.

코드

```python
A = {'apple', 'orange', 'strawberry', 'watermelon', 'tomato'}
B = {'strawberry', 'tomato', 'kiwi'}

for fruit1 in A:        # 집합 A에 대해서 for 루프를 수행합니다.
    for fruit2 in B:    # 집합 A의 각 원소에 대해서 집합 B에 for 루프를 수행합니다.
        if fruit1 == fruit2:
            print('We both like {}.'.format(fruit1))
```

결과 1

```
We both like strawberry.
We both like tomato.
```

결과 2

```
We both like tomato.
We both like strawberry.
```

집합 A에 대해서 루프를 돌면서 다시 집합 B에 대해서 루프를 수행합니다. A에 있는 모든 원소에 대하여 B에 있는 모든 원소와 비교를 해서 같은 원소가 있으면 출력합니다. in 연산자가 없다면 위와 같이 작성해야 합니다. 이 예제는 for 반복문이 중첩될 수 있다는 것을 보여 주기 위해서 작성하였고, 실제로는 in 연산자를 이용하는 것이 좋습니다.

CODE 45 [CODE 43]에서 하나의 양의 정수를 입력받아서 그 수의 약수를 출력하는 프로그램을 작성했었죠. 이번에는 하나의 양의 정수를 입력받아서 1부터 그 수까지의 약수들을 모두 출력하는 프로그램을 이중 for 반복문으로 작성해 볼게요.

코드

```python
n = int(input('Enter one integer : '))

for a in range(1,n+1):      # a는 1부터 n까지 변합니다.
    print('[{}] : '.format(a), end=' ')
    for b in range(1, a+1):  # b는 1부터 a까지 변합니다.
        if a % b == 0:
            print('{}'.format(b), end=' ')
    print()
```

```
Enter one integer : 10
[1] : 1
[2] : 1 2
[3] : 1 3
[4] : 1 2 4
[5] : 1 5
[6] : 1 2 3 6
[7] : 1 7
[8] : 1 2 4 8
[9] : 1 3 9
[10] : 1 2 5 10
```

```
Enter one integer : 5
[1] : 1
[2] : 1 2
[3] : 1 3
[4] : 1 2 4
[5] : 1 5
```

CODE 46 리스트 L에는 문자열들이 저장되어 있습니다. L에 저장된 문자열들은 영문자와 숫자가 섞여서 저장되어 있어요. 이 문자열에서 영문자들만 뽑아서 다시 문자열을 만들려고 해요. 사실 별로 의미없는 코드예요. 그런데, 예제를 보면서 문자열을 어떻게 다루고 있는지를 잘 보아 두기 바랍니다.

코드

```
L = ['heLLO123', '010-111-1234Alice', 'Y2018M10D11']

for word in L:     # L에 있는 각 단어에 대해서 for 블록 수행함.
    new_word = ''      # 빈 문자열 new_word가 필요합니다.
    for w in word:
        if w.isalpha():   # w가 영문자인지 판단합니다.
            new_word += w
    print(new_word)
```

결과

```
heLLO
Alice
YMD
```

CODE 47 [CODE 46]을 바깥 루프는 while로 작성하고 안에 루프는 for 루프 그대로 두는 형태로 다시 작성하려고 해요. 즉, while 안에 for 반복문의 형태가 되는 거죠. 그리고 반대로 바깥 루프는 for로 작성하고 안에 루프는 while로도 바꿔볼게요.

코드

> **while 안에 for 루프**

```
L = ['heLLO123', '010-111-1234Alice', 'Y2018M10D11']
i = 0
while i < len(L):      # L[0], L[1], L[2], L[3] 차례로 루프를 수행합니다.
    new_word = ''      # new_word에 문자만을 찾아서 계속 연결합니다.
```

```
    for w in L[i]:      # 리스트 L에 저장된 각 단어에 대해서 for 루프를 수행합니다.
        if w.isalpha():
            new_word += w
    print(new_word)
    i += 1
```

```
L = ['heLLO123', '010-111-1234Alice', 'Y2018M10D11']
for word in L:          # L에 저장된 단어들이 하나씩 word가 됩니다.
    new_word = ''
    i = 0
    while i < len(word):
        if word[i].isalpha():
            new_word += word[i]
        i += 1
    print(new_word)
```

12/ reversed() 함수에 대한 for 반복문

파이썬 함수 중에서 enumerate(), filter(), map(), range(), reversed(), zip() 함수는 iterable 객체를 반환합니다. 그래서 이 함수들도 for 반복문의 in 옆에 사용할 수 있다고 했어요. 이 함수들에 대해서는 13장에서 자세히 설명하고, 여기에서는 설명한 적이 있는 reversed() 함수를 for 반복문에 적용해 볼게요. reversed() 함수는 시퀀스 자료형인 문자열, 리스트, 튜플에 적용하여 데이터를 거꾸로 만들어 주는 함수예요. reversed() 함수는 집합과 사전에는 적용할 수 없어요.

문자열에 reversed() 함수 적용하기

```
>>> name = 'Alice'
>>> reversed(name)    # 문자열에 reversed() 함수를 적용하면 reversed 객체를 반환함.
<reversed object at 0x01680B90>
>>> list(reversed(name))      # reversed() 결과에 list() 함수를 적용함.
['e', 'c', 'i', 'l', 'A']
>>> tuple(reversed(name))    # reversed() 결과에 tuple() 함수를 적용함.
('e', 'c', 'i', 'l', 'A')
```

다음과 같이 for 반복문 옆에 reversed(name) 함수를 호출하면 함수가 수행되고 반환값인 reversed 객체가 함수를 호출한 자리에 대체되어 for 반복문이 수행되기 시작합니다.

코드	결과

name = 'Alice'
 	
for c in reversed(name): # 바로 reversed(name)이라고 적습니다.
   print(c, end='')
	ecilA

리스트에 reversed() 함수 적용하기

코드

```
>>> score = [80, 90, 93, 77]
>>> reversed(score)               # 리스트는 list_reverseiterator 객체를 반환함.
<list_reverseiterator object at 0x01B60B90>
>>> list(reversed(score))         # reversed() 결과에 list() 함수를 적용함.
[77, 93, 90, 80]
>>> tuple(reversed(score))# reversed() 결과에 tuple() 함수를 적용함.
(77, 93, 90, 80)
```

문자열과 똑같이 적용합니다.

코드	결과

score = [80, 90, 93, 77]
 	
for s in reversed(score): # 바로 reversed(score)라고 적습니다.
   print(s, end=' ')
	77 93 90 80

튜플에 reversed() 함수 적용하기

코드

```
>>> subjects = ('korean', 'english', 'math')
>>> reversed(subjects)            # 튜플은 문자열처럼 reversed 객체를 반환함.
<reversed object at 0x01B60B90>
>>> list(reversed(subjects))      # reversed() 결과에 list() 함수를 적용함.
['math', 'english', 'korean']
>>> tuple(reversed(subjects))     # reversed() 결과에 tuple() 함수를 적용함.
('math', 'english', 'korean')
```

역시 문자열과 똑같이 적용합니다.

<table>
<tr><td>코드</td><td>결과</td></tr>
<tr><td>

```
subjects = ('korean', 'english', 'math')

for sub in reversed(subjects):
    print(sub, end=' ')
```

</td><td>math english korean</td></tr>
</table>

- for 반복문에 range() 또는 reversed() 함수를 사용할 때는 list()나 tuple() 함수를 적용하지 않아도 되는지 궁금한 사람들이 있을 거예요. 즉, 다음과 같이 적어야 하지 않냐고 궁금할 수도 있어요.

```
score = [80, 90, 93, 77]
for s in list(reversed(score)):   # reversed(score)만 쓰지 않고 list()로 변환했어요.
    print(s, end=' ')
```

for 반복문 시작할 때 for 반복문의 in 옆에는 iterable 객체가 온다고 했어요. reversed(score) 자체가 iterable 객체인 reversed 객체를 반환하기 때문에 list() 함수를 사용하지 않아도 됩니다.

13/ 정리

이번 장에서는 코딩에서 아주 중요한 for 반복문에 대해서 공부했어요. while 반복문보다 for 반복문은 특이한 형태였는데, 컨테이너 자료형인 문자열, 리스트, 튜플, 집합, 사전에 유용하게 적용할 수 있습니다. 그리고 range(), reversed() 함수에도 유용하게 사용할 수 있음을 보았어요. for 반복문에도 break, continue, else를 사용할 수 있는데, 각 용도는 while 반복문에서와 같았죠. 다양한 예제를 통해서 for 반복문을 학습해 두기 바랍니다.

25 for 반복문을 이용해서 문자열의 count( ) 메소드와 똑같은 일을 하는 코드를 작성해 보세요. 즉, 하나의 단어와 알파벳을 입력받아서 입력 단어에 알파벳이 몇 번 나오는지를 출력합니다.

Enter one string : programming
Enter one character : m
count : 2

Enter one string : mississippi
Enter one character : s
count : 4

Enter one string : python
Enter one character : x
count : 0

Enter one string : programming
Enter one character : a
count : 7

26 영문자, 숫자, 특수 문자가 섞여 있는 문자열을 입력받습니다. 이 문자열에 숫자와 특수 문자들만을 뽑아서 문자열을 만들어 출력하는 프로그램을 작성하세요.

Enter one string : hello123**
result : 123**

Enter one string : good??morn123ing
result : ??123

27 현재 리스트 L에는 학생들의 성적이 저장되어 있어요. 리스트 L에서 90점 이상인 학생들이 몇 명인지 세어서 출력하는 프로그램을 작성하세요(리스트 L도 같이 출력합니다).

L : [90, 90, 88, 92, 73, 100, 77, 80, 95]
count : 5

28 양의 정수 두 개 a, b를 입력받아서 1부터 1,000 사이에 a와 b의 공배수를 모두 출력하는 프로그램을 작성해 보세요(for 반복문과 range( ) 함수를 이용합니다).

Enter a : 15
Enter b : 20
60 120 180 240 300 360 420 480 540 600 660 720 780 840 900 960

Enter a : 9
Enter b : 20
180 360 540 720 900

Enter a : 25
Enter b : 35
175 350 525 700 875

29 리스트에는 여러 개의 영어 단어가 저장되어 있습니다. 하나의 단어를 입력받아서 리스트에 그 단어가 대소문자 구별 없이 몇 번 인덱스에 저장되어 있는지와 저장된 글자대로 출력하는 프로그램을 작성해 보세요(24번 연습문제와 같은데, for와 range()를 이용하세요).

> L = ['apple', 'APPle', 'Melon', 'melon', 'Grape', 'kiwi', 'appLE', 'KIwI']

Enter word to find : **apple**
0 - apple
1 - APPle
6 - appLE

Enter word to find : **kiwi**
5 - kiwi
7 - KIwI

30 문자열 두 개를 입력받아서 두 문자열에 같은 위치에 같은 문자가 있으면 그 위치와 문자를 출력하는 프로그램을 작성하세요. 두 문자열에 길이는 같다고 가정합니다.

Enter first word : **morning**
Enter second word : **miracle**
m is at 0
r is at 2

Enter first word : **beaver**
Enter second word : **weaver**
e is at 1
a is at 2
v is at 3
e is at 4
r is at 5

31 하나의 양의 정수를 입력받아서, 그 수가 완전 제곱수인지를 판단하는 프로그램을 작성해 보세요. 반드시 range() 함수와 for 반복문을 이용하세요.
(1(1^2), 4(2^2), 9(3^2), 16(4^2), 25(5^2), 36(6^2)… 과 같은 수가 완전 제곱수입니다)

Enter n : **25**
25 is perfect square of 5

Enter n : **7**
7 is not perfect square number

Enter n : **100**
100 is perfect square of 10

Enter n : **1000**
1000 is not perfect square number

리스트
자료형

우리는 지금까지 필요한 데이터 수만큼 변수를 만들어서 사용했어요. 예를 들어, 5명의 성적을 처리하려면 변수를 5개 만들어야 했어요. 그리고 각각 다른 변수명을 붙여야 했고요. 이런 경우에 리스트를 이용하면 5개의 데이터를 모아서 처리할 수 있어요. 이렇게 리스트로 데이터를 모아 놓으면 데이터 처리를 훨씬 쉽게 할 수가 있습니다.

이번 장에서는 이렇게 데이터들을 모아서 관리하는 리스트에 대해 학습합니다. 리스트도 문자열과 같이 인덱스를 갖는 시퀀스 자료형이어서 문자열에서 배운 내용과 중복된 부분이 있습니다.

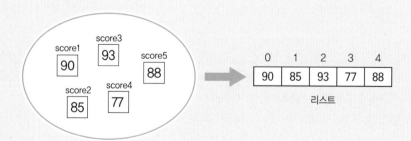

1/ 리스트 만들기

다섯 명 성적의 평균을 구하는 프로그램을 작성하려면 다섯 명의 성적을 넣을 변수를 일일이 만들어야 했죠. 즉, 아래 왼쪽과 같이 변수 다섯 개를 만들어서 성적을 저장했어요. 그러면 오른쪽과 같이 컴퓨터 메모리에 다섯 개의 객체가 독립적으로 만들어집니다.

```
score1 = 90
score2 = 85
score3 = 93
score4 = 77
score5 = 88
```

다음으로 위의 성적들의 평균을 구하려고 해요. 그러면 먼저 총점을 계산하기 위해서 다음과 같이 다섯 개의 성적을 모두 더하여 하나의 변수에 넣어야겠죠.

```
total = score1 + score2 + score3 + score4 + score5
```

만약에 처리해야 하는 성적이 10개, 100개, 1000개, …… 이렇게 많아진다면 어떻게 해야 할까요? 변수명을 성적 개수만큼 만들기도 어렵고 총점을 구하기 위해서 한없이 길게 더하기를 시킬 수도 없을 거예요. 어떻게든 다른 방식으로 처리해야겠다는 생각이 들 거예요. 리스트는 이처럼 여러 개의 데이터를 모아 놓고 처리할 때 아주 유용한 자료형이에요. 리스트로 데이터를 묶을 때는 대괄호 기호 [ ]를 이용하고 콤마로 데이터들을 분리합니다.

위의 예제를 리스트로 바꾸어 보면 다음과 같아요. 문자열처럼 데이터의 수만큼 방을 만들고 양수 인덱스와 음수 인덱스를 갖습니다.

score = [90, 85, 93, 77, 88]

리스트에는 파이썬이 제공하는 어떤 자료형도 모두 저장할 수 있습니다.

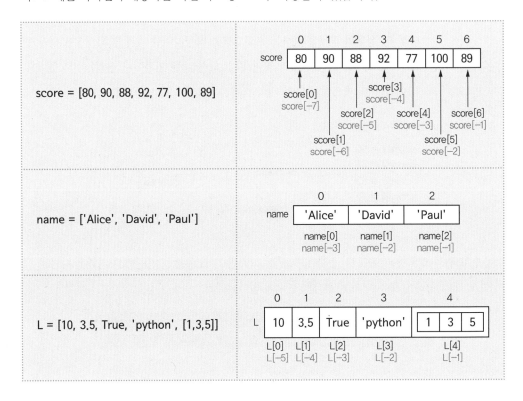

빈 리스트 만들기

가끔 빈 리스트가 필요하기도 해요. 빈 리스트는 빈 대괄호를 이용하거나 list() 함수를 이용하면 됩니다. 다음의 A와 B는 모두 빈 리스트예요.

빈 대괄호 [] 이용하기	list() 함수 이용하기

>>> A = []
 >>> A
 []
	>>> B = list()
	 >>> B
	 []

다른 자료형의 데이터를 리스트로 변환하기

list() 함수는 두 가지 목적으로 사용해요. 하나는 빈 리스트를 만들 때이고 다른 하나는 리스트가 아닌 객체를 리스트로 변환하려고 할 때 입니다. list() 함수의 괄호에 iterable 데이터를 넣으면 그 데이터를 리스트로 변환한 객체가 반환됩니다.

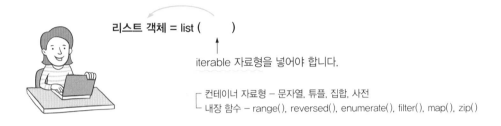

리스트 객체 = list (   )

iterable 자료형을 넣어야 합니다.

┌ 컨테이너 자료형 – 문자열, 튜플, 집합, 사전
└ 내장 함수 – range( ), reversed( ), enumerate( ), filter( ), map( ), zip( )

리스트 ← 문자열	```>>> name = 'Snow White'```
	```>>> L1 = list(name)```
	```>>> print(L1)```
	```['S', 'n', 'o', 'w', ' ', 'W', 'h', 'i', 't', 'e']```

	문자열을 리스트로 변환하면 문자 하나씩 떼어서 저장합니다.

리스트 ← 튜플	```>>> odd_data = (1, 3, 5, 7, 9)```
	```>>> L2 = list(odd_data)```
	```>>> print(L2)```
	```[1, 3, 5, 7, 9]```

리스트 ← 집합	```>>> score = {90, 88, 75, 93, 85} # 집합은 순서 개념이 없어요.```
	```>>> L3 = list(score)```
	```>>> print(L3)```
	```[75, 85, 88, 90, 93]```

	집합을 리스트로 변환하면 원래 순서와 다르게 저장될 수 있어요.

리스트 ← 사전	```>>> area_code = {'서울':'02', '경기':'031', '인천':'032'}```
	```>>> L4 = list(area_code) # '키'만 리스트에 저장합니다.```
	```>>> print(L4)```
	```['서울', '경기', '인천']```

리스트 ← range()	```>>> L5 = list(range(1, 11, 2))```
	```>>> print(L5)```
	```[1, 3, 5, 7, 9]```

	range( ) 함수의 결과값은 iterable 합니다.

리스트 ← reversed()	```>>> L6 = list(reversed([5, 7, 9]))```
	```>>> print(L6)```
	```[9, 7, 5]```

	reversed( ) 함수의 결과값은 iterable 합니다.

두 리스트가 같은지 비교하기

리스트는 시퀀스 자료형이기 때문에 두 개의 리스트가 같은지 판단할 때, 같은 위치에 같은 데이터가 있어야 두 리스트가 같다고 판단합니다.

```
>>> A = [1, 3, 5]    # A, B는 둘 다 1, 3, 5를 하나씩 갖지만 각 위치가 다릅니다.
>>> B = [3, 1, 5]
>>> C = [1, 1, 3, 5]   # C는 1이 두 개입니다.
>>> D = [1, 3, 5]
>>> A == B, A == C, A == D  # 같은 위치에 같은 데이터가 있고 개수 같아야 합니다.
(False, False, True)
```

2/ 리스트 인덱싱(indexing), 슬라이싱(slicing)

리스트에서는 문자열과 똑같이 인덱싱, 슬라이싱 기능을 이용할 수 있어요.

문자열과 완전히 똑같은 방식이니까 몇 가지 예로 복습해 볼게요.

number = [7 , 9 , 0 , 3 , 8 , 5 , 1 , 6 , 4 , 2   ]

	0	1	2	3	4	5	6	7	8	9
number	7	9	0	3	8	5	1	6	4	2
	-10	-9	-8	-7	-6	-5	-4	-3	-2	-1

```
>>> number[2:6]
[0, 3, 8, 5]
>>> number[9:4]    9는 4보다 오른쪽에 있는 인덱스입니다.
[]
>>> number[-7:-5]
[3, 8]
>>> number[:5]   # 처음부터 인덱스 5 전까지
[7, 9, 0, 3, 8]
>>> number[5:]   # 인덱스 5부터 끝까지
[5, 1, 6, 4, 2]
```

```
>>> number[3:8:2]
[3, 5, 6]
>>> number[-8:-2:3]
[0, 5]
>>> number[:8:3]
[7, 3, 1]
>>> number[:8:-3]
[2]
>>> number[::-2]
[2, 6, 5, 3, 9]
```

이번에는 문자열들로 구성된 리스트 예를 볼게요.

	0	1	2	3	4	5	6
	'red'	'blue'	'green'	'white'	'orange'	'purple'	'black'
	−7	−6	−5	−4	−3	−2	−1

```
>>> color[2:5]
['green', 'white', 'orange']
>>> color[:3]
['red', 'blue', 'green']
>>> color[4:]
['orange', 'purple', 'black']
>>> color[-2:-5]
[]
>>> color[-5:-2]
['green', 'white', 'orange']
>>> color[:-1]
['red', 'blue', 'green', 'white',
'orange', 'purple']
>>> color[1:6:1]
['blue', 'green', 'white', 'orange', 'purple']
>>> color[-2:-6:-1]
['purple', 'orange', 'white', 'green']
>>> color[:5:2]
['red', 'green', 'orange']
>>> color[:5:-2]
['black']
>>> color[::3]
['red', 'white', 'black']
>>> color[::-1]
['black', 'purple', 'orange', 'white', 'green',
'blue', 'red']
```

위의 예 중에서 이해가 되지 않는 부분이 있으면 4장 문자열에서 인덱싱, 슬라이싱 부분을 다시 공부하기 바랍니다. 시퀀스 자료형에서 인덱싱, 슬라이싱은 완전히 똑같기 때문에 여기에서는 다시 설명하지 않을게요.

3/ 리스트는 mutable 객체입니다

리스트는 mutable(변경 가능한) 객체입니다. 즉, 리스트 객체를 만든 다음에 리스트에 데이터를 추가, 삭제, 수정이 가능하다는 뜻이죠.

리스트에 있는 원소를 수정할 때는 인덱싱과 슬라이싱이 모두 사용될 수 있어요. 인덱싱을 이용하면 하나의 원소에 대해서 수정할 수 있고, 슬라이싱을 이용하면 여러 원소에 대해서 한꺼번에 수정이 가능해요. 문자열은 immutable 자료형이라서 문자열에서는 불가능한 일이었어요.

인덱싱을 이용하여 리스트 수정하기

다음은 인덱스를 이용해서 수정하는 예입니다. 인덱스는 하나의 공간만을 가리키게 되므로 그 인덱스 공간에 있는 데이터만 수정되겠죠.

```
>>> score = [80, 90, 95, 87, 75]
>>> id(score)
32129672
>>> score[3] = 89    # score[3]에 있는 87을 89로 수정합니다.
>>> print(score)              # 리스트 score의 내용이 수정되었어요.
[80, 90, 95, 89, 75]
>>> id(score)                 # id가 그대로임을 알 수 있죠.
32129672
```

조금 더 복잡한 예를 볼게요.

```
>>> color = ['red', 'blue', 'green', 'white', 'orange', 'purple', 'black']
>>> color[1] = 'brown'     # color[1]에 다른 문자열로 대체
>>> color
['red', 'brown', 'green', 'white', 'orange', 'purple', 'black']
```

```
>>> color = ['red', 'blue', 'green', 'white', 'orange', 'purple', 'black']
>>> color[1] = ['gray', 'yellow']    # color[1]에 리스트로 대체
>>> color
['red', ['gray', 'yellow'], 'green', 'white', 'orange', 'purple', 'black']
```

```
>>> color = ['red', 'blue', 'green', 'white', 'orange', 'purple', 'black']
>>> color[4] = 100         # color[4]에 정수로 대체
>>> color
['red', 'blue', 'green', 'white', 100, 'purple', 'black']
```

슬라이싱을 이용하여 리스트 수정하기

다음은 슬라이싱을 이용해서 수정하는 예입니다. 슬라이싱에서는 범위를 명시하기 때문에 일정 범위를 수정하고자 할 때 유용합니다. 이때 반드시 슬라이싱 범위에 iterable 자료형을 대입해야 합니다. 여기에서는 iterable 자료형인 문자열, 리스트, 튜플, 집합, 사전으로 예제를 만들어 보았습니다. IDLE에 직접 넣어서 이해해 보세요.

리스트 [a : b]　　=

iterable 자료형

리스트 [a : b : c]　=

```
>>> color = ['red', 'blue', 'green', 'white', 'orange', 'purple', 'black']
>>> color[2:5] = ['brown', 'gray']
>>> color                          리스트를 슬라이싱된 범위에 넣기
['red', 'blue', 'brown', 'gray', 'purple', 'black']
```

```
>>> color = ['red', 'blue', 'green', 'white', 'orange', 'purple', 'black']
>>> color[2:5] = 'brown'       문자열을 슬라이싱된 범위에 넣기
>>> color                      # 문자열에 있는 문자가 하나씩 분리되어 저장됨
['red', 'blue', 'b', 'r', 'o', 'w', 'n', 'purple', 'black']
```

```
>>> color = ['red', 'blue', 'green', 'white', 'orange', 'purple', 'black']
>>> color[1:5] = (100, 77, 50)
>>> color                      튜플을 슬라이싱된 범위에 넣기
['red', 100, 77, 50, 'purple', 'black']
```

```
>>> color = ['red', 'blue', 'green', 'white', 'orange', 'purple', 'black']
>>> color[4:6] = {1, 2, 3}
>>> color                      집합을 슬라이싱된 범위에 넣기
['red', 'blue', 'green', 'white', 1, 2, 3, 'black']
```

```
>>> color = ['red', 'blue', 'green', 'white', 'orange', 'purple', 'black']
>>> color[1:5] = {'NY':'New York', 'CA':'California'}   사전을 슬라이싱된 범위에 넣기
>>> color                # '키'만 저장함
['red', 'NY', 'CA', 'purple', 'black']
```

```
>>> color = ['red', 'blue', 'green', 'white', 'orange', 'purple', 'black']
>>> color[3:5] = 100     # 정수 하나로 슬라이싱 부분을 대체하려면 에러 발생합니다.
Traceback (most recent call last):        정수는 iterable 자료형이 아닙니다.
  File "<pyshell#284>", line 1, in <module>
    color[3:5] = 100
TypeError: can only assign an iterable  # iterable 자료형을 넣어야 한다는 에러입니다.
```

```
>>> score = [80, 90, 88, 92, 77, 75, 83, 65, 72, 86]
>>> score[2:9:3] = [100, 99, 98]   # score[2]에 100, score[5]에 99, score[8]에 98 대체하기
>>> print(score)
[80, 90, 100, 92, 77, 99, 83, 65, 98, 86]
```

4/ 리스트에 +, *, in, not in, del 연산자 사용하기

리스트에 +, *, in, not in은 문자열과 같습니다. 즉, +는 두 리스트를 연결하여 새로운 리스트를 만듭니다.

```
>>> L = [1, 3, 5, 7, 9]; M = [2, 4, 6, 8, 10]
>>> L + M                    # 리스트 L과 리스트 M을 연결합니다.
[1, 3, 5, 7, 9, 2, 4, 6, 8, 10]
>>> L, M                     # 리스트 L과 M은 변하지 않았습니다.
([1, 3, 5, 7, 9], [2, 4, 6, 8, 10])
>>> K = L + M                # K는 L과 M을 결합한 새 리스트를 갖게 됩니다.
>>> K
[1, 3, 5, 7, 9, 2, 4, 6, 8, 10]
```

다음과 같이 +=, *= 기호를 사용할 수도 있습니다. 그러면 좌변에 있는 리스트가 변합니다.

```
>>> L = [1, 3, 5]
>>> M = [10, 20]
>>> L += M        # L에 M의 원소가 추가됩니다. M은 그대로입니다.
>>> L, M
([1, 3, 5, 10, 20], [10, 20])
>>> M *= 3        # M을 3번 반복합니다.
>>> M
[10, 20, 10, 20, 10, 20]
```

in과 not in은 리스트에 원소가 존재하는지를 확인하는 연산자입니다.

```
>>> L = [2, 4, 6, 8]
>>> 6 in L        # 6은 리스트에 L에 있습니다.
True
>>> 7 not in L    # 7은 리스트 L에 없기 때문에 not in이 True입니다.
True
```

리스트에서 데이터를 삭제하려면 del 키워드를 이용합니다. del을 이용해서 리스트를 통째로 삭제할 수도 있어요.

```
>>> data = [10, 20, 30, 40]
>>> del data[2]            # 인덱스를 이용하여 데이터 한 개를 삭제합니다.
>>> print(data)
[10, 20, 40]
>>> data = [0, 1, 2, 3, 4, 5, 6, 7, 8, 9]
>>> del data[3:7] # 슬라이스를 이용하여 데이터 여러 개를 삭제합니다.
>>> print(data)            # 3, 4, 5, 6이 삭제 되었습니다.
[0, 1, 2, 7, 8, 9]
>>> L = [1,2,3]
>>> del L                  # 리스트 L을 통째로 삭제합니다.
>>> L                      # 삭제 후에 사용하려면 NameError가 발생합니다.
Traceback (most recent call last):
  File "<pyshell#7>", line 1, in <module>
    L
NameError: name 'L' is not defined
```

5/ 리스트에 함수 적용하기 – len(), max(), min(), sum(), sorted(), reversed()

문자열을 학습할 때 위의 함수들에 대해서 설명했어요. 리스트에는 여섯 가지 함수가 모두 유용합니다.

len(L)	리스트 L의 원소의 개수를 반환합니다.
max(L)	리스트 L의 원소 중에서 가장 큰 수를 반환합니다.
min(L)	리스트 L의 원소 중에서 가장 작을 수를 반환합니다.
sum(L)	리스트 L의 원소의 합을 구하여 반환합니다.
sorted(L)	리스트 L을 오름차순으로 정렬한 새 리스트를 만들어서 반환합니다. L은 바뀌지 않습니다.
reversed(L)	리스트 L을 역순으로 바꾸어 줍니다. 반환값에 list() 함수를 적용해야 역순으로 바뀐 리스트가 나옵니다.

다음의 예로 위의 함수들을 정리해 보겠습니다.

```
>>> L = [3, 4, 6, 1, 2, 7, 5]
>>> len(L)   # 원소의 개수
7
>>> max(L)   # 가장 큰 원소
7
>>> min(L)   # 가장 작은 원소
1
>>> sum(L)   # 원소들의 합
28
```

```
>>> L = [3, 4, 6, 1, 2, 7, 5]
>>> S = sorted(L)   # 정렬한 리스트를 반환합니다.
>>> print(S)
[1, 2, 3, 4, 5, 6, 7]
>>> print(L)        # 원래 리스트는 변하지 않습니다.
[3, 4, 6, 1, 2, 7, 5]
```

reversed() 함수는 유의할 점이 있습니다. 다음과 같이 reversed() 함수의 반환값을 출력해 보면 'list_reverseiterator object'가 출력됩니다. 문자열에 reversed() 함수를 적용할 때처럼 reversed() 함수의 결과에 list() 함수를 한번 더 적용해야 리스트 결과를 볼 수 있습니다.

```
>>> L = [3, 4, 6, 1, 2, 7, 5]
>>> R = reversed(L)
>>> print(R)     # reversed() 함수의 반환값은 다음과 같이 출력됩니다.
<list_reverseiterator object at 0x021F4A50>
>>> V = list(R)
>>> print(V)
[5, 7, 2, 1, 6, 4, 3]
```

CODE 48 리스트 data에는 정수가 여러 개 저장되어 있습니다. 인덱스 0에는 정수 0이 저장되어 있고, 인덱스 1부터 끝까지는 임의의 정수들이 저장되어 있어요. 인덱스 1이후부터 끝까지의 모든 데이터의 합을 구해서 인덱스 0에 넣는 프로그램을 작성해 볼게요.

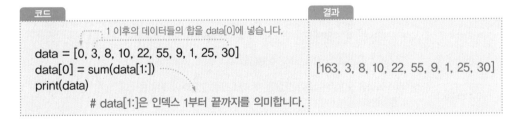

코드	결과

`data = [0, 3, 8, 10, 22, 55, 9, 1, 25, 30]`
`data[0] = sum(data[1:])`
`print(data)`
	`[163, 3, 8, 10, 22, 55, 9, 1, 25, 30]`

1 이후의 데이터들의 합을 data[0]에 넣습니다.

\# data[1:]은 인덱스 1부터 끝까지를 의미합니다.

CODE 49 리스트 L에 저장된 정수들이 앞에서부터 봐도 거꾸로 봐도 같은 숫자들로 구성되었는지를 판단하는 프로그램을 작성하려고 해요. 만약에 똑같으면 True를 출력하고, 아니라면 False를 출력합니다. 우리는 이 문제를 세 가지 방법으로 작성해 봅니다.

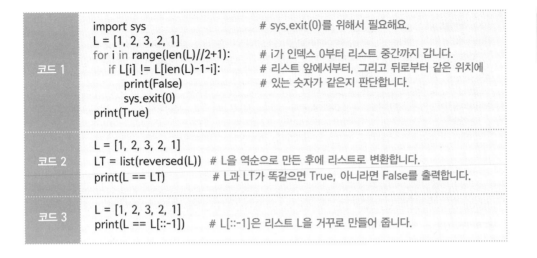

| 코드 1 | ```python
import sys              # sys.exit(0)를 위해서 필요해요.
L = [1, 2, 3, 2, 1]
for i in range(len(L)//2+1):   # i가 인덱스 0부터 리스트 중간까지 갑니다.
    if L[i] != L[len(L)-1-i]:  # 리스트 앞에서부터, 그리고 뒤로부터 같은 위치에
        print(False)          # 있는 숫자가 같은지 판단합니다.
        sys.exit(0)
print(True)
``` |
| 코드 2 | ```python
L = [1, 2, 3, 2, 1]
LT = list(reversed(L))  # L을 역순으로 만든 후에 리스트로 변환합니다.
print(L == LT)          # L과 LT가 똑같으면 True, 아니라면 False를 출력합니다.
``` |
| 코드 3 | ```python
L = [1, 2, 3, 2, 1]
print(L == L[::-1])     # L[::-1]은 리스트 L을 거꾸로 만들어 줍니다.
``` |

위의 세 가지 코드 중에서 어느 코드가 제일 좋아 보이나요? 코드 3이 간결하고 직관적이어서 파이썬 코드로 적합해 보일 거예요. 코드 1은 다른 언어들에서 많이 볼 수 있는 코드예요. 코드 1의 인덱스 처리 부분이 이해가 안 된다면 다음 그림을 참고해 보세요.

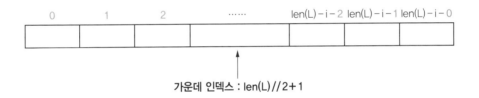

6/ 리스트 메소드

문자열을 공부하면서 문자열에만 적용할 수 있는 메소드들을 공부했었죠. 리스트에도 마찬가지로 리스트에만 적용할 수 있는 유용한 메소드들이 있어요. 문자열과 마찬가지로 dir(list)는 리스트에 적용할 수 있는 메소드 목록을 보여줍니다. 그 중에서 우리가 사용하는 메소드는 모두 열한 개예요. 파이썬 코딩을 하다보면 리스트를 많이 사용하게 되고 열한 개의 리스트 메소드들이 모두 유용하다는 것을 알게 될 거예요. 그래서 여기서는 메소드 열한 개를 모두 자세히 설명할 거예요. 우선 메소드 목록을 볼게요.
```

```
>>> dir(list)
['__add__', '__class__', '__contains__', '__delattr__', '__delitem__', '__dir__',
'__doc__', '__eq__', '__format__', '__ge__', '__getattribute__', '__getitem__', '__
gt__', '__hash__', '__iadd__', '__imul__', '__init__', '__init_subclass__', '__iter__',
'__le__', '__len__', '__lt__', '__mul__', '__ne__', '__new__', '__reduce__', '__
reduce_ex__', '__repr__', '__reversed__', '__rmul__', '__setattr__', '__setitem__',
'__sizeof__', '__str__', '__subclasshook__', 'append', 'clear', 'copy', 'count',
'extend', 'index', 'insert', 'pop', 'remove', 'reverse', 'sort']
```

메소드	설명	반환값	발생 가능 에러
append(x)	리스트 맨 뒤에 데이터 x를 추가합니다.	None	없음
clear()	리스트를 비웁니다. (빈 리스트를 만듦)	None	없음
copy()	리스트를 복사하여 새로운 리스트를 반환합니다.	있음	없음
count(x)	데이터 x의 개수를 반환합니다.	있음	없음
extend(x)	리스트에 Iterable 자료 x를 연결합니다.	None	없음
index(x)	데이터 x의 인덱스를 반환합니다. x가 리스트에 없으면, ValueError가 발생합니다.	있음	ValueError
insert(i, x)	리스트의 인덱스 i에 데이터 x를 삽입합니다.	None	없음
pop() / pop(x)	pop()은 리스트의 맨 마지막 데이터를 삭제하고 반환합니다. pop(x)는 인덱스 x에 있는 원소를 삭제하고 반환합니다. x가 없는 인덱스이면, IndexError기 발생합니다.	있음	IndexError
remove(x)	리스트에서 데이터 x를 삭제합니다. x가 없는 데이터이면 ValueError가 발생합니다.	None	ValueError
reverse()	리스트를 역순으로 만들어 줍니다.	None	없음
sort()	리스트를 정렬하여 줍니다.	None	TypeError

리스트에 데이터 추가하기 - append(), insert()

리스트에 하나의 데이터를 추가하는 메소드에는 append()와 insert() 두 가지가 있어요. ap-pend() 메소드는 데이터를 리스트 맨 끝에 추가해 주고, insert()는 데이터를 원하는 위치에 삽입해 줍니다. 하나씩 예와 함께 살펴볼게요.

- **append(x)**: 인수 x에는 어떤 자료형도 넣을 수 있어요. append(x) 메소드는 리스트의 맨 끝에 데이터 x를 추가해 주고 반환값은 없습니다. 즉, 반환값을 출력해 보면 None이 나와요.

```>>> L = [6, 8, 2, 9]```
```>>> y = L.append(7)```
```>>> print(L)```
```[6, 8, 2, 9, 7]```
```>>> print(y)```
```None```
	```>>> L = ['red', 'blue']```
	```>>> y = L.append('green')```
	```>>> print(L)```
	```['red', 'blue', 'green']```
	```>>> print(y)```
	```None```
		```>>> M = []``` 빈리스트
		```>>> M.append(3)```
		```>>> M.append(9)```
		```>>> M.append(7)```
		```>>> print(M)```
		```[3, 9, 7]```

다음과 같이 리스트에 리스트가 append 될 수도 있어요.

```
>>> L = [1,2,3]
>>> L.append([4,5])      # 리스트 [4,5]가 하나의 원소로 L에 맨 뒤에 추가됩니다.
>>> print(L)
[1, 2, 3, [4, 5]]
>>> len(L)
4
```

CODE 50 학생 다섯 명의 성적을 input() 함수로 하나씩 입력받아서 리스트 score에 저장하고, 그 중에서 가장 좋은 성적을 출력하는 프로그램을 작성해 볼게요.

코드

```
score = []          빈 score 리스트를 만들고 시작해야 합니다.
for i in range(5):                  # 5회 루프를 수행합니다.
❶    x = int(input('성적을 입력하세요 : '))  # 성적을 입력받습니다.
❷    score.append(x)      # 입력받은 성적을 score 리스트에 추가합니다.
print()                 # 한 줄띄기
print('최고 성적 :', max(score))     # 리스트 score에서 가장 좋은
                                      성적을 출력합니다.
```

결과

```
성적을 입력하세요 : 80
성적을 입력하세요 : 90
성적을 입력하세요 : 77
성적을 입력하세요 : 94
성적을 입력하세요 : 85

최고 성적 : 94
```

❶, ❷ 두 줄을 한 줄로 하면 다음과 같이 할 수 있어요 → score.append(int(input())). 즉 x 대신에 input()을 넣는 거예요.

CODE 51 루프를 돌리면서 이름을 계속 입력받아서 리스트에 저장하는 프로그램을 작성하려고 합니다. 이름을 입력받을 때마다 append() 메소드를 이용해서 리스트 names에 추가하고 'none'이 입력되면 루프를 끝냅니다. 그리고 마지막으로 리스트 names를 출력하는 프로그램을 작성합니다.

코드 1

빈 리스트를 만들고 시작해야 합니다.

```python
names = []
while True:                    # 언제까지 루프가 수행될지 알 수 없으므로 무한 루프로 시작합니다.
    name = input('Enter name : ')
    if name == 'none':          #'none'이 입력되면 루프를 끝냅니다.
        break
    names.append(name)
print(names)
```

결과

```
Enter name : Alice
Enter name : Paul
Enter name : Tom
Enter name : none
['Alice', 'Paul', 'Tom']
```

리스트 name에 이름이 계속 추가됩니다.

```
name    [ ]
name    ['Alice']
name    ['Alice', 'Paul']
name    ['Alice', 'Paul', 'Tom']
```

위의 코드와 똑같은 일을 하는 코드를 append() 메소드를 사용하지 않고 작성하려면 어떻게 해야 할까요?

코드 2

```python
names = []                     # 빈 리스트를 만들고 시작합니다.
while True:
    name = input('Enter name : ')
    if name == 'none':          #'none'이 입력되면 루프를 끝냅니다.
        break
    names += [name]             # [name]을 리스트 names에 연결합니다.
print(names)
```

list + list를 해야하기 때문에 [name] 으로 리스트를 만들어 연결합니다.

- **insert(i,x):** insert() 메소드는 원하는 위치에 데이터를 삽입하는 메소드예요. 괄호 안에는 반드시 두 개의 인수가 와야 하는데, 첫 번째 인수 i는 삽입하고자 하는 위치 인덱스이고, 두 번째

인수 x는 삽입하고자 하는 데이터입니다. 인덱스 i에 데이터 x가 삽입되면 데이터들은 하나씩 뒤로 밀리게 됩니다. x에는 어떤 자료형도 넣을 수 있어요. 다음과 같이 IDLE에서 연습해 보세요.

```
>>> L = ['white', 'black', 'blue', 'red']
>>> L.insert(2, 'green')
>>> print(L)
['white', 'black', 'green', 'blue', 'red']
                      2
>>> M = [1,3,5,7]               인덱스 2에 green이 삽입되고 뒤에 있는 데이터들은 하나씩 뒤로 밀립니다.
>>> M.insert(2, [2,4,6])
>>> M                           리스트를 insert 합니다.
[1, 3, [2, 4, 6], 5, 7]
>>> M.insert(0, 100)
>>> M                           정수 하나를 insert 합니다.
[100, 1, 3, [2, 4, 6], 5, 7]
```

리스트와 iterable 자료형 연결하기 – extend()

extend()는 리스트에 다른 iterable 객체를 연결해 주는 메소드예요.

iterable 자료형	예제

문자열	```>>> L = [1,3,5]```
	```>>> L.extend('python') # 문자열은 문자 하나하나가 원소가 됩니다.```
	```>>> L```
	```[1, 3, 5, 'p', 'y', 't', 'h', 'o', 'n']```

리스트	```>>> L = [1,3,5]```
	```>>> L.extend([10,20])```
	```>>> L``` 리스트
	```[1, 3, 5, 10, 20]```

튜플	```>>> L = [1,3,5]```
	```>>> L.extend((7,8,9))```
	```>>> L``` 튜플
	```[1, 3, 5, 7, 8, 9]```

집합	```>>> L = [1,3,5]```
	```>>> L.extend({4, 2, 8}) # 집합은 순서 개념이 없어요.```
	```>>> L``` 집합
	```[1, 3, 5, 8, 2, 4]```

사전	>>> L = [1,3,5]
	>>> L.extend({'one':1, 'two':2, 'three':3}) ······ 사전
	>>> L # 사전의 키만 연결합니다.
	[1, 3, 5, 'one', 'two', 'three']

range()	>>> L = [1,3,5]
	>>> L.extend(range(7, 10, 2))
	>>> L ······ range() 함수
	[1, 3, 5, 7, 9]

reversed()	>>> L = [1,3,5]
	>>> L.extend(reversed(L))
	>>> L ······ reversed() 함수
	[1, 3, 5, 5, 3, 1]

+ 연산자는 리스트끼리만 연결합니다.
extend() 메소드는 리스트에 iterable 자료형은 어느 것이든 연결합니다.

리스트 + 리스트
리스트.extend( )

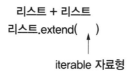

iterable 자료형

리스트에서 데이터 삭제하기 – pop(), remove(), clear()

리스트에 있는 데이터를 삭제하는 메소드로 pop(), remove(), clear()가 있어요. pop()과 re-move()는 데이터를 한 개만 삭제할 수 있고, clear()는 리스트에 있는 데이터를 한꺼번에 모두 삭제하는 메소드예요. 메소드를 하나씩 살펴볼게요.

- **pop() 메소드:** pop() 메소드는 리스트에서 하나의 데이터를 삭제하고, 삭제한 데이터를 반환하는 메소드예요. 괄호 안에 인수가 없는 경우와 하나의 데이터를 넣는 경우가 있습니다.

인수	없음	리스트.pop() – 리스트에 있는 마지막 데이터를 삭제하고 반환합니다. 빈 리스트에 pop() 메소드를 적용하면 IndexError가 발생합니다.
	1개	리스트.pop(i) – 리스트에서 인덱스 i에 있는 데이터를 삭제하고 그 데이터를 반환합니다. i에 없는 인덱스를 넣으면 IndexError가 발생합니다.

반환값	리스트에서 삭제한 데이터를 반환합니다.

IDLE에서 다음 예제를 직접 넣어서 pop() 메소드를 연습해 보세요.

```
>>> fruits = ['apple', 'banana', 'melon', 'berry', 'kiwi']
>>> result = fruits.pop()          맨 끝의 원소를 삭제하고 반환합니다.
>>> print(result)
kiwi
>>> print(fruits)          # 'kiwi'가 삭제되었습니다.
['apple', 'banana', 'melon', 'berry']
>>> result2 = fruits.pop(2)          인덱스 2의 원소를 삭제하고 반환합니다.
>>> print(result2)
melon
```

```
>>> M = []          # 빈 리스트에 pop() 메소드를 적용하면 IndexError가 발생합니다.
>>> M.pop()
……
IndexError: pop from empty list
```

```
>>> colors = ['red', 'blue', 'white', 'black', 'brown']
>>> colors.pop(5)    # 없는 인덱스를 인수에 넣으면 IndexError가 발생합니다.
……
IndexError: pop index out of range
```

- remove(x): remove() 메소드는 괄호 안에 삭제하고자 하는 데이터를 넣어야 해요. 반환값은 없고, 만약에 리스트에 x가 여러 개 있으면 맨 앞에 있는 원소만 삭제해 줘요. 조심해야 할 것은 없는 원소를 삭제하려고 하면 'ValueError'가 발생하기 때문에 반드시 현재 리스트에 있는 원소만을 remove() 메소드의 인수로 넣어야 해요.

```
>>> color = ['red', 'blue', 'white', 'black']
>>> result = color.remove('white')
>>> print(result)              # 원소 'white'를 삭제하고 반환하는 값은 없습니다.
None
>>> print(color)
['red', 'blue', 'black']
>>> color.remove('green')    # 없는 원소를 삭제하면 ValueError가 발생합니다.
……
ValueError: list.remove(x): x not in list
```

pop() 메소드는 IndexError를 발생시킬 수 있고, remove() 메소드는 ValueError를 발생시킬 수 있습니다.

CODE 52 다음 코드는 리스트 data에서 짝수를 찾아서 삭제하는 코드예요. 리스트 data에는 짝수가 3개 저장되어 있어서 결과는 [7, 1, 5]가 되어야 합니다. 그런데, 아래 왼쪽의 코드를 수행시키면 오른쪽과 같이 에러가 발생합니다. 무슨 문제가 있는 걸까요?

코드 1

```
data = [4, 7, 8, 1, 2, 5]

for i in range(len(data)):
    if data[i] % 2 == 0:
        data.remove(data[i])    짝수를 찾으면 리스트에서 삭제합니다.
print(data)
```

결과

```
Traceback (most recent call last):
  File "C:/Users/....../test.py", line 4, in <module>
    if data[i] % 2 == 0:
IndexError: list index out of range
```

위의 코드에 for 반복문에 print() 함수를 넣어보면 문제점을 확실히 알 수가 있어요. 아래 코드 2를 보세요. 리스트는 mutable 자료형이라서 리스트 data 내의 데이터가 삭제되면서 리스트의 길이가 줄어들어요. 그래서 i 값이 인덱스 범위를 넘어갔다는 에러가 발생하는 거예요. 이렇게 mutable 자료형에서는 반복문을 수행하면서 데이터가 바뀌는 것을 주의해야 해요.

코드 2

```
data = [4, 7, 8, 1, 2, 5]

for i in range(len(data)):
    print(data)    print()를 추가했어요.
    if data[i] % 2 == 0:
        data.remove(data[i])

print(data)
```

결과 2

```
[4, 7, 8, 1, 2, 5]
[7, 8, 1, 2, 5]
[7, 1, 2, 5]
[7, 1, 5]
Traceback (most recent call last):
  File "C:/Users/....../test.py", line 5, in <module>
    if data[i] % 2 == 0:
IndexError: list index out of range
```

그러면 위의 코드를 어떻게 해결할 수 있을까요? 간단히 해결하려면 다음과 같이 새로운 리스트를 만들어서 홀수들만 저장하도록 하면 해결됩니다.

코드 3

```
data = [4, 7, 8, 1, 2, 5]
result = []          # 홀수만을 저장할 새로운 리스트를 만듭니다.

for i in range(len(data)):
    if data[i] % 2 != 0:
        result.append(data[i])

data = result        # 홀수만 저장한 리스트를 data에 할당합니다.
del result           # result는 삭제합니다.
print(data)
```

- **clear():** 리스트에 있는 모든 데이터를 삭제하고 빈 리스트로 만들어 주는 메소드예요.

```
>>> L = [1, 3, 5, 7, 9]
>>> L.clear()
>>> L
[]
```

리스트 복사하기 – copy()

copy() 메소드에 대해 학습하기 전에 다음과 같이 리스트에 리스트를 대입하는 코드를 생각해 보세요. M = L은 L이 가리키는 객체에 이름 M이 더 붙습니다. 아래 그림과 id 값을 확인해 보세요.

```
>>> L = [1, 3, 5, 7, 9]
>>> id(L)
32205760
>>> M = L  ←---- L을 M에 대입합니다.
>>> id(M)      # 리스트 L과 M은 같은 id를 갖습니다.
32205760
>>> M[2] = 10  # M[2]의 값을 10으로 수정합니다.
>>> print(L)
[1, 3, 10, 7, 9]
>>> print(M)      L과 M이 같은 객체를 공유하므로 같은
[1, 3, 10, 7, 9]  결과가 나옵니다.
```

32205760

| L → | 1 | 3 | 5 | 7 | 9 |

M = L ↓

32205760

| L → | 1 | 3 | 10 | 7 | 9 |
| M ↗ |

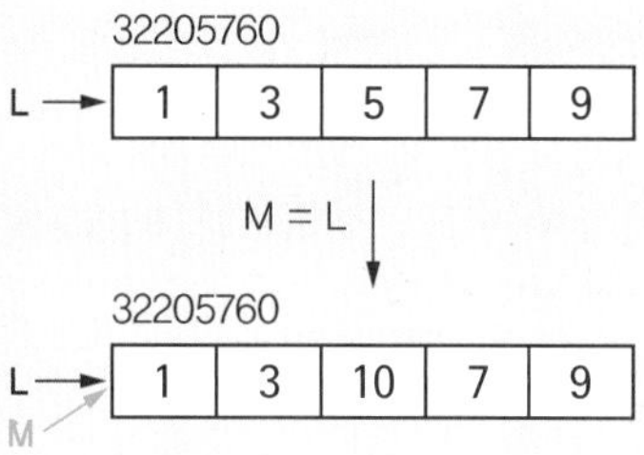

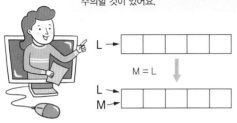

mutable 자료형에 '=' 대입연산자를 사용할 때
주의할 것이 있어요.

L →

M = L

L →
M →

이렇게 하나의 객체를 공유합니다.
따라서 M을 수정하면 L도 같이 수정되는 거에요.
L의 복사본을 만들 의도였다면 copy() 메소드를 사용하세요.

- copy(): copy() 메소드는 똑같은 복사본을 만드는 메소드예요. copy() 메소드는 괄호 안에 인
수를 넣지 않아야 하고, 완전히 똑같은 독립된 리스트 객체를 만들어서 반환합니다.

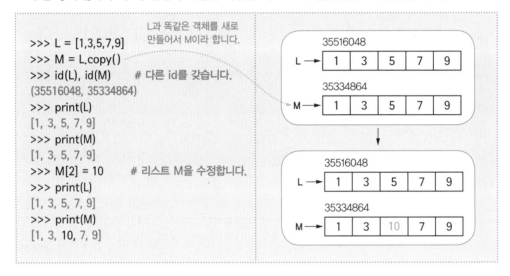

```
>>> L = [1,3,5,7,9]
>>> M = L.copy()
>>> id(L), id(M)      # 다른 id를 갖습니다.
(35516048, 35334864)
>>> print(L)
[1, 3, 5, 7, 9]
>>> print(M)
[1, 3, 5, 7, 9]
>>> M[2] = 10      # 리스트 M을 수정합니다.
>>> print(L)
[1, 3, 5, 7, 9]
>>> print(M)
[1, 3, 10, 7, 9]
```

copy() 메소드처럼 리스트를 복사할 수 있는 방법이 또 있어요. 바로 [:], [::]를 이용하는 거예요.
바로 예로 확인해 볼게요.

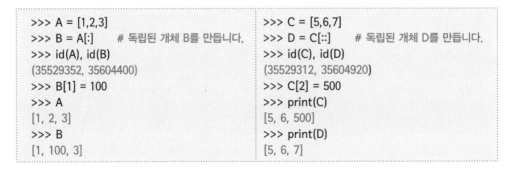

```
>>> A = [1,2,3]
>>> B = A[:]      # 독립된 개체 B를 만듭니다.
>>> id(A), id(B)
(35529352, 35604400)
>>> B[1] = 100
>>> A
[1, 2, 3]
>>> B
[1, 100, 3]
```

```
>>> C = [5,6,7]
>>> D = C[::]      # 독립된 개체 D를 만듭니다.
>>> id(C), id(D)
(35529312, 35604920)
>>> C[2] = 500
>>> print(C)
[5, 6, 500]
>>> print(D)
[5, 6, 7]
```

리스트에 있는 데이터 개수 세기 – count()

- **count(x):** 이 메소드는 리스트에 데이터 x가 몇 개인지를 반환해 주는 메소드예요. 반드시 인수로 한 개의 데이터를 넣어 주어야 하고 x가 없는 데이터인 경우, 0을 반환합니다.

```
>>> L = [3, 5, 4, 1, 2, 3, 2, 2, 5]
>>> L.count(2)
3                    ········· L에 2는 3개입니다.
>>> L.count(0)
0                    ········· L에 0은 없어요.
>>> L.count(3)
2
```

리스트에 있는 데이터 위치 찾기 – index()

index(x) 메소드는 리스트에서 x의 인덱스를 알려 주는 메소드예요. 만약에 x가 없다면, 'ValueError'가 발생하고, x가 여러 개 있으면, 가장 작은 인덱스를 반환해요. 즉, 가장 먼저 나오는 위치를 알려 줍니다. index() 메소드는 다음과 같이 최대 세 개의 인수를 가질 수 있어요.

인수	1개	리스트.index(찾고자 하는 데이터)
	2개	리스트.index(찾고자 하는 데이터, a) 리스트[a:]에서 찾고자 하는 데이터가 있으면 그 데이터의 인덱스를 반환합니다.
	3개	리스트.index(찾고자 하는 데이터, a, b) 리스트[a:b]에 찾고자 하는 데이터가 있으면 그 데이터의 인덱스를 반환합니다.
반환값	리스트에서 찾고자 하는 데이터의 인덱스를 반환합니다.	

L = [89, 84, 90, 77, 95, 90, 65, 100, 90, 84]	

인수 1개인 경우	>>> L.index(77)
	3
	90은 인덱스 2, 5, 8 세 곳에 있습니다.
	>>> L.index(90) # 여러 개인 경우 가장 앞의 인덱스를 반환합니다.
	2
	>>> L.index(99) # 없는 데이터는 ValueError가 발생합니다.
	……
	99는 L에 없습니다.
	ValueError: 99 is not in list

인수 2개인 경우	>>> L.index(90, 4) # L[4:]에서 90이 처음으로 나오는 인덱스
	5
	>>> L.index(90, 6) # L[6:]에서 90이 처음으로 나오는 인덱스
	8
	>>> L.index(77, 6) # L[6:]에 77이 없으므로 ValueError 발생함.
	……
	ValueError: 77 is not in list

인수 3개인 경우	>>> L.index(77, 2, 7) # L[2:7]에서 77의 위치
	3
	>>> L.index(90, 3, 7) # L[3:7]에서 90의 위치
	5

리스트 역순으로 만들기 – reverse()

reverse() 메소드는 이름이 뜻하는 대로 리스트를 역순으로 만들어 주는 메소드예요. 반환값은 없고 리스트 자체가 바뀝니다.

```
>>> L = [1,3,5,7,9]
>>> result = L.reverse()    # 리스트 L이 역순으로 바뀝니다.
>>> print(L)      L이 바뀌었어요.
[9, 7, 5, 3, 1]
>>> print(result)        # 반환값은 없습니다. 따라서 그냥 L.reverse()라고 씁니다.
None
```

리스트 정렬하기 – sort()

sort()는 리스트를 정렬해 주는 메소드예요. 괄호 안에 인수는 없거나, 1개 또는 2개까지 넣을 수 있고 반환값은 없습니다.

- **인수없이 사용하는 경우**

  인수가 없이 리스트.sort()로 사용하는 경우에는 오름차순으로 정렬시켜 줍니다.

```
>>> L = [5, 10, 2, 7, 4, 2, 3]
>>> L.sort()
>>> L
[2, 2, 3, 4, 5, 7, 10]
>>> M = ['python', 'java', 'c++', 'javascript']
>>> M.sort()  ····· 문자열은 아스키코드 값을 비교해서 정렬합니다.
>>> M
['c++', 'java', 'javascript', 'python']
```

- **인수가 있는 경우**

- 내림차순으로 정렬시키고자 할 때는 인수로 'reverse = True'를 넣어 주어야 합니다.

- sort() 메소드는 숫자는 수의 크기를 기준으로, 문자는 아스키 코드를 기준으로 정렬해 줍니다. 그런데, 정렬 기준을 바꾸어 줄 수도 있습니다. 이때 사용하는 것이 'key= 함수명' 형태의 인수예요. 여기에서 ___ 자리에는 함수를 넣습니다. 그리고 리스트 안에 각 원소에 함수를 적용한 결과에 따라 정렬합니다. 예를 들어 볼게요.

```
>>> N = [4, 10, -5, 0, -8, 1, -9]
>>> N.sort()      # 양수, 0, 음수가 섞여 있는 리스트를 오름차순으로 정렬합니다.
>>> N            인수에 아무것도 안 넣으면 오름차순 정렬합니다.
[-9, -8, -5, 0, 1, 4, 10]
>>> M = [4, 10, -5, 0, -8, 1, -9]
>>> M.sort(key=abs)      # 리스트 M의 각 원소에 abs() 함수를 적용한 결과에 따라 정렬합니다.
>>> M                abs 함수
[0, 1, 4, -5, -8, -9, 10]
>>> city = ['Seoul', 'LA', 'New York', 'Berlin']
>>> city.sort(key=len)      # city의 각 원소에 len 함수를 적용한 결과로 정렬합니다.
>>> city              len 함수
['LA', 'Seoul', 'Berlin', 'New York']
```

city.sort(key = len)는 리스트 city 안에 있는 원소 각각에 len() 함수를 적용하고 그 결과에 대해서 정렬하라는 뜻입니다. 따라서 len() 함수를 적용한 결과에 대해 오름차순으로 정렬합니다. 그러면 다음의 그림과 같이 5, 2, 8, 6을 정렬하게 됩니다. 그 결과 2, 5, 6, 8로 정렬되니까 정렬의 결과는 ['LA', 'Seoul', 'Berlin', 'New York']가 되는 거예요.

```
                    city = ['Seoul', 'LA', 'New York', 'Berlin']
                                       ↓
    city = [len('Seoul'), len('LA'), len('New York'), len('Berlin')]
               5            2             8              6
                                       ↓
            정렬결과 [ 'LA', 'Seoul',  'Berlin', 'New York']
```

다음과 같이 key인수와 reverse인수를 같이 넣을 수도 있습니다.

```
>>> city = ['Seoul', 'LA', 'New York', 'Berlin']
>>> city.sort(key=len, reverse=True)
>>> city
['New York', 'Berlin', 'Seoul', 'LA']
```

CODE 53 아래 리스트 X에는 다섯 개의 데이터가 저장되어 있는데, 4개는 정수이고, 하나는 문자열 '10'이예요. X를 정렬하면 문자열 '10' 때문에 TypeError가 발생합니다. 다른 타입의 데이터가 있어서 정렬할 수 없는 거예요. 이때, 정렬이 되도록 하려면 어떻게 해야 할까요?

```
>>> X = [5, 1, 7, '10', 9]    # 데이터 '10'은 문자열이고 나머지는 모두 정수입니다.
>>> X.sort()                  # 문자열과 정수는 대소 비교를 할 수가 없습니다.
여기에서 TypeError가 발생했습니다.
```

'10'에 int() 함수를 적용하면 정수 자료형으로 변환되고, 정수와 비교할 수 있게 됩니다. int() 함수를 정렬할 때 적용하도록 하면 될 것 같습니다.

```
>>> X = [5, 1, 7, '10', 9]
>>> X.sort(key=int)    # X의 각 원소에 int() 함수를 적용한 후에 정렬합니다.
>>> X
[1, 5, 7, 9, '10']
```

7/ 리스트 안에 리스트 구조

이번에는 리스트의 리스트 구조를 볼게요. 리스트들로 구성된 리스트가 어떤 모양일지 한번 생각해 보세요.

M = [[4,8,1,5], [9,2,2,3], [8,7,9,7]]

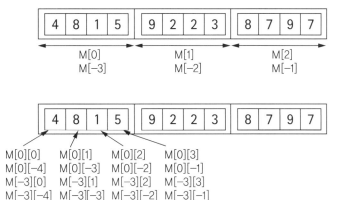

실제로 리스트 안에 리스트가 있는 구조는 아래 그림처럼 만들어져요.

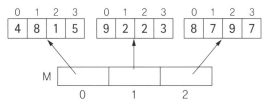

실제로는 M[0]에 [4,8,1,5]가 어디 있는지 참조하는 값이 저장됩니다.
M[1]에는 [9,2,2,3]의 참조값, M[2]에는 [8,7,9,7]의 참조값이 저장됩니다.

```
>>> M = [[4,8,1,5], [9,2,2,3], [8,7,9,7]]
>>> print(M[0])
[4, 8, 1, 5]
>>> print(M[0][3])
5
>>> print(M[-3][0], M[-3][1], M[-3][2], M[-3][3])
4 8 1 5
```

리스트 안에 리스트가 들어가 있는 구조는 위의 그림처럼 저장되지만, 행렬과 같이 생각해도 됩니다. 위의 리스트 M에 sort() 메소드를 적용해 보려고 합니다. sort() 메소드에 key=sum을 넣으면, 리스트의 각 데이터에 sum() 함수를 적용하라는 의미가 되고, M 안에 있는 세 개의 리스트에 sum() 함수를 적용한 결과를 기준으로 정렬하게 됩니다.

리스트들로 구성된 리스트는 행렬과 같아요.

```
>>> M = [[4,8,1,5], [9,2,2,3], [8,7,9,7]]
>>> M.sort(key=sum)
>>> M
[[9, 2, 2, 3], [4, 8, 1, 5], [8, 7, 9, 7]]
>>> M.sort(key=sum, reverse=True)
>>> M
[[8, 7, 9, 7], [4, 8, 1, 5], [9, 2, 2, 3]]
```

CODE 54 배열 M에는 세 반의 학생들의 성적이 저장되어 있어요. 각 반 학생들의 수는 다를 수가 있습니다. 각 반의 평균을 구하여 리스트에 저장하고 소수점 둘째 자리까지 출력하는 코드를 작성해 볼게요.

코드

```
M = [[90, 80, 77, 92, 65, 81],
    [80, 91, 75, 88, 60],
    [75, 79, 93, 80, 80, 80, 80, 90]]

average = []          # 각 반의 평균을 구하여 average 리스트에 저장
for i in range(len(M)):
    average.append(sum(M[i])/len(M[i]))  # 원소의 합을 길이로 나누어 평균 구하기

for i in range(len(average)):  # 리스트 average 출력
    print('{:5.2f}'.format(average[i]))
```

결과

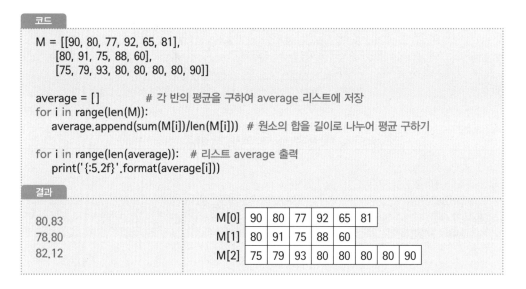

얕은 복사와 깊은 복사

다음 코드는 리스트를 복사하는 코드예요. copy() 메소드에서 설명했듯이 '='을 이용하면 복사본이 생기지 않아서 제대로 복사가 이루어지지 않기 때문에 copy() 메소드를 이용해야 한다고 했어요. 그런데 다음 코드를 보세요.

```
❶ >>> A = [[1,2,3], [4,5,6,7]]
❷ >>> B = A.copy()          # 리스트 A의 복사본 B를 만듭니다.
❸ >>> B[1][2] = 100         # 리스트 B의 내용을 수정합니다.
❹ >>> print(A)              # 리스트 A도 같이 수정되었습니다. 무슨 문제일까요?
    [[1, 2, 3], [4, 5, 100, 7]]
    >>> print(B)
    [[1, 2, 3], [4, 5, 100, 7]]
```

위의 코드는 내부적으로 다음과 같이 수행된 거예요. 아래 왼쪽 그림은 아직 복사하기 전입니다. 리스트 A는 두 개의 리스트 [1,2,3]과 [4,5,6,7]에 대한 참조값을 갖고 있습니다. A.copy()를 하면 리스트 A만 복사됩니다. 즉, 그림에서 파란색 점선으로 표시된 부분만 복사되는 거예요. 그 결과가 오른쪽 그림입니다. 결국 A[0]가 가리키는 리스트와 B[0]가 가리키는 리스트는 동일한 리스트입니다. 마찬가지로 A[1]과 B[1]도 동일한 리스트 [4, 5, 6, 7]을 가리키게 됩니다. 따라서 ❸ B[1][2] = 100을 하게 되면 리스트 [4, 5, 6, 7]에서 6을 100으로 수정하게 됩니다. 이러한 복사를 '얕은 복사(shallow copy)'라고 합니다.

이 문제를 해결하기 위해서는 copy 모듈을 사용해야 합니다. 모듈을 나중에 따로 배울텐데, import해서 사용하는 방법은 알고 있을 거예요. copy 모듈에는 객체를 복사하는 두 가지 함수가 있는데, copy() 함수와 deepcopy() 함수입니다. 모듈에 있는 copy() 함수는 리스트 메소드의 copy() 메소드와 같습니다.

```
>>> import copy              # copy 모듈을 가져옴.
>>> A = [[1,2,3], [4,5,6,7]]
>>> B = copy.copy(A)         # 배열 A를 copy 모듈 안에 copy() 함수를 이용해서 복사함.
>>> B[1][2] = 100
>>> print(A)
[[1, 2, 3], [4, 5, 100, 7]]  # B를 수정했는데, A도 같이 수정됨.
>>> print(B)
[[1, 2, 3], [4, 5, 100, 7]]
```

모듈에 있는 deepcopy() 함수는 이름 그대로 깊이 복사를 수행해 줍니다. 그래서 deepcopy() 함수를 이용하면 위의 문제가 해결됩니다. 이러한 복사를 '깊은 복사(deep copy)'라고 합니다.

```
>>> import copy
>>> A = [[1,2,3], [4,5,6,7]]
>>> B = copy.deepcopy(A)    # 깊은 복사를 수행함.
>>> B[1][2] = 100
>>> print(A)
[[1, 2, 3], [4, 5, 6, 7]]               # A는 그대로임.
>>> print(B)
[[1, 2, 3], [4, 5, 100, 7]]             # 복사본 B는 수정됨.
```

깊은 복사는 다음과 같이 복사가 이루어집니다.

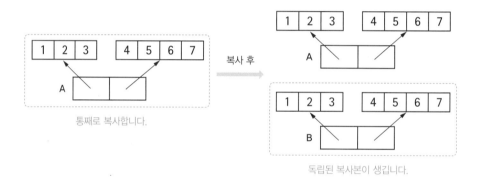

통째로 복사합니다.

복사 후

독립된 복사본이 생깁니다.

8/ 리스트를 이용한 언패킹(Unpacking)

지금까지 여러 개의 변수가 필요할 때는 다음의 ①과 같이 '변수 = 값'이라는 표현을 여러 번 이용했어요. 이렇게 여러 줄 적지 않으려고 세미콜론을 이용하여 ②처럼 한 줄에 적을 수도 있고요. 이런 경우에 리스트를 이용하면 좀 더 간단하게 여러 변수에 값을 할당할 수가 있어요. 바로 ③처럼 리스트를 이용하는 방법입니다. 이를 리스트 'Unpacking'이라고 부릅니다.

```
a = 10
b = 20      →    a = 10; b = 20; c = 30     →     [a, b, c] = [10, 20, 30]
c = 30
  ①                      ②                                  ③
```

이때, '=' 양변에 개수가 같아야 합니다. 그렇지 않으면 다음과 같이 ValueError가 발생합니다.

```
>>> [a, b] = [10, 20, 30]      # '=' 양변에 개수가 맞지 않으면 에러가 발생합니다.
Traceback (most recent call last):
  File "<pyshell#229>", line 1, in <module>
    [a, b] = [10, 20, 30]
ValueError: too many values to unpack (expected 2)
```

변수에 값을 대입할 때, '='의 양변에 개수가 다른 경우도 있을 수 있습니다. 예를 들어서, 하나의 변수에 여러 개의 값을 할당하고자 할 때가 있을 거예요. 그런 경우에는 다음과 같이 변수에 * 기호를 이용해서 값들을 할당해 줄 수 있습니다. * 기호 자리에는 0개 이상 여러 개의 데이터가 리스트로 저장됩니다.

```
>>> [a, b, *c] = [10, 20, 30, 40]      # a = 10; b = 20; c = [30, 40]
>>> print(a, b, c)                     # a, b는 정수이고, c는 리스트입니다.
10 20 [30, 40]
>>> [a, b, *c] = [5, 6]                # c에는 빈 리스트가 들어갑니다.
>>> print(a, b, c)
5 6 []
>>> [a, *b, c] = [1, 2, 3, 4, 5]       # a와 c에는 반드시 한 개의 값이 들어가야 합니다.
>>> print(a, b, c)
1 [2, 3, 4] 5
```

참고 다음 장에서 공부할 튜플도 언패킹 기능이 있습니다.

9/ 리스트 안에 for 반복문 사용하기(List Comprehension)

파이썬에서는 어떤 조건에 맞는 데이터들로 구성된 리스트를 만드는 작업을 쉽게 할 수 있는 기능이 있어요. 예를 들어서, 리스트 A에 1^2, 2^2, ..., 10^2을 저장하려고 합니다. 그러면 학생들은 다음과 같이 for 반복문을 사용해서 쉽게 코드를 작성할 수 있을 거예요.

코드	결과
```A = [] # 빈 리스트를 만듭니다.for x in range(1,11): # x는 1부터 10까지 변합니다. A.append(x*x) x²을 A에 추가합니다.print(A)```	[1. 4. 9, 6, 25, 36, 49, 64, 81, 100]

그런데, 파이썬에서는 위의 코드를 간단히 한 줄로 작성할 수 있도록 합니다. 다음과 같이 셀에 입력해 보세요.

```
>>> A = [x*x for x in range(1,11)]     # 이런 표현을 list comprehension 이라고 합니다.
>>> print(A)
[1, 4, 9, 16, 25, 36, 49, 64, 81, 100]
```

세 줄로 작성했던 코드가 한 줄로 작성이 가능합니다. 이런 표현을 list comprehension이라고 합니다. list comprehension은 일반적으로 다음과 같이 사용합니다.

다음의 왼쪽은 중고등학교 수학 시간에 배웠던 집합의 '조건제시법'이라는 표현이에요. 바로 이 조건제시법 표현이 리스트 안에 for 반복문을 사용하는 표현과 상당히 비슷합니다.

예제 코드를 몇 개 보겠습니다.

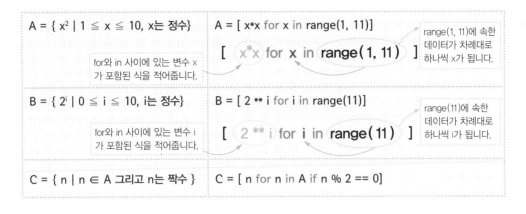

다음과 같이 중첩된 반복문을 사용할 수도 있습니다.

```
L = []
for x in range(1,4):
    for y in range(3,7):
        L.append(x*y)
print(L)
```

```
L=[x * y for x in range(1,4) for y in range(3,7)]
print(L)
```

CODE 55 리스트 L에는 정수가 저장되어 있어요. L에서 홀수만 찾아서 새로운 리스트 M에 저장하는 코드를 list comprehension을 이용해서 작성해 봅니다.

코드

```
L = [4, 7, 8, 1, 2, 5]        # L에는 정수가 여러 개 저장되어 있습니다.
M = [x for x in L if x%2 != 0]   # L에서 x%2 != 0인 데이터만 M에 추가합니다.
print(M)
```

결과

```
[7, 1, 5]
```

CODE 56 리스트 L에는 정수가 여러 개 저장되어 있어요. list comprehension을 이용하여 L에 저장된 정수들을 모두 양수로 바꾸어서 새 리스트 M에 저장하는 코드입니다.

코드

```
L = [3, −1, −7, 5, 10, −11, 14, 2, −8, −5]
M = [abs(n) for n in L]      # L의 원소에 abs( ) 함수를 적용하여 M에 추가합니다.
print(M)
```

결과

```
[3, 1, 7, 5, 10, 11, 14, 2, 8, 5]
```

CODE 57 리스트 words에는 영어 단어가 여러 개 저장되어 있어요. 이 단어들 중에서 가장 길이가 긴 단어를 출력하는 코드를 list comprehension을 이용해서 작성한 코드입니다.

코드
```
words = ['hello', 'python', 'beautiful', 'bookshelf', 'programming']
m = max([len(x) for x in words])    # words에 있는 단어에 len() 함수를 적용합니다.
print(m)
```
결과
```
11
```

CODE 58 리스트 data에는 여러 개의 문자열들이 저장되어 있습니다. 이 중에서 숫자로만 구성된 문자열들을 찾아서 정수로 바꾸어 새로운 리스트 result에 저장하는 코드입니다. 이때에도 list comprehension을 사용해 볼게요.

코드
```
data = ['a123', '500t', '135', 'a2b5', '123!', '100', '120*', '150']
result = [int(x) for x in data if x.isdigit()]
print(result)
```
결과
```
[135, 100, 150]
```

10/ 정리

이번 장에서는 리스트 자료형과 객체에 대해서 학습했어요. 리스트는 어떤 자료형도 저장할 수 있고, 중복된 데이터를 넣을 수도 있는 시퀀스 자료형이에요. 특히 리스트는 mutable 자료형이라서 저장된 데이터를 언제든지 수정할 수 있는 장점이 있어요. 게다가 메소드도 다양해서 변동이 많은 데이터를 관리하기에 좋은 자료형이에요. 다음 장에서는 튜플 자료형을 공부할거예요. 튜플은 리스트와 같은 형태인데, immutable 자료형이기 때문에 사용에 한계가 많아요. 리스트는 앞으로 많이 사용하게 될테니까 리스트의 특징과 메소드의 사용법을 잘 정리해 두기 바랍니다.

🖐️ 코딩연습 프로그래밍 연습문제

32 문자열로 구성된 리스트의 모든 문자열을 하나의 문자열 s로 만들어 출력하는 프로그램을 작성하세요. 리스트 L에 대해서 오른쪽과 같이 수행되도록 코드의 빈 칸을 완성하세요(문자열의 join( ) 메소드와 같은 역할을 하는 코드를 작성해 보는 거예요). for 반복문을 이용합니다.

L = ['apple', 'melon', 'grape']

apple-melon-grape

print(s)

---

33 리스트 L에는 여러 나라명이 저장되어 있어요. 아래 오른쪽과 같이 출력되도록 프로그램을 작성해 보세요.

L = ['Korea', 'France', 'USA', 'China']

for반복문을 이용해서 완성할 것

1 : Korea
2 : France
3 : USA
4: China

---

34 리스트 L에는 과일 이름이 대소문자가 섞여서 저장되어 있어요. L에서 이름이 모두 대문자로만 구성된 과일명을 찾아서 새로운 리스트 L2에 저장하는 프로그램을 작성해 보세요. 빈칸을 채워서 아래 결과가 나오도록 합니다.

L = ['apple', 'MELON', 'Kiwi', 'ORANGE', 'BLUEbERRY', 'peAR']

for 반복문을 이용해서 새로운 리스트 L2를 생성합니다.

print('L :', L)
print('L2:', L2)

L : ['apple', 'MELON', 'Kiwi', 'ORANGE', 'BLUEbERRY', 'peAR']
L2 : [MELON', 'ORANGE']

튜플
자료형

튜플은 리스트와 아주 비슷하게 생겼어요. 리스트처럼 여러 데이터를 묶어서 하나의 튜플 객체로 관리하는데 리스트와 다른 점이 두 가지 있어요. 하나는 리스트에서는 대괄호([])로 데이터들을 묶었는데 튜플에서는 괄호를 이용하여 데이터들을 묶습니다. 두 번째 다른 점은 리스트는 mutable 자료형인 반면에 튜플은 immutable 자료형이에요. 즉, 튜플은 일단 만들면 그 안에 있는 데이터의 내용을 수정할 수가 없어요. 따라서 튜플은 안에 있는 원소를 수정 또는 삭제한다거나 튜플에 새로운 원소를 추가할 수가 없습니다. 여기에서 튜플이 변경 불가능하다는 것은 아주 중요해요. 왜냐하면 객체를 수정하는 메소드를 가질 수 없거든요. 실제로 튜플은 count(), index() 이렇게 두 개의 메소드만을 갖습니다. 이번 장에서는 이러한 튜플에 대해 알아보겠습니다.

튜플, 리스트는 다음과 같은 차이가 있어요.

튜플	리스트
()	[ ]
immutable	mutable
메소드 2개 count(), index()	메소드 11개

1/ 튜플 만들기

튜플 만드는 방법에 대해서 자세히 알아볼게요. 튜플도 리스트처럼 여러 데이터를 묶어서 처리하기에 적합해요. 튜플로 데이터를 묶을 때는 괄호를 이용하는데, 괄호 없이 콤마로 데이터들을 분리해도 튜플이에요. 다음의 예를 보세요.

```
>>> T1 = (3, 2, 7, 1)
>>> type(T1)
<class 'tuple'>
>>> T2 = 5, 3, 7        괄호가 없이 콤마로 여러 데이터를 적는 경우도 튜플입니다.
>>> type(T2)
<class 'tuple'>
>>> T3 = 6, 8, 9,       맨 마지막에 콤마가 있기도 합니다.
>>> type(T3)
<class 'tuple'>
```

> **NOTE** 괄호가 없더라도 숫자들이 나열되어서 나오면 묶어서 튜플로 취급해요. 지금까지 여러 변수 값들을 출력하기 위해 프롬프트에서 변수들을 콤마로 분리해서 적었어요. 그랬더니 괄호로 묶어서 결과가 출력되었죠. 이게 바로 튜플이었던 거예요.
>
> ```
> >>> a = 3; b = 4; c = 5
> >>> a, b, c   # 튜플로 출력하게 되니까 괄호로 묶어서 출력합니다.
> (3, 4, 5)
> ```

원소가 한 개뿐인 튜플을 만들 때는 특별히 조심해야 되요. 다음과 같이 괄호 안에 한 개의 데이터만 넣으면 튜플로 인식하지 않는다는 거예요. 컴퓨터는 괄호 안에 데이터가 단 한 개만 있으면 괄호를 무시합니다.

```
>>> T1 = (5)              # 괄호 안에 정수만 하나 있으면 튜플이 아니라 정수입니다.
>>> type(T1)
<class 'int'>
>>> T2 = ('apple')        # 괄호 안에 문자열만 하나 있으면 튜플이 아니라 문자열입니다.
>>> type(T2)
<class 'str'>
>>> len(T2)               # 'apple'의 길이가 나와요.
5
>>> T3 = ([1,2,3]) # 괄호 안에 리스트만 하나 있으면 튜플이 아니라 리스트입니다.
>>> type(T3)
```

```
<class 'list'>
>>> len(T3)              # 리스트 [1,2,3]의 길이가 나와요.
3
>>> T4 = ((1,3,5,7,9))   # 괄호 안에 튜플이 하나 있으면 역시 그냥 튜플입니다.
>>> type(T4)
<class 'tuple'>
>>> len(T4)              # 튜플 (1,3,5,7,9)의 길이가 나와요.
5
```

원소가 한 개뿐인 튜플을 만들려면 반드시 그 원소 다음에 콤마를 적어야 합니다. 그러면 원소
한 개짜리 튜플로 인식해요.

```
>>> S1 = (5,)            # S1 = 5, 라고 해도 똑같습니다.
>>> type(S1)             콤마를 넣으면 원소 한 개짜리 튜플로 인식합니다.
<class 'tuple'>
>>> len(S1)
1
>>> S2 = ('hello',)      # S2 = 'hello', 라고 해도 똑같습니다.
>>> type(S2)
<class 'tuple'>
>>> len(S2)
1
>>> S3 = ([1,2,3],)      # S3 = [1,2,3], 라고 해도 똑같습니다.
>>> type(S3)
<class 'tuple'>
>>> len(S3)
1
```

원소를 한 개만 갖는 튜플은 원소 뒤에 반드시
',' 를 넣어야 해요.

S1 = (5,)

그리고 괄호가 없어도 되니까 S1 = 5, 라고 해도 됩니다.

빈 튜플 만들기

빈 튜플은 다음의 두 가지 방법으로 만들 수 있습니다.

빈 괄호 이용하기	tuple() 함수 이용하기

>>> T = ()
>>> type(T)
<class 'tuple'>
	>>> T = tuple()
	>>> type(T)
	<class 'tuple'>

다른 자료형을 튜플로 변환하기

리스트처럼 튜플에는 어떤 자료형도 저장될 수 있습니다. 그리고 tuple() 함수를 이용하면 다른 자료형을 튜플로 변환할 수 있습니다. list() 함수와 마찬가지로 tuple() 함수의 인수도 iterable 자료형을 넣어 주어야 합니다.

튜플 ← 문자열	>>> book = 'Harry Potter'
	>>> T1 = tuple(book)
	>>> T1
	('H', 'a', 'r', 'r', 'y', ' ', 'P', 'o', 't', 't', 'e', 'r')

튜플 ← 리스트	>>> L = [1, 3, 5, 7]
	>>> T2 = tuple(L)
	>>> T2
	(1, 3, 5, 7)

튜플 ← 집합	>>> S = {'red', 'blue', 'white'} # 집합은 순서 개념이 없어요.
	>>> T3 = tuple(S)
	>>> T3
	('white', 'blue', 'red')

튜플 ← 사전	>>> area_code = {'서울':'02', '경기':'031', '인천':'032'}
	>>> T4 = tuple(area_code) # 키만 튜플에 저장합니다.
	>>> T4
	('서울', '경기', '인천')

튜플 ← range()	>>> T5 = tuple(range(10, 60, 10))
	>>> T5
	(10, 20, 30, 40, 50) iterable 자료형을 반환하는 함수

튜플 ← reversed()	>>> T6 = tuple(reversed([13, 25, 11, 12]))
	>>> T6
	(12, 11, 25, 13)

2/ 튜플 인덱싱(indexing), 슬라이싱(slicing)

튜플은 리스트처럼 인덱스를 갖는 자료형입니다. 따라서 리스트와 똑같이 인덱스를 사용할 수 있고 슬라이싱도 할 수가 있어요. 다음의 예를 보고 튜플에 인덱싱, 슬라이싱을 할 수 있도록 연습해 보세요.

```
>>> primes = (2, 3, 5, 7, 11, 13, 17, 19, 23, 29)
>>> print(primes[5])
13
>>> print(primes[-1])          # -1은 맨 마지막 자리입니다.
29
>>> print(primes[3:7])        # 인덱스 3에서 인덱스 6까지입니다.
(7, 11, 13, 17)
>>> print(primes[8:2:-3])
(23, 13)
```

3/ 튜플은 immutable 객체입니다

튜플은 변경 불가능한 객체입니다. 즉, 튜플 객체는 만든 후에 내용을 바꿀 수 없어요. 따라서 다음과 같이 튜플 안에 있는 원소를 수정하거나 삭제하려면 에러가 발생해요.

```
>>> T = (1, 3, 6, 7)
>>> T[2] = 5          # 인덱스 2에 있는 6을 5로 바꾸려고 하는데 에러가 발생해요.
......
TypeError: 'tuple' object does not support item assignment
>>> del T[2]          # T[2]에 있는 6을 삭제하려고 하는데 에러가 발생해요.
......
TypeError: 'tuple' object doesn't support item deletion
```

하지만, 튜플을 통째로 삭제하기 위해서 del 연산자를 사용하는 것은 가능합니다.

```
>>> T = ('apple', 'banana', 'grape', 'orange')
>>> del T
>>> T
......
NameError: name 'T' is not defined
```

튜플 안에 mutable 자료형도 저장할 수 있습니다

튜플에는 아홉 가지 자료형이 모두 저장될 수 있습니다. 그러면 튜플 자체는 immutable하지만
튜플이 가지고 있는 데이터 중에 mutable 데이터인 리스트, 집합, 사전이 있을 수 있다는 거죠.
이 경우에는 각 자료형이 가지고 있는 특징대로 다루면 됩니다.

튜플 안에 리스트가 저장된 경우의 예제를 보겠습니다. 즉, immutable 자료형인 튜플 안에
mutable 자료형인 리스트가 저장되었습니다. 아래 코드에서 T[0]는 수정할 수 없습니다. 하지만
리스트인 T[0] 안의 데이터는 리스트이기 때문에 수정할 수 있어요.

```
>>> T = ([1,2,3], [7,8])
>>> T[0][2] = 100    # T[0]는 리스트
>>> T
([1, 2, 100], [7, 8])
>>> T[1][0] = 200    # T[1]은 리스트
>>> T
([1, 2, 100], [200, 8])
```

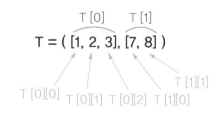

다음과 같이 튜플에 리스트, 튜플, 문자열을 넣고 mutable 객체인 리스트와 immutable 객체인
튜플과 문자열에 수정이 가능한지를 보겠습니다.

```
>>> T = ([1,2,3], (4,5), 'hello')
>>> T[0] = [10, 20, 30]      튜플 안에 원소를 수정할 수 없습니다.
......
   T[0] = [10, 20, 30]
TypeError: 'tuple' object does not support item assignment
>>> T[0][0] = 10        # 튜플 안에 저장된 리스트는 수정이 가능합니다.
>>> T[0][1] = 20
>>> T[0][2] = 30
>>> T
```

```
([10, 20, 30], (4, 5), 'hello')
>>> T[1][0] = 40        # 튜플 안에 저장된 튜플은 수정할 수 없습니다.
......
    T[1][0] = 40
TypeError: 'tuple' object does not support item assignment
>>> T[2][0] = 'H'       # 튜플 안에 저장된 문자열도 수정할 수 없습니다.
......
T[2][0] = 'H'
TypeError: 'str' object does not support item assignment
```

4/ 튜플에 +, *, in, not in, del 연산자 사용하기

튜플에 +, *, in, not in은 문자열과 같습니다. 즉, +는 연결, *는 반복, in과 not in은 원소인지 판단하는 연산입니다. +=, *= 기호도 사용 가능합니다.

```
>>> T = (7, 8, 2, 5, 4)
>>> S = (6,9)
>>> T + S              # 튜플 T와 S를 연결한 새로운 튜플을 만듭니다.
(7, 8, 2, 5, 4, 6, 9)
>>> S * 5              # 튜플 S를 5번 반복해서 만든 새로운 튜플을 만듭니다.
(6, 9, 6, 9, 6, 9, 6, 9, 6, 9)
>>> 4 in T
True
>>> 10 not in S
True
```

또한 +=, *=도 사용 가능합니다. 다음의 코드에서 T += S 라고 하면 튜플 S를 연결한 새로운 튜플을 만드는 것을 할 수가 있어요.

```
>>> T = (1, 2, 3)
>>> S = (4, 5)
>>> id(T), id(S)
(64908064, 64962512)
>>> T += S
>>> id(T), id(S)
(64788544, 64962512)
>>> T
(1, 2, 3, 4, 5)
>>> S
(4, 5)
>>> A = (7, 9)
>>> A *= 3
>>> A
(7, 9, 7, 9, 7, 9)
```

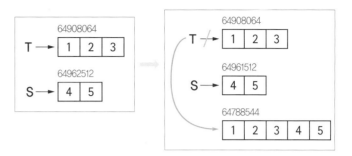

5/ 튜플에 함수 적용하기 – len(), max(), min(), sum(), sorted(), reversed()

튜플에 위의 여섯 가지 함수는 모두 사용할 수 있어요. 리스트에 적용할 때와 똑같습니다.

```
>>> primes = (5, 13, 2, 7, 9)
>>> len(primes), max(primes), min(primes), sum(primes)
(5, 13, 2, 36)
>>> sorted(primes)                    # sorted() 함수의 결과는 리스트입니다.
[2, 5, 7, 9, 13]
>>> reversed(primes)
<reversed object at 0x01660B90>
>>> tuple(reversed(primes))           # reversed() 함수 결과를 tuple로 변환합니다.
(9, 7, 2, 13, 5)
>>> list(reversed(primes))            # reversed() 함수 결과를 list로 변환합니다.
[9, 7, 2, 13, 5]
```

6/ 튜플 메소드

튜플은 immutable 자료형이라고 했어요. 리스트와 비슷한 형태인데 리스트는 mutable하고 튜플은 immutable하다는 특징 때문에 큰 차이가 있어요. dir(tuple)로 튜플에 적용할 수 있는 메소드들을 확인해 보면 count와 index 두 개만이 있음을 알 수가 있어요. 리스트에 있는 다른 메소드들인 append(), insert(), pop(), discard() 메소드 등은 immutable한 튜플에는 적용할 수가 없겠죠. count(), index() 메소드는 튜플에도 있는 메소드로 리스트에서와 사용법이 같습니다.

```
>>> dir(tuple)
['__add__', '__class__', '__contains__', '__delattr__', '__dir__', '__doc__', '__eq__',
'__format__', '__ge__', '__getattribute__', '__getitem__', '__getnewargs__',
'__gt__', '__hash__', '__init__', '__init_subclass__', '__iter__', '__le__', '__len__',
'__lt__', '__mul__', '__ne__', '__new__', '__reduce__', '__reduce_ex__', '__repr__',
'__rmul__', '__setattr__', '__sizeof__', '__str__', '__subclasshook__', 'count',
'index']
```

메소드	설명	반환값	발생 가능 에러
count(x)	데이터 x의 개수를 반환합니다.	있음	없음
index(x)	데이터 x의 인덱스를 반환합니다. x가 없는 데이터이면, ValueError가 발생합니다.	있음	ValueError

튜플에 있는 데이터 개수 세기 – count()

count(x) 메소드는 튜플에 데이터 x가 몇 개인지를 반환해 주는 메소드예요. 반드시 인수로 한 개의 데이터를 넣어 주어야 하고, x가 없는 데이터인 경우 0을 반환합니다.

```
>>> T = (3, 7, 9, 3, 2, 7, 3, 7)
>>> T.count(7)      # 튜플 T에는 7이 3개 있습니다.
3
>>> T.count(5)      # 튜플 T에는 5가 없습니다.
0
```

튜플에 있는 데이터 위치 찾기 – index()

튜플에 대한 index() 메소드는 리스트의 index() 메소드와 사용법이 같습니다.

>>> T = (3, 7, 9, 3, 2, 7, 3, 7)	

인수 1개인 경우	>>> T.index(2)
	4
	>>> T.index(7) # 데이터가 여러 개인 경우 첫 번째 인덱스 반환
	1
	>>> T.index(5) # 없는 데이터에 대해서는 ValueError 발생
	……
	ValueError: tuple.index(x): x not in tuple

인수 2개인 경우	>>> T.index(7, 5) # T[5:]에서 처음으로 7이 있는 인덱스 반환
	5
	>>> T.index(3, 2) # T[2:]에서 처음으로 3이 있는 인덱스 반환
	3
	>>> T.index(9, 5) # T[5:]에서 9가 없으므로 ValueError 발생
	……
	ValueError: tuple.index(x): x not in tuple

인수 3개인 경우	>>> T.index(7, 3, 6) # T[3:6]에서 7의 인덱스를 반환
	5
	>>> T.index(2, -6, -1) # T[-6:-1]에서 2의 인덱스를 반환
	4

다음의 두 예제는 튜플에 대해서 for 반복문을 수행하는 연습을 위한 코드예요. 굳이 이렇게 코딩할 필요는 없는 문제지만, for 반복문에 튜플을 적용하는 문제로 연습하기에 좋을 것 같습니다.

CODE 59 튜플의 count() 메소드와 똑같이 동작하는 코드를 작성해 보려고 합니다. T에는 (89, 90, 85, 99, 77, 58, 85, 77) 이렇게 8개의 성적이 저장되어 있어요. 하나의 성적을 입력받아서 T에 입력받은 성적이 몇 개 저장되어 있는지 세어서 출력하는 프로그램을 작성해 볼게요.

코드

```
T = (89, 90, 85, 99, 77, 58, 85, 77)

score = int(input('Enter score : '))
cnt = 0                         # cnt는 개수를 세기 위한 변수입니다.
for x in T:                     # 튜플 T에서 원소를 하나씩 차례대로 가져와서 루프를 수행합니다.
    if x == score:              # x와 score가 같으면 cnt 값을 1 증가시킵니다.
```

```
        cnt += 1
    print("{} - There are {}.".format(score, cnt))
```

결과 1	결과 2	결과 3
Enter score : 85 85 - There are 2.	Enter score : 90 90 - There are 1.	Enter score : 100 100 - There are 0.

7/ 튜플의 이용

지금까지 튜플에 대해서 배웠는데, immutable하다는 특징 때문에 리스트보다 많이 제한적임을 알 수 있을 거예요. 즉, 한번 모아 놓은 데이터를 바꾸지 않아야 하는 경우에는 튜플을 사용하겠죠.

5장에서 print() 함수에 대해 공부할 때 다음과 같이 출력하는 문법에 대해서 배웠어요. print() 함수 내에 (a,b) 부분이 바로 튜플이에요. 5장에서는 튜플을 배우기 전이라서 이 자리에 2개 이상의 변수가 와야 하면 반드시 괄호로 묶어야 한다고 했었죠. 바로 이 자리에 튜플이 와야 하기 때문에 그렇게 얘기했던 거예요.

```
>>> a = 10; b = 20
>>> print('a = %d  b = %d' % (a,b))     (a,b)가 튜플이에요.
a = 10  b = 20
```

swap은 두 변수의 값을 바꾸는 일을 의미해요. 그러니까 변수 a와 b를 swap한다면, a에 있던 값을 b에 저장하고, b에 있던 값은 a에 저장하는 거죠. 이러한 swap을 튜플을 이용하면 간단히 할 수가 있어요. 이렇게 swap하는 것은 튜플뿐 아니라 리스트를 이용해서도 swap을 할 수가 있습니다.

```
>>> a = 10; b = 20
>>> b, a = a, b       # (b, a) = (a, b)와 같은 표현입니다.
>>> print(a, b)       # 출력해 보면 a의 값과 b의 값이 바뀌어 있어요.
20 10
```

리스트도 swap에 사용할 수 있어요.

다른 언어에서는 swap을 하려면 반드시 추가 변수가 필요했어요.

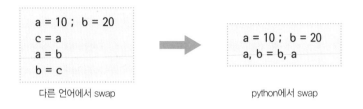

다른 언어에서 swap   python에서 swap

IDLE에서 다음과 같이 출력하는 것도 튜플로 인식되어서 튜플 결과가 출력이 되는 거예요.

```
>>> a = 10; b = 20; c = 30
>>> a, b, c      # 괄호가 없더라도 데이터가 콤마로 분리되어 나열되면 튜플로 인식함.
(10, 20, 30)
```

아직 배우지는 않았지만 12장에서 사전을 배울 때 사전의 키로 리스트는 사용할 수 없지만 튜플은 사용할 수 있다는 것을 배울 거예요. 그리고 13장에서 함수를 학습할 때, 함수의 반환값이 여러 개인 경우에 튜플이 이용된다는 것도 학습합니다.

8/ 정리

리스트와 튜플을 비교해 보겠습니다.

	리스트	튜플
기호	[]	()
저장되는 데이터	아홉 가지 자료형 모두 저장 가능	아홉 가지 자료형 모두 저장 가능
변경 가능성	변경 가능 (mutable 자료형)	변경 불가능 (immutable 자료형)
메소드	append(), insert(), clear() 등 11개의 메소드가 있음.	count(), index() 두 개만 있음.

위의 표를 보면 리스트가 튜플보다 융통성 있게 사용할 수 있는 자료형임을 쉽게 알 수 있습니다. 그런데, 튜플은 immutable하기 때문에 데이터를 변경하지 않아야 하는 경우에는 리스트보다 튜플로 사용하는 것이 적합하겠죠.

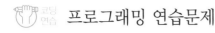
프로그래밍 연습문제

35 튜플에 index( ) 메소드가 없다고 가정하고, 튜플에 index( ) 메소드에 해당하는 코드를 작성하는 문제예요. 그런데 튜플의 index( ) 메소드는 없는 데이터에 대해서는 ValueError를 발생하고, 중복된 데이터에 대해서는 맨 처음에 있는 데이터의 인덱스만을 반환합니다. 이를 수정해서 없는 데이터를 넣으면 '... is not in T'라고 출력하고 중복된 데이터의 인덱스는 모두 출력하도록 합니다. 이때 중복된 데이터의 인덱스를 리스트에 저장했다가 튜플로 변환하여 출력합니다.

T = (89, 90, 85, 99, 77, 58, 85, 77, 85)

\# 튜플 T에 대해서 코드를 완성할 것.

Enter score : **85**   Enter score : **90**   Enter score : **100**
85 is at (2, 6, 8)   90 is at (1,)   100 is not in T

36 다음과 같이 튜플 score에는 크기가 각각 다른 리스트가 네 개 저장되어 있습니다. 내부에 있는 네 개의 리스트는 네 개 반의 학생들의 성적들이예요. 각 반의 평균을 구하여 아래와 같이 출력되도록 프로그램을 작성해 보세요.

score = ([80, 90, 88, 75, 91, 65],   \# 1반 성적   1반 - 81.50
        [75, 65, 80, 92],   \# 2반 성적   2반 - 78.00
        [90, 90, 88, 95, 70],   \# 3반 성적   3반 - 86.60
        [83, 73, 90, 88, 90])   \# 4반 성적   4반 - 84.80

참고 위의 문제는 모두 리스트로 해도 괜찮습니다. 그런데, 일부러 튜플 연습 문제에 넣었어요. 대부분의 경우 한 학년에 몇 개의 반이 있는지는 바뀌지 않기 때문에 반들을 모아서 튜플에 저장하였고, 각 반의 성적은 학생들의 성적이 바뀔 수 있기 때문에 리스트로 저장하였습니다.

```
>>> score = ([80, 77, 89], [88, 90, 95, 75], [80, 90, 70])
>>> score[1][2] = 100     # 튜플 안의 리스트는 변경가능합니다.
>>> print(score)
([80, 77, 89], [88, 90, 100, 75], [80, 90, 70])
```

집합
자료형

파이썬에는 수학 시간에 배운 집합을 그대로 표현할 수 있는 집합 자료형이 있어요. 집합은 두 가지 특징이 있어요. 첫 번째 특징은 집합 내에는 중복된 원소가 없다는 것이고, 두 번째 특징은 집합에 포함된 원소에는 순서 개념이 없다는 거죠. 집합을 배울 때 항상 나오는 내용이 집합의 원소인지의 여부($\in, \notin$), 부분 집합($\subset, \not\subset$), 교집합($\cap$), 합집합($\cup$), 차집합($-$)이었을 거예요. 바로 이런 집합을 파이썬에서는 손쉽게 코딩할 수 있어요.

지금까지 공부한 자료형 중에서 mutable한 자료형은 리스트뿐이었어요. 이제 남은 자료형으로 집합과 사전이 있는데, 집합과 사전은 모두 mutable한 자료형이에요. 그러면 집합과 사전에는 기존의 원소를 수정하거나 새로운 원소 삽입, 또는 기존 원소 삭제가 가능하겠죠. 실제로 집합과 사전에는 그러한 메소드들이 많아요. 특히 집합의 경우에는 집합 연산을 수월하게 할 수 있도록 합집합, 교집합, 차집합을 바로 구할 수 있는 메소드들을 제공하고 있어요.

집합은 중복된 데이터가 없고, 순서 개념이 없는 mutable 자료형이에요.

리스트 자료형

튜플 자료형

집합 자료형

사전 자료형

함수

파일 입출력

모듈

에러와 예외처리

클래스와 객체 지향 개념

1/ 집합 만들기

파이썬에서 집합을 만들 때는 집합 기호 { }를 그대로 사용하면 됩니다. 아래 그림에서 집합 A는 원소의 개수가 4입니다. 집합 B의 경우에는 모두 아홉 개의 원소를 집합 기호 안에 넣었지만, 집합은 중복된 원소들을 모두 동일한 한 개로 간주하기 때문에 집합 B의 경우는 실제 원소의 개수가 다섯 개예요.

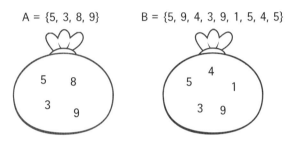

집합은 순서 개념이 없기 때문에 인덱스를 사용할 수가 없어요. 리스트와 튜플에서는 중복된 데이터가 저장될 수 있었고 인덱스를 이용해서 데이터에 접근할 수가 있었죠. 이런 점에서 집합은 리스트, 튜플과는 완전히 다른 성격의 컨테이너 자료형이에요.

집합에는 immutable한 자료형만 저장이 가능해요. 따라서 정수, 실수, 복소수, 부울, 문자열, 튜플만 집합에는 저장할 수가 있습니다.

집합은 수학 시간에 배웠던 집합 기호를 사용해서 만들 수 있어요. 다음은 문자열들을 갖고 있는 집합 colors예요. type을 확인해 보니까 set이라고 나오죠. print() 함수를 이용해서 출력하면 저장한 순서와 다르게 출력되는 것을 볼 수 있습니다. 집합에서는 순서 개념이 없기 때문에 어떤 순서로 저장되어 있는지를 알 필요가 없어요. 단지, 원소가 집합에 있는지 없는지가 중요합니다. 또한 집합 A와 같이 중복된 데이터를 넣어도 집합은 중복된 데이터를 갖지 않기 때문에 중복을 제거하고 집합을 만들어 줍니다.

```
>>> colors = {'white', 'black', 'gray', 'red', 'blue'}
>>> type(colors)                    # 집합의 type은 set입니다.
<class 'set'>
>>> print(colors)                   # 집합에는 순서 개념이 없습니다.
{'white', 'gray', 'blue', 'black', 'red'}
>>> A = {3, 5, 9, 1, 5, 7, 3, 5}    # 집합에서 중복된 데이터는 하나로 취급합니다.
>>> print(A)
{1, 3, 5, 7, 9}
>>> len(A)
5
```

빈 집합 만들기

일반적으로 수학에서는 공집합을 { }로 표현합니다. 그런데, 파이썬에서는 공집합을 표현할 때 조심해야 합니다. 파이썬에서는 { }는 빈 사전을 의미합니다. 파이썬에서 빈 집합을 표현하려면 반드시 set() 함수를 이용해야 합니다.

```
>>> S = set()      # 공집합을 만들려면 반드시 set()이라고 해야 합니다.
>>> type(S)
<class 'set'>
```

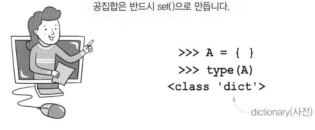

{ }은 공집합이 아니고 빈 사전입니다.
공집합은 반드시 set()으로 만듭니다.

```
>>> A = { }
>>> type(A)
<class 'dict'>
```
        dictionary(사전)

집합에 넣을 수 있는 자료형

집합에는 immutable 자료형만 저장할 수 있어요. 즉, 정수, 실수, 복소수, 부울형, 문자열, 튜플을 넣을 수 있습니다. 만약에 mutable 자료형인 리스트, 집합, 사전을 집합의 원소로 저장하려고 하면 다음과 같이 TypeError가 발생합니다.

```
>>> S = {1, 3.5, True, 2+5j}
>>> S
{(2+5j), 1, 3.5}

>>> T = {[1,2], 3, 4, 5}          # 집합에 리스트를 넣으면 TypeError가 발생합니다.
......
    T = {[1,2], 3, 4, 5}
TypeError: unhashable type: 'list'
```

```
>>> W = {1, 2, {3, 4, 5}, 10, 20}     # 집합에 집합을 넣으면 TypeError가 발생합니다.
......
    W = {1, 2, {3, 4, 5}, 10, 20}
TypeError: unhashable type: 'set'

>>> V = {10, {1:'one', 2:'two'}, 70}  # 집합에 사전을 넣으면 TypeError가 발생합니다.
......
    V = {10, 20, {1:'one', 2:'two'}, 50, 70}
TypeError: unhashable type: 'dict'
```

다른 자료형의 데이터를 집합으로 변환하기

set() 함수를 사용하여 iterable 데이터를 집합으로 만들 수도 있어요. 아래 예를 보면 set() 함수를
이용해서 리스트, 튜플, 문자열 등을 집합으로 변환하였습니다. 여기에서 유의할 점은 집합은 순서
개념이 없기 때문에 시퀀스 자료형인 문자열, 리스트, 튜플이 집합으로 바뀌었을 때 순서 개념이 없
어진다는 거예요. 즉, 중복도 제거되고 순서 개념도 없이 집합으로 만들어집니다.

집합 ← 문자열	`>>> book = 'python programming'`
	`>>> S1 = set(book)  # 중복을 제거하고 저장합니다.`
	`>>> print(S1)`
	`{'i', 'm', ' ', 'o', 'r', 't', 'y', 'h', 'a', 'p', 'g', 'n'}`

집합 ← 리스트	`>>> score = [88, 94, 70, 85]`
	`>>> S2 = set(score)`
	`>>> print(S2)`
	`{88, 70, 85, 94}`

집합 ← 튜플	`>>> data = (1, 3, 5, 10, 2, 3)`
	`>>> S3 = set(data)`
	`>>> print(S3)`
	`{1, 2, 3, 5, 10}`

```
>>> sports = {'baseball':9, 'basketball':6, 'soccer':11}
>>> S4 = set(sports)    # 키만 가져옵니다.
>>> print(S4)
{'baseball', 'basketball', 'soccer'}
```

range(), reversed() 함수도 set() 함수의 괄호에 넣을 수 있습니다.

두 집합이 같은지 비교하기

두 집합이 같으려면 원소의 개수가 같고, 같은 원소로 구성되어야 합니다. 다음의 예를 보세요.

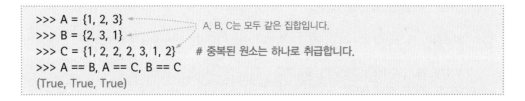

```
>>> A = {1, 2, 3}
>>> B = {2, 3, 1}          A, B, C는 모두 같은 집합입니다.
>>> C = {1, 2, 2, 2, 3, 1, 2}   # 중복된 원소는 하나로 취급합니다.
>>> A == B, A == C, B == C
(True, True, True)
```

아래 세 집합은 모두 같습니다.

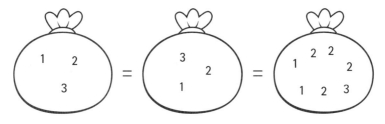

2/ 집합은 인덱싱(indexing), 슬라이싱(slicing)할 수 없습니다

집합은 순서 개념이 없기 때문에 인덱싱/슬라이싱을 할 수가 없습니다. 즉, 데이터를 순서 개념을 갖고 유지하려면 집합을 사용하면 안 됩니다.

3/ 집합은 mutable 객체입니다

집합은 변경 가능한 객체입니다. 즉, 집합 객체를 만든 다음에 집합에 새로운 원소를 추가하거나 삭제할 수 있어요. 하지만 집합은 중복된 원소를 갖지 않으므로 이미 집합에 있는 원소를 추가해도 집합은 변하지 않습니다. 집합은 인덱스를 사용할 수 없기 때문에 집합의 원소를 추가하거나 삭제하려면 반드시 집합에만 적용하는 메소드들을 사용해야 합니다. 집합에 원소를 추가하려면 add() 메소드, 삭제하려면 discard(), pop(), remove() 메소드가 있는데 이 메소드들은 집합 메소드들을 묶어서 설명할 때 한꺼번에 설명하겠습니다.

4/ for 반복문과 집합

집합에도 for 반복문을 사용합니다. 그런데 리스트나 튜플에 for 반복문을 적용할 때와 다른 점이 있어요. 무엇일까요? 집합은 순서가 없다고 했어요. 그러니까 for 반복문을 적용했을 때, 원소들이 어떤 순서로 반복 처리를 할지 알 수가 없어요. 다음의 예를 보세요.

코드	결과
s = {'red', 'yellow', 'blue'} for x in s: print(x)	blue red yellow
s = {3.5, 8, 2.1, 5.0} for x in s: print(x)	8 3.5 5.0 2.1

5/ 집합에 함수 적용하기 – len(), max(), min(), sum(), sorted(), reversed()

문자열, 리스트, 튜플에 적용했던 내장 함수들을 집합에도 적용해 보겠습니다.

len()	집합 안의 원소 개수를 반환합니다.
max()	집합 안의 원소 중에서 가장 큰 수를 반환합니다.
min()	집합 안의 원소 중에서 가장 작을 수를 반환합니다.
sum()	집합 안의 원소의 합을 구하여 반환합니다. 원소들이 수치자료형이어야 합니다.
sorted()	집합을 오름차순으로 정렬시켜 리스트로 반환합니다.
reversed()	집합 자료형에는 reversed() 함수를 적용할 수 없습니다.

```
>>> S = {1, 2, 3, 4, 3}
>>> len(S)
4
>>> max(S)
4
>>> min(S)
1
>>> sum(S)   # 중복된 데이터는 한번만 더해줍니다.
10
```

```
>>> S = {5, 7, 9, 2, 3, 6}
>>> T = sorted(S)
>>> T          ·········  리스트로 반환합니다.
[2, 3, 5, 6, 7, 9]
>>> R = reversed(S)
......           reversed()는 집합에 적용할 수 없습니다.
  R = reversed(S)
TypeError: 'set' object is not reversible
```

CODE 60 리스트 score에는 학생들의 성적이 저장되어 있는데, 동점인 성적들도 있습니다. 다음은 집합을 이용해서 각 성적에 대해서 동점인 학생 수를 출력하는 프로그램입니다.

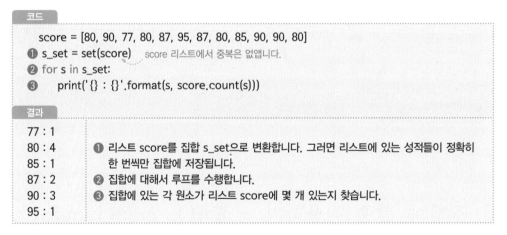

코드
```
   score = [80, 90, 77, 80, 87, 95, 87, 80, 85, 90, 90, 80]
❶ s_set = set(score)     score 리스트에서 중복은 없앱니다.
❷ for s in s_set:
❸    print('{} : {}'.format(s, score.count(s)))
```

결과
```
77 : 1
80 : 4
85 : 1
87 : 2
90 : 3
95 : 1
```

❶ 리스트 score를 집합 s_set으로 변환합니다. 그러면 리스트에 있는 성적들이 정확히 한 번씩만 집합에 저장됩니다.
❷ 집합에 대해서 루프를 수행합니다.
❸ 집합에 있는 각 원소가 리스트 score에 몇 개 있는지 찾습니다.

위의 코드는 집합의 활용을 잘 보여주는 예제예요. 어떤 경우에 집합을 활용하는 것이 좋은지 기억해 두기 바랍니다.

CODE 61 다음은 하나의 문자열을 input()으로 입력받아서 집합을 이용하여 입력받은 문자열에 알파벳이 각각 몇 번씩 나오는지를 출력하는 프로그램입니다. 예를 들어서, 문자열 'python'에는 'p', 'y', 't', 'h', 'o', 'n'이 각각 1개씩 있습니다.

코드

```python
string = input('Enter string : ')
string_set = set(string)      # 입력받은 문자열을 집합으로 변환합니다.
for s in string_set:          # 각 문자가 string에 몇 번 나오는지 찾습니다.
    print('{} : {}'.format(s, string.count(s)))
```

결과1

```
Enter string : mississippi
s : 4
m : 1
p : 2
i : 4
```

결과2

```
Enter string : good
g : 1
d : 1
o : 2
```

결과3

```
Enter string : desk
e : 1
s : 1
d : 1
k : 1
```

6/ 집합에 in, not in, del 연산자 사용하기(집합에 +, * 연산은 할 수 없습니다)

집합에 대해 +, * 연산자는 사용할 수 없고 in, not in은 사용 가능합니다. in 연산자는 ∈ 기호에 해당하고, not in은 ∉ 기호에 해당합니다. del 연산자를 이용하면 만들었던 집합을 통째로 삭제할 수가 있어요. del을 이용해서 집합 안의 원소를 삭제할 수는 없습니다.

```python
>>> S = {5, 9, 2, 8, 1}
>>> 9 in S         # 9 ∈ S
True
>>> 7 not in S     # 7 ∉ S
True
```

```python
>>> T = {2, 4, 6}
>>> del T       # 집합을 통째로 삭제
>>> T
......
NameError: name 'T' is not defined
```

7/ 집합의 원소 추가/삭제 메소드

집합에 적용할 수 있는 메소드는 모두 열일곱 개가 있습니다. 그 중에서 add(), clear(), copy(), discard(), pop(), remove() 이렇게 여섯 개의 메소드 외에 나머지 열한 개의 메소드들은 모두 교집합, 합집합, 차집합 등 집합의 연산과 관련된 메소드들입니다.

```
>>> dir(set)
['__and__', '__class__', '__contains__', '__delattr__', '__dir__', '__doc__', '__eq__',
'__format__', '__ge__', '__getattribute__', '__gt__', '__hash__', '__iand__',
'__init__', '__init_subclass__', '__ior__', '__isub__', '__iter__', '__ixor__', '__le__',
'__len__', '__lt__', '__ne__', '__new__', '__or__', '__rand__', '__reduce__',
'__reduce_ex__', '__repr__', '__ror__', '__rsub__', '__rxor__', '__setattr__',
'__sizeof__', '__str__', '__sub__', '__subclasshook__', '__xor__', 'add', 'clear',
'copy', 'difference', 'difference_update', 'discard', 'intersection', 'intersection_
update', 'isdisjoint', 'issubset', 'issuperset', 'pop', 'remove', 'symmetric_difference',
'symmetric_difference_update', 'union', 'update']
```

메소드	설명	반환값	발생 가능 에러
add(x)	집합에 데이터 x를 추가합니다. 만약에 x가 이미 집합에 있으면 추가하지 않습니다.	None	없음
clear()	집합을 비웁니다(공집합을 만듦).	None	없음
copy()	집합을 복사하여 새로운 집합을 반환합니다.	있음	없음
discard(x)	집합에 데이터 x를 삭제합니다. x가 없으면 아무 일도 생기지 않습니다.	None	없음
pop()	집합에서 임의로 하나의 원소를 삭제하고 반환합니다.	있음	KeyError
remove(x)	집합에서 데이터 x를 삭제합니다.	None	KeyError

add(), clear(), copy(), discard(), pop(), remove() 에 대한 메소드들을 먼저 설명하고 집합의 연산 관련 메소드들을 정리하겠습니다.

집합에 데이터 추가하기 – add()

add(x) 메소드는 x를 집합에 추가시키는 메소드로 반환값은 없어요. 만약에 집합에 이미 있는 원소를 추가하고자 한다면 추가되지 않고, 없는 원소라면 추가시키겠죠. 인수 x 자리에 넣을 수 없는 자료형은 무엇일까요? mutable한 자료형인 리스트, 집합, 사전이 x에 들어갈 수 없습니다.

```
>>> S = {4, 5, 6, 7}
>>> a = S.add(5)          # S에 원소 5를 추가하는데, 중복 데이터라서 추가되지 않습니다.
>>> print(a)              # add() 메소드는 반환값이 없습니다. None이 출력됩니다.
None
>>> S.add(10)             # 10은 없는 데이터이기 때문에 S에 추가됩니다.
>>> print(S)
{4, 5, 6, 7, 10}
```

공집합 만들기-clear()

집합을 모두 비우는 메소드예요. 즉, 공집합으로 만들어 주는 메소드입니다.

```
>>> print(S)
{4, 5, 6, 7, 10}
>>> S.clear()     # 집합을 공집합으로 만듭니다.
>>> len(S)
0
>>> bool(S)       # 공집합은 False로 간주합니다.
False
```

집합 복사하기-copy()

똑같은 복사본을 만드는 메소드로, 리스트의 copy() 메소드처럼 동작해요. 리스트에서와 같이 '=' 연산자와 같이 공부해 두어야 합니다. 다음의 예를 보면서 정리해 볼게요.

```
>>> S = {3, 5, 7, 9}
>>> T = S    ◄----- T, S가 같은 집합을 공유합니다.
>>> id(S), id(T)
(35343936, 35343936)  ◄------- id가 같습니다.
>>> T.add(10)
>>> S, T
({3, 5, 7, 9, 10}, {3, 5, 7, 9, 10})
```

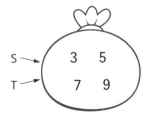

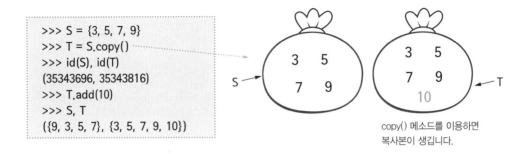

```
>>> S = {3, 5, 7, 9}
>>> T = S.copy()
>>> id(S), id(T)
(35343696, 35343816)
>>> T.add(10)
>>> S, T
({9, 3, 5, 7}, {3, 5, 7, 9, 10})
```

copy() 메소드를 이용하면
복사본이 생깁니다.

집합에 있는 데이터 삭제하기 – discard(), pop(), remove()

집합에서 원소를 삭제하는 메소드로는 세 가지가 있어요. 세 메소드 모두 원소를 삭제한다는 것은 같지만, 약간의 차이가 있어요. 그 부분을 잘 학습하기 바랍니다.

- **discard(x):** 집합에서 인수 x를 삭제하고 반환값은 없어요. 만약에 집합에 없는 원소를 x에 넣는다 하더라도 에러나지 않습니다.

- **pop():** pop() 메소드는 인수가 없는 메소드예요. pop() 메소드는 집합에서 임의의 원소를 선택해서 집합에서 삭제하고 그 원소를 반환해 줍니다. 만약에 공집합에 pop() 메소드를 적용하면 KeyError가 발생합니다. 임의의 원소라고 했으니까 집합에서 어떤 원소가 삭제될 지는 알 수가 없어요.

- **remove(x):** discard(x) 메소드처럼 집합에서 원소 x를 삭제하는 메소드예요. 반환값도 없고요. discard(x) 메소드와 다른 점은 만약에 집합에 없는 원소를 삭제하려고 하면 KeyError가 발생한다는 거예요.

```
>>> S = {3, 4, 5}
>>> result = S.discard(4)    # discard() 메소드는 원소를 삭제하고 반환값은 없습니다.
>>> print(result)
None
>>> print(S)
{3, 5}
>>> S.clear()
>>> S.discard(7)             # 공집합에 discard() 메소드를 적용해도 에러가 없습니다.
```

리스트 자료형

튜플 자료형

전화, 자료형

사전 자료형

함수

파일 입출력

모듈

에러와 예외처리

클래스와 객체 지향 개념

```
>>> S = {5, 9, 10}
>>> result = S.pop()      # pop() 메소드는 임의의 수를 선택해서 삭제하고 반환합니다.
>>> print(result)
9
>>> print(S)
{10, 5}
>>> S.clear()             # S를 공집합으로 만듭니다.
>>> S.pop()               # 공집합에 pop() 메소드를 적용하면 KeyError가 발생합니다.
......
KeyError: 'pop from an empty set'
```

```
>>> S = {4, 7, 9}
>>> result = S.remove(7)   # remove() 메소드는 원소를 삭제하고 반환값은 없습니다.
>>> print(result)
None
>>> print(S)
{9, 4}
>>> S.remove(7)            # 없는 원소를 remove()하면 KeyError가 발생합니다.
......
KeyError: 7
```

8/ 집합의 연산 메소드

집합의 연산으로는 교집합, 합집합, 차집합 등이 있는데, 집합 자료형에는 이러한 연산을 해 주는 메소드들이 있어요. 우선 다음과 같이 집합의 연산 메소드들을 정리해 보았습니다. 그런데, 각 연산을 하는 메소드들이 두 개씩 있는데, 하나는 update()가 붙어 있어요. update가 붙는 메소드들은 반환값이 없고, 메소드를 호출하는 집합 자체가 변하게 되는 메소드들이에요. 아래에서 하나씩 설명하겠습니다.

연산	메소드	반환값	발생 가능 에러
합집합	union()	합집합 결과	없음
	update()	None	없음
교집합	intersection()	교집합 결과	없음
	intersection_update()	None	없음

차집합	difference()	차집합 결과	없음
	difference_update()	None	없음
	symmetric_difference()	차집합 결과	없음
	symmetric_difference_update()	None	없음
부분 집합	issubset()	True/False	없음
	issuperset()	True/False	없음
서로소	isdisjoint()	True/False	없음

합집합 – union(), update()

- **union(x):** 인수 x에는 집합을 넣어야 해요. 이 메소드를 호출하는 집합과 x의 합집합을 구하여 반환합니다. 두 집합은 변하지 않아요.

- **update(x):** union() 메소드처럼 이 메소드를 호출하는 집합과 인수로 넣어 주는 집합 x의 합집합을 구해 주는 메소드예요. update() 메소드는 반환값이 없고, 이 메소드를 호출하는 집합이 합집합 결과가 됩니다. 다음의 예를 보면서 두 메소드를 비교해 보세요.

```
>>> A = {1,2,6,7,9}
>>> B = {1,3,5,7}          A는 그대로입니다.
>>> C = A.union(B)    # C = A ∪ B
>>> A      # 집합 A는 그대로입니다.
{1, 2, 6, 7, 9}
>>> B      # 집합 B는 그대로입니다.
{1, 3, 5, 7}
>>> C      새로운 집합이 반환됩니다.
{1, 2, 3, 5, 6, 7, 9}
```

```
>>> A = {1,2,6,7,9}
>>> B = {1,3,5,7}          A는 업데이트됩니다.
>>> C = A.update(B)    # A = A ∪ B
>>> print(C)    # 반환값이 없습니다.
None
>>> A      # 집합 A가 합집합의 결과입니다.
{1, 2, 3, 5, 6, 7, 9}
>>> B
{1, 3, 5, 7}
```

교집합 – intersection(), intersection_update()

- **intersection(x):** 인수 x에는 집합을 넣어야 해요. 이 메소드를 호출하는 집합과 집합 x의 교집합을 구하여 반환하고 두 집합은 변하지 않아요.

- **intersection_update(x):** 이 메소드를 호출하는 집합과 인수로 넣어 주는 집합 x의 교집합을 구

해 주는 메소드예요. 메소드의 반환값은 없고 이 메소드를 호출하는 집합이 교집합의 결과 집합이 됩니다. 다음의 예를 보면서 두 메소드를 비교해 보세요.

```
>>> A = {1, 2, 3, 4, 5, 6, 7}
>>> B = {2, 4, 6, 8}          A는 그대로입니다.
>>> C = A.intersection(B)  # C=A∩B
>>> C
{2, 4, 6}
>>> A
{1, 2, 3, 4, 5, 6, 7}
>>> B
{8, 2, 4, 6}
```

```
>>> A = {1, 2, 3, 4, 5, 6, 7}
>>> B = {2, 4, 6, 8}          A는 업데이트됩니다.
>>> C = A.intersection_update(B) # A=A∩B
>>> print(C)   # 반환값이 없음.
None
>>> A      # 집합 A가 교집합의 결과임.
{2, 4, 6}
>>> B
{8, 2, 4, 6}
```

차집합 – difference() / difference_update(), symmetric_difference() / symmetric_difference_update()

• **difference(x):** 이 메소드를 호출하는 집합과 인수로 넣어 주는 집합 x의 차집합을 구해 반환하는 메소드예요. 두 집합은 변하지 않고 새 집합이 반환됩니다.

• **difference_update():** 이 메소드를 호출하는 집합과 인수로 넣어 주는 집합 x의 차집합을 구해 주는 메소드예요. 메소드의 반환값이 없고 이 메소드를 호출하는 집합이 차집합의 결과 집합이 됩니다. 다음의 예를 보면서 두 메소드를 비교해 보세요.

```
>>> A = {1,2,3,4,5,6,7,8}
>>> B = {1,3,4,6}
>>> C = A.difference(B)  # C=A-B
>>> C
        A는 그대로입니다.
{8, 2, 5, 7}
>>> A
{1, 2, 3, 4, 5, 6, 7, 8}
>>> B
{1, 3, 4, 6}
```

```
>>> A = {1,2,3,4,5,6,7,8}
>>> B = {1,3,4,6}
>>> C = A.difference_update(B)  # A=A-B
>>> print(C)
        A는 업데이트됩니다.
None
>>> A
{2, 5, 7, 8}
>>> B
{1, 3, 4, 6}
```

• **symmetric_difference(x):** 이 연산은 두 집합의 차집합을 합집합으로 합한 거예요. 즉, (A−B) ∪(B−A) 연산을 말합니다.

- **symmetric_difference_update(x):** symmetric_difference() 메소드와 같은 일을 하는데, 새로운 집합이 반환되지 않고, 이 메소드를 호출하는 집합이 바뀌는 메소드입니다.

```
>>> A = {1,2,3,4,5,6,7,8}
>>> B = {1,3,5,7,9,11,13}
>>> C = A.symmetric_difference(B)
>>> A          ----- A는 그대로입니다.
{1, 2, 3, 4, 5, 6, 7, 8}
>>> B
{1, 3, 5, 7, 9, 11, 13}
>>> C
{2, 4, 6, 8, 9, 11, 13}
```

```
>>> A = {1,2,3,4,5,6,7,8}
>>> B = {1,3,5,7,9,11,13}
>>> C = A.symmetric_difference_
update(B)          ----- A는 업데이트됩니다.
>>> print(C)
None
>>> A
{2, 4, 6, 8, 9, 11, 13}
>>> B
{1, 3, 5, 7, 9, 11, 13}
```

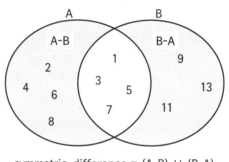

symmetric_difference = (A-B) ∪ (B-A)

▲ symmetric_difference()와 symmetric_difference_update()

부분 집합 확인하기 – issubset(), issuperset()

- **issubset(x):** 메소드를 호출하는 집합이 x의 부분 집합인지를 판단해서 True 또는 False를 반환합니다.
- **issuperset(x):** x가 메소드를 호출하는 집합의 부분 집합인지를 판단해서 True 또는 False를 반환합니다.

```
>>> A = {1,2,3,4,5}
>>> B = {2,3}
>>> B.issubset(A)       ◀┈┈ B⊂A를 판단합니다.
True
>>> A.issubset(B)       ◀┈┈ A⊂B를 판단합니다.
False
>>> A.issuperset(B)     ◀┈┈ A⊃B를 판단합니다.
True
```

```
>>> C = {1,2,3}    ◀┐
                     ├┈┈ 같은 집합
>>> D = {1,2,3}    ◀┘
>>> C.issubset(D)       ◀┈┈ C⊂D를 판단합니다.
True
>>> C.issuperset(B)     ◀┈┈ C⊃D를 판단합니다.
True
```

서로소 확인하기 – isdisjoint()

isdisjoint() 메소드는 두 집합이 '서로소'인지를 판단하는 메소드입니다. '서로소'는 두 집합이 공통으로 갖는 원소가 없을 때를 말합니다. 다음과 같이 짝수의 집합과 홀수의 집합을 서로소의 관계입니다.

```
>>> A = {1,3,5,7}
>>> B = {2,4,6,8}
>>> A.isdisjoint(B)
True
>>> B.isdisjoint(A)
True
```

$$A \cap B = \phi$$

9/ 기호로 합집합(|), 교집합(&), 차집합(−) 구하기

합집합, 교집합, 차집합은 union(), intersection(), difference() 메소드 대신에 |, &, − 기호로도 구할 수 있어요. 어렵지 않은 내용이니까 예제로 바로 이해해 보세요.

```
>>> A = {1,2,3,4,5}                >>> print(A, B)    # A, B는 그대로예요.
>>> B = {2,4,6,8}                  {1, 2, 3, 4, 5} {8, 2, 4, 6}
>>> C = A | B      # C = A ∪ B      >>> print(C)
>>> D = A & B      # C = A ∩ B      {1, 2, 3, 4, 5, 6, 8}
>>> E = A - B      # C = A - B      >>> print(D)
                                   {2, 4}
                                   >>> print(E)
                                   {1, 3, 5}
```

10/ 집합 안에 for 반복문 사용하기(Set Comprehension)

리스트를 학습할 때 리스트 안에 for 반복문을 사용하는 것을 배웠습니다. 그리고 그런 작업을 list comprehension이라고 했는데, 집합에도 set comprehension이 있어요. 기본적으로 리스트에서 배웠던 내용과 같습니다. 그런데, 집합이기 때문에 중복된 데이터를 넣지 않고 순서 개념이 없는 집합이 결과로 나온다는 것이 다른 점이 되겠죠. list comprehension과 같은 방식으로 작성하면 되니까 예제를 보면서 이해해 보세요.

CODE 62 리스트 L에는 단어들이 여러 개 저장되어 있어요. 이 단어들을 모두 대문자로 바꾸어서 집합에 넣으려고 합니다. set comprehension을 이용해서 어떻게 해야 할까요? (집합에 저장되는 순서는 신경쓰지 않아도 됩니다).

코드
```
L = ['grape', 'banana', 'apple', 'orange']
S = { x.upper() for x in L }      # 리스트에 있는 단어들을 모두 대문자로 바꿉니다.
print(S)
            X에 대해서 X.upper() 수행합니다.
```
결과
```
{'BANANA', 'ORANGE', 'GRAPE', 'APPLE'}
```

CODE 63 이차 함수 $y = x^2 + 3$의 y 값을 구하려고 합니다. 정의역 x의 범위는 $-5 \leq x \leq 5$ 입니다. set comprehension을 이용해서 결과를 내 보세요.

```
코드
y = { x**2+3 for x in range(−5, 6) }
print(y)
```

```
결과
{3, 4, 7, 12, 19, 28}
```

11/ frozenset 자료형

파이썬에는 frozenset이라는 자료형이 있어요. 이름이 의미하듯이 set의 일종인데, 고정된 집합이에요. frozenset에 대한 내용을 알고 싶다면 셀에서 다음과 같이 dir(frozenset)이라고 넣어 보세요.

```
>>> dir(frozenset)
['__and__', '__class__', '__contains__', '__delattr__', '__dir__', '__doc__', '__eq__',
'__format__', '__ge__', '__getattribute__', '__gt__', '__hash__', '__init__', '__init_
subclass__', '__iter__', '__le__', '__len__', '__lt__', '__ne__', '__new__', '__or__',
'__rand__', '__reduce__', '__reduce_ex__', '__repr__', '__ror__', '__rsub__',
'__rxor__', '__setattr__', '__sizeof__', '__str__', '__sub__', '__subclasshook__',
'__xor__', 'copy', 'difference', 'intersection', 'isdisjoint', 'issubset', 'issuperset',
'symmetric_difference', 'union']
```

frozenset의 메소드 목록을 보니까 일반 set과 비교해 보았을 때 frozenset이 일반 set의 부분집합처럼 느껴질 거예요. 실제로 frozenset은 immutable set입니다. 그래서 fronzenset 메소드 중에서 집합을 수정하는 메소드가 없습니다. update가 붙지 않은 union, intersection, difference 모두 새로운 합집합, 교집합, 차집합을 만들어서 반환하는 메소드들입니다. 그러니까 수정하면 안 되는 집합을 fronzenset으로 만들어 놓으면 좋겠죠.

```
>>> S = {1, 3, 5, 7, 9}
>>> T = frozenset(S)        # T는 immutable 집합이 됩니다.
>>> T.update({2,4,6})       # fronzenset에는 update() 메소드가 없습니다.
Traceback (most recent call last):
  File "<pyshell#55>", line 1, in <module>
```

```
    T.update({2,4,6})
AttributeError: 'frozenset' object has no attribute 'update'
>>> W = T.union({2, 4, 6})    # W = T ∪ {2, 4, 6}
>>> print(T)                  # fronzenset은 출력하면 다음과 같이 나옵니다.
frozenset({1, 3, 5, 7, 9})
>>> print(W)
frozenset({1, 2, 3, 4, 5, 6, 7, 9})
```

12/ 정리

이번 장에서는 집합을 학습하였습니다. 집합은 mutable 자료형으로 중복된 데이터를 갖지 않고, 순서 개념이 없는 자료형이에요. 집합 자료형은 수학에서 사용하는 교집합, 합집합, 차집합 등의 연산을 쉽게 할 수 있도록 집합 연산에 대한 메소드를 다양하게 제공합니다. 그리고 부분 집합, 서로소 등의 판단도 메소드를 통해서 쉽게 할 수 있게 되어 있어요. 리스트나 다음에 배울 사전보다는 활용도가 조금 떨어지는 자료형이기는 하지만 중복 데이터를 저장하지 말아야 하는 경우에 아주 유용하게 사용될 수 있는 자료형입니다.

코딩연습 프로그래밍 연습문제

37 하나의 문장을 입력받습니다. 그 문장에는 콤마나 마침표가 단어 뒤에 들어갈 수 있어요. 문장을 구성하는 단어들을 정확히 한 번씩만 출력하는데, 대소문자가 상관없이 같은 단어는 한 번만 출력하는 프로그램을 작성해 보세요. 프로그램 실행 결과는 다음과 같아야 합니다(단어는 어떤 순서로 출력되어도 됩니다).

> Enter sentence : This land is my land, this land is your land.
> {'your', 'my', 'is', 'this', 'land'}

38 리스트 voca에는 여러 개의 단어가 저장되어 있어요. voca에 있는 단어들의 글자 수를 구하여 출력하는 문제인데, 같은 글자수는 한 번만 출력되도록 합니다. 빈 칸에 적절한 set comprehension 을 넣어서 코드를 완성해 보세요.

voca = ['pen', 'computer', 'fan', 'cat', 'desk', 'tape', 'pool', 'friend']

set comprehension 채우기

print(voca_len)

{8, 3, 4, 6}

39 하나의 문자열을 입력받습니다. 문자열에는 스페이스 외에는 다른 특수 문자는 없고, 영문자들로 구성됩니다. 집합을 이용해서 입력 문자열에 각 단어가 몇 번씩 나오는지를 출력하는 프로그램을 작성해 보세요.

Enter sentence : This land is my land this land is my land.
is : 2
land : 4
your : 1
this : 2
my : 1

{8, 3, 4, 6}

40 리스트 score에는 학생들의 성적이 저장되어 있어요. 내림차순의 성적순으로 각 성적에 대해서 동점이 몇 명인지를 출력하는 프로그램을 작성해 보세요.

score = [90, 80, 92, 88, 75, 88, 80, 80, 90, 90, 90, 75]

코드 완성하기

92점 - 1명
90점 - 4명
88점 - 2명
80점 - 3명
75점 - 2명

사전
자료형

사전은 마지막으로 학습할 자료형입니다. 사전은 이름 그대로 국어 사전이나 영어 사전처럼 데이터를 저장하는 자료형이예요. 사전을 보면 단어가 나오고 그 옆에 단어 뜻이 나옵니다. 사전에서는 이렇게 단어와 그 단어의 뜻이 한 쌍으로 묶여야 의미가 있어요.

파이썬의 사전도 이처럼 연관된 데이터를 하나의 쌍으로 묶어서 관리해 주는 자료형이예요. 사전은 제일 복잡한 형태를 갖고 있지만 아주 유용한 자료형이므로 잘 학습해 두어야 합니다.

사전은 키:값의 한 쌍이 원소입니다.

키 값	키 값	키 값
1 : 'one'	'name' : '홍길동'	'korea' : 'Seoul'
2 : 'two'	'age' : 20	'Japan' : 'Tokyo'
3 : 'three'	'address' : '서울'	'France' : 'Paris'
:	:	:

1. 사전 만들기

사전 자료형은 집합과 같이 중복된 데이터가 없고 순서 개념도 없어요. 사전은 집합의 일종으로 생각해도 됩니다. 사전도 집합처럼 여러 원소들을 저장하는데, 하나의 원소가 '키(key)'와 '값(value)'의 쌍으로 구성되어야 해요. 이때 사전에서 '키'는 유일해야 합니다. 즉, 중복된 '키'가 있어서는 안 돼요. 하지만 같은 '값'은 얼마든지 있을 수 있습니다.

사전이 유용한 경우를 볼게요. 학생들의 성적을 관리할 때 성적만 저장하면 각각의 성적이 누구의 성적인지 알기 쉽지 않아요. 이런 경우에 학번과 성적을 묶어서 관리하면 좋겠죠. 이때, 학번은 학생들의 고유 정보이기 때문에 사전의 '키'로 하고 성적은 그 '키'에 해당하는 '값'으로 묶어서 관리하면 성적 관리가 많이 수월해질 거예요.

사전 score

키	값
학번	성적
201812345	90
201800011	80
201811111	95
201810000	75

야구는 한 팀이 9명, 축구는 11명, 농구는 5명이 하는 스포츠예요. 이것을 sports라는 이름의 사전으로 표현하려고 해요. 그러면 스포츠명을 '키'로 하고, 각 스포츠의 구성원 수를 '값'으로 하는 사전을 만들 수가 있어요. 또 다른 예로, 한 사람의 정보를 사전에 저장하는 경우도 코딩에 많이 사용될 수 있습니다. 아래 그림에서는 이름, 나이, 학년, 전화번호를 키로 하여 한 학생의 정보를 저장하고 있어요.

사전의 각 원소는 키와 값이 쌍으로 이루어집니다.

키는 반드시 중복되지 않아야 합니다.

리스트 자료형

튜플 자료형

집합 자료형

사전 자료형

함수

파일 입출력

모듈

예외 및 오류처리

클래스와 객체 지향 개념

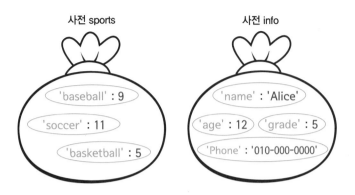

사전 sports

'baseball' : 9
'soccer' : 11
'basketball' : 5

사전 info

'name' : 'Alice'
'age' : 12   'grade' : 5
'Phone' : '010-000-0000'

파이썬에서 사전이 어떻게 데이터를 저장하는지 아시겠죠? 그럼, 파이썬으로 사전을 만들어 보겠습니다. 사전은 다음과 같이 집합 기호 안에 각 원소가 '키:값'의 쌍이 되도록 적어 주면 됩니다.

사전명 = { 키1:값1, 키2:값2, 키3:값3, ... }

앞에 나온 score 사전을 만들어 볼게요.

```
>>> score = {201812345:90, 201800011:80, 201811111:95, 201810000:75}
>>> print(score)
{201812345: 90, 201800011: 80, 201811111: 95, 201810000: 75}
```

sports 사전도 만들어 보겠습니다.

```
>>> sports = {'baseball':9, 'soccer':11, 'basketball':5}
>>> print(sports)
{'baseball': 9, 'soccer': 11, 'basketball': 5}
```

집합은 순서 개념이 없기 때문에 인덱스가 없다고 했어요. 사전도 순서 개념이 없긴 하지만 사전에서는 '키'가 인덱스 역할을 합니다. 사전을 만든 후에 사전에서 원하는 값을 가져오고자 할 때에는 다음과 같이 '키'를 인덱스로 사용해야 합니다. 개인 정보를 info라는 이름의 사전에 저장하고 '키'를 인덱스로 사용하는 예를 볼게요.

```
>>> info = {'name':'Alice', 'age':12, 'grade':5, 'phone':'010-000-0000'}
>>> print(info['age'])      # 키 'age'에 해당하는 값을 출력합니다.
12                ↖·····키가 인덱스 역할을 합니다.
>>> print(info['height'])     # 'height'는 사전 info에 없는 키입니다. keyError가 발생합니다.
Traceback (most recent call last):
  File "<pyshell#13>", line 1, in <module>
    print(info['height'])
KeyError: 'height'
```

사전에서는 키가 인덱스 역할을 합니다.
하지만 사전은 순서 개념이 없기 때문에 시퀀스 자료형이 아니예요.
사전을 다음과 같이 생각해도 좋을 것 같아요.

	'name'	'age'	'grade'	'phone'
info 사전	alice	12	5	'010-000-0000'

빈 사전 만들기

빈 사전을 만드는 방법은 다음과 같이 두 가지가 있어요.

공집합 기호 이용하기	dict() 함수 이용하기

>>> D = {}
>>> type(D)
<class 'dict'>
	>>> D = dict()
	>>> print(D)
	{}
	>>> type(D)
	<class 'dict'>

{ } 기호가 빈 집합이 아니고 빈 사전이라는 것을 명심해 두세요.

사전의 '키'를 사용할 때 주의할 점

사전에서 '키'는 아주 중요해요. '키'가 인덱스 역할을 하기 때문에 중복된 키는 있으면 안 되고

키는 코딩 중간에 바뀌어도 안 됩니다. 따라서 immutable한 자료형만 키로 사용할 수 있어요. 하지만 사전의 값으로는 어떤 자료형도 사용 가능합니다. 이 내용을 정리해 볼게요.

- 사전의 '키'는 유일해야 합니다. 즉, 하나의 사전에 같은 '키'가 있으면 안 돼요. 하지만 '값'은 중복될 수 있어요. 만약에 1반 25명, 2반 30명, 3반 27명, 4반 29명이라는 정보를 저장한다고 할게요. 이때, 실수로 다음과 같이 2반은 중복해서 저장했어요. 그러면 에러가 발생하지는 않아요. 하지만, 둘 중에서 하나만 사전에 저장됩니다.

```
>>> number_of_students = {1:25, 2:30, 3:27, 4:29, 2:23}
>>> print(number_of_students)
{1: 25, 2: 23, 3: 27, 4: 29}
```

- '키'는 변경되면 안 되는 정보예요. 그래서 파이썬의 자료형 중에서 immutable한 자료형만이 사전의 '키'가 될 수 있어요. 즉, int, float, complex, bool, str, tuple 이렇게 여섯 가지 자료형의 데이터만 '키' 자리에 올 수 있고 list, set, dict는 사전의 '키'가 될 수 없어요. 만약에 실수로 리스트를 사전의 '키'로 사용했다면 다음과 같은 에러를 만나게 될 거예요(집합에도 list, set, dict는 저장될 수 없는데, 같은 이유입니다).

```
>>> D = {[1,3,5,7]:'홀수', [2,4,6,8]:'짝수'}
Traceback (most recent call last):
  File "<pyshell#23>", line 1, in <module>
    D = {[1,3,5,7]:'홀수', [2,4,6,8]:'짝수'}
TypeError: unhashable type: 'list'
```

아홉 가지 자료형은 모두 사전의 '값'이 될 수 있습니다

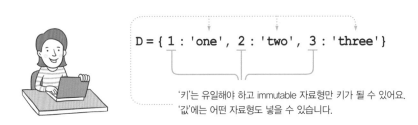

```
D = { 1 : 'one', 2 : 'two', 3 : 'three'}
```

'키'는 유일해야 하고 immutable 자료형만 키가 될 수 있어요.
'값'에는 어떤 자료형도 넣을 수 있습니다.

다른 자료형의 데이터를 사전으로 변환하기

다른 자료형 객체를 사전으로 변환해서 사용할 수도 있습니다. 그런데, 집합을 리스트로 변환하거나, 문자열을 리스트로 변환하는 것처럼 간단하지가 않아요. 왜냐하면, 사전은 '키'와 '값'의 쌍으로 이루어지기 때문이에요.

사전이 아닌 객체를 사전으로 변환할 수 있는 경우는 다음과 같이 세 경우로 정리할 수 있어요.

❶ 크기가 2인 튜플 또는 리스트로만 구성된 리스트는 사전으로 변환할 수 있습니다. 이때 크기 2인 튜플 또는 리스트를 '키'와 '값'으로 사용할 데이터로 구성해야 합니다.

```
                                        '값'으로 사용합니다.
>>> T = [('name', 'Alice'), ('age', 10), ('grade', 3)]      # 크기 2인 튜플의 리스트
>>> D1 = dict(T)
>>> print(D1)
{'name': 'Alice', 'age': 10, 'grade': 3}     '키'로 사용합니다.

>>> area_code = [['서울','02'],['경기','031'],['인천','032']]  # 크기 2인 리스트의 리스트
>>> D2 = dict(area_code)
>>> print(D2)
{'서울': '02', '경기': '031', '인천': '032'}
```

❷ 크기가 2인 튜플 또는 리스트로만 구성된 튜플은 사전으로 변환할 수 있습니다.

```
>>> english = ((1, 'one'), (2, 'two'), (3, 'three'), (4, 'four'))  # 크기 2인 튜플의 튜플
>>> D3 = dict(english)
>>> print(D3)
{1: 'one', 2: 'two', 3: 'three', 4: 'four'}

                                    '값'으로 사용합니다.
>>> states = (['CA','California'], ['NY', 'New York'])      # 크기 2인 리스트의 튜플
>>> D4 = dict(states)
>>> print(D4)               '키'로 사용합니다.
{'CA': 'California', 'NY': 'New York'}
```

❸ zip() 함수를 이용해서 다른 자료형으로부터 사전을 만들 수도 있습니다. zip() 함수는 13장에서 자세히 배울 거예요. 여기에서는 사전을 만드는 방법의 하나로 zip() 함수가 어떻게 이용되는지를 설명하겠습니다.

zip() 함수는 인수로 두 개의 iterable 데이터를 받습니다. 첫 번째 인수로 들어오는 데이터는 '키'가 되고 두 번째 인수로 들어오는 데이터는 '값'이 됩니다.

```
>>> names = ['Alice', 'Bob', 'Paul', 'Cindy']
>>> ages = [10, 8, 12, 9]              '값'이 됩니다.
>>> D = dict(zip(names, ages))         # dict 함수 안에 zip함수를 넣습니다.
>>> D                                  '키'가 됩니다.
{'Alice': 10, 'Bob': 8, 'Paul': 12, 'Cindy': 9}
```

만약에 위의 예제에서 names와 ages의 크기가 다르면 작은 크기에 맞춰서 사전이 만들어집니다.

```
>>> names = ['Alice', 'Bob', 'Paul']            # len(names) = 3 입니다.
>>> ages = [10, 9, 11, 13, 15]                  # len(ages) = 5 입니다.
>>> dict(zip(names, ages))                      # 사전은 원소 3개를 갖게 됩니다.
{'Alice': 10, 'Bob': 9, 'Paul': 11}
>>> names = ['Alice', 'Bob', 'Paul', 'David', 'Carol']   # len(names) = 5 입니다.
>>> ages = [10, 9, 11]                          # len(ages) = 3 입니다.
>>> dict(zip(names, ages))                      # 사전은 원소 3개를 갖게 됩니다.
{'Alice': 10, 'Bob': 9, 'Paul': 11}
```

zip() 함수를 사용할 때 유의할 점이 있는데, 인수로 집합을 넣을 때예요. 집합은 순서 개념이 없기 때문에 순서대로 사전을 만들지 않을 수도 있어요. 다음의 예를 보세요. 사전에서 집합에 있는 원소 순서대로 '키'를 넣지 않았습니다.

```
>>> S = {1, 2, 3, 4, 100, 1000}        # 집합이기 때문에 어떤 순서로 '키'가 될지 알 수 없습니다.
>>> T = ('one', 'two', 'three', 'four', 'hundred', 'thousand')   # 튜플
>>> D = dict(zip(S,T))
>>> D
{1: 'one', 2: 'two', 3: 'three', 100: 'four', 4: 'hundred', 1000: 'thousand'}
```

range() 함수도 iterable 결과를 내 주는 함수이기 때문에 zip 함수의 인수로 사용 가능하겠죠.

```
>>> number = ['one', 'two', 'three', 'four', 'five', 'six', 'seven', 'eight', 'nine', 'ten']
>>> D = dict(zip(range(1,11), number))
>>> D
{1: 'one', 2: 'two', 3: 'three', 4: 'four', 5: 'five', 6: 'six', 7: 'seven', 8: 'eight', 9: 'nine', 10: 'ten'}
```

만약에 다음과 같은 리스트 L이 있다면 사전이 제대로 만들어질 수 있을까요?

```
>>> L = [[1,3,5],[2,4,6]]
>>> dict(zip(L, ('odd', 'even')))
```
← 리스트 L이 키로 들어갑니다.

위의 경우 에러가 발생합니다. 왜냐하면, '키'가 되어야 하는 [1,3,5], [2,4,6]이 리스트이기 때문에 사전의 '키'로 사용할 수 없겠죠.

다음은 어떤가요? 문자열인 'odd', 'even'이 '키'가 되니까 사전이 제대로 만들어집니다.

```
>>> dict(zip(('odd', 'even'), L))
{'odd': [1, 3, 5], 'even': [2, 4, 6]}
```

두 사전이 같은지 비교하기

집합과 마찬가지로 두 사전은 원소의 개수가 같고, 같은 원소로 구성되어 있으면 같다고 판단합니다. 같은 키와 같은 값의 쌍이 저장되어 있으면 하나로 간주합니다.

```
>>> D = {1:'one', 100:'hundred', 3:'three', 10:'ten'}
>>> E = {3:'three', 10:'ten', 1:'one', 100:'hundred'}
>>> F = {1:'one', 1:'one', 100:'hundred', 3:'three', 10:'ten'}   # 1:'one' 하나로 간주
>>> D == E, D == F, E == F
(True, True, True)
```

2/ 사전은 '키'를 인덱스로 사용하고 슬라이스는 할 수 없습니다

리스트에 있는 원소들을 인덱스 0, 1, 2, ……를 이용하여 접근할 수 있듯이, 사전에서는 '키'를 이용하여 그 '키'에 해당하는 값에 접근할 수 있어요. 아래 area_code 사전에는 지역 번호가 저장되어 있습니다. 각 지역 번호를 알고 싶다면 아래와 같이 사전[키]를 입력하면 됩니다. 하지만 사전에 대해서 슬라이싱은 할 수가 없습니다.

```
>>> area_code = {'서울':'02', '경기':'031', '인천':'032'}
>>> print(area_code['경기'])   # 사전 area_code에서 '키'가 '경기'인 값을 가져옵니다.
031
>>> print(area_code['서울'])    # 사전 area_code에서 '키'가 '서울'인 값을 가져옵니다.
02
>>> print(area_code['대전'])     # 없는 키를 넣으면 KeyError가 발생합니다.
Traceback (most recent call last):
  File "<pyshell#84>", line 1, in <module>
    print(area_code['대전'])
KeyError: '대전'
```

3/ 사전은 mutable 객체입니다

사전은 변경 가능한 객체이기 때문에 사전을 만든 후에 새로운 '키:값' 쌍들을 추가할 수도 있고, 있던 데이터를 삭제할 수도 있어요. 물론 기존에 저장된 정보의 수정도 가능해요. 하지만, 이미 사전에 저장된 '키'는 수정할 수 없고 '값'만 수정이 가능합니다.

사전에 새로운 데이터를 추가하거나 기존의 데이터 수정하기

사전에 새로운 데이터를 추가하거나 있는 데이터의 값을 수정하려면 다음과 같이 해야 합니다.

사전명[새로운 키] = 값

어느 서점에서는 책의 재고를 사전에 저장하고 있어요. 사전의 '키'는 책 제목이고, '값'은 그 책의 재고 권수입니다.

```
>>> books = {'파이썬':10, '아두이노':5, '자바':2, 'C언어':7}
>>> print(books)
{'파이썬': 10, '아두이노': 5, '자바': 2, 'C언어': 7}
```

❶ 새로운 데이터 추가하기

사전 books에 책 제목이 '엔트리'인 책을 세 권 추가하려면 다음과 같이 합니다.

```
>>> books['엔트리'] = 3      # 새로운 책 '엔트리'를 3권 추가합니다.
>>> print(books)
{'파이썬': 10, '아두이노': 5, '자바': 2, 'C언어': 7, '엔트리': 3}
```

❷ 기존의 데이터 수정하기

사전 books에 '자바' 책이 두 권인데, 네 권으로 바꾸어 보겠습니다.

```
>>> books['자바'] = 4       # 기존에 있는 '키'는 '값'을 업데이트합니다.
>>> print(books)
{'파이썬': 10, '아두이노': 5, '자바': 4, 'C언어': 7, '엔트리': 3}
```

사전에서 원소 삭제하기

사전 하나의 원소를 삭제하려면 del 명령을 사용합니다.

del 사전명[키]

```
>>> del books['아두이노']      # '키'가 '아두이노'인 원소를 삭제합니다.
>>> print(books)
{'파이썬': 10, '자바': 4, 'C언어': 7, '엔트리': 3}
```

사전을 통째로 삭제하기

사전을 통째로 삭제할 때도 del 명령을 사용합니다.

del 사전명

```
>>> del books              # 사전을 통째로 삭제합니다.
>>> print(books)
……
NameError: name 'books' is not defined
```

4/ 사전에 in, not in 연산자 사용하기(+, *는 사용할 수 없습니다)

사전은 집합의 일종이라고 했어요. 따라서 집합처럼 +, * 연산자는 적용할 수 없습니다. in과 not in은 사용 가능한데, 기준은 '키'가 됩니다. 즉, '키'가 사전에 있는지 없는지로 판단해요.

```
>>> D1 = {1:'one', 5:'five', 10:'ten'}
>>> 10 in D1    # 10은 D1에 있는 키입니다.
True
>>> 'ten' in D1
False          ········  'ten' 이라는 키는 없습니다.
```

사전에는 중복된 키가 저장될 수 없기 때문에 집합과 마찬가지로 +, * 연산은 할 수 없습니다.

CODE 64 사전 ages는 이름을 '키'로, 나이를 '값'으로 구성합니다. ages 사전을 만들고 나서, 이름을 입력받아요. 만약에 입력받은 이름이 사전에 없다면, '없는 이름'이라는 메시지가 출력되도록 합니다. 만약에 있는 이름이라면, 해당 나이를 출력하는 코드를 작성합니다.

코드

```
                      ····· 빈 사전을 만들어 놓고 원고를 하나씩 추가하려고 합니다.
ages = {}     # 다음과 같이 사전 ages에 일일이 데이터를 저장합니다.
ages['Alice'] = 23; ages['Paul'] = 25; ages['Peter'] = 19; ages['Karen'] = 40;
ages['Andy'] = 25; ages['Cindy'] = 30; ages['David'] = 19; ages['Sally'] = 28;
ages['Tom'] = 22; ages['Sue'] = 32; ages['Bob'] = 31

name = input('Enter name : ')    # 이름을 입력받습니다.
if name not in ages:    # 사전에 이름이 있는지 간단히 in, not in으로 판단합니다.
    print(name,"is not in the 'ages' dictionary.")
else:
    print(name, 'is' , ages[name], 'years old.')
```

결과 1

```
Enter name : Karen
Karen is 40 years old.
```

결과 2

```
Enter name : Jenny
Jenny is not in the 'ages' dictionary.
```

5/ 사전에 함수 적용하기 – len(), max(), min(), sum(), sorted(), reversed()

사전에서 중요한 것은 '키'예요. 따라서 위의 함수들이 실행될 때, '키'가 기준이 되어 결과를 냅니다. 위의 6가지 함수 중에서 집합과 마찬가지로 reversed() 함수는 사전에 적용할 수 없어요.

키가 정수인 경우와 문자열인 경우에 대해서 len(), max(), min(), sum(), sorted() 함수가 어떻게 적용되는지 보겠습니다.

'키'의 자료형	함수 적용 예

정수(int)	`>>> english = {3:'three', 5:'five', 1:'one', 4:'four', 2:'two'}`
	`>>> len(english)` # 원소의 개수를 반환합니다.
	`5`
	`>>> max(english)` # '키'들 중에서 가장 큰 값을 반환합니다.
	`5`
	`>>> min(english)` # '키'들 중에서 가장 작은 값을 반환합니다.
	`1`
	`>>> sum(english)` # '키'들의 합을 반환합니다.
	`15`
	`>>> sorted(english)` # '키'들을 정렬한 리스트를 반환합니다.
	`[1, 2, 3, 4, 5]`

문자열(str)	`>>> capital = {'Korea':'Seoul', 'Japan':'Tokyo', 'France':'Paris'}`
	`>>> len(capital)`
	`3`
	`>>> max(capital)` # 아스키코드 값으로 비교합니다.
	`'Korea'`
	`>>> min(capital)`
	`'France'`
	`>>> sum(capital)` # 문자열이 키일 때, sum() 함수는 사용할 수 없어요.
	`......`
	`TypeError: unsupported operand type(s) for +: 'int' and 'str'`
	`>>> sorted(capital)`
	`['France', 'Japan', 'Korea']`

6/ 사전 메소드

사전에 적용할 수 있는 메소드는 모두 11개가 있어요. 우선 dir(dict)를 이용하여 메소드 목록을 알아보고, 하나씩 학습하겠습니다.

```
>>> dir(dict)
['__class__', '__contains__', '__delattr__', '__delitem__', '__dir__', '__doc__',
'__eq__', '__format__', '__ge__', '__getattribute__', '__getitem__', '__gt__',
'__hash__', '__init__', '__init_subclass__', '__iter__', '__le__', '__len__', '__lt__',
'__ne__', '__new__', '__reduce__', '__reduce_ex__', '__repr__', '__setattr__',
'__setitem__', '__sizeof__', '__str__', '__subclasshook__', 'clear', 'copy', 'fromkeys',
'get', 'items', 'keys', 'pop', 'popitem', 'setdefault', 'update', 'values']
```

메소드	설명	반환값	발생 가능 에러
clear()	사전을 비웁니다(빈 사전을 만듦).	None	없음
copy()	사전을 복사하여 새로운 사전을 반환합니다.	있음	없음
fromkeys(I)	Iterable 자료형 I에 있는 데이터들을 키로 사용한 새로운 사전을 만들어서 반환합니다.	있음	없음
get(x)	키 x에 해당하는 값을 반환합니다.	있음/None	없음
items()	사전에 있는 데이터들을 (키, 값) 튜플의 리스트로 가져올 수 있습니다.	있음	없음
keys()	사전에 있는 키들을 리스트로 가져올 수 있습니다.	있음	없음
pop(x)	키가 x인 원소의 값을 반환합니다. 없는 키를 넣으면 KeyError가 발생합니다.	있음	KeyError
popitem()	임의의 (키, 값)의 쌍을 반환합니다. 사전이 빈 경우는 KeyError가 발생합니다.	있음	KeyError
setdefault(x)	x가 사전에 있는 키라면, 해당값을 반환합니다. x가 사전에 없는 키라면, 사전에 새로운 키로 추가합니다.	있음	없음
update()	두 사전을 합하여 줍니다.	None	없음
values()	사전에 있는 키들을 리스트로 가져올 수 있습니다.	있음	없음

위의 메소드들을 하나씩 자세히 알아보겠습니다.

사전 비우기 – clear() 메소드

clear() 메소드는 사전 안의 모든 원소를 삭제하고 빈 사전으로 만듭니다. 다음의 color_pencil 사전은 색연필의 개수를 사전으로 표현한 거예요. 즉, 'red' 색연필 여덟 자루, 'blue' 색연필 다섯 자루, 'green' 색연필 여섯 자루, 그리고 'purple' 색연필 네 자루를 표현해 보았습니다.

```
>>> color_pencil = {'red':8, 'blue':5, 'green':6, 'purple':4}
>>> print(color_pencil)
{'red': 8, 'blue': 5, 'green': 6, 'purple': 4}
>>> a = color_pencil.clear()
>>> print(a)          # clear() 메소드의 반환값은 없어요 (따라서 None이 출력됩니다).
None
>>> print(color_pencil)
{} ◀┈┈ 빈 사전
```

사전 복사하기 – copy() 메소드

copy() 메소드는 이름대로 사전의 복사본을 만드는 메소드입니다. 우선 사전에 할당 연산자 '='을 적용해서 복사본이 만들어지는지 알아볼게요.

```
    >>> color_pencil = {'red':8, 'blue':5, 'green':6, 'purple':4}
❶   >>> color_pencil2 = color_pencil          # 아래 그림 참조(같은 객체를 가리키게 됩니다).
❷   >>> color_pencil2['green'] = 10           # 아래 그림 참조
    >>> print(color_pencil)                   # color_pencil을 출력합니다.
    {'red': 8, 'blue': 5, 'green': 10, 'purple': 4}
```

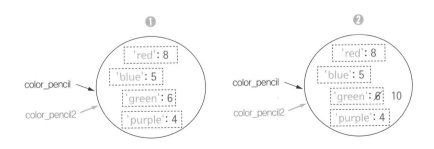

'=' 연산자는 사전 객체 color_pencil에 또 하나의 이름 color_pencil2를 붙입니다. 즉, color_pencil과 color_pencil2는 같은 객체를 공유하여 color_pencil2를 수정하는 것이 결국은 원래 사전인 color_pencil을 수정하는 거예요. 만약에 color_pencil과 color_pencil2가 다른 객체를 갖도록 하려면 copy() 메소드를 이용하여 새로운 객체를 만들도록 해야 합니다.

```
>>> color_pencil = {'red':8, 'blue':5, 'green':6, 'purple':4}
❶ >>> color_pencil2 = color_pencil.copy()
❷ >>> color_pencil2['green'] = 10
>>> print(color_pencil)
{'red': 8, 'blue': 5, 'green': 6, 'purple': 4}
>>> print(color_pencil2)
{'red': 8, 'blue': 5, 'green': 10, 'purple': 4}
```

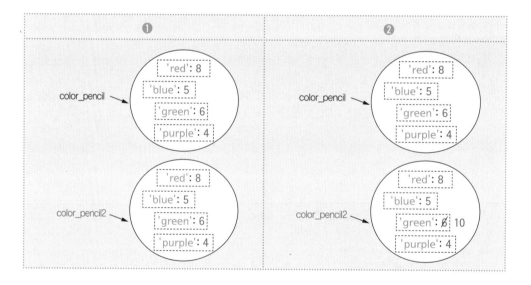

NOTE mutable 자료형인 리스트, 집합, 사전만 copy() 메소드를 갖습니다.

iterable 객체를 '키'로 하는 사전 만들기 - fromkeys() 메소드

fromkeys() 메소드는 조금 특이한데, 잘 알아두면 코딩할 때 유용해요. fromkeys() 메소드는 인수를 한 개 또는 두 개 가질 수 있고, 그 인수들을 이용해서 만든 사전을 반환해 줍니다. 첫 번째 인수는 반드시 iterable 객체가 와야 해요. 예를 들어, 컨테이너 자료형인 문자열, 리스트, 튜플, 집합, 사전을 넣을 수 있고, iterable 객체를 반환하는 range(), reversed(), enumerate(), filter(), map(), zip()도 첫 번째 인수로 넣을 수 있습니다.

인수	1개	dict.fromkeys(itrable)
	2개	dict.fromkeys(itrable, value)
반환값		인수가 한 개인 경우에는 iterable 데이터가 '키'가 되고, '값'은 모두 None으로 초기화된 사전이 반환됩니다. 인수가 두 개인 경우에는 iterable 데이터가 '키'가 되고, '값'은 모두 두 번째 인수 value로 초기화된 사전이 반환됩니다.

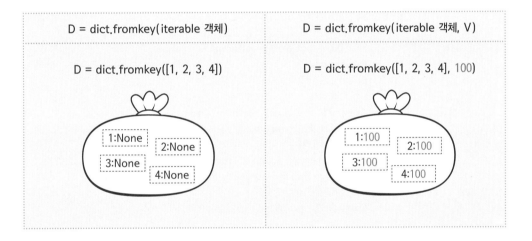

첫 번째 인수 iterable 자료형	예제 코드
문자열	

```
>>> string = 'wxyz'
>>> D1 = dict.fromkeys(string)
>>> print(D1)
{'w': None, 'x': None, 'y': None, 'z': None}
>>> string2 = 'hello'
>>> D2 = dict.fromkeys(string2)      # 'l'은 한 번만 들어갑니다.
>>> print(D2)
{'h': None, 'e': None, 'l': None, 'o': None}
>>> D3 = dict.fromkeys(string2, 5)   # '값'을 5로 초기화합니다.
>>> print(D3)
{'h': 5, 'e': 5, 'l': 5, 'o': 5}
```

| 리스트 | ```
>>> lang = ['python', 'java', 'html5']
>>> D4 = dict.fromkeys(lang)
>>> print(D4)
{'python': None, 'java': None, 'html5': None}
>>> score = [80, 90, 77, 95]
>>> D5 = dict.fromkeys(score)
>>> print(D5)
{80: None, 90: None, 77: None, 95: None}
>>> D6 = dict.fromkeys(score, 0)
>>> print(D6)
{80: 0, 90: 0, 77: 0, 95: 0}
``` |
| 튜플 | ```
>>> temp = (23.5, 17.2, 20.7)
>>> D7 = dict.fromkeys(temp)
>>> print(D7)
{23.5: None, 17.2: None, 20.7: None}
>>> D8 = dict.fromkeys(temp, 1)
>>> print(D8)
{23.5: 1, 17.2: 1, 20.7: 1}
``` |
| 집합 | ```
>>> fruits = {'apple', 'melon', 'grape'}
>>> D9 = dict.fromkeys(fruits)
>>> print(D9)
{'apple': None, 'grape': None, 'melon': None}
>>> D10 = dict.fromkeys(fruits, 3)
>>> print(D10)
{'apple': 3, 'grape': 3, 'melon': 3}
``` |
| 사전 | ```
>>> english = {100:'hundred', 10:'ten', 1:'one', 5:'five'}
>>> D11 = dict.fromkeys(english)     # '키'만 가져옵니다.
>>> print(D11)
{100: None, 10: None, 1: None, 5: None}
>>> D12 = dict.fromkeys(english, 7)
>>> print(D12)
{100: 7, 10: 7, 1: 7, 5: 7}
``` |
| range() 함수 | ```
>>> D13 = dict.fromkeys(range(5))
>>> print(D13)
{0: None, 1: None, 2: None, 3: None, 4: None}
>>> D14 = dict.fromkeys(range(2,10,3), 10)
>>> print(D14)
{2: 10, 5: 10, 8: 10}
```     ┄┄┄ 2, 5, 8 |
```

사전에서 어떤 '키'의 '값' 가져오기 – get()

get(x) 메소드는 사전에서 '키' x에 해당하는 '값'을 가져오는 메소드인데, 인수를 한 개 또는 두 개 가질 수 있고 첫 번째 인수에는 '키'가 들어가야 합니다.

인수	1개	사전.get(키)
	2개	사전.get(키, 키가 없을 경우에 반환하고자 하는 값)
반환값	인수로 들어오는 '키'가 사전에 있는 '키'라면, 해당하는 '값'을 반환합니다. 만약에 인수가 한 개이고 '키'가 없을 경우에는 None을 반환합니다. 만약에 인수가 두 개이고 '키'가 없을 경우에는 두 번째 인수가 반환됩니다.	

다음의 예제로 get(x) 메소드를 익혀 두기 바랍니다.

```
>>> D = {1:'one', 2:'two', 4:'four'}     # 숫자가 키, 영어가 값입니다.
>>> v = D.get(2)                         # 2는 사전 D에 있는 키입니다. 해당 값을 반환합니다.
>>> print(v)
two
>>> D                                    # 사전은 그대로입니다.
{1: 'one', 2: 'two', 4: 'four'}
>>> v = D.get(5)                         # 5는 사전 D에 없는 키입니다. None을 반환합니다.
>>> print(v)
None
>>> v = D.get(5, 'five')                 # 5가 D에 없다면, 'five'를 반환합니다.
>>> print(v)
five
>>> D                                    # 사전은 그대로입니다.
{1: 'one', 2: 'two', 4: 'four'}
```

참고 get( ) 메소드는 사전[키]로 사용하는 것과 같습니다. 그런데, 없는 '키'가 입력되면 get( ) 메소드는 None을 반환하는 반면에 사전[키]는 KeyError를 발생시킵니다.

```
>>> D = {'name':'Alice', 'age':10, 'height':130}
>>> D.get('grade')      # 'grade'는 없는 '키'이지만 에러가 없습니다.
>>> D['grade']          # [ ] 기호를 사용할 때는 반드시 사전에 있는 '키'여야 합니다.
Traceback (most recent call last):
  File "<pyshell#47>", line 1, in <module>
    D['grade']
KeyError: 'grade'
```

사전에서 값을 가져오거나 새로운 원소를 추가하는 메소드 – setdefault() 메소드

setdefault() 메소드는 인수를 한 개 또는 두 개 가질 수 있는데, 첫 번째 인수로 '키'를 넣어야 합니다. 만약에 인수로 넣은 '키'가 사전에 존재하면, 그 '키'에 해당하는 '값'을 반환합니다. 그런데, 만약에 '키'가 사전에 없으면, 그 '키'를 사전에 추가해 줍니다.

인수	1개	사전.setdefault(키)
	2개	사전.setdefault(키, 초기값)
반환값	키가 사전에 있다면 해당하는 값을 반환합니다. 키가 사전에 없다면 사전에 키를 추가해 줍니다. 이때, 인수가 1개이면 None이 값으로 들어가고, 초기값이 있다면 그 초기값이 값으로 들어갑니다.	

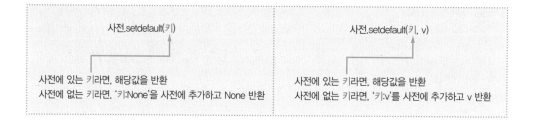

설명이 조금 복잡한데, 예제를 통해서 이해해 두기 바랍니다.

```
>>> players = {'baseball':9, 'basketball':5}
>>> n = players.setdefault('basketball')      # 'basketball'은 있는 키입니다.
>>> print(n)                                   # 키가 있다면, 해당 값을 반환합니다.
5
>>> players                                    # 사전은 그대로입니다.
{'baseball': 9, 'basketball': 5}

>>> n = players.setdefault('soccer')          # 'soccer'는 없는 키입니다.
>>> players                                     # 사전에 'soccer':None 이 추가됩니다.
{'baseball': 9, 'basketball': 5, 'soccer': None}
>>> print(n)                                    # 없는 키는 None을 반환합니다.
None
>>> n = players.setdefault('volleyball', 6)    # 'volleyball'은 없는 키입니다.
>>> players           # 'volleyball'을 키로 하고 두 번째 인수 60이 값으로 추가됩니다.
{'baseball': 9, 'basketball': 5, 'soccer': None, 'volleyball': 6}
>>> print(n)                                    # 60이 반환됩니다.
6
```

사전에서 원소를 삭제하기 – pop(), popitem() 메소드

❶ pop(x) 메소드는 사전에서 키 x에 해당하는 값을 반환하고, 사전에서 해당 키와 값을 삭제하는 메소드예요. 인수는 한 개 또는 두 개 가질 수 있어요. 인수가 한 개인 경우 만약에 없는 키를 인수로 넣는 경우에 KeyError를 발생합니다. 만약에 없는 키를 인수로 넣은 경우에, 두 번째 인수가 있으면 그 값을 반환합니다.

인수	1개	사전.pop(키)
	2개	사전.pop(키, v)
반환값	키가 사전에 있다면 해당하는 값을 반환하고 사전에서 삭제합니다. 인수가 한 개일 때, 키가 사전에 없다면 KeyError가 발생합니다. 인수가 두 개일 때, 키가 사전에 없다면 v가 반환됩니다.	

사전.pop(키)

사전에 있는 키라면, 해당값을 반환하고 사전에서 '키:값' 삭제
사전에 없는 키라면, KeyError 발생

사전.pop(키, v)

사전에 있는 키라면, 해당값을 반환하고 사전에서 '키:값' 삭제
사전에 없는 키라면, v 반환

```
>>> states = {'CA':'California', 'NY':'New York'}
>>> s = states.pop('NY')
>>> states                    # 사전에서 키가 'NY'인 아이템이 삭제됩니다.
{'CA': 'California'}
>>> print(s)                  # 키 'NY'의 값이 반환됩니다.
New York
>>> s = states.pop('OH')      # 없는 키를 넣으면 KeyError가 발생합니다.
......
KeyError: 'OH'
```

```
>>> states = {'CA':'California', 'NY':'New York'}
>>> s = states.pop('OH', 'Ohio')   # 사전에 'OH'는 없습니다. 'Ohio'를 반환합니다.
>>> states                         # 사전은 그대로입니다.
{'CA': 'California', 'NY': 'New York'}
>>> print(s)
Ohio
```

❷ popitem() 메소드는 인수를 갖지 않고 사전에서 하나의 '키:값'이 임의로 선택되어 반환됩니다. 어떤 원소를 반환할 지는 알 수가 없어요. 그리고 반환한 원소는 사전에서 삭제해 줘요. 만약에 빈 사전에 popitem() 메소드를 적용하면 KeyError가 발생합니다.

```
>>> states = {'CA':'California', 'NY':'New York', 'OH':'Ohio'}
>>> result = states.popitem()   # 임의의 아이템을 선택하여 반환합니다.
>>> states                      # 'OH':'Ohio'가 삭제되었습니다.
{'CA': 'California', 'NY': 'New York'}
>>> print(result)               # 삭제된 아이템은 (키,값)의 튜플로 반환됩니다.
('OH', 'Ohio')
>>> k, v = states.popitem()     # 반환값이 (키,값) 튜플이므로 두 변수를 이용합니다.
>>> print(k, v)
NY New York
>>> states
{'CA': 'California'}
>>> D = {}
>>> result = D.popitem()        # 빈 사전에 popitem() 메소드는 KeyError 발생합니다.
......
KeyError: 'popitem(): dictionary is empty'
```

사전 합하기 - update() 메소드

update() 메소드는 두 개의 사전을 합하는 메소드예요. 인수에 사전을 한 개 넣어야 하고 반환값은 없습니다. 그리고 update() 메소드를 적용하는 사전이 합해진 결과로 수정됩니다.

기본적으로 update() 메소드는 다음과 같이 수행됩니다.

```
>>> D1 = {'Korea':'Seoul', 'Japan':'Tokyo', 'France':'Paris'}
>>> D2 = {'USA':'Washingon D.C.'}
>>> a = D1.update(D2)
>>> print(D1)          # D1 = D1 ∪ D2
{'Korea': 'Seoul', 'Japan': 'Tokyo', 'France': 'Paris', 'USA': 'Washingon D.C.'}
>>> D2                 # D2는 그대로입니다.
{'USA': 'Washingon D.C.'}
>>> print(a)           # 반환값은 없습니다.
None
```

사전에 update() 함수의 인수를 다음과 같이 넣을 수도 있어요.

```
>>> v = {'name':'Alice', 'age':10}
>>> v.update(grade=3)    # 괄호 안에 grade=3을 키워드 인수라고 부릅니다.(13장에서 배웁니다)
>>> print(v)
{'name': 'Alice', 'age': 10, 'grade': 3}
>>> v.update(address='Seoul', height='130')
>>> v
{'name': 'Alice', 'age': 10, 'grade': 3, 'address': 'Seoul', 'height': '130'}
```

다음에 설명할 세 메소드 - items(), keys(), values() - 는 for 반복문과 함께 사용하면 유용합니다. 세 메소드 모두 인수를 갖지 않고 반환값이 모두 iterable 자료형이에요. 이 부분에 유의하면서 공부하기 바랍니다.

사전에 있는 모든 원소를 (키, 값)의 쌍으로 가져오기 - items() 메소드

사전에 items() 메소드를 적용하면 사전에 있는 원소들을 모두 (키, 값) 튜플의 리스트로 반환해 줍니다. 그런데 반환하는 데이터의 자료형은 dict_items이고, iterable 객체입니다.

```
>>> voca = {'컵':'cup', '커피':'coffee', '컴퓨터':'computer'}
>>> result = voca.items()
>>> print(result)
dict_items([('컵', 'cup'), ('커피', 'coffee'), ('컴퓨터', 'computer')])
>>> type(result)     # items() 메소드의 반환값은 dict_items 자료형이에요.
<class 'dict_items'>
>>> iter(result)     # dict_items는 iterable 자료형임을 알 수 있습니다.
<dict_itemiterator object at 0x021CD6F0>
```

사전에서 키들만 가져오기 – keys()

사전에 keys() 메소드를 적용하면 사전에서 키만 뽑아서 반환해 줍니다. 이때 반환하는 데이터의 자료형은 dict_keys이고, iterable 객체입니다.

```
>>> score_of_students = {201812345:90, 201811111:88, 201800100:92}
>>> result = score_of_students.keys()
>>> print(result)
dict_keys([201812345, 201811111, 201800100])
>>> type(result)          # keys() 메소드의 반환값은 dict_keys 자료형이에요.
<class 'dict_keys'>
>>> iter(result)          # dict_keys는 iterable 자료형임을 알 수 있습니다.
<dict_keyiterator object at 0x021CD8A0>
```

사전에서 값들만 가져오기 – values()

사전에 values() 메소드를 적용하면 사전에서 값만 뽑아서 반환해 줍니다. 이때 반환하는 데이터의 자료형은 dict_values이고, iterable 객체입니다.

```
>>> info = {'name':'Alice', 'age':10, 'grade':3, 'address':'Seoul'}
>>> result = info.values()
>>> print(result)
dict_values(['Alice', 10, 3, 'Seoul'])
>>> type(result)          # values() 메소드의 반환값의 자료형은 dict_values입니다.
<class 'dict_values'>
>>> iter(result)          # dict_values는 iterable 자료형입니다.
<dict_valueiterator object at 0x021D4840>
```

> **참고** 어떤 객체가 iterable 객체인지 쉽게 알 수 있는 방법이 있어요. iter( ) 함수에 적용해서 어떤 정보가 나오면(iterator라는 정보) iterable 객체이고, 에러가 발생하면 iterable 객체가 아니에요.

```
>>> L = [1, 2, 4, 5]; T = (2, 4, 6); name = 'Alice'
>>> iter(L)                # 리스트는 iterable 객체
<list_iterator object at 0x02401190>
>>> iter(T)                # 튜플도 iterable 객체
<tuple_iterator object at 0x02401390>
>>> iter(name)             # 문자열도 iterable 객체
<str_iterator object at 0x02401370>
>>> S = {1, 3, 5}; D = {'name':'Kim', 'age':20, 'address':'Seoul'}
>>> iter(S)                # 집합도 iterable 객체
<set_iterator object at 0x023FFFA8>
>>> iter(D)                # 사전도 iterable 객체
<dict_keyiterator object at 0x02400840>
>>> iter(range(10))        # range() 함수의 결과도 iterable 객체
<range_iterator object at 0x021695C0>
>>> iter(reversed(L))      # reversed() 함수의 결과도 iterable 객체
<list_reverseiterator object at 0x024013F0>
>>> x = 10
>>> iter(x)                # 정수는 iterable 객체가 아닙니다.
Traceback (most recent call last):
  File "<pyshell#42>", line 1, in <module>
    iter(x)
TypeError: 'int' object is not iterable
```

7/ 사전과 for 반복문

for 반복문을 이용하면 사전에 대한 반복 처리가 아주 쉬워요. 사전은 '키:값'의 특별한 형태로 되어 있는데, 키와 값이 모두 필요하면 items(), 키만 필요한 경우에는 keys(), 그리고 값만 필요한 경우에는 values() 메소드를 for 반복문에서 사용하면 됩니다. 특히 items(), keys(), values() 모두 반환값이 iterable 자료형이기 때문에 for 반복문에서 바로 이용할 수 있어요.

keys() 메소드 – '키'에 대해서 for 반복문 수행하기

코드	결과
| ```python
color_pencil = {'red':8, 'blue':5, 'green':6, 'purple':4}
for color in color_pencil.keys():
    print(color)
``` | red<br>blue<br>green<br>purple |

> **참고** for 반복문에서 in 다음에 사전 이름만 넣어도 알아서 사전의 '키'만을 가져옵니다.

코드	결과
| ```python
color_pencil = {'red':8, 'blue':5, 'green':6, 'purple':4}
for color in color_pencil:    # 사전명만 넣었음.
    print(color)
``` | red<br>blue<br>green<br>purple |

values() 메소드 – '값'에 대해서 for 반복문 수행하기

코드	결과
| ```python
color_pencil = {'red':8, 'blue':5, 'green':6, 'purple':4}
for count in color_pencil.values():
    print(count)
``` | 8<br>5<br>6<br>4 |

items() 메소드 – '키'와 '값'에 대해서 for 반복문 수행하기

코드	결과
| ```python
color_pencil = {'red':8, 'blue':5, 'green':6, 'purple':4}
for color, count in color_pencil.items():
    print('There are', count, color, 'pencils.')
``` | There are 8 red pencils.<br>There are 5 blue pencils.<br>There are 6 green pencils.<br>There are 4 purple pencils. |

items() 메소드는 튜플을 반환하기 때문에 하나의 변수를 이용해서 루프를 수행해도 됩니다. 위의 예에서 items() 메소드의 결과를 튜플로 받아서 처리해 볼게요.

코드	결과
| ```python
color_pencil = {'red':8, 'blue':5, 'green':6, 'purple':4}
for pencil in color_pencil.items():
    print(pencil)
``` | ('red', 8)<br>('blue', 5)<br>('purple', 4)<br>('green', 6) |
```

지금까지 사전이 제공하는 메소드들을 모두 학습하였습니다. 이 메소드들을 사용하는 예제를 몇 개 보겠습니다.

CODE 65 하나의 단어를 입력받아서 그 단어에 모음이 각각 몇 개 있는지를 출력하는 프로그램을 작성해 보세요(반드시 사전을 사용하세요).

코드	결과

``python
word = input('Enter one word : ')
 	
vowel = dict.fromkeys('aeiou', 0)
for c in word:
    if c in vowel.keys():
        vowel[c] += 1
 	
for c,n in vowel.items():
    print('vowel', c, ':', n)
``
	Enter one word : computer
	vowel a : 0
	vowel e : 1
	vowel i : 0
	vowel o : 1
	vowel u : 1
	
	Enter one word : mississippi
	vowel a : 0
	vowel e : 0
	vowel i : 4
	vowel o : 0
	vowel u : 0

CODE 66 리스트 vocabulary에는 여러 개의 단어가 저장되어 있습니다. 각 단어가 몇 번 중복되어 저장되어 있는지를 사전을 이용하여 오른쪽과 같이 출력하는 프로그램을 작성해 보세요.

코드	결과

``python
vocabulary = ['paper', 'rose', 'pencil', 'book', 'desk',
            'computer', 'book', 'erase', 'computer',
            'computer', 'rose', 'apple', 'rose', 'book',
            'computer', 'paper', 'usb', 'chair', 'usb',
            'paper', 'shoe', 'spoon']
 	
voca = {}
for v in vocabulary:
    if v in voca: # 이미 v가 voca에 있으면 해당 값을 1 증가
        voca[v] += 1
    else: # v가 아직 voca에 없으면 새로 추가
        voca.setdefault(v, 1)
 	
for k, v in voca.items():
    print(k, ':', v)
``
	paper : 3
	rose : 3
	pencil : 1
	book : 3
	desk : 1
	computer : 4
	erase : 1
	apple : 1
	usb : 2
	chair : 1
	shoe : 1
	spoon : 1

CODE 67 사전 score에는 이름과 성적이 저장되어 있습니다. 이름은 문자열이고 성적은 [국어, 영어, 수학]의 리스트로 저장되어 있어요. 사전에서 데이터를 읽어서 학생 이름과 평균을 계산하여 출력하는 프로그램을 작성해 보세요. 사전을 연습하기 위해서 사전 score에 있는 데이터를 읽어서 average라는 이름의 사전을 다시 만들도록 해 보세요. average 사전은 이름이 키가 되고, 평균 값이 되도록 합니다. 그리고 최종 average 사전을 출력합니다.

코드	결과
| ```python
score = {'Alice':[80, 90, 88],
        'Paul':[77, 92, 90],
        'David':[60, 70, 80],
        'Cindy':[80, 92, 95],
        'Tom':[85, 65, 70]}

average = {}     # average 사전을 만듭니다.

for name, scores in score.items():
    average[name] = sum(scores) / len(scores)

for name, avg in average.items():
    print("{:7}{:10.2f}".format(name, avg))
``` | Paul     86.33<br>David    70.00<br>Cindy    89.00<br>Tom      73.33 |

CODE 68 하나의 단어를 입력받아서 암호화된 단어로 바꾸는 문제입니다. 사전 crypt_code를 보고 키에 해당하는 알파벳을 값에 해당하는 알파벳으로 바꾸는 코드를 작성해 보세요.

코드	결과
| ```python
crypt_code = {'a':'g', 'b':'r', 'c':'q', 'd':'i', 'e':'u',
        'f':'e', 'g':'w', 'h':'n', 'i':'d', 'j':'l',
        'k':'v', 'l':'t', 'm':'f', 'n':'s', 'o':'o',
        'p':'a', 'q':'k', 'r':'x', 's':'m', 't':'p',
        'u':'y', 'v':'b', 'w':'j', 'x':'z', 'y':'c',
        'z':'h'}

original_msg = input('Enter word : ')
crypted_msg = ''   # 빈 문자열을 만들어 둡니다.
for ch in original_msg:
    crypted_msg += crypt_code[ch]
print(original_msg, '->', crypted_msg)
``` | Enter word : **python**<br>python -> acpnos<br><br>Enter word : **programming**<br>programming -> axowxgffdsw<br><br>Enter word : **computer**<br>computer -> qofaypux |

8/ 사전 내에서 for 반복문 사용하기(Dictionary Comprehension)

리스트, 집합과 같이 사전 안에서도 for 반복문을 사용하여 사전의 원소들을 만들 수 있습니다. 리스트나 집합보다는 조금 복잡한 형태인데, 차근히 분석해 보면 어렵지 않아요. 쉬운 예제부터 볼게요.

다음의 예제를 보세요. 사전이기 때문에 집합 기호를 사용해야 하고, 키와 값을 가질 수 있도록 해야 합니다.

```
>>> squares = { x : x**2 for x in range(1,
6)}
>>> squares
{1: 1, 2: 4, 3: 9, 4: 16, 5: 25}
```

{ x : x**2 for x in range(1, 6) }

키(key) 값(value)

마찬가지로 이차 함수 $y = x^2 + 1$의 x, y를 사전에 저장해 보겠습니다. 이때, x는 키, y는 값으로 하고, 정의역은 $-3 \leq x \leq 3$으로 할게요.

```
>>> f = { x : x**2 + 1 for x in range(-3, 4) }
>>> print(f)
{-3: 10, -2: 5, -1: 2, 0: 1, 1: 2, 2: 5, 3: 10}
```

다음과 같이 리스트 또는 튜플에 키와 값을 번갈아 가면서 넣어 두고 사전으로 만들 수도 있습니다. 리스트 T에는 도시와 그 도시의 기온이 번갈아 저장되어 있어요.

```
>>> T = ['서울', 15.2, '인천', 16.0, '대전', 17.3, '부산', 19]
>>> temperature = { T[i] : T[i+1] for i in range(0, len(T), 2) }
>>> print(temperature)
{'서울': 15.2, '인천': 16.0, '대전': 17.3, '부산': 19}
```

T = ['서울', 15.2, '인천', 16.0, '대전', 17.3, '부산', 19]

temperature = { T[i] : T[i+1] for i in range(0, len(T), 2) }

키(key)   값(value)

9/ 사전 출력하기(pprint 모듈)

사전을 출력할 때 print() 함수를 사용하면 한 줄에 출력이 되는데, 조금 복잡해 보입니다. 파이썬에는 한 줄에 원소('키:값'의 쌍) 한 개씩을 출력해 주는 모듈이 있어요. pprint 라는 모듈에 있는 pprint() 함수인데, 다음과 같이 사용합니다.

```
>>> T = {'서울':15.2, '인천':16.0, '대전':17.3, '부산':19.2}
>>> import pprint
>>> pprint.pprint(T)
{'대전': 17.3, '부산': 19.2, '서울': 15.2, '인천': 16.0}
>>> pprint.pprint(T, width=20)   # 'width=양의정수'를 넣으면 다음과 같이 출력됩니다.
{'대전': 17.3,
 '부산': 19.2,
 '서울': 15.2,
 '인천': 16.0}
>>> pprint.pprint(T, width=20, indent=10)   # indent 조정할 수 있습니다.
{        '대전': 17.3,
         '부산': 19.2,
         '서울': 15.2,
         '인천': 16.0}
```

10/ 사전의 값으로 mutable 자료형이 저장되는 경우

immutable 자료형 객체들만 사전의 '키'가 될 수 있지만, 모든 자료형이 사전의 '값'이 될 수 있어요. 하지만 사전의 값으로 mutable 자료형인 리스트, 집합, 사전이 저장될 경우에 유의할 점이 있어요. 바로 복사가 필요한 경우예요. 사전의 값으로 리스트, 집합, 사전을 넣고 복사를 하는 경우 어떤 일이 발생할 수 있는지를 설명할게요.

사전의 값으로 리스트가 저장되는 경우

아래 사전 friends에는 각 반에 있는 친구 목록이 저장되어 있습니다. 친구 목록은 변할 수 있는 데이터이기 때문에 리스트로 저장할게요.

- 1반에는 'Alice', 'Paul' 이렇게 두 명이 친구입니다.
- 2반에는 'David', 'Cindy', 'Bob' 이렇게 세 명이 친구입니다.
- 3반에는 'Tom' 한 명이 친구입니다.

> 친구 목록은 변할 수 있어서 리스트로 만들었습니다.
>
> ```
> >>> friends = {1:['Alice', 'Paul'], 2:['David', 'Cindy', 'Bob'], 3:['Tom']}
> ```

2반에 친구 'Jimmy'를 추가하고, 1반에 있는 친구 'Alice'를 삭제하려고 해요. 이 상황을 그림으로 표현하면 다음과 같습니다.

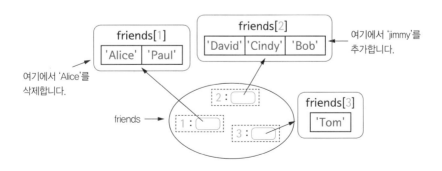

2반에 친구 'Jimmy'를 추가하고, 1반에 있는 친구 'Alice'를 삭제하는 코드는 다음과 같아요.

```
                      리스트이기 때문에 append() 메소드를 이용해서 데이터 추가
❶  >>> friends[2].append('Jimmy')      # 2반에 'Jimmy' 추가
   >>> friends
   {1: ['Alice', 'Paul'], 2: ['David', 'Cindy', 'Bob', 'Jimmy'], 3: ['Tom']}
❷  >>> friends[1].remove('Alice')      # 1반에서 'Alice' 삭제
   >>> friends          리스트이기 때문에 remove() 메소드를 이용해서 데이터 삭제
   {1: ['Paul'], 2: ['David', 'Cindy', 'Bob', 'Jimmy'], 3: ['Tom']}
```

friends[2]가 ['David', 'Cindy', 'Bob']를 가리킨다는 것을 아시겠죠. 이 데이터가 리스트니까 리스트에 사용할 수 있는 메소드 append()를 이용해서 'Jimmy'를 추가한 거예요. 마찬가지로 friends[1]도 리스트 ['Alice', 'Paul']이기 때문에 리스트에서 원소를 삭제하는 메소드인 remove()를 사용했습니다. remove()는 리스트에 없는 원소를 삭제할 때 ValueError가 발생하니까 조심히 사용해야 하고요. 위의 코드를 수행한 후에 결과는 다음과 같겠죠.

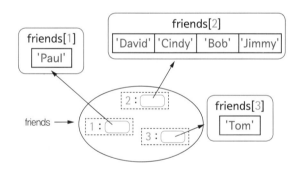

그럼, 이렇게 리스트를 값으로 갖는 사전을 복사하면 어떻게 되는지를 보겠습니다. 리스트에서 보았던 얕은 복사와 깊은 복사가 여기에서도 중요합니다.

얕은 복사	사전의 copy() 메소드, copy 모듈의 copy() 함수
깊은 복사	copy 모듈의 deepcopy() 함수

사전의 copy() 메소드, copy 모듈의 copy() 함수, copy 모듈의 deepcopy() 함수의 순서로 하나씩 알아볼게요.

❶ 사전의 copy() 메소드 사용하기

```
>>> friends = {1:['Alice', 'Paul'], 2:['David', 'Cindy', 'Bob'], 3:['Tom']}
>>> friends_copy = friends.copy()
>>> friends_copy[2].append('Jimmy')    # friends_copy 사전 2반에 'Jimmy 추가
>>> friends_copy
{1: ['Alice', 'Paul'], 2: ['David', 'Cindy', 'Bob', 'Jimmy'], 3: ['Tom']}
>>> friends      # friends_copy를 수정했는데, friends 사전도 수정되었습니다.
{1: ['Alice', 'Paul'], 2: ['David', 'Cindy', 'Bob', 'Jimmy'], 3: ['Tom']}
```

앞의 상황을 그림으로 보면 다음과 같아요. 즉, 값 부분인 리스트를 두 사전이 공유하게 됩니다. 따라서 friends_copy를 수정하면 friends 사전이 같이 수정되는 거예요. 이것은 '얕은 복사'였죠.

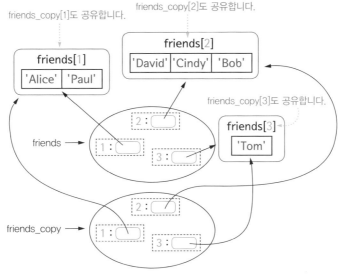

friends_copy = friends.copy() 결과

❷ copy 모듈에 있는 copy() 함수를 이용해도 위의 사전의 copy() 메소드와 똑같이 수행됩니다. 다음의 코드를 보면 사전 friends와 F가 같은 결과를 갖는 것을 볼 수 있어요.

```
>>> friends = {1:['Alice', 'Paul'], 2:['David', 'Cindy', 'Bob'], 3:['Tom']}
>>> import copy
>>> F = copy.copy(friends)
>>> F[2].append('Carol')
>>> F[3].remove('Tom')
>>> F
{1: ['Alice', 'Paul'], 2: ['David', 'Cindy', 'Bob', 'Carol'], 3: [] }
>>> friends
{1: ['Alice', 'Paul'], 2: ['David', 'Cindy', 'Bob', 'Carol'], 3: [] }
```

friends와 F는 같은 결과를 냅니다.
(얕은 복사)

❸ copy 모듈에 있는 deepcopy() 함수를 이용하면 완전히 독립된 복사를 하게 됩니다. 따라서 완전히 독립적인 복사본을 만들어야 하는 경우에는 copy.deepcopy() 함수를 사용해야 합니다.

```
>>> books = {'children':['Peter Pan', 'Snow White'],
          'computer':['python', 'java', 'html5'],
          'travel':['Asia', 'Europe', 'Africa']}
>>> import copy
>>> B = copy.deepcopy(books)              # 독립된 복사본이 생김.
>>> B['computer'].insert(1, 'javascript')  # B['computer']에만 'javascript' 추가.
>>> B['travel'].reverse()                  # B['travel']만 역순으로 바뀜.
>>> import pprint
>>> pprint.pprint(books, width=100, indent=5)
{    'children': ['Peter Pan', 'Snow White'],
     'computer': ['python', 'java', 'html5'],
     'travel': ['Asia', 'Europe', 'Africa']}
>>> pprint.pprint(B, width=100, indent=5)
{    'children': ['Peter Pan', 'Snow White'],
     'computer': ['python', 'javascript', 'java', 'html5'],
     'travel': ['Africa', 'Europe', 'Asia']}
```

위의 코드를 그림으로 표현하면 원래 사전 books와 복사로 만들어진 사전 B는 다음과 같아요. 즉, '깊은 복사'가 이루어져서 books와 B가 완전히 독립적인 사전이라는 것을 알 수가 있습니다.

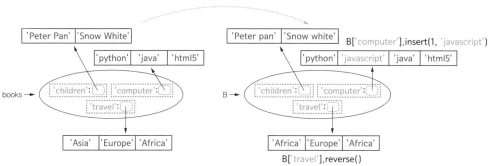

B = copy.deepcopy(books) 결과 독립된 사전 생성됨.

사전의 값으로 집합이 저장되는 경우

다음으로 사전의 값으로 집합이 저장되는 경우를 볼게요. 다음 예제는 학생 네 명이 각각 가지고 있는 색연필의 색이에요. Alice는 {'red', 'blue'}, Bob은 {'brown', 'purple', 'green'}, Cindy는

{'black', 'yellow'}, 그리고 David는 {'grey'} 색연필을 가지고 있습니다. 이때, Bob이 'sky blue'를 추가하고, Alice는 'blue'를 삭제하려고 합니다.

color_pen['Bob'], color_pen['Alice']의 자료형은 집합이니까 다음과 같이 집합 메소드를 적용해야겠죠.

```
>>> color_pen = {'Alice' : {'red', 'blue'},
            'Bob' : {'brown', 'purple', 'green'},
            'Cindy' : {'black', 'yellow'},
            'David' : {'grey'}}
>>> color_pen['Bob'].add('sky blue')        # 집합 메소드 add()를 사용합니다.
>>> color_pen['Alice'].discard('blue')     # 집합 메소드 discard()를 사용합니다.
>>> import pprint
>>> pprint.pprint(color_pen, width=100, indent=4)
{   'Alice': {'red'},
    'Bob': {'brown', 'sky blue', 'purple', 'green'},
    'Cindy': {'black', 'yellow'},
    'David': {'grey'}}
```

위의 상황을 그림으로 보면 다음과 같습니다.

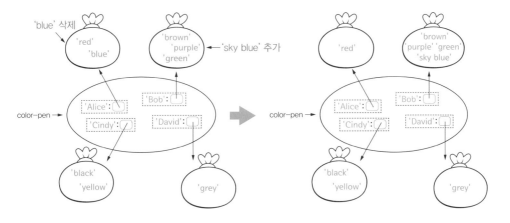

사전에 값으로 리스트가 저장되는 경우와 같습니다. 즉, 사전의 copy() 메소드, copy 모듈의 copy() 함수는 '얕은 복사'를 하고, copy 모듈의 deepcopy() 함수는 '깊은 복사'를 합니다. 코드를 통해서 확인해 볼게요.

다음의 fruits 사전을 이용해서 '얕은 복사'에 대해 설명합니다.

```
>>> fruits = {'Alice':{'apple', 'kiwi'},
          'Bob':{'melon', 'orange', 'blueberry'},
          'Carol':{'grape', 'strawberry'}}
```

사전의 copy() 메소드	copy 모듈의 copy() 함수

```>>> F = fruits.copy()```
```>>> F['Bob'].remove('blueberry')```
```>>> import pprint```
```>>> pprint.pprint(F)```
```{'Alice': {'kiwi', 'apple'},```
``` 'Bob': {'melon', 'orange'},```
``` 'Carol': {'strawberry', 'grape'}}```
```>>> pprint.pprint(fruits)```
```{'Alice': {'kiwi', 'apple'},```
``` 'Bob': {'melon', 'orange'},```
``` 'Carol': {'strawberry', 'grape'}}```
	```>>> import copy```
	```>>> F = copy.copy(fruits)```
	```>>> F['Bob'].remove('blueberry')```
	```>>> import pprint```
	```>>> pprint.pprint(F)```
	```{'Alice': {'apple', 'kiwi'},```
	``` 'Bob': {'melon', 'orange'},```
	``` 'Carol': {'strawberry', 'grape'}}```
	```>>> pprint.pprint(fruits)```
	```{'Alice': {'apple', 'kiwi'},```
	``` 'Bob': {'melon', 'orange'},```
	``` 'Carol': {'strawberry', 'grape'}}```

위의 fruits 사전에 대해서 '깊은 복사'를 수행해 볼게요.

```
>>> fruits = {'Alice':{'apple', 'kiwi'},
          'Bob':{'melon', 'orange', 'blueberry'},
          'Carol':{'grape', 'strawberry'}}
>>> import copy          ······· 깊은 복사는 독립된 사전을 만듭니다.
>>> F = copy.deepcopy(fruits)
>>> F['Bob'].remove('blueberry')
>>> import pprint
>>> pprint.pprint(F)
{'Alice': {'kiwi', 'apple'},
 'Bob': {'melon', 'orange'},    ······· 'blueberry'가 삭제되었습니다.
 'Carol': {'strawberry', 'grape'}}
>>> pprint.pprint(fruits)
{'Alice': {'kiwi', 'apple'},
 'Bob': {'melon', 'blueberry', 'orange'},    ◀······· 원래 사전에는 'blueberry'가 있습니다.
 'Carol': {'strawberry', 'grape'}}
```

사전의 값으로 사전이 저장되는 경우

이번에는 사전의 값으로 사전이 저장되는 경우를 보겠습니다. 아래 사전 D는 다음의 정보를 저장한 객체입니다.

· 1월 15일 생일인 사람 : Alice, Paul
· 1월 20일 생일인 사람 : David
· 2월 17일 생일인 사람 : Cindy
· 2월 25일 생일인 사람 : Helen, Tom, Jenny

이 사전을 copy() 메소드를 이용해서 사전 E에 복사하였습니다. 그리고 사전 E에 2월 17일에 Jessica를 추가하였습니다. 그랬더니 사전 D도 같이 수정되었습니다.

```
>>> D = {1:{15:['Alice', 'Paul'], 20:['David']},
    2:{17:['Cindy'], 25:['Helen', 'Tom', 'Jenny']}}
>>> E = D.copy()
>>> E[2][17].append('Jessica')
>>> D
{1: {15: ['Alice', 'Paul'], 20: ['David']}, 2: {17: ['Cindy', 'Jessica'], 25: ['Helen',
'Tom', 'Jenny']}}
>>> E
{1: {15: ['Alice', 'Paul'], 20: ['David']}, 2: {17: ['Cindy', 'Jessica'], 25: ['Helen',
'Tom', 'Jenny']}}
```

copy 모듈의 deepcopy() 함수를 사용하면 해결할 수 있습니다.

```
>>> D = {1:{15:['Alice', 'Paul'], 20:['David']},
    2:{17:['Cindy'], 25:['Helen', 'Tom', 'Jenny']}}
>>> import copy
>>> E = copy.deepcopy(D)
>>> E[2][17].append('Jessica')
>>> D
{1: {15: ['Alice', 'Paul'], 20: ['David']}, 2: {17: ['Cindy'], 25: ['Helen', 'Tom',
'Jenny']}}
>>> E
{1: {15: ['Alice', 'Paul'], 20: ['David']}, 2: {17: ['Cindy', 'Jessica'], 25: ['Helen', 'Tom',
'Jenny']}}
```

위의 copy.deepcopy() 함수는 다음과 같이 독립된 객체를 만들어 줍니다.

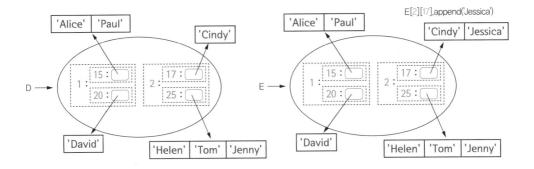

11/ 정리

이번 장에서는 가장 활용도가 높은 사전 자료형에 대해서 학습했어요. 사전은 키와 값을 쌍으로 갖는 특별한 형태를 취하고 있는데, 실제로 실생활과 밀접한 코딩을 할 때 많이 사용되는 자료형이에요. 하지만, 생긴 형태가 아홉 가지 자료형 중에서 가장 복잡하기 때문에 코딩을 하면서 에러를 내지 않고, 사전이 가진 다양한 기능을 올바르게 사용할 수 있  도록 공부해야 합니다. 12장 이후로는 사전을 이용한 연습 문제를 많이 넣을 생각입니다. 사전에 대해서 꼼꼼하게 공부해 두기 바랍니다.

41 리스트 words에는 여러 개의 단어가 저장되어 있습니다. 길이가 같은 단어들끼리 사전으로 묶고 출력하는 프로그램을 작성해 보세요. 이때, 단어의 길이가 '키'가 되고, 같은 길이를 같는 단어들은 리스트로 묶어서 사전의 값으로 구성합니다.

```
words = ['book', 'pencil', 'mirror', 'to', 'for', 'with', 'cup', 'computer',
        'chair', 'of', 'a', 'an', 'I', 'desk', 'school', 'cat', 'lamp']
```

```
[4] words of length 4 -> ['book', 'with', 'desk', 'lamp']
[3] words of length 6 -> ['pencil', 'mirror', 'school']
[3] words of length 2 -> ['to', 'of', 'an']
[3] words of length 3 -> ['for', 'cup', 'cat']
[1] words of length 8 -> ['computer']
[1] words of length 5 -> ['chair']
[2] words of length 1 -> ['a', 'I']
```

42 anagram은 같은 문자들로 구성된 문자열들을 말합니다. 예를 들어, 문자열 'python'의 anagram은 'pythno', 'thnopy', 'ythopn' 등이 있어요. 즉, p, y, t, h, o, n으로 구성된 문자열들이죠. 두 개의 문자열을 입력받아서 두 문자열이 anagram인지를 판단하는 프로그램을 작성해 보세요. 반드시 사전을 이용합니다.

```
Word1 : python                    Word1 : abcddd
Word2 : thpyno                    Word2 : adbdcd
python and thpyno are anagram     abcddd and adbdcd are anagram

Word1 : aabbccc                   Word1 : p
Word2 : aabbbcc                   Word2 : p
aabbccc and aabbbcc are anagram   p and p are anagram
```

43 사전 May에는 1일부터 7일까지 출석한 학생들의 이름이 저장되어 있어요. 1일에는 4명 ('Alice', 'Tom', 'David', 'Peter')이 출석했습니다. 사전 May에서 각 학생들이 출석한 날짜를 찾아서 출력하는 프로그램을 작성해 보세요. 이 때, 반드시 사전을 이용해서 이름을 '키'로 하고 출석한 날짜를 리스트로 모아서 '값'으로 저장하고 출력하는 코드를 완성해 보세요.

```
May = {}
May[1] = ['Alice', 'Tom', 'David', 'Peter']
May[2] = ['Alice', 'Cindy', 'David', 'Eve', 'Peter']
May[3] = ['Mary', 'Tom', 'Bob', 'David', 'Jenny', 'Paul', 'Cindy']
May[4] = ['Cindy', 'David', 'Jenny', 'Bob', 'Tom']
May[5] = ['Alice', 'David', 'Eve', 'Paul', 'Bob']
May[6] = ['Cindy', 'David', 'Alice', 'Mary', 'Bob', 'Tom', 'Peter', 'Jenny']
May[7] = ['Peter', 'David', 'Tom']
```

[출력 결과]

```
Alice    : [1, 2, 5, 6]
Tom      : [1, 3, 4, 6, 7]
David    : [1, 2, 3, 4, 5, 6, 7]
Peter    : [1, 2, 6, 7]
Cindy    : [2, 3, 4, 6]
Eve      : [2, 5]
Mary     : [3, 6]
Bob      : [3, 4, 5, 6]
Jenny    : [3, 4, 6]
Paul     : [3, 5]
```

44 다음은 부서 A에 소속된 사람들의 이름과 생일 정보입니다.

A = {'February':{13:['Cathy']}, 'May':{3:['Katie'], 8:['Peter', 'Bill']}}

Cathy는 2월 13일생, Katie는 5월 3일생, Peter와 Bill은 5월 8일이 생일이라는 의미예요. 이 사전 구조를 다음과 같이 바꾸어 보세요. 그리고 새로 만든 사전을 이용해서 아래와 같이 출력되도록 프로그램을 완성합니다.

{'Peter': ['May', 8], 'Bill': ['May', 8], 'Katie': ['May', 3], 'Cathy': ['February', 13]}

```
Cathy's birthday : February/13
Katie's birhday : May/3
Peter's birthday : May/8
Bill's birhday : May/8
```

함수

함수는 어떤 특정한 일을 하기 위해서 작성된 코드예요. 이 코드에 이름을 붙여 놓고 필요할 때마다 불러서 사용할 수 있어요. 즉, 한 번 작성해 놓으면 필요할 때마다 이름을 불러서 사용할 수 있는데 이를 '코드 재사용(code reuse)'이라고 해요. 프로그래밍에서는 이렇게 한 번 만들어 놓은 코드를 재사용하는 것이 매우 중요해요. 파이썬에는 프로그래머가 편리하게 사용할 수 있도록 다양한 함수를 미리 만들어서 제공해 주고 있는데 이런 함수들을 '내장 함수(builtin functions)'라고 합니다. 그리고 프로그래머가 필요할 때 함수를 만들어서 사용할 수도 있어요. 이런 함수는 '사용자 정의 함수(user-defined functions)'라고 합니다. 이번 장에서는 사용자 정의 함수를 만드는 문법에 대해서 학습하고, 어떤 함수들이 파이썬 내장 함수인지를 공부할 거예요.

사용자 정의 함수는 프로그래머가 직접 만드는 함수예요. 만약에 내장 함수에 프로그래머가 필요로 하는 함수가 없다면 만들어야죠.

내장 함수는 파이썬이 미리 만들어서 제공하는 함수예요. 우리는 어떤 내장 함수들이 있고, 각각의 내장 함수들을 어떻게 사용해야 하는지를 공부해야 합니다.

```
dict()          int()   list()
        abs()
print()         type()      ......
        set()       id()
        str()   input()
```

1/ 함수 기초 이해하기

아래 왼쪽 그림을 하나의 긴 코드라고 생각해 보세요. 파란 줄 부분은 똑같은 코드가 여러 곳에서 반복된다는 것을 보여주고 있어요. 이때 파란 줄 부분을 따로 떼 내어서 이름을 붙이면 함수로 분리할 수 있어요. 여기서는 test라는 이름을 붙였어요. 이렇게 코드를 따로 만들고 이름을 붙이는 것을 '함수 정의'라고 합니다. 그리고 원래 코드에서 파란 줄 부분이 반복되는 곳에 함수 이름만 적어줍니다. 이를 '함수 호출'이라고 해요. 그러니까 함수는 만들어 놓고 불러서 사용하는 거예요. 만약에 함수 정의만 해 두고 함수를 호출하는 일이 없다면 함수 내에 있는 코드는 수행되지 못해요.

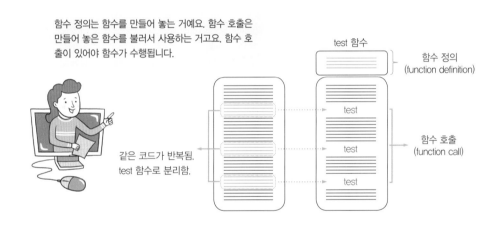

이번 장에서는 파이썬의 함수를 학습할 거예요. 파이썬에서는 함수를 다음과 같이 두 가지로 분류할 수 있어요.

- **내장 함수(Builtin Function):** 파이썬이 미리 만들어 놓은 함수예요. 어떤 내장 함수들이 있는지 알고 각 함수의 사용법을 학습해야 합니다(즉, 함수가 미리 정의가 되어 있어서 호출해서 사용하는 방법을 공부해야 합니다).

- **사용자 정의 함수(User-Defined Function):** 내장 함수 중에 프로그래머가 원하는 일을 해 주는 함수가 없다면 직접 함수를 만들어서 사용할 수 있어야 하는데, 이런 함수들을 사용자 정의 함수라고 해요.

학교 다닐 때 배운 함수를 잠시 떠올려 보세요. 함수를 배울 때 다음과 같은 그림을 본 적이 있을 거예요. 이 그림의 의미는 함수는 입력에 따라 출력 결과가 달라진다는 거예요. 예를 들어, 가운데 그림에서 x가 5인 경우에는 함수 결과인 y가 15이고, x가 12인 경우에는 y가 22, 그리고 x가 100이면, y가 110으로 x에 따라 y가 달라지는 것을 보이고 있죠. 이렇게 함수는 미리 만들어 놓고, 필요할 때 입력을 넣으면 그에 따른 출력 결과를 볼 수 있어요.

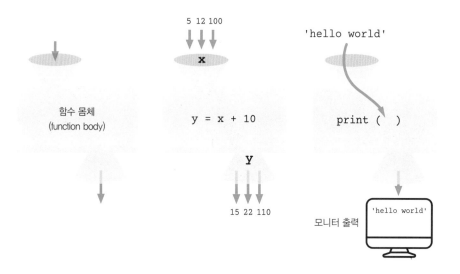

함수는 블랙박스라고도 해요. 블랙박스는 어떤 기능을 하는지는 알지만, 어떻게 내부적으로 동작하는지는 모르는 장치를 의미하죠. 예를 들어서, 우리는 print() 함수가 어떤 과정을 거쳐서 메모리에 있는 데이터를 화면에 보여주는 지는 모르지만 print() 함수 괄호에 넣은 데이터를 화면에 보여준다는 것은 알고 있어요. 이런 의미에서 함수는 블랙 박스처럼 동작한다고 합니다.

2/ 함수 정의와 함수 호출

함수를 정의한다는 것은 함수를 만든다는 뜻이에요. 즉, 특정한 일을 하는 코드를 하나로 묶어서 이름을 붙이는 작업이에요. 다음의 그림은 파이썬에서 함수를 어떻게 정의해야 하는지를 보여 줍니다. 우선 함수 정의 첫 줄은 def 키워드로 시작하고 함수명, 괄호, 콜론이 따라 나옵니다. 괄호 안은 비어 있기도 하고 변수들이 오기도 하는데, 괄호 안에 내용이 없더라도 괄호는 반드시 있어야 해요. 만약에 괄호 안에 변수들이 온다면, 그 변수들은 매개변수^{parameter}라고 불러요. 그 다음 둘째 줄부터 함수의 몸체 부분이 됩니다. 함수의 몸체가 실제 함수를 호출했을 때 수행되어야 하는 코드예요. 함수 몸체 부분은 모두 들여쓰기^{indent}되어야 해요. 인덴트가 끝나는 부분이 함수 끝이에요. 함수명은 변수명을 만들 때의 규칙과 같습니다.

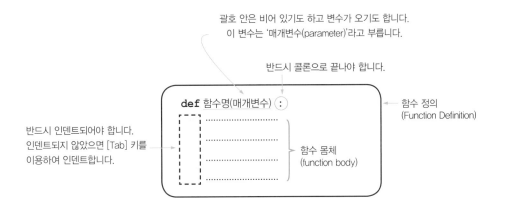

괄호 안은 비어 있기도 하고 변수가 오기도 합니다.
이 변수는 '매개변수(parameter)'라고 부릅니다.

반드시 콜론으로 끝나야 합니다.

def 함수명(매개변수) :

함수 정의
(Function Definition)

반드시 인덴트되어야 합니다.
인덴트되지 않으면 [Tab] 키를
이용하여 인덴트합니다.

함수 몸체
(function body)

간단한 함수 정의를 볼게요. 다음에 있는 함수 정의를 보면 함수명이 hello이고, 괄호 안에 매개변수가 없고, 함수 몸체는 두 문장으로 구성되어 있어요.

```
def hello():
    print("Hi!")
    print("Nice to meet you")
```

함수를 정의한 후에는 반드시 함수를 호출해야 함수 몸체에 있는 코드가 수행될 수 있어요. 함수 호출은 함수를 수행시키기 위해서 함수를 부른다는 말이에요. 함수를 호출할 때에는 '함수명()'라고 해야 합니다.

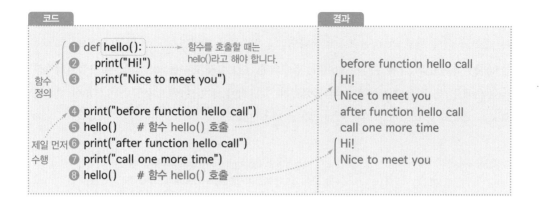

반드시 함수를 먼저 정의해 놓고 호출해야 합니다. 위의 코드의 수행 과정을 볼게요. 코드의 ❶, ❷, ❸이 함수 정의예요. 즉, hello() 함수를 만들어 놓은 거예요. 컴퓨터는 함수 정의는 그냥 넘어 가고 함수 정의가 끝난 부분부터 수행하기 시작해요. 그러니까 라인 ❹가 가장 먼저 수행됩니다. 따라서 "before function hello call"이 가장 먼저 출력됩니다. 다음으로 라인 ❺가 수행되어 함수 hello()를 호출하고 있어요. 그러면 컴퓨터는 hello()를 수행해서 "Hi!"와 "Nice to meet you"를 출력하고 라인 ❻으로 돌아옵니다. 라인 ❻과 라인 ❼을 수행하고 라인 ❽에서 다시 함수 hello()를 호출하니까 "Hi!"와 "Nice to meet you"가 한 번 더 출력됩니다.

만약에 다음과 같이 함수를 정의하기 전에 함수를 호출하도록 코드를 작성하면 첫 줄에 'before hello'가 출력된 다음에 함수 hello()를 호출하려고 하는데, 위에 정의되어 있지 않기 때문에 hello라는 이름을 모른다는 NameError 에러 메시지가 뜹니다.

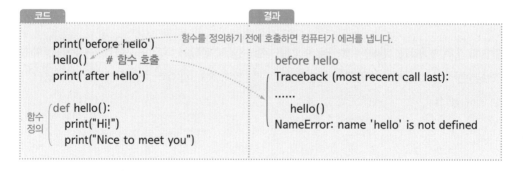

함수는 호출되기 전에만 정의되어 있으면 되기 때문에 다음과 같이 코드를 작성해도 됩니다.

코드	결과

```
print('hello world')
a = 10
b = 20

def hello():      # 함수 정의
  print('Hi!')
  print('Nice to meet you')

c = a + b
print(a, b, c)
hello()         # 함수 호출
print('after hello')
```

```
hello world
10 20 30
Hi!
Nice to meet you
after hello
```

hello() 함수가 특정한 일을 하는 의미 있는 코드는 아니지만 이 예제를 통해서 함수를 정의하고 호출하는 기본 원리를 이해해 두기 바랍니다.

위의 예제를 통해서 다음과 같이 프로그램 코드가 구성될 수 있다는 것을 알았을 거예요.

일반적으로 프로그램에서 코드가 수행되는 첫 부분을 main 코드라고 명시합니다.

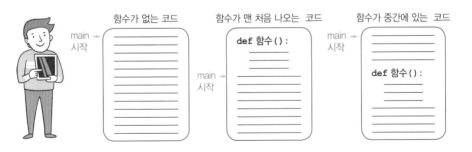

파이썬에서도 main 부분을 표시하는 방법이 있기는 해요. main 시작 부분에 다음과 같이 넣으면 됩니다.

$$if \ \_\_name\_\_=='\_\_main\_\_':$$

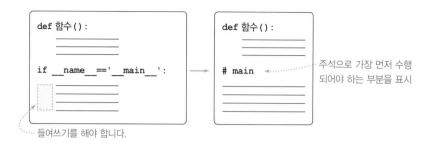

이 책에서는 오른쪽과 같이 간단히 # main으로 표시할게요.

3/ 함수의 매개변수와 인수의 기본 형태

함수 정의에서 함수명 다음에 나오는 괄호는 비어 있을 수도 있고 매개변수가 여러 개 오기도 합니다. 매개변수는 이름 그대로 매개 역할을 하는 변수예요. 즉, 함수를 호출할 때 넘기는 값을 받는 변수로 함수의 입력 부분이 됩니다. 함수를 호출할 때 넘기는 값은 인수[argument]라고 합니다. 즉, 함수를 호출할 때 인수를 넘기면 매개변수가 받게 됩니다. 다음의 예를 보겠습니다.

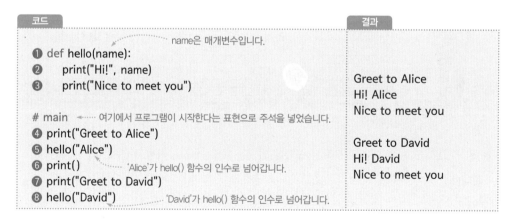

hello() 함수 괄호 안에 있는 name이 매개변수예요. 라인 ❺에서 hello() 함수를 호출하면 'Alice'라는 인수가 name 매개변수로 들어가서 함수 hello()를 수행하게 되요. 그리고 라인 ❽에서는 'David'가 인수로 name 매개변수로 들어가서 함수 hello()를 호출하고 수행합니다. 인수에 따라서 함수의 실행 결과가 나오는 것을 확인할 수 있어요. 그래서 매개변수로 넘어가는 인수가 함수의 입력이 되는 거예요. 이 과정을 아래 그림으로 이해해 볼게요.

CODE 69   main 코드에서 세 개의 자연수 x, y, z를 입력받습니다. x, y, z를 함수 print_largest()에 넘겨서 x, y, z 중에서 가장 큰 값을 출력하는 프로그램을 작성합니다.

코드

```
def print_largest(a, b, c):
    if a > b: max_value = a
    else: max_value = b
    if c > max_value: max_value = c
    print('max value of ({},{},{}) - {}'.format(a, b, c, max_value))

# main
x = int(input('Enter x : '))
y = int(input('Enter y : '))
z = int(input('Enter z : '))
print_largest(x, y, z)
```

결과 1

```
Enter x : 1
Enter y : 3
Enter z : 5
max value of (1,3,5) - 5
```

결과 2

```
Enter x : 7
Enter y : 6
Enter z : 5
max value of (7,6,5) - 7
```

결과 3

```
Enter x : 3
Enter y : 5
Enter z : 4
max value of (3,5,4) - 5
```

CODE 70 main 코드에서 두 개의 자연수 x와 y를 입력받습니다. x, y를 함수 print_star()에 넘겨서 함수에서 x행 y열의 '*'를 출력하는 프로그램을 작성해 볼게요.

코드

```python
def print_star(a, b):
    for i in range(a):
        print('*' * b)

# main

x = int(input('Enter x : '))
y = int(input('Enter y : '))
print_star(x, y)
```

결과 1

```
Enter x : 2
Enter y : 10
**********
**********
```

결과 2

```
Enter x : 4
Enter y : 5
*****
*****
*****
*****
```

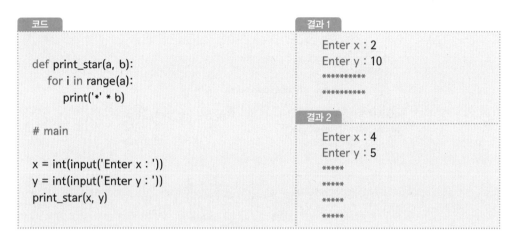

용어 위치 인수(positional argument)

매개변수의 개수와 함수를 호출할 때 넘기는 인수의 개수는 같아야 합니다. 그리고 인수가 차례대로 매개변수의 값이 됩니다. 이런 인수를 '위치 인수'라고 합니다.

mutable 객체를 함수의 인수로 넘기는 경우

파이썬의 자료형 중에서 리스트, 집합, 사전과 같은 mutable 객체를 함수에 인수로 넘길 때는 조심해야 합니다. 리스트, 집합, 사전이 인수로 넘어가는 경우, main과 함수가 객체를 공유하게 됩니다. 그래서 함수에서 객채를 수정하면 main에서도 수정된 객채를 갖게 됩니다. 다음의 예로 이해해 볼게요.

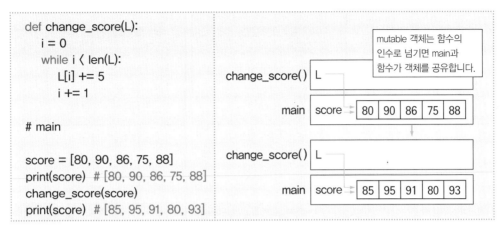

```
def change_score(L):
    i = 0
    while i < len(L):
        L[i] += 5
        i += 1

# main

score = [80, 90, 86, 75, 88]
print(score)  # [80, 90, 86, 75, 88]
change_score(score)
print(score)  # [85, 95, 91, 80, 93]
```

mutable 객체는 함수의 인수로 넘기면 main과 함수가 객체를 공유합니다.

change_score() L

main score 80 90 86 75 88

change_score() L

main score 85 95 91 80 93

위의 코드에서 만약에 L에 score 복사본을 만들어서 독립적인 리스트를 만들고자 한다면, 리스트의 copy() 메소드를 사용하거나 score[:] 또는 score[::]를 사용해야 합니다. 즉, 위의 main의 change_scroe() 함수 호출을 다음과 같이 수정해야 합니다.

change_score(score.copy())	change_score(score[:])	change_score(score[::])

4/ 함수의 반환값(Return Value)

함수의 반환값은 함수를 수행한 후의 결과값을 의미합니다. 함수 수행 후에 나온 결과값은 함수를 호출한 자리에 보내기 때문에 반환값_{return value}이라고 해요. 실제로 return 키워드를 이용해서 반환값을 처리합니다. return 키워드는 함수를 끝내고 함수를 호출한 자리로 돌아가라는 의미예요. 함수에 return 키워드는 다음과 같은 형태일 수 있어요.

return 키워드 옆에는 아무 것도 없기도 하고, 여러 값들이 오기도 해요.

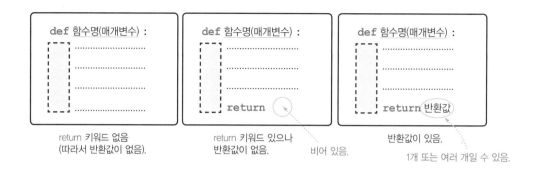

| return 키워드 없음 (따라서 반환값이 없음). | return 키워드 있으나 반환값이 없음. | 비어 있음. | 반환값이 있음. 1개 또는 여러 개일 수 있음. |

return 키워드가 있는 경우	return 키워드가 없는 경우
| ```python
def with_return():
    print("inside function")
    return    # 함수를 무조건 끝냄.
    print("last line of function") ········· 이 줄은 출력될 수 없습니다.

# main
print('start of the program')
with_return()
print('after return')
``` | ```python
def without_return():
    print("inside function")
    print("last line of function")

# main
print('start of the program')
without_return()
print('after return')
``` |
| < 호출 결과 >
start of the program
inside function
after return | < 호출 결과 >
start of the program
inside function
last line of function
after return |

반환값이 한 개인 경우

반환값이 있는 경우에는 return 키워드 옆에 반환값을 적어 줘야 해요. 그러면 함수의 수행이 끝나면서 함수를 호출한 자리에 반환값이 반환됩니다. 다음 예는 add() 함수가 두 개의 숫자 x와 y를 입력받아서 그 두 수를 더한 결과를 add() 함수를 호출한 자리에 반환하는 예제예요. 함수 정의인 라인 ❶, ❷, ❸을 지나고 라인 ❹가 가장 먼저 수행됩니다. 이때 '='의 오른쪽이 함수 호출이에요. 그래서 add(10, 20)을 호출합니다. add(10, 20)을 수행한 후에 return 옆에 있는 z값을 함수를 호출한 자리로 보냅니다. 즉, z 값이 a로 복사되는 거예요.

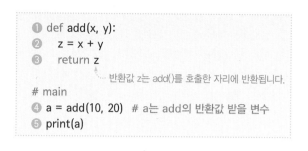

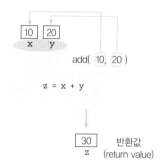

```
❶ def add(x, y):
❷     z = x + y
❸     return z
              ⋮ 반환값 z는 add()를 호출한 자리에 반환됩니다.
# main
❹ a = add(10, 20)  # a는 add의 반환값 받을 변수
❺ print(a)
```

add 함수를 호출하고 반환값을 받는 과정은 다음과 같아요.

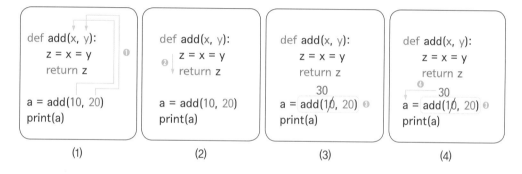

```
def add(x, y):            def add(x, y):            def add(x, y):            def add(x, y):
    z = x = y       ❶         z = x = y                 z = x = y                 z = x = y
    return z              ❷   ↓ return z                return z                  return z   ❹
                                                            30                        30
a = add(10, 20)           a = add(10, 20)           a = add(10, 20) ❸         a = add(10, 20) ❸
print(a)                  print(a)                  print(a)                  print(a)

     (1)                       (2)                       (3)                       (4)
```

❶ x는 10, y는 20을 갖습니다.

❷ 함수 add가 순서대로 수행되어 z에는 30이 저장됩니다.

❸ return z는 '나를 호출한 자리에 z값을 반환해라'하는 의미입니다. 따라서 add(10,20) 자리
에 반환값 30이 반환됩니다.

❹ 반환된 값 30이 '='의 왼쪽 변수 a에 저장됩니다.

CODE 71 [CODE 69]를 반환값이 있는 예제로 바꾸어서 작성해 보겠습니다. main 코드에서 세
개의 자연수 x, y, z를 입력받습니다. x, y, z를 함수 print_largest에 넘겨서 x, y, z 중에서 가
장 큰 값을 반환합니다.

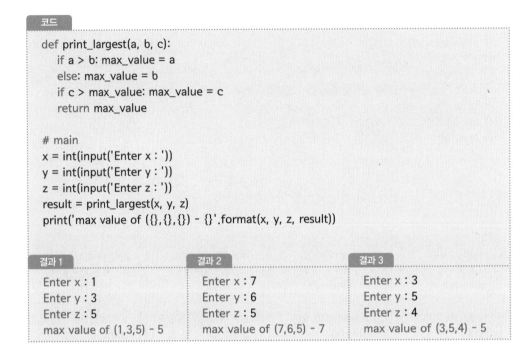

```
코드
def print_largest(a, b, c):
    if a > b: max_value = a
    else: max_value = b
    if c > max_value: max_value = c
    return max_value

# main
x = int(input('Enter x : '))
y = int(input('Enter y : '))
z = int(input('Enter z : '))
result = print_largest(x, y, z)
print('max value of ({},{},{}) - {}'.format(x, y, z, result))
```

결과 1	결과 2	결과 3
Enter x : 1	Enter x : 7	Enter x : 3
Enter y : 3	Enter y : 6	Enter y : 5
Enter z : 5	Enter z : 5	Enter z : 4
max value of (1,3,5) - 5	max value of (7,6,5) - 7	max value of (3,5,4) - 5

반환값이 두 개 이상인 경우

함수 정의에서 반환값이 여러 개 있을 수도 있어요. 이 경우에는 return 다음에 반환값들을 콤마로 분리하여 적어 줍니다. 반환값이 두 개인 예제를 볼게요.

```
def return_two(x, y):
    w = x + y
    z = x * y             반환값이 여러 개일 수 있습니다.
    return w, z     # 여러 데이터가 콤마로 분리되어 있으면 튜플로 간주합니다.
```

위의 함수 return_two() 함수를 호출하는 예를 볼게요.

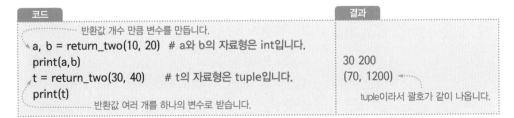

```
코드
       반환값 개수 만큼 변수를 만듭니다.
a, b = return_two(10, 20)  # a와 b의 자료형은 int입니다.
print(a,b)
t = return_two(30, 40)     # t의 자료형은 tuple입니다.
print(t)
       반환값 여러 개를 하나의 변수로 받습니다.
```

```
결과

30 200
(70, 1200)
       tuple이라서 괄호가 같이 나옵니다.
```

반환값이 다섯 개인 경우를 볼게요. 이때에도 반환값은 콤마로 분리하여 return 옆에 적어 줍니다.

```
def calc(x, y):
    a = x + y
    b = x - y
    c = x * y
    d = x // y
    e = x % y
    return a, b, c, d, e
```
반환값이 다섯 개입니다. x, y가 정수이면 a, b, c, d, e는 모두 정수입니다.

이렇게 반환값이 여러 개인 경우에는 '='의 왼쪽에 변수를 다음과 같이 다양한 패턴으로 하여 함수를 호출할 수 있어요.

calc() 호출 형태	결과
v = calc(30, 7)	v는 튜플 자료형으로 (37, 23, 210, 4, 2)입니다.
v1, v2, v3, v4, v5 = calc(30, 7)	v1, v2, v3, v4, v5는 모두 정수 자료형입니다. 각각 37, 23, 210, 4, 2를 갖습니다.
v, *w = calc(30, 7)	*를 붙이면 나머지 모든 값을 의미하고 리스트 형으로 처리합니다. v는 정수형 변수로 37입니다. w는 리스트형 변수로 [23, 210, 4, 2]입니다.
*v, w = calc(30, 7)	v는 리스트형 변수로 [37, 23, 210, 4]입니다. w는 정수형 변수로 2입니다.
u, *v, w = calc(30, 7)	u는 정수형 변수로 37입니다. v는 리스트형 변수로 [23, 210, 4]입니다. w는 정수형 변수로 2입니다.

이렇게 반환값이 여러 개인 경우에 주의할 점들이 있어요. 잘못 사용한 예를 볼게요.

호출 형태	에러인 이유
v1, v2, v3, v4 = calc(30, 7)	'=' 왼쪽에 하나씩 받을 때에는 반드시 반환하는 데이터의 개수와 같은 수의 변수가 있어야 합니다.
*v, *w = calc(30, 7)	'=' 왼쪽에 * 표현이 두 개 올 수가 없습니다.

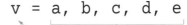
*를 사용할 때 애매모호하게 쓰면 안돼요!

$$v = a, b, c, d, e$$

$$v1, v2, v3, v4, v5 = a, b, c, d, e$$

$$v, *w = a, b, c, d, e$$

$$u, *v, w = a, b, c, d, e$$

CODE 72 리스트 math에는 학생 여러 명의 수학 성적이 저장되어 있습니다. 리스트를 score_info()라는 함수로 넘겨서, 학생 수, 최고 성적, 최저 성적, 평균을 반환하는 프로그램을 작성해 보겠습니다.

코드

```
def score_info(M):
    return len(M), max(M), min(M), sum(M)/len(M)

# main
math = [90, 80, 95, 83, 75, 99, 72, 90, 65, 88]
count, mx, mn, avg = score_info(math)
print('There {} scores in math list.'.format(count))
print('Max score : {}'.format(mx))
print('Min score : {}'.format(mn))
print('Average   : {:5.2f}'.format(avg))
```

결과

```
There 10 scores in math
list.
Max score : 99
Min score : 65
Average   : 83.70
```

CODE 73 함수 count()는 학생들의 수학 성적이 저장된 math 리스트와 성적 x를 입력받습니다. 그리고 math() 리스트에서 x 이상의 성적이 몇 명인지를 찾아서 반환합니다. 코드를 어떻게 적고 있는지 잘 봐두기 바랍니다.

```
def count(M, x):
    cnt = 0
    for score in M:
        if score >= x: cnt += 1
    return cnt

# main

math = [90, 92, 85, 80, 77, 68, 73, 81, 65, 88]
print('{}점 이상인 학생수 : {}'.format(85, count(math, 85)))
```
여기에서 함수 호출이 되고 반환값을 반환합니다.

위의 코드를 보면 count(math, 85) 함수 호출이 format() 메소드의 인수로 들어가 있어요. 지금까지 보던 형태와 조금 다르죠. 함수를 이렇게도 사용할 수 있고 이런 경우에는 함수를 호출한 자리에 바로 함수의 반환값이 떨어집니다. 그러니까 count(math, 85) 자리에서 함수를 호출하고 반환값인 cnt가 오는 거예요. 마지막 줄 print() 부분을 굳이 다음과 같이 사용하지 않아도 된다는 얘기입니다.

```
math = [90, 92, 85, 80, 77, 68, 73, 81, 65, 88]
result = count(math, 85)
print('{}점 이상인 학생수 : {}'.format(85, result))
```

반환값이 없는 경우의 None 키워드

반환값이 없는 함수들은 특별한 값인 None을 반환해요. 우리가 지금까지 가장 많이 사용했던 print() 함수가 반환값이 없는 함수예요.

```
>>> x = print('hello world')        일부러 반환값을 받을 변수 x를 놓습니다.
hello world
>>> print(x)            # print() 함수는 반환값이 없기 때문에 None을 출력합니다.
None
>>> type(x)             # None은 'NoneType'이라는 특별한 타입입니다.
<class 'NoneType'>
```

간단하게 반환값이 없는 사용자 정의 함수를 만들어 볼게요. 아래 두 코드는 모두 같은 결과를 냅니다.

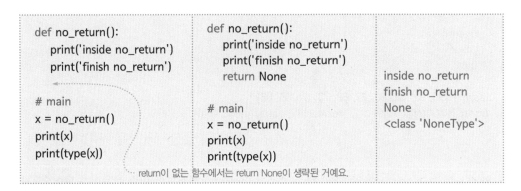

```
def no_return():
    print('inside no_return')
    print('finish no_return')

# main
x = no_return()
print(x)
print(type(x))
```

```
def no_return():
    print('inside no_return')
    print('finish no_return')
    return None

# main
x = no_return()
print(x)
print(type(x))
```

```
inside no_return
finish no_return
None
<class 'NoneType'>
```

return이 없는 함수에서는 return None이 생략된 거예요.

CODE 74 함수의 return 값이 있는지 없는지를 체크해 보는 간단한 프로그램을 작성해 볼게요.

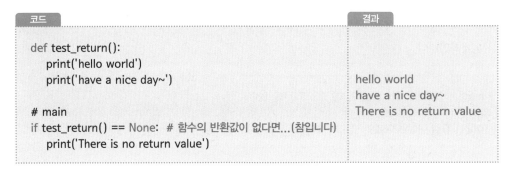

코드

```
def test_return():
    print('hello world')
    print('have a nice day~')

# main
if test_return() == None:  # 함수의 반환값이 없다면...(참입니다)
    print('There is no return value')
```

결과

```
hello world
have a nice day~
There is no return value
```

함수 안에 return 문이 여러 개인 경우

하나의 함수 안에서 return 문이 여러 개 있을 수도 있어요. 하지만 return 문이 여러 개 있더라도 정확히 하나의 return 문만 수행됩니다. 즉, 가장 처음에 만나는 return 문에서 함수를 끝냅니다. 다음의 예를 볼게요.

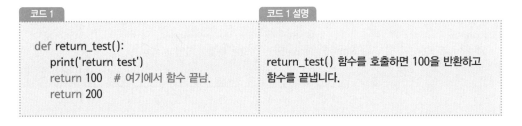

코드 1

```
def return_test():
    print('return test')
    return 100    # 여기에서 함수 끝남.
    return 200
```

코드 1 설명

return_test() 함수를 호출하면 100을 반환하고 함수를 끝냅니다.

코드 2	코드 2 설명

``python
def return_test(x, y):
    if x >= y:
        return x
    else:
        return y
``
	return_test(x,y) 함수를 호출하면 x와 y 중에서 큰 값을 반환하고 함수를 끝냅니다. 즉, 조건에 따라서 return x와 return y 중에 한 문장만 수행됩니다.

이렇게 하나의 함수에 return이 여러 개 있을 수 있다는 것도 알아 두세요.

함수에 return 문이 여러 개 있을 수 있습니다.

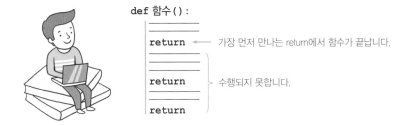

가장 먼저 만나는 return에서 함수가 끝납니다.

수행되지 못합니다.

5/ 지역변수(Local Variable)와 전역변수(Global Variable)

함수 내에서만 이용하는 변수를 지역변수라고 하고 프로그램 전체에서 사용 가능한 변수는 전역변수라고 해요. 기본적으로 함수는 수행될 때 자신의 지역변수를 먼저 참조하고 지역변수가 없으면 전역변수를 참조하게 됩니다. 우선 전역변수와 지역변수 개념부터 코드를 통해서 학습할게요.

지역변수(Local Variables)

지역변수는 함수 안에서 만든 변수예요. 아래 예에서 함수 local_var() 안에 있는 a가 지역변수예요. 지역변수는 함수 안에서만 사용할 수 있어요. 아래 코드에서 라인 ❷에 a = 10은 함수 local_var() 안에 지역변수 a를 만들라는 명령이죠. 이렇게 함수 안에서 만들어진 지역변수는 함수가 끝나면 없어집니다. 즉, 라인 ❺에서 함수 local_var()를 호출하면 함수가 수행될 때 만들어지고 함수가 끝나면 없어지는 거예요. 라인 ❻에서 NameError가 발생한 이유는 지역변수 a를 함수의 외부에서 출력했기 때문이죠.

```
❶ def local_var():
❷     a = 10          # 지역변수 a
❸     print(a)

# main
❹ print("start line")
❺ local_var()
❻ print(a)            # 에러 발생
```

```
start line
10
Traceback (most recent call last):
......
    print(a)
NameError: name 'a' is not defined
```

함수의 매개변수도 지역변수입니다. 함수의 매개변수는 함수를 호출하여 인수를 넘겨받을 때 만들어집니다. 그리고 함수 안에서만 사용할 수 있어요.

```
def local_var(x):          # 매개변수 x도 함수의 지역변수입니다.
    print('x = {}'.format(x))

                            함수를 호출해서 인수가 넘어가면 매개변수 x가 함수의 지역변수로 만들어집니다.
                            x는 함수 안에서만 사용할 수 있어요.
# main
print("start line")
a = 10                     # main에서 만든 변수는 전역변수입니다.
local_var(a)
print('a = {}'.format(a))
print('last line x = {}'.format(x))    # 여기에서 에러가 발생합니다(NameError).
```

위의 코드 결과는 다음과 같아요.

```
start line
x = 10
a = 10
Traceback (most recent call last):
......
    print('last line x = {}'.format(x))
NameError: name 'x' is not defined
```

매개변수도 지역변수입니다.

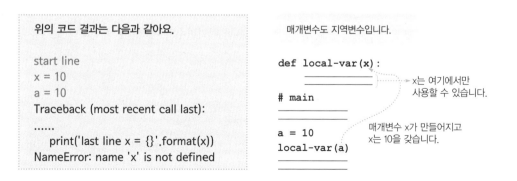

```
def local-var(x):
    _____
                                x는 여기에서만
# main                          사용할 수 있습니다.
    _____

a = 10                          매개변수 x가 만들어지고
local-var(a)                    x는 10을 갖습니다.
    _____
```

전역변수(Global Variables)

전역변수는 어느 함수에도 속하지 않은 변수로 어디에서나 사용할 수 있어요.

코드	결과
① def test(): ② a = 10 # a는 지역변수입니다. ③ print(a, x) x가 함수 안에 없으면 전역변수에서 찾아봅니다. # main ④ x = 100 # x는 전역변수로 어디에서나 사용 가능합니다. ⑤ test() ⑥ print(x)	10 100 100

위의 코드에서 라인 ②의 a는 함수 test() 안에서 만들어진 지역변수이기 때문에 함수가 끝나면 없어집니다. 라인 ③에서 변수 x가 나오는데 IDLE은 x가 test() 함수 안에서 있는지 봅니다. 이때 x가 test() 함수 안에 없으니까 함수 바깥에서 x를 찾습니다. 라인 ④에 전역변수 x가 있으니까 이 x값을 출력합니다.

만약에 위의 코드에서 다음과 같이 라인 ④와 라인 ⑤가 순서가 바뀌었다면 어떤 결과가 나올까요? test() 함수를 호출할 때 아직 전역변수 x가 생기지 않았기 때문에 test() 함수에서 print(a, x)할 때 x가 정의되지 않았다는 NameError가 발생해요.

코드	결과

def test():
    a = 10
    print(a, x) # NameError 발생
 	
# main 	
test()   이때는 x를 모릅니다.
x = 100   test() 호출 후에 선언되어 있어요.
print(x)
	Traceback (most recent call last):
	  ......
	    print(a, x)
	NameError: name 'x' is not defined

지역변수와 전역변수의 이름이 같은 경우

지역변수와 전역변수의 이름이 다르다면 혼란이 없겠지만, 만약에 같은 이름의 변수가 함수 내에도 있고 전역변수에도 있다면 혼란스러울거예요. 그런데 규칙이 분명합니다. 기본 규칙은 '지역변수가 전역변수보다 우선 순위가 높다'예요. 따라서 이름이 같은 경우 지역변수를 먼저 참조하게 되요. 다음의 예를 보세요.

코드	결과
❶ def test(): ❷ a = 10 ········▶ 지역변수 a ❸ print(a) ········▶ 지역변수 a의 값 10이 출력됩니다. # main ❹ a = 20 ········▶ 전역변수 a ❺ test() ❻ print(a) ········▶ 전역변수 a의 값 20이 출력됩니다.	10 20

만약에 위의 예제에서 라인 ❷의 a가 라인 ❹에 있는 전역변수의 값을 바꾸고자 하는 의도였다면, 함수 안에서 전역변수에 접근할 수 있는 방법이 필요하겠죠. global 키워드가 이 목적으로 사용됩니다.

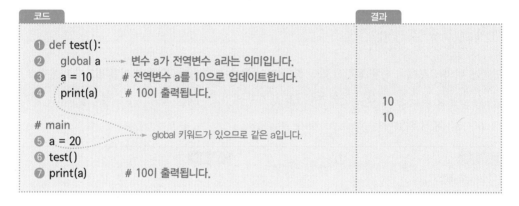

global 키워드를 사용할 때 주의할 점이 있습니다. 반드시 global 선언을 먼저 하고 전역변수를 써야 합니다. 아래 코드에서 라인 ❸에서 에러가 발생하는데, 에러 메시지는 변수 a가 global 키워드 전에 할당되었다는 메시지예요.

코드	결과
❶ def test(): ❷ a = 10 ❸ global a # 에러 발생 ❹ print(a)	변수 a가 global 키워드 전에 할당되었다는 에러 메시지가 나옵니다. (name 'a' is assigned to before global declaration)

만약에 현재 함수 안에서 쓰는 지역변수를 전역변수로도 사용하겠다면, 역시 global 키워드를 사용하면 됩니다. 다음의 코드를 보세요. 에러가 발생하고 있는데, 에러 메시지를 확인해 보면 이름 'a'가 정의되지 않았다는 메시지예요. 라인 ❹,❺는 전역변수 영역이기 때문에 함수 test() 안에 라인 ❷에서 만든 지역변수 a에 접근할 수가 없어서 생기는 에러예요.

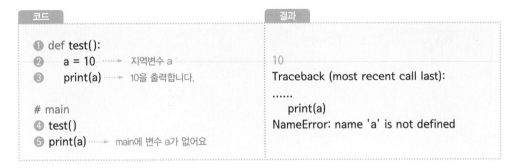

코드	결과
❶ def test(): ❷ a = 10 → 지역변수 a ❸ print(a) ┈ 10을 출력합니다. # main ❹ test() ❺ print(a) ┈ main에 변수 a가 없어요	10 Traceback (most recent call last): ...... print(a) NameError: name 'a' is not defined

위의 예제에서 라인 ❺에서 출력하려는 변수 a가 라인 ❷의 지역변수 a라면 global 키워드를 사용하면 되요. 아래 코드로 확인해 보세요.

코드	결과
❶ def test(): ❷ global a # 아래 변수 a는 전역변수라고 선언합니다. ❸ a = 10 ❹ print(a) # 10을 출력합니다. # main ❺ test() ❻ print(a) # 10을 출력합니다.	10 10

이 경우에도 조심할 것은 라인 ❷와 ❸의 순서가 바뀌면 안 된다는 거예요. 미리 a를 전역으로 사용하겠다는 의미로 global 키워드로 선언해 주고 a를 만들어야 합니다.

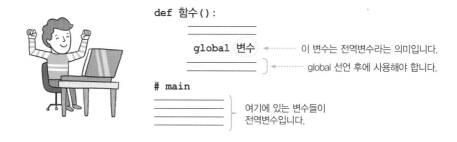

함수 안에서 'global 변수'라고 쓰면, 그 변수는 전역변수라는 의미예요.

```
def 함수():
    ─────────
    global 변수  ◀········· 이 변수는 전역변수라는 의미입니다.
    ─────────  ⎫········· global 선언 후에 사용해야 합니다.
# main
═════════  ⎫ 여기에 있는 변수들이
═════════  ⎭ 전역변수입니다.
```

6/ 매개변수와 입력 인수의 다양한 형태

함수의 매개변수와 인수가 무엇인지 지금은 분명히 아실 거예요. 그리고 위치 인수도 제대로 이해할 거예요. 위치 인수는 가장 기본적인 인수 형태로 함수를 호출할 때 순서대로 자기 위치로 넘어가는 인수를 말합니다. 이번에는 위치 인수 외에 다양한 입력 인수의 형태를 학습할 거예요.

매개변수와 인수의 형태에 따라서 다음과 같이 나누어 볼 수 있어요.

- 기본값이 있는 매개변수
- 가변 개수의 인수를 받을 수 있는 매개변수
- 키워드 인수(Keyword Arguments)
- 가변 개수의 키워드 인수

위에서 언급한 매개변수와 인수에 대해서 하나씩 자세하게 설명합니다.

기본값이 있는 매개변수

함수를 정의할 때 매개변수에 기본값을 줄 수가 있어요. 일반적으로 함수를 호출하면 매개변수가 인수를 받아서 함수를 수행하는데, 만약에 매개변수가 기본값을 갖고 있다면 그 변수에는 인수를 넘기지 않아도 된다는 의미예요. 즉, 기본값이 있는 매개변수는 인수가 넘어 오지 않으면 기본값을 인수로 처리합니다.

예를 들어 볼게요. 다음의 volume() 함수는 매개변수가 세 개인데, 마지막에 있는 height 매개변수는 기본값 10을 갖고 있어요. 함수 호출 ❶에서는 세 개의 인수가 순서대로 width에 2, length에 3, height에 5가 들어갑니다. height의 기본값 10은 무시됩니다. 함수 호출 ❷에서는 인수가 두 개이기 때문에 width에 2, length에 3이 들어가고, height는 기본값인 10을 사용합니다.

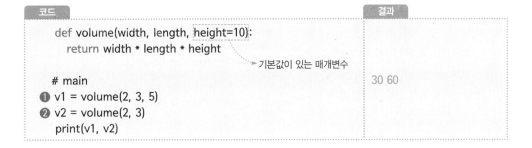

코드
```
def volume(width, length, height=10):
    return width * length * height

▶ 기본값이 있는 매개변수

    # main
❶ v1 = volume(2, 3, 5)
❷ v2 = volume(2, 3)
    print(v1, v2)
```

결과
```
30 60
```

위의 예에서 width와 length는 반드시 인수를 받아야 하는 매개변수예요. 즉, width와 length에는 위치 인수가 와야 해요. 만약에 다음과 같이 volume() 함수에 하나의 인수만 넘기면 다음과 같이 에러 메시지가 뜹니다. 에러 메시지를 읽어 보면 length에 위치 인수가 필요하다는 에러입니다.

코드
```
v = volume(5)
```

결과
```
TypeError: volume() missing 1 required positional
argument: 'length'
```

NOTE 함수를 정의할 때 기본값이 없는 매개변수가 기본값이 있는 매개변수보다 뒤에 나오면 안 됩니다.

위의 규칙은 중요해요. volume() 함수를 다음과 같이 정의해 볼게요. 기본값이 없는 매개변수 height가 기본값이 있는 매개변수인 length보다 뒤에 나오는 경우입니다. 이 경우에 코드를 수행하면 오른쪽과 같이 'non-default argument follows default argument'라는 에러 메시지가 나와요.

기본값이 있는 매개변수
(default argument)

기본값이 없는 매개변수
(non-default argument)

```
def volume(width, length=10, height):
    return width * length * height
```

non-default argument
follows default
argument

volume() 함수와 같이 매개변수가 세 개 있는 경우에는 다음과 같이 함수를 만들어야 해요.

모두 위치 인수인 경우	`def volume(width, length, height):` `    return width * length * height`
기본값이 있는 매개변수가 1개인 경우	`def volume(width, length, height=10):` `    return width * length * height`
기본값이 있는 매개변수가 2개인 경우	`def volume(width, length=20, height=10):` `    return width * length * height`
기본값이 있는 매개변수가 3개인 경우	`def volume(width=15, length=20, height=10)` `    return width * length * height`

기본값이 있는 매개변수가 두 개인 경우에는 다음과 같이 함수를 호출할 수 있어요.

```
def volume(width, length=5, height=10):
    return width * length * height

# main
print(volume(2))        # width=2, length=5, height=10
print(volume(2, 3))     # width=2, length=3, height=10
print(volume(2, 3, 4))  # width=2, length=3, height=4
```

```
100
60
24
```

함수의 매개변수가 모두 기본값을 갖는 경우에는 다음과 같이 함수를 호출합니다.

```
def volume(width=1, length=1, height=10):
    return width * length * height

# main
print(volume())         # width=1, length=1, height=10
print(volume(2))        # width=2, length=1, height=10
print(volume(2, 3))     # width=2, length=3, height=10
print(volume(2, 3, 4))  # width=2, length=3, height=4
```

```
10
20
60
24
```

가변개수의 인수를 받을 수 있는 매개변수(*args)

지금까지는 하나의 매개변수에 하나의 인수를 넣었어요. 그런데 하나의 매개변수에 여러 개의 인수를 넣을 수도 있습니다. 이것이 가변 개수의 인수를 받는 매개변수예요. 이런 매개변수는 함수를 정의할 때 * 기호를 붙여서 구별합니다. 다음에서는 *args로 표현했어요.

```
def 함수명(*args):
    함수 문장들
    ......
```
*가 붙는 매개변수에는 다양한 개수의 인수를 넣을 수 있어요.
args가 아닌 다른 이름을 사용해도 됩니다.

함수의 매개변수 부분에 *args라고 적었습니다. args는 arguments의 약자로 일반적으로 프로그래머들이 인수를 표현할 때 많이 사용하는 이름이에요. args 대신에 다른 이름을 사용해도 됩니다.

간단한 예를 보겠습니다. print_all() 함수는 매개변수가 *args 한 개뿐이에요. 따라서 print_all() 함수를 호출할 때 인수를 넣지 않아도 되고, 여러 개의 인수를 넣을 수도 있어요.

코드	결과
| ```python
def print_all(*args):
    print(args)

# main
print_all()        # 인수를 넣지 않아도 됩니다.
print_all(1)
print_all(1,2)
print_all(1,3,5)
``` | () <br> (1,) <br> (1, 2) <br> (1, 3, 5)  결과는 튜플입니다. |

결과를 보니까 *args에 넘어 오는 인수들은 어떻게 처리하고 있나요? *args에 넘어 오는 인수들은 튜플로 묶어서 처리하고 있음을 알 수 있죠. 그러니까 args에 튜플 메소드를 적용할 수 있어요.

코드	결과
| ```python
def print_all(*args):
    print(args.count('c'))
              ── 튜플 자료형의 count 메소드
# main
print_all('a', 'b', 'c', 'd', 'c', 'a', 'c')
``` | 3 |

함수 find_larger()는 일반 매개변수 n과 가변 인수를 받을 변수 *args를 갖습니다. n과 *args 에는 모두 정수 데이터가 들어가야 합니다. find_larger()는 args로 넘어온 정수들 중에서 n보다 큰 정수의 개수를 구하는 함수예요. 함수 find_larger()를 작성해 볼게요.

코드

```
def find_larger(n, *args):
    count = 0
    for i in args:
        if i > n: count += 1
    return count

# main
w = find_larger(10)                    # 없음
x = find_larger(10, 1, 15, 20, 3)      # 2개 : 15, 20
y = find_larger(1, 2, 3, 4, 5, 6)      # 5개 : 2, 3, 4, 5, 6
z = find_larger(10, 1, 2, 3)           # 없음

print(w, x, y, z)                      # 0 2 5 0 출력
```

키워드 인수(Keyword Arguments)

이번에는 '키워드 인수'에 대해 학습합니다. 키워드 인수를 설명하기 전에 위치 인수 예제를 다시 한번 볼게요.

```
def introduce(name, age):
    print('Hi, I am {} and {} years old'.format(name, age))

introduce('Alice', 10)     # 결과 : Hi, I am Alice and 10 years old.
        위치 인수
```

함수 introduce를 호출하면 첫 번째 인수 'Alice'는 매개변수 name으로, 두 번째 인수 10은 매개 변수 age로 들어가고 함수가 수행되겠죠. 'Alice'와 10이 모두 위치 인수임을 알 수가 있죠. 위치 인수와 비교해서 인수 처리를 조금 더 융통성 있게 해 주는 인수 형태가 있어요. 바로 키워드 인수[keyword arguments]예요.

키워드 인수는 '매개변수 = 인수' 형태로 인수를 넘깁니다. 키워드 인수를 사용할 때에는 매개변수와 인수를 묶어서 넘기기 때문에 순서가 중요하지 않아요.

```
def introduce(name, age):
    print('Hi, I am {} and {} years old'.format(name, age))

introduce(name='Alice', age=10)    # 결과 : Hi, I am Alice and 10 years old
introduce(age=7, name='Paul')      # 결과 : Hi, I am Paul and 7 years old
```

> **NOTE** 위치 인수는 인수를 넣은 순서대로 매개변수에 대입되기 때문에 순서가 중요합니다. 하지만, 키워드 인수는 매개변수와 인수를 묶어서 적기 때문에 순서가 중요하지 않습니다.

함수를 호출할 때 키워드 인수와 위치 인수를 섞어서 사용할 수도 있어요. 다음은 키워드 인수와 위치 인수를 섞어서 함수를 호출하는 예제입니다. 매개변수 name은 위치 인수 'Alice'를 받고, 매개변수 age는 키워드 인수로 처리했어요. 사실 age를 굳이 키워드 인수로 처리할 필요는 없는 예제예요. 그냥 키워드 인수와 위치 인수를 섞어도 된다는 것을 보여 주려고 했습니다.

```
def introduce(name, age):
    print('Hi, I am {} and {} years old'.format(name, age))

introduce('Alice', age=10)          # 결과 : Hi, I am Alice and 10 years old
```

위치 인수   키워드 인수

위치 인수와 키워드 인수는 섞어서 사용할 수 있어요.

```
def introduce(name,  age, address ):    ← 함수 정의
```

위치 인수

키워드 인수는 매개변수를 적기 때문에
순서가 중요하지 않아요.

```
introduce(Alice',  address = 'seoul',  age = 10 ):    ← 함수 호출
```

키워드 인수와 위치 인수를 섞어서 사용할 때 두 가지를 주의해야 합니다.
– 주의점 1. 위치 인수와 키워드 인수를 겹쳐서 사용하면 안 됩니다.
– 주의점 2. 반드시 위치 인수를 모두 적고 난 후에 키워드 인수를 적어야 합니다.

- **주의점 1**

위의 introduce() 함수를 호출할 때 다음과 같이 위치 인수와 키워드 인수를 겹치게 사용하면 에러가 발생해요.

```python
def introduce(name, age):
    print('Hi, I am {} and {} years old'.format(name, age))

introduce(10, name='Alice')
```

에러 메시지는 다음과 같습니다.

TypeError : introduce() got multiple values for argument 'name'

에러 메시지를 해석해 보면 'name에 여러 개의 값을 넘겼다'라고 되어 있어요. 즉, 첫 번째 변수 name에 위치 인수 10이 들어가고, 또 키워드 인수를 이용해서 name = 'Alice'라고 해서 name에 'Alice'를 또 넣으라고 했어요. 컴퓨터 입장에서는 매개변수 name에 두 개의 값을 넣은 거죠. 그래서 발생한 에러에요.

- **주의점 2**

함수를 호출할 때 위치 인수와 키워드 인수를 섞어서 사용할 경우에는 반드시 위치 인수를 모두 적고 난 후에 키워드 인수를 적어야 해요. 다음과 같이 키워드 인수를 위치 인수보다 먼저 적고 함수를 호출하면 에러가 발생하게 되요.

```python
def introduce(name, age):
    print('Hi, I am {} and {} years old'.format(name, age))

introduce(name = 'Alice', 10)     # 키워드 인수를 일반 인수보다 먼저 적은 경우
```
키워드 인수   위치 인수

다음은 위의 코드에 대한 에러 메시지입니다.

`SyntaxError : positional argument follows keyword argument`

문법 에러가 발생하였고 에러 메시지는 '위치 인수가 키워드 인수 뒤에 나온다'입니다. 즉, 함수를 호출할 때 키워드 인수와 일반 위치 인수를 섞어서 쓸 경우는 반드시 위치 인수를 모두 넣고 나서 키워드 인수를 넣어야 합니다.

가변개수의 키워드 인수(**kwargs)

마지막으로 가변개수의 키워드 인수를 설명할게요. 이름이 나타내듯이 키워드 인수가 가변개수로 있을 수 있다는 거예요. 가변개수의 키워드 인수는 *를 두 개 붙여서 **kwargs라고 적어 줍니다. 여기에서 이름 kwargs는 'keyword arguments'의 줄임말이에요. 일반적으로 kwargs라는 변수명을 많이 사용하지만, 다른 이름을 사용해도 됩니다.

함수를 정의할 때 괄호 안에 **kwargs 매개변수를 갖고 있으면 그 자리에는 '이름1 = 값1, 이름2 = 값2, 이름3 = 값3, ……'의 형태로 인수를 넘겨야 합니다. 여기에서 이름들은 임의로 만들면 되요. 물론 이름을 만들 때는 변수명 만드는 규칙을 지켜주어야 하고요. 함수의 형태는 다음과 같아야 합니다.

```
def 함수명(**kwargs) :
    함수 문장들
    ……
```
kwargs 말고 다른 이름을 써도 됩니다.

가변 개수 키워드 인수의 예를 볼게요.

코드	결과
❶ def test(**kwargs): ❷ print(kwargs) # main ❸ test(a = 10, b = 20) ❹ test(name = "Alice", age = 10) ❺ test(even = [2,4,6], odd = [1,3,5,7]) ❻ test(a = (1,), b = {4,5}, c={10, 20}) ❼ test(x = {1:'one', 2:'two'}, y = 'hello')	{'b': 20, 'a': 10} {'age': 10, 'name': 'Alice'} {'even': [2, 4, 6], 'odd': [1, 3, 5, 7]} {'b': {4, 5}, 'a': (1,), 'c': {10, 20}} {'y': 'hello', 'x': {1: 'one', 2: 'two'}}

위의 test() 함수는 가변개수의 키워드 인수를 받도록 정의되어 있습니다. test() 함수에 다양한 자료형의 인수를 넣어서 다섯 번 호출해 보았어요. 라인 ❸에는 정수 인수 두 개를 넣었더니 {'a': 10, 'b': 20} 결과가 나왔어요. 라인 ❹에서는 문자열과 정수를 넣었고, 결과는 {'name': 'Alice', 'age': 10} 이에요. 결과를 보니까 **kwargs에 넘어오는 인수들은 함수에서 어떻게 처리하나요? 사전으로 처리하고 있죠. 즉, 함수를 호출할 때 넘기는 키워드는 사전의 '키'가 되고 인수들은 사전의 '값'이 됩니다. 나머지 라인 ❺,❻,❼에서도 인수들을 모두 사전으로 묶어서 함수에서 처리하고 있음을 알 수 있어요.

kwargs에 넘어가는 인수들이 사전 자료형으로 처리되면, kwargs에 사전 메소드를 적용할 수 있겠죠. 다음의 예에서 kwargs에 사전에 있는 items() 메소드를 적용해 보았어요.

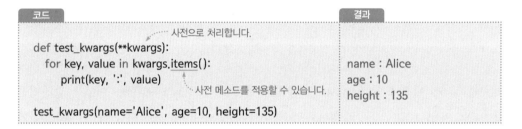

코드	결과
| ```python
def test_kwargs(**kwargs):    # 사전으로 처리합니다.
    for key, value in kwargs.items():
        print(key, ':', value)    # 사전 메소드를 적용할 수 있습니다.

test_kwargs(name='Alice', age=10, height=135)
``` | name : Alice<br>age : 10<br>height : 135 |

> **NOTE** 사전으로 키워드 인수를 미리 만들어 놓고 함수를 호출할 때 사용할 수도 있습니다.

함수를 호출할 때 괄호 안에 키워드 인수를 늘어놓지 않고 사전에 미리 저장한 후에 인수로 사용하는 예를 볼게요. 위의 test() 함수에 적용해 볼게요.

| ```python
def test( **kwargs ):
    print(kwargs)
``` | |
|---|---|
| ```python
D1 = {'a':10, 'b':20, 'c':30}
test(**D1)
``` | {'a': 10, 'b': 20, 'c': 30} |
| ```python
D2 = {'x':[5,7], 'y':{2,9}}
test(**D2)
``` | {'x': [5, 7], 'y': {9, 2}} |
| ```python
D3 = {'name':'Alice', 'age':10}
test(**D3)
``` | {'name': 'Alice', 'age': 10} |
```

위와 같이 사전에 미리 키워드 인수를 만들어 놓고 가변 키워드 인수 자리에 사용하려면 사전의 키 부분에 들어가는 키워드는 문자열 타입이어야 합니다.

가변개수의 키워드 인수는 사전으로 넘어가요.

함수 호출   test(name = 'Alice', age = 10, height = 135)

가변 개수 키워드 인수

def test (**kwargs):

사전으로 인식

{'name':'Alice', 'age':10, 'height':135}

7/ 람다 함수

람다 함수는 특별한 형태를 갖고 있어요. 람다 함수는 이름 없는 함수라고도 하고 함수의 인수로 함수를 넣어야 하는 경우에 유용합니다.

우선 람다 함수의 문법적인 형태를 볼게요.

lambda <인수들> : <반환할 식>

위와 같이 람다 함수는 lambda 키워드로 시작하고 함수 이름을 붙이는 부분이 없어요. lambda 키워드 다음에는 콜론을 중심으로 콜론 앞에는 함수의 입력에 해당하는 인수들, 그리고 콜론 뒤에는 함수의 반환값에 해당하는 내용이 와야 합니다. 그런데 이 반환값에 해당하는 부분은 일반적으로 계산식 또는 판단식이 들어가서 그 결과가 람다 함수의 반환값이 되는 거예요. 말은 조금 복잡하게 느껴질 것 같은데, 어렵지 않아요.

아래 왼쪽의 add() 함수를 보세요. 두 개의 인수 x와 y를 받아서 x + y를 반환합니다. 이 add() 함수를 lambda 함수로 변환하려면, lambda 키워드 옆에 인수 x, y를 적어 주고 콜론을 적습니다. 그리고 콜론 다음에는 반환할 식 x + y를 적어 줍니다. 이것이 람다 함수인데, 만약에 람다 함수에 이름을 붙이고 싶다면 f = lambda x,y : x + y처럼 람다 함수에 변수를 할당해 주면 되요. 여기에서는 f가 람다 함수 이름이 되고, f(5,7)이라고 함수를 호출하면 인수 5는 매개변수 x로, 인수 7은 매개변수 y로 들어갑니다. 그리고 x + y가 계산되어서 반환되고요.

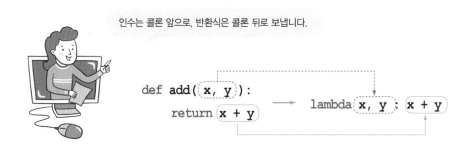

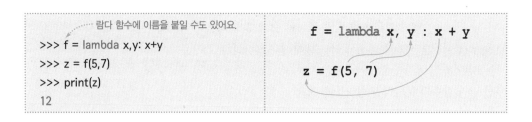

람다 함수 예를 두 개만 더 볼게요. 다음의 함수 square는 하나의 수 x를 입력받아서 x^2을 반환합니다. 이 함수를 람다 함수로 바꾸었어요. 콜론 뒤에는 수식 x ** 2를 넣었습니다.

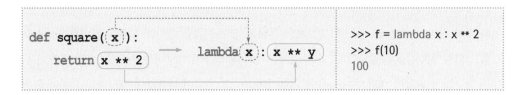

다음의 함수 check_even은 x를 입력받아서 x가 짝수라면 True, 아니라면 False를 반환합니다. 역시 이 함수를 이름없는 람다 함수로 바꾸었어요. 콜론 뒤에는 판단식 x % 2 == 0을 넣었습니다.

```
def check_even( x ) :              lambda x : x % 2 == 0       >>> f = lambda x : x % 2
    return x % 2 == 0                                          == 0
                                                               >>> f(10)
                                                               True
                                                               >>> f(5)
                                                               False
```

람다 함수는 간단한 함수를 좀 더 간단히 표현할 수 있도록 합니다.

def 함수(인수) : ⟶ lambda 인수 : 인수가 포함된 식
    return 인수가 포함된 식

8/ 파이썬 내장 함수

파이썬 언어가 기본적으로 제공하는 함수들이 있어요. 이런 함수들을 내장 함수라고 해요. 파이썬이 어떤 내장 함수들을 갖고 있는지 알면 코딩할 때 도움이 많이 됩니다. 파이썬이 제공하는 내장 함수에 대해서 설명할게요.

우선 파이썬 내장 함수 목록을 보려면 셀에서 dir(__builtins__) 라고 입력하세요. 그러면 다음과 같이 긴 목록이 나올 텐데, 이 목록 중에 abs() 함수부터 마지막에 있는 zip() 함수까지가 우리가 사용할 수 있는 함수 목록이에요. 이미 이 책에서 사용해 보았던 함수들도 많이 보이죠. 이 함수들을 설명하겠습니다.

```
>>> dir(__builtins__)
[...... 'abs', 'all', 'any', 'ascii', 'bin', 'bool', 'bytearray', 'bytes', 'callable', 'chr',
'classmethod', 'compile', 'complex', 'copyright', 'credits', 'delattr', 'dict', 'dir',
'divmod', 'enumerate', 'eval', 'exec', 'exit', 'filter', 'float', 'format', 'frozenset',
'getattr', 'globals', 'hasattr', 'hash', 'help', 'hex', 'id', 'input', 'int', 'isinstance',
'issubclass', 'iter', 'len', 'license', 'list', 'locals', 'map', 'max', 'memoryview', 'min',
'next', 'object', 'oct', 'open', 'ord', 'pow', 'print', 'property', 'quit', 'range', 'repr',
'reversed', 'round', 'set', 'setattr', 'slice', 'sorted', 'staticmethod', 'str', 'sum', 'super',
'tuple', 'type', 'vars', 'zip']
```

1) 자료형 변환 함수

파이썬의 아홉 가지 자료형과 동일한 이름의 함수들이 있어요. 이 함수들은 이미 각 자료형을 공부할 때 설명했어요. int(), float(), complex() bool(), str(), list(), tuple(), set(), dict()이 자료형 변환 함수들이죠.

2) 수학 관련 함수

함수	설명	예
abs(x)	x에는 int 또는 float 자료형을 넣어야 하고 절대값을 반환합니다.	>>> abs(-4), abs(-5.5) (4, 5.5)
divmod(x,y)	divmod() 함수는 x와 y를 입력받아서 (x // y, x % y) 튜플을 반환합니다.	>>> divmod(20, 7) (2, 6)
pow(x,y)	pow() 함수는 x^y를 계산하여 반환합니다.	>>> pow(10,4) 10000

round(x)	round() 함수는 x를 반올림한 값을 반환합니다.	>>> round(4.4), round(5.9)
		(4, 6)
		>>> round(-1.5), round(-5.1)
		(-2, -5)

bin(x)	정수 x를 2진수로 변환하여 반환합니다. 결과는 0b로 시작하는 문자열입니다.	>>> bin(20) '0b10100'
oct(x)	정수 x를 8진수로 변환하여 반환합니다. 결과는 0o로 시작하는 문자열입니다.	>>> oct(20) '0o24'
hex(x)	정수 x를 16진수로 변환하여 반환합니다. 결과는 0x로 시작하는 문자열입니다.	>>> hex(20) '0x14'

3) iter(x) 함수

iter(x)는 x에 넣는 객체가 iterable 객체인지 판단할 수 있게 해 줍니다. iter(x) 결과로 Type Error가 나오면 iterable 객체가 아닙니다.

❶ 수치 자료형은 iterable 객체가 아닙니다.

```
>>> a = 5; b = 3.5; c = True; d = 2 + 5j
>>> iter(a)              # 정수 객체는 iterable 객체가 아닙니다.
......
TypeError: 'int' object is not iterable
>>> iter(b)              # 실수 객체는 iterable 객체가 아닙니다.
......
TypeError: 'float' object is not iterable
>>> iter(c)             # 부울 객체는 iterable 객체가 아닙니다.
......
TypeError: 'bool' object is not iterable
>>> iter(d)             # 복소수 객체는 iterable 객체가 아닙니다.
......
TypeError: 'complex' object is not iterable
```

❷ 컨테이너 자료형은 iterable 객체입니다.

자료형	예제 코드

시퀀스 자료형	`>>> L = [1,2,3]; T = (5, 6); name = 'Alice'`
	`>>> iter(L)         # 리스트는 iterable 객체입니다.`
	`<list_iterator object at 0x023E2D50>`
	`>>> iter(T)          # 튜플은 iterable 객체입니다.`
	`<tuple_iterator object at 0x023E2BF0>`
	`>>> iter(name)       # 문자열은 iterable 객체입니다.`
	`<str_iterator object at 0x023E2DD0>`

set과 dict 자료형	`>>> S = {1,3,5}; D = {1:'one', 2:'two', 3:'three'}`
	`>>> iter(S)         # 집합은 iterable 객체입니다.`
	`<set_iterator object at 0x023DBDA0>`
	`>>> iter(D)          # 사전은 iterable 객체입니다.`
	`<dict_keyiterator object at 0x023ED2A0>`

4) iterable 객체를 반환하는 함수들

파이썬 내장 함수 중에는 iterable 객체를 반환하는 함수들이 있어요. 지금까지 많이 보았던 range(), sorted(), reversed() 함수가 iterable 객체를 반환하는 함수였죠. 이 외에도 enumerate(), map(), filter(), zip() 함수가 iterable 객체를 반환합니다. 이 함수들에 대해서 하나씩 설명하겠습니다.

> **참고** 각 함수의 반환값에 iter( ) 함수를 적용하면 반환값이 iterable 객체인지 알 수 있어요.
>
> ```
> >>> a = range(5)
> >>> iter(a)
> <range_iterator object at 0x04137B60>
> >>> b = sorted([2,4,3,1])
> >>> iter(b)
> <list_iterator object at 0x041567F0>
> >>> c = reversed([2,4,1,5])
> >>> iter(c)
> <list_reverseiterator object at 0x04156E50>
> ```

- **enumerate( ) 함수**

enumerate() 함수는 인수가 1개인 경우와 2개인 경우가 있습니다. 첫 번째 인수는 무조건 iterable 객체이어야 하고, 이 iterable 객체에 번호를 붙여서 반환하는 함수입니다. 인수가 한 개인 경우에는 0부터 번호가 붙습니다. 인수가 2개인 경우에는 두 번째 인수가 붙이고 싶은 번호의 시작 번호입니다. enumerate() 함수는 enumerate 객체를 반환합니다. 이 enumerate 객체가 iterable 객체예요.

> 객체에 0부터 번호를 붙여서 반환함 ← enumerate(iterable 객체)
> 객체에 정수부터 번호를 붙여서 반환함 ← enumerate(iterable 객체, 정수)

리스트 자료형
튜플 자료형
세트 자료형
사전 자료형
함수
파일 입출력
모듈
에러와 예외처리
클래스와 객체 지향 프로그래밍

```
>>> fruits = ['apple', 'melon', 'kiwi', 'orange']
>>> enumerate(fruits)                # enumerate() 함수의 반환값은 enumerate 객체입니다.
<enumerate object at 0x03307C38>
>>> iter(enumerate(fruits))          # enumerate 객체는 iterable 자료형입니다.
<enumerate object at 0x023DBF08>
>>> list(enumerate(fruits)) # enumerate 객체를 리스트로 변환합니다.
[(0, 'apple'), (1, 'melon'), (2, 'kiwi'), (3, 'orange')]
>>> tuple(enumerate(fruits))         # enumerate 객체를 튜플로 변환합니다.
((0, 'apple'), (1, 'melon'), (2, 'kiwi'), (3, 'orange'))
>>> list(enumerate(fruits, 10))
[(10, 'apple'), (11, 'melon'), (12, 'kiwi'), (13, 'orange')]
>>> list(enumerate(fruits, 15))
[(15, 'apple'), (16, 'melon'), (17, 'kiwi'), (18, 'orange')]
```

enumerate() 함수는 사전을 만드는데에 유용하게 사용할 수 있어요. dict() 함수의 인수로 enumerate() 함수를 넣으면 enumerate() 함수의 결과를 사전 형태로 만들어 줍니다. 이때 숫자가 '키'가 됩니다.

```
>>> dict(enumerate(['python', 'java', 'c', 'c++']))
{0: 'python', 1: 'java', 2: 'c', 3: 'c++'}
>>> dict(enumerate([100, 200, 300]))
{0: 100, 1: 200, 2: 300}
>>> dict(enumerate([x ** 2 for x in range(11)]))
{0: 0, 1: 1, 2: 4, 3: 9, 4: 16, 5: 25, 6: 36, 7: 49, 8: 64, 9: 81, 10: 100}
```

```
>>> color = ['red', 'blue', 'white', 'black']
>>> for n, c in enumerate(color):    # for ... in iterable 객체
        print(n, c)
```
enumerate(color)의 반환값은 iterable 객체입니다.

```
0 red
1 blue
2 white
3 black
```

CODE 75 리스트 score에는 학생들의 성적이 저장되어 있습니다. 성적을 내림차순으로 정렬하여 등수를 매겨서 출력하는 코드를 작성해 볼게요(오른쪽 출력 결과). 이때, 각 사전으로 '키'는 등수이고 '값'에는 성적이 저장되도록 합니다(동점이 없다고 가정할게요).

코드	결과

```
score = [90, 88, 84, 77, 85, 97, 60, 66, 79, 93]
D = dict(enumerate(sorted(score, reverse=True), 1))
for rank, scr in D.items():
    print('{}등 - {}점'.format(rank, scr))
```

```
1등 - 97점
2등 - 93점
3등 - 90점
4등 - 88점
5등 - 85점
6등 - 84점
7등 - 79점
8등 - 77점
9등 - 66점
10등 - 60점
```

• map() 함수

map() 함수는 첫 번째 인수로 함수를 넣어야 해요. 그리고 두 번째 인수에는 첫 번째 인수로 넣은 함수의 입력이 되는 데이터를 넣어야 합니다. 이때, 두 번째 인수는 iterable 객체여야 하고요. 조금 복잡하게 느껴질 것 같아요. 아래 그림을 보세요.

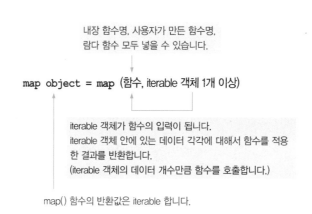

내장 함수명, 사용자가 만든 함수명,
람다 함수 모두 넣을 수 있습니다.

map object = map (함수, iterable 객체 1개 이상)

iterable 객체가 함수의 입력이 됩니다.
iterable 객체 안에 있는 데이터 각각에 대해서 함수를 적용
한 결과를 반환합니다.
(iterable 객체의 데이터 개수만큼 함수를 호출합니다.)

map() 함수의 반환값은 iterable 합니다.

map() 함수를 어떻게 이용하는지 예를 볼게요. map() 함수의 반환값에 list() 함수를 한 번 더 적용해서 리스트 결과로 보겠습니다.

```
>>> result = map(abs, [-3, -5, 0, 2, 7, -9])
>>> print(result)          # map() 함수의 결과는 map 객체입니다.
<map object at 0x023D3B70>
>>> list(result)           # map 객체에 list() 함수를 적용해서 리스트 결과를 봅니다.
[3, 5, 0, 2, 7, 9]
>>> iter(result)           # map() 함수의 결과는 iterable 객체입니다.
<map object at 0x023D3B70>
```

```
>>> def square(x):
        return x ** 2

>>> X = [1, 2, 3, 4, 5]
>>> Y = map(square, X)
>>> print(Y)
<map object at 0x033B8330>
>>> type(Y)
<class 'map'>
>>> list(Y)
[1, 4, 9, 16, 25]
```

map object = map (함수, iterable 객체)

square [1, 2, 3, 4, 5]

[1, 2, 3, 4, 5]가 차례대로 square 함수의 입력이 됩니다.
map() 함수의 반환값은 square(1), square(2), square(3),
square(4), square(5)를 묶어서 map 객체로 변환합니다.

map() 함수의 첫 번째 인수로는 위와 같이 함수가 들어가야 해요. 여기에 람다 함수를 넣어도 좋습니다.

```
>>> L=[1, 2, 3, 4, 5,]
>>> list(map(lambda x : x * x, L))    # 람다 함수는 이름없는 함수예요.
[1, 4, 9, 16, 25]
```
L의 원소가 순서대로 x값이 됩니다.

• filter() 함수

filter() 함수는 map() 함수와 사용법이 똑같아요. 즉, 첫 번째 인수는 함수, 그리고 두 번째 인수는 그 함수의 입력 데이터를 넣어야 합니다. map() 함수와 다른 점은 첫 번째 인수로 오는 함수가 반드시 True 또는 False를 결과로 내는 함수여야 한다는 거예요. 첫 번째 인수로 오는 함수 결과가 True인 데이터를 모아서 결과로 반환합니다(filter() 함수 이름대로 True인 데이터를 필터링하는 함수예요).

True 또는 False를 반환하는 함수여야 합니다.

filter object = filter (함수, iterable 객체)

iterable 객체가 함수의 입력이 됩니다.
iterable 객체 안에 있는 데이터 각각에 대해서 함수를 적용
하여 True를 반환하는 데이터만을 모아서 반환합니다.

filter() 함수의 반환값은 iterable 합니다.

```
>>> def even(x):                    # x가 짝수이면 True, 홀수이면 False를 반환합니다.
        if x%2 == 0: return True
        else: return False

>>> L = [4, 9, 10, 11, 14, 2, 13, 15, 20, 9]
>>> result = filter(even,L)         # L에서 even() 함수를 True로 만드는 원소만 필터링합니다.
>>> print(result)                   # filter 객체를 반환합니다.
<filter object at 0x023E6210>
>>> iter(result)                    # filter 객체는 iterable 객체입니다.
<filter object at 0x023E6210>
>>> list(result)                    # 리스트로 변환하여 결과를 확인합니다.
[4, 10, 14, 2, 20]
```

map() 함수와 마찬가지로 filter() 함수의 첫 번째 인수로 람다 함수를 넣어도 됩니다.

```
>>> L = [5, -1, -3, 9, 2, -7, 3]
>>> result = filter(lambda x : x > 0, L)    # L에서 양수만 필터링합니다.
>>> list(result)
[5, 9, 2, 3]
```

CODE 76 현재 리스트 data에는 많은 정수들이 저장되어 있어요. data에서 양의 짝수의 개수가
몇 개인지 알고 싶어요. 한 줄로 작성해 보세요.

```
>>> data = [4, 10, -22, 17, 23, -9, 3, -5, -6, -1, 2, 20, 33, -6]
>>> len(list(filter(lambda x : x > 0 and x % 2 == 0, data)))
4
```

리스트 자료형

튜플 자료형

집합 자료형

사전 자료형

함수

파일 입출력

에러와 예외처리

클래스와 객체 지향 개념

CODE 77 현재 사전 temperature에는 12월 한 달 동안의 기온이 저장되어 있습니다. 사전의 '키'는 날짜이고 '값'은 해당 날짜의 기온입니다. 영하의 기온 중에서 가장 따뜻했던 날의 기온과 그 기온이었던 날짜를 출력하는 코드입니다(filter() 함수 이용 문제입니다).

코드

```python
temperature = {1:-5, 2:3, 3:2, 4:-2, 5:-8, 6:-6, 7:3, 8:4, 9:1, 10:-1,
        11:-2, 12:-3, 13:3, 14:10, 15:8, 16:7, 17:-3, 18:1, 19:-8, 20:-3,
        21:-1, 22:-10, 23:-9, 24:8, 25:-2, 26:-7, 27:4, 28:5, 29:-1,
        30:-4, 31:5}

# max_temp_under_zero 변수에는 영하의 온도 중에서 가장 높은 온도를 저장합니다.
max_temp_under_zero = max(filter(lambda x : x < 0, temperature.values()))
max_temp_days = [ ]     # 영하의 온도 중에서 가장 높은 온도에 해당하는 날짜 저장 리스트

for day, temp in temperature.items():
    if temp == max_temp_under_zero:
        max_temp_days.append(day)

print('영하의 온도 중에서 가장 높은 온도 :', max_temp_under_zero)
print('영하의 온도 중에서 가장 높은 온도였던 날들 :', max_temp_days)
```

결과

```
영하의 온도 중에서 가장 높은 온도 : -1
영하의 온도 중에서 가장 높은 온도였던 날들 : [10, 21, 29]
```

· zip() 함수

zip() 함수는 1 개 이상의 iterable 자료형을 인수로 받습니다. 그리고 두 인수에서 같은 인덱스에 있는 원소끼리 짝을 지어서 새로운 zip object를 반환합니다.

```
>>> A = [1, 2, 3]
>>> B = ['one', 'two', 'three']
>>> result = zip(A, B)      # zip() 함수의 인수는 모두 iterable 객체여야 합니다.
>>> print(result)           # zip() 함수의 반환값은 zip 객체입니다.
<zip object at 0x02173B70>
>>> iter(result)            # zip 객체는 iterable 합니다.
<zip object at 0x02173B70>
>>> list(result)            # zip 객체를 리스트로 변환하여 결과를 확인합니다.
[(1, 'one'), (2, 'two'), (3, 'three')]

>>> A = [1, 2, 3, 4, 5]; B = ['one', 'two', 'three']
```

```
>>> list(zip(A,B))                  # 두 인수의 개수가 다르면 짧은 쪽에 맞춥니다.
[(1, 'one'), (2, 'two'), (3, 'three')]

>>> A = [1,2,3]; B = ('one', 'two', 'three'); C = [10, 20, 30]   # 인수 3개
>>> zip(A, B, C)
<zip object at 0x03D97F58>
>>> list(zip(A,B,C))
[(1, 'one', 10), (2, 'two', 20), (3, 'three', 30)]
```

zip() 함수도 iterable 객체를 반환하기 때문에 for 반복문에 바로 사용할 수 있어요.

```
>>> subject = ['math', 'english', 'science']
>>> score = [90, 95, 87]
>>> for sub, s in zip(subject, score):         zip() 함수의 반환값이 iterable 하기 때문에
        print("{}' score - {}".format(sub,s))   for 반복문에 바로 쓸 수 있습니다.


math' score - 90
english' score - 95
science' score - 87
```

9/ 정리

이번 장에서는 파이썬 함수에 대해서 학습하였습니다. 파이썬 함수는 크게 내장 함수와 사용자 정의 함수로 구분할 수 있어요. 내장 함수는 파이썬이 미리 만들어서 제공하는 함수라서 어떤 함수들이 있고 어떻게 사용해야 하는지를 공부해야 합니다. 사용자 정의 함수는 프로그래머가 만들어서 사용하는 함수를 말해요. 사용자 정의 함수를 만들려면 함수 작성 문법을 자세히 공부해야 하는데, 특히 매개변수, 인수, 반환값을 잘 사용할 수 있어야 해요. 이번 장에서는 이 세 가지 위주로 자세히 설명하려고 했어요. 프로그램을 작성할 때 처음부터 끝까지 하나의 코드로 작성하면 코드를 유지 보수하는 데에 어려움이 많아요. 마치 책을 쓰는데, 단원을 나누지 않고 처음부터 끝까지 써나가는 것과 마찬가지예요. 코딩을 하는 데 있어서 함수를 작성하지 않고 코딩을 하기는 정말 어렵습니다. 따라서 문법이 조금 어렵더라도 꼼꼼하게 공부해 두기 바랍니다.

45 다음과 같이 세 개의 정수를 입력받아서 세 정수가 오름차순의 순서를 유지하는지를 판단하는 함수 isordered()를 작성하세요. main 부분은 그대로 두고 함수를 완성한 후에 테스트해 보세요(항상 올바르게 정수만 입력한다고 가정합니다).

```
def isordered(a, b, c):
    ''' a, b, c가 오름차순을 만족하면 True를
반환하고 아니면 False를 반환합니다. '''


    # 함수 완성할 것


# main


x = int(input('Enter x : '))
y = int(input('Enter y : '))
z = int(input('Enter z : '))


# 나머지 부분 완성할 것
```

```
Enter x : 3
Enter y : 7
Enter z : 9
(3, 7, 9) is ordered.

Enter x : 2
Enter y : 7
Enter z : 3
(2, 7, 3) is not ordered.

Enter x : 5
Enter y : 5
Enter z : 5
(5, 5, 5) is ordered.

Enter x : 10
Enter y : 10
Enter z : 9
(10, 10, 9) is not ordered.
```

46 다음과 같이 하나의 정수를 입력받아서 소수인지를 판단하는 함수 isprime()을 작성하세요. main 부분은 그대로 두고 함수를 완성한 후에 테스트해 보세요(입력받는 수는 항상 자연수라고 가정합니다).

```
def isprime(n):
    ''' n이 소수이면 True를 반환하고 아니면
False를 반환합니다. '''
    # 함수 완성할 것
# main

n = int(input('Enter n : '))
if isprime(n):
    print(n,'is prime.')
else:
    print(n, 'is not prime.')
```

```
Enter n : 89
89 is prime.

Enter n : 101
101 is prime.

Enter n : 1602
1602 is not prime.

Enter n : 2973
2973 is not prime.
```

47 전역변수로 정수들을 저장한 리스트 L이 있습니다. 하나의 정수 n을 입력받아서 L과 n을 함수 count_larger_than_n() 함수의 인수로 넣습니다. L에서 n보다 크거나 같은 수의 개수를 세어 반환하는 프로그램을 작성하세요.

```
def count_larger_than_n(L, n):
''' 리스트 L에 n 이상의 원소의 개수를 반환합니다. '''
    # 함수 완성할 것

# main

L = [22, 80, 50, 43, 19, 2, 78, 90, 15]
print('L :', L)
n = int(input('Enter n : '))
count = count_larger_than_n(L, n)
print('There are {} numbers larger than {} in L.'.format(count, n));

L : [22, 80, 50, 43, 19, 2, 78, 90, 15]
Enter n : 50
There are 3 numbers larger than 50 in L.

L : [22, 80, 50, 43, 19, 2, 78, 90, 15]
Enter n : 20
There are 6 numbers larger than 20 in L.
```

48 섭씨온도를 입력받아서 화씨온도로 바꾸어 출력하거나, 화씨온도를 입력받아서 섭씨온도로 바꾸어 출력하는 프로그램을 작성하는 문제입니다. 이때, 섭씨온도를 화씨온도로 바꾸는 함수 CtoF와 화씨온도를 섭씨온도로 바꾸는 함수 FtoC 함수를 작성하고 이용하세요. 만약에 'c', 'C', 'f', 'F' 외에 다른 문자를 입력하면 '잘못된 입력입니다'라는 메시지를 내고 끝내도록 합니다.

섭씨 → 화씨	화씨 → 섭씨
화씨온도(F) = (9/5 * 섭씨온도) + 32	섭씨온도(C) = (화씨온도 − 32) * 5/9

섭씨온도를 화씨로 바꾸려면 C 또는 c를 입력하시오.
화씨온도를 섭씨로 바꾸려면 F 또는 f를 입력하시오.

선택 ---> c
섭씨온도를 입력하십시오 : -5
섭씨 -5.00도는 화씨 23.00도입니다

섭씨온도를 화씨로 바꾸려면 C 또는 c를 입력하시오.
화씨온도를 섭씨로 바꾸려면 F 또는 f를 입력하시오.

선택 ---> f
화씨온도를 입력하십시오 : 55.5
화씨 55.50도는 섭씨 13.06도입니다.

섭씨온도를 화씨로 바꾸려면 C 또는 c를 입력하시오.
화씨온도를 섭씨로 바꾸려면 F 또는 f를 입력하시오.

선택 ---> F
화씨온도를 입력하십시오 : 0
화씨 0.00도는 섭씨 -17.78도입니다.

49 unzip() 함수의 인수는 한 자리 숫자와 알파벳이 번갈아 있도록 구성된 문자열입니다. 그리고 unzip() 함수는 숫자만큼 알파벳을 반복시킨 새로운 문자열을 만들어 반환합니다. 아래 출력 결과를 보고 unzip() 함수를 완성하세요.

```
def unzip(s):
    '''s를 숫자만큼 문자들을 반복하여 새로운 문자열을 만들어 반환합니다.'''
    # 함수 완성할 것


# main

S = ['9a5b1c', '2m4n', '1x5y3z', '3o']


for string in S:
    new_string = unzip(string)
    print(string, ' :', new_string)
```

```
9a5b1c : aaaaaaaaabbbbbc
2m4n : mmnnnn
1x5y3z : xyyyyyzzz
3o : ooo
```

---

50 differ_by_one_char() 함수는 두 개의 단어를 인수로 받아서 두 단어의 길이가 같고 두 단어 간에 정확히 한 문자가 다른지를 판단하는 함수입니다. 결과는 True 또는 False를 반환합니다. main에서 두 단어를 입력받아서 differ_by_one_char() 함수에 넘기고 부울 결과를 반환하는 프로그램을 작성하세요.

```
def differ_by_one_char(s1, s2):
    ''' s1과 s2가 글자 길이가 같고 정확히
        한 문자만이 다르면 True를 반환합니다.
        나머지 경우에는 False를 반환합니다. '''
    # 함수 완성할 것

# main

word1 = input('Enter word 1 : ')
word2 = input('Enter word 2 : ')


# 나머지 완성할 것
```

```
Enter word 1 : power
Enter word 2 : tower
('power', 'tower') : differ by one character

Enter word 1 : cat
Enter word 2 : mate
('cat', 'mate') : not differ by one character

Enter word 1 : river
Enter word 2 : rider
('river', 'rider') : differ by one character

Enter word 1 : hello
Enter word 2 : hellow
('hello', 'hellow') : not differ by one character
```

370

encrypt() 함수는 하나의 문자열을 입력받아서 암호화한 문자열로 변환하여 반환하는 함수입니다. 다음과 같이 main에서 하나의 문자열을 입력받아서 encrypt()에 사전 code와 함께 넘깁니다. 그리고 암호화된 문자열을 반환합니다. 다음의 출력 결과를 보고 프로그램을 완성하세요.

```python
def encrypt(msg, code):
    ''' 원문 msg와 암호 코드 code를 입력받아서 암호문을 만들어 반환합니다. '''
        # 함수 완성할 것

# main

crypt_code = {'a':'g', 'b':'r', 'c':'q', 'd':'i', 'e':'u', 'f':'e', 'g':'w',
              'h':'n', 'i':'d', 'j':'l', 'k':'v', 'l':'t', 'm':'f', 'n':'s',
              'o':'o', 'p':'a', 'q':'k', 'r':'x', 's':'m', 't':'p', 'u':'y',
              'v':'b', 'w':'j', 'x':'z', 'y':'c', 'z':'h'}

plain_msg = input('Enter plain text : ')
encrypt_msg = encrypt(plain_msg, crypt_code)
print('crypted message :', encrypt_msg)
```

Enter plain text : **python**
crypted message : acpnos

Enter plain text : **programming**
crypted message :
axowxgffdsw

Enter plain text : **computer**
crypted message : qofaypux

Enter plain text : **library**
crypted message : tdrxgxc

파일
입출력

프로그램을 작성할 때 두 가지 형태의 입출력 방식이 있다고 했어요. 하나는 표준 입출력(standard I/O)이고 다른 하나는 파일 입출력(file I/O)이라고 했죠. 표준 입력은 키보드로 데이터를 입력하는 것을 말하고, input() 함수를 이용합니다. 표준 출력은 모니터로 출력하는 것을 말하고 print() 함수를 이용하고요. 이와 비교해서 파일로부터 데이터를 읽어 들이거나, 파일에 데이터를 저장하는 것을 '파일입출력'이라고 합니다.

이번 장에서는 파일로부터 자동으로 데이터를 읽어 들이는 방법을 배울 거예요. 즉, 입력 데이터를 미리 파일에 저장해 놓고, 자동으로 읽어 들이도록 하니까 입력 처리에 시간이 오래 걸리지 않고, 입력 데이터를 수정해야 하는 경우에도 파일을 수정하면 되니까 일이 많이 수월해지겠죠. 출력도 마찬가지예요. 모니터에 출력하면 컴퓨터를 끄면 출력 결과도 모두 없어져요. 만약에 프로그램 수행 결과를 파일에 저장해 놓는다면, 필요할 때 파일을 열어 보기만 하면 되겠죠.

1/ 파일 열기(open)

프로그램을 수행하는 중에 파일에 저장된 데이터를 읽어 오거나 파일로 데이터를 저장하려면 가장 먼저 해야 할 일이 프로그램과 파일을 연결하는 거예요. 이것을 '파일을 연다(File Open)'고 해요. 파일 열기가 성공하면 파일에 객체가 하나 붙습니다. 이후로는 그 '파일 객체'를 이용해서 파일에 있는 데이터들을 읽어 오거나 파일로 데이터를 저장할 수가 있어요. 만일에 파일 열기가 실패하면, 당연히 그 파일의 데이터를 사용할 수 없겠죠. 그럼, 파일 여는 방법부터 알아볼게요.

open() 함수

프로그램과 파일을 연결하는 함수는 open() 내장 함수입니다. open() 함수의 첫 번째 인수는 연결하고자 하는 파일명이고, 두 번째 인수에는 모드(mode)를 넣어야 해요. 파일명과 모드를 제대로 넣으면 파일 열기가 성공합니다.

파일 객체 = open(파일명, 모드)

파일 열기가 성공하면 파일 객체가 하나 생성됩니다.

모드에는 '읽기 모드(r)', '쓰기 모드(w)', 추가 모드(a)' 중에서 하나를 넣을 수가 있어요. 만약에 파일명만 넣고 모드에 아무 것도 넣지 않으면 자동으로 '읽기 모드(r)'라고 간주합니다.

모드		설명
읽기 모드	r	파일로부터 데이터를 읽어오기 위해 사용하는 모드(디폴트 모드).
쓰기 모드	w	파일에 데이터를 저장(write)하기 위해 사용하는 모드. 만약에 첫 번째 인수에 없는 파일명을 넣으면, 새로 파일을 만들고, 이미 존재하는 파일명을 넣으면 기존의 파일 내용을 모두 지우고 새로운 데이터 저장.
추가 모드	a	파일에 데이터를 추가(append)하기 위해 사용하는 모드. 만약에 첫 번째 인수에 이미 존재하는 파일을 넣으면, 파일의 기존 내용은 그대로 두고 파일의 끝에 새로운 내용을 추가. 만약에 존재하지 않는 파일명을 넣으면 새로 파일을 생성하고 내용을 저장.

간단하게 파일 오픈 연습을 해 볼게요. movie.txt에는 네 줄이 저장되어 있어요. 이 movie.txt 파일을 열어서 파일에 있는 내용을 모두 읽어 오는 코드 fileread.py를 작성해 보려고 해요. 파일 저장 위치는 파이썬 코드가 있는 같은 폴더입니다. 물론 다른 폴더에 저장해도 되는데, 이 부분에 대해서는 다시 설명할게요. 우선은 fileread.py와 movie.txt를 같은 폴더에 두세요. 파일명이 꼭 txt일 필요는 없지만, 일반적인 텍스트 파일의 확장자는 txt로 붙이기 때문에 여기에서도 txt를 붙일 생각입니다.

우선 파이썬에서 파일 만드는 방법에 대해서 얘기할게요. 메모장을 이용해서 파일을 만들어도 되는데, IDLE에서 새 파일을 만들어서 txt로 저장하는 것이 편하기 때문에 이에 대해 설명할게요.

❶ IDLE에서 새 파일을 오픈합니다(Ctrl+N).

❷ 파일을 작성합니다.

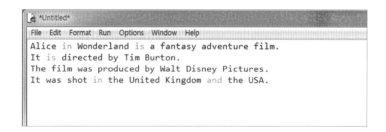

374

❸ 파일에 txt 확장자를 붙여서 저장합니다.

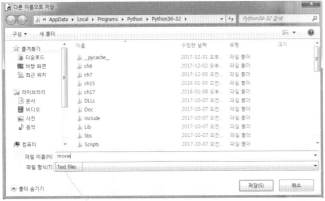

Text files 파일 형식을 선택합니다.

파일 movie.txt의 내용은 다음과 같습니다.

> Alice in Wonderland is a fantasy adventure film.
> It is directed by Tim Burton.
> The film was produced by Walt Disney Pictures.
> It was shot in the United Kingdom and the USA.

코드	결과
# fileread.py ❶ f = open('movie.txt', 'r') ❷ contents = f.read() ❸ print(contents) ❹ f.close()	Alice in Wonderland is a fantasy adventure film. It is directed by Tim Burton. The film was produced by Walt Disney Pictures. It was shot in the United Kingdom and the USA.

f는 파일 객체 이름이에요. 이 이름은 변수명 만드는 규칙에 따라 만들면 됩니다.

❶에서 'movie.txt'파일을 읽기 모드('r')로 열었어요. 그리고 함수의 반환값을 f가 받았어요. f는 '파일 객체'입니다. 파일 객체는 약간 추상적인 개념이에요. 눈에 보이지 않아서 추상적이라고 표현한 건데요. 파일 오픈이 성공하면 파일 객체가 만들어져 파일에 가서 붙는다고 생각하세요. 이 파일 객체를 이용해서 읽기, 쓰기를 진행할 거예요. 파일 객체를 그림으로 표현해 볼게요.

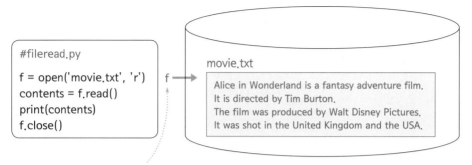

```
#fileread.py

f = open('movie.txt', 'r')
contents = f.read()
print(contents)
f.close()
```

movie.txt

Alice in Wonderland is a fantasy adventure film.
It is directed by Tim Burton.
The film was produced by Walt Disney Pictures.
It was shot in the United Kingdom and the USA.

파일 오픈이 성공하면 파일 객체가 파일에 붙습니다.
이 파일 객체를 통해서 read/write합니다.

fileread.py의 ❶에서 open()이 성공하면 파일 객체가 만들어져 파일 movie.txt의 첫 번째 글자에 붙습니다. 이후로는 파일 객체를 통해서 파일에서 데이터를 읽어 오거나 파일로 데이터를 저장하게 됩니다. ❷의 f.read()는 f가 가리키는 위치의 문자부터 파일의 끝까지 통째로 읽어 오라는 의미입니다. 따라서 movie.txt에 있는 내용을 모두 읽어 와서 변수 contents에 저장해 줍니다. 그리고 ❸에서 contents를 모니터에 출력합니다. 출력 결과를 보면 파일 내용이 모두 출력된 것을 알 수가 있어요. 마지막으로 ❹의 f.close()는 프로그램과 파일의 연결을 끊으라는 거예요. 즉, open() 함수의 반대 역할이죠. 많은 학생들이 꼭 f.close()를 해야 하는지 궁금해 하는데, 사실 안 해도 프로그램 수행이 끝나면 f가 가리키는 파일과 프로그램의 연결은 끊어집니다. 하지만, 프로그램에서 어떤 자원을 사용했다면 프로그램이 끝나기 전에 더 이상을 사용하지 않음을 알리는 것도 중요해요. 그러니까 open을 한 후에 더 이상 파일로부터 작업을 하지 않는다면 close해 주세요.

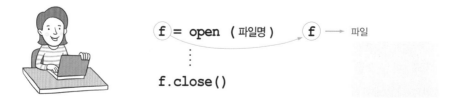

open() 내장 함수를 이용해서 프로그램과 파일을 연결합니다.
그리고 close() 내장 함수를 이용해서 연결을 끊습니다.

f = open (파일명) f ⟶ 파일

f.close()

리스트 자료형
튜플 자료형
세트 자료형
사전 자료형
함수
파일 입출력
모듈
에러와 예외처리
클래스와 객체 지향 개념

파일 객체

open() 함수의 반환값은 파일 객체라고 했어요. 파일 객체도 리스트나 사전 객체처럼 자신만의 메소드가 있습니다. 파일 객체가 사용할 수 있는 메소드의 목록을 알아볼게요. 이 중에서 파란색으로 표시한 메소드들이 파일의 내용을 읽거나 쓸 때 사용하는 중요한 메소드들입니다.

```
>>> f = open('movie.txt', 'r')
>>> dir(f)        # dir(파일 객체)를 하면 파일 객체가 사용할 수 있는 메소드가 나오조.
[……  'buffer', 'close', 'closed', 'detach', 'encoding', 'errors', 'fileno', 'flush', 'isatty',
'line_buffering', 'mode', 'name', 'newlines', 'read', 'readable', 'readline', 'readlines',
'seek', 'seekable', 'tell', 'truncate', 'writable', 'write', 'writelines']
```

이 중에서 read(), readline(), readlines() 메소드는 파일로부터 데이터를 읽어 올 때 사용하는 메소드이고, write(), writelines() 메소드는 파일에 데이터를 저장할 때 사용하는 메소드예요. 이름 그대로니까 외우기 어렵지 않아요. 한 가지 기억해 둘 것은 readline() 메소드는 있지만, writeline() 메소드는 없다는 거예요. 그래서 read() 메소드는 세 가지만, write() 메소드는 2개 예요.

open() 함수를 다음과 같이 with~as 구문 안에 사용할 수도 있어요.

```
with open('파일명', 모드) as f :        # f = open('파일명', 모드)와 같습니다(콜론 필요).
    s = f.read()                      # with ... as 구문을 사용하면 들여쓰기를 해야 합니다.
    print(s)
    ┈┈┈┈ 들여쓰기를 해야 합니다.
```

파일 객체는 iterable 합니다.

> **NOTE** open( ) 함수의 반환값인 파일 객체는 iterable 자료형입니다.
>
> ```
> >>> f = open('movie.txt')      # 모드가 생략되어 있으면 'r'모드입니다.
> >>> iter(f)      # iter( )의 인수가 iterable 자료형이면 TypeError가 나지 않습니다.
> <_io.TextIOWrapper name='movie.txt' mode='r' encoding='cp949'>
> >>> list(f)      # list( ) 함수는 iterable 인수를 입력받아서 리스트로 변환합니다.
> ```

>>> list(f)   # list() 함수는 iterable 인수를 입력받아서 리스트로 변환합니다.
['Alice in Wonderland is a fantasy adventure film.', 'It is directed by Tim Burton.', 'The film was produced by Walt Disney Pictures.', 'It was shot in the United Kingdom and the USA.']

list(f)의 결과에 조금 놀라셨을 것 같아요. 파이썬이 얼마나 프로그래머가 코딩을 수월하게 하도록 되어 있는지를 보여 주는 예제라고 생각합니다. 실제로 iterable 자료형은 파이썬에서 아주 중요합니다.

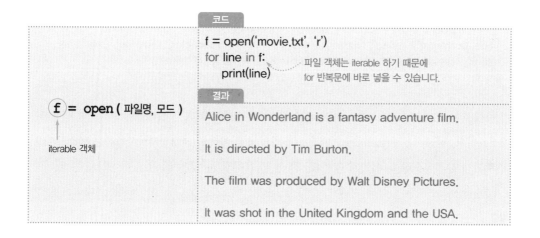

코드
```
f = open('movie.txt', 'r')
for line in f:
    print(line)
```
파일 객체는 iterable 하기 때문에
for 반복문에 바로 넣을 수 있습니다.

f = open (파일명, 모드)

iterable 객체

결과

Alice in Wonderland is a fantasy adventure film.

It is directed by Tim Burton.

The film was produced by Walt Disney Pictures.

It was shot in the United Kingdom and the USA.

참고 [한글 읽기] 한글 파일을 읽으려면 한글에 대한 encoding 정보를 넣어 주어야 해요. encoding 정보는 open 할 때 넣어 줍니다. 다음의 예를 보세요.

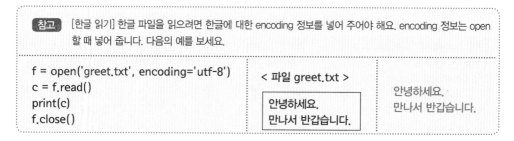

```
f = open('greet.txt', encoding='utf-8')
c = f.read()
print(c)
f.close()
```

< 파일 greet.txt >

안녕하세요.
만나서 반갑습니다.

안녕하세요.
만나서 반갑습니다.

2/ 파일 입력 – 파일로부터 데이터 읽어 오기

파일 오픈이 성공하고 나면 파일에 있는 데이터를 사용할 수 있어요. 파일로부터 데이터를 읽어 오는 것을 '파일 입력'이라고 했습니다. 파일 입력 메소드인 read(), readline(), readlines()에 대해서 설명할게요.

read( ) 메소드

파일의 내용을 문자열로 읽어 오는 메소드로 인수는 없거나 한 개 있을 수 있어요. 그리고 읽어 온 데이터를 문자열로 반환합니다.

인수	없음	파일 전체 데이터를 문자열로 읽어 옵니다.
	1개	인수로 정수를 넣을 수 있는데, 읽어 오려는 문자의 개수를 넣어 주어야 해요.
반환값		읽어 온 문자열을 반환합니다.

c = f.read()

f가 가리키는 파일의 내용을
통째로 읽어와서 c에 저장합니다.
c는 문자열 형태입니다.

read( ) 메소드에 인수가 없는 경우의 예제를 두 개 볼게요.

CODE 78 파일 'python.txt'에 저장된 단어의 개수를 출력하는 프로그램을 작성해 볼게요.

문자열의 spirit( ) 메소드는 스페이스 기준으로 문자열을 잘라서 리스트에 저장합니다.

```
f = open('python.txt')          # 파일을 오픈합니다.
contents = f.read()             # 파일의 내용을 통째로 문자열로 읽어 옵니다.
words = contents.split()        # contents를 스페이스로 잘라 리스트 words에 저장합니다.
print("words in 'python.txt' : {}".format(len(words)))    # words 길이를 출력합니다.
f.close()
```

리스트 words의 길이는 python.txt에 저장된 단어의 개수입니다.

< 파일 python.txt >

Python is a widely used high-level programming language.
It is created by Guido van Rossum.
It is released in 1991.

결과

words in 'python.txt' : 20

앞의 코드는 간단하게 다음과 같이 작성할 수도 있어요.

```
f = open('python.txt')
contents = f.read()
print("words in 'python.txt' : {}".format(len(contents.split())))
f.close()
```

또는 다음과 같이 파일 오픈부터 split() 메소드까지를 모두 연결할 수도 있습니다.

```
print("words in 'python.txt' : {}".format(len(open('python.txt').read().split())))
```

CODE 79 파일명을 입력받고, 그 파일에 특정 단어가 있는지 알고 싶은 경우에는 다음과 같이 프로그램을 작성할 수 있어요.

코드

```
filename = input('Enter file name : ')      # 파일명을 입력받습니다.
word = input('Enter word to search : ')     # 찾고자 하는 단어를 입력받습니다.

f = open(filename)
contents = f.read()            # 파일의 모든 내용이 contents 변수에 저장됩니다.
if word in contents:           # 문자열 contents에 word가 있는지 판단합니다.
    print("'{}' is in '{}'".format(word, filename))
else:
    print("'{} 'is not in '{}'".format(word, filename))
f.close()
```

결과 1

< 파일 how_are_you.txt >

   How are you, my friend?
   How are you today?
   May I come in?

```
Enter file name : how_are_you.txt
Enter word to search : you
'you' is in 'how_are_you.txt'
```

결과 2

```
Enter file name : how_are_you.txt
Enter word to search : tomorrow
'tomorrow' is not in 'how_are_you.txt'
```

• read(m) – 인수가 한 개인 경우

   read(m)과 같이 정수 인수 m을 넣는 경우에는 m 개의 문자를 읽어 와서 반환해 줘요. 따라서 인수 m은 반드시 정수여야 합니다. 다음 코드는 'python.txt' 파일에서 처음 15 글자를 읽어 옵니다. 결과를 보니까 정확히 15 글자 'Python is a wid'까지 읽어온 것을 알 수가 있어요.

```
f = open('python.txt')
contents = f.read(15)          파일에서 15 문자 읽어 옵니다.          Python is a wid
print(contents)
f.close()
```

파일 객체가 어떻게 파일의 내용을 읽어 오는지에 대해서 자세히 알아볼게요. 파일 객체는 마치 연필로 줄을 그으면서 책을 읽어 나가듯이 파일 객체가 이동하면서 파일의 내용을 읽어 나갑니다. read(m) 메소드를 실행할 때마다 파일 객체가 어떻게 이동하는지를 확인해 볼게요. 다음의 예를 보세요.

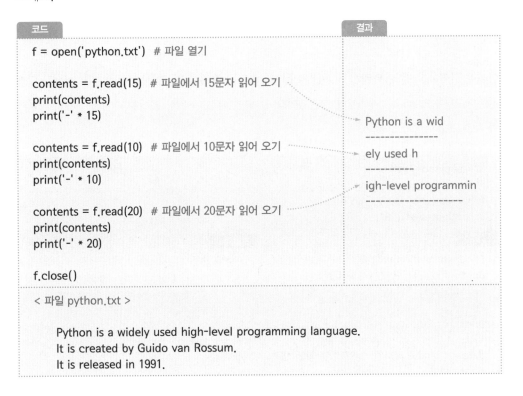

코드

```
f = open('python.txt')  # 파일 열기

contents = f.read(15)   # 파일에서 15문자 읽어 오기
print(contents)
print('-' * 15)

contents = f.read(10)   # 파일에서 10문자 읽어 오기
print(contents)
print('-' * 10)

contents = f.read(20)   # 파일에서 20문자 읽어 오기
print(contents)
print('-' * 20)

f.close()
```

결과

```
Python is a wid
---------------
ely used h
----------
igh-level programmin
--------------------
```

< 파일 python.txt >

```
Python is a widely used high-level programming language.
It is created by Guido van Rossum.
It is released in 1991.
```

위의 결과를 보면 코드가 다음과 같이 진행됨을 알 수 있어요.

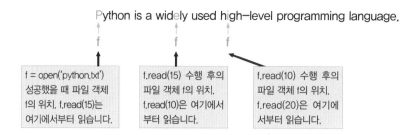

Python is a widely used high-level programming language.

| f = open('python.txt') 성공했을 때 파일 객체 f의 위치. f.read(15)는 여기에서부터 읽습니다. | f.read(15) 수행 후의 파일 객체 f의 위치. f.read(10)은 여기에서 부터 읽습니다. | f.read(10) 수행 후의 파일 객체 f의 위치. f.read(20)은 여기에 서부터 읽습니다. |

마치 파일 객체는 우리가 책을 읽을 때 연필로 줄을 그어 나가면서 읽는 것처럼 파일 객체를 이동시켜 가면서 문자를 읽어 나가는 것을 알 수 있어요.

다음으로 read() 메소드를 두 번 연이어서 호출해 보겠습니다. 아래 결과를 보면 파일 open 후에 첫 번째 read() 메소드에서는 파일을 통째로 읽어 왔습니다. 이때 파일 객체가 이동하면서 데이터를 읽어온 거예요. 따라서 read() 메소드가 수행된 후에 파일 객체는 파일의 맨 끝에 가 있게 됩니다. 이때 또 read() 메소드를 호출했어요. 그렇게 되면 더 이상 읽어올 데이터가 없기 때문에 아무 것도 출력되지 않죠.

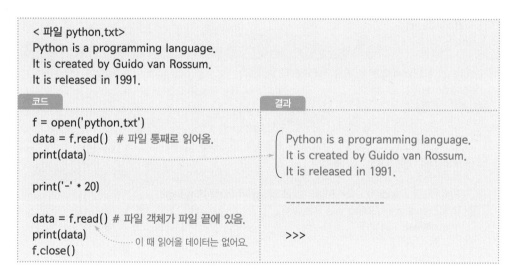

```
< 파일 python.txt>
Python is a programming language.
It is created by Guido van Rossum.
It is released in 1991.
```

코드
```
f = open('python.txt')
data = f.read()   # 파일 통째로 읽어옴.
print(data)

print('-' * 20)

data = f.read()   # 파일 객체가 파일 끝에 있음.
print(data)         이 때 읽어올 데이터는 없어요.
f.close()
```

결과
```
Python is a programming language.
It is created by Guido van Rossum.
It is released in 1991.

--------------------

>>>
```

f.read() 실행 후에 f가
가리키는 위치입니다.

만약에 파일 전체 내용을 두 번 읽어 들이고 싶다면 read() 메소드를 두 번 호출하면 되겠죠. 그런데, read() 메소드를 한 번 호출하고 나면 파일 객체가 파일의 맨 끝으로 이동합니다. 따라서 파일을 한 번 더 읽으려면 파일 객체를 파일의 맨 처음으로 이동시켜야 해요. 파일 객체를 맨 처음에 두는 가장 간단한 방법은 파일을 닫았다가 다시 여는 거예요. 다음의 예를 보세요.

코드

```
f = open('python.txt')
contents = f.read()
print(contents)
f.close()          ← file 연결을 끊습니다.

print('-' * 20)    file을 새로 열어서 파일 객체가 파일의
                    맨 처음을 가리키도록 합니다.

f = open('python.txt')
contents = f.read()
print(contents)
f.close()
```

결과

```
Python is a programming language.
It is created by Guido van Rossum.
It is released in 1991.

--------------------
Python is a programming language.
It is created by Guido van Rossum.
It is released in 1991.
```

파일 객체를 파일의 맨 앞에 놓기 위해서 파일을 닫았다가 열 수도 있지만, seek() 메소드를 이용해서도 파일 객체를 파일의 맨 앞으로 이동시킬 수 있습니다.

```
f = open('python.txt')
c = f.read()
print(c)
f.seek(0,0)    # seek(0,0)파일의 맨 처음으로 파일 객체를 이동시킵니다.
c = f.read()
print(c)
f.close()
```

readline() 메소드

이름 그대로 한 줄씩 읽어 오는 메소드예요. 한 줄은 '\n'까지로 판단해요. 읽어 온 데이터는 문자열로 간주합니다. 인수가 없는 경우도 있고 정수 한 개가 인수로 올 수도 있어요.

- **readline() – 인수가 없는 경우**

  파일 'line.txt'에는 다음과 같이 세 줄이 저장되어 있어요. 아래 코드에서는 한 줄을 읽고 출력하는 작업을 세 번 반복해요. 그런데 출력 결과를 보면 줄 사이에 공백 줄이 들어가 있어요. 왜 이렇게 출력되는 걸까요?

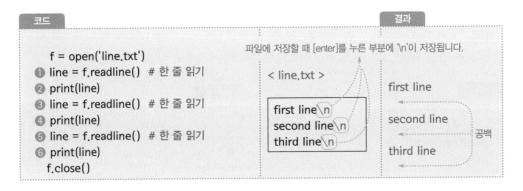

위에서 파일 line.txt를 만들 때, 각 줄 끝에 '\n'은 Enter↵ 키를 눌 렀기 때문에 다음 줄로 넘어가면서 우리 눈에는 보이지 않지만 '\n'이 각 줄마다 추가되어 있는 거예요.

❶에서 f.readline() 결과는 line에 저장해요. 이때, line에 저장된 문자열은 'first line\n'이에요. 그리고 ❷의 print() 함수는 괄호 안의 내용을 출력하고 나서 Enter↵ 키를 누르는 함수입니다. 괄호 안에 '\n'이 있기 때문에 'first line' 출력 후에 다음 줄로 넘어가는데, 이때 print() 함수 자체가 괄호 안에 내용을 출력 후에 '\n'을 기본으로 갖고 있기 때문에 한 줄의 공백이 생기는 거예요.

위와 같이 나오지 않도록 하려면 line에 '\n'이 들어가지 않도록 하거나, 아니면 출력할 때 print(..., end = '')을 사용하면 되겠죠. 문자열 끝에 '\n'을 떼어내는 메소드를 기억하시나요? strip() 메소드였죠. 다음 세 코드가 모두 출력에 공백 줄이 나오지 않도록 하는 코드들이에요.

❶	❷	❸
f = open('line.txt') line = f.readline() print(line[:-1]) line = f.readline() print(line[:-1]) line = f.readline() print(line[:-1]) f.close()	f = open('line.txt') line = f.readline() print(line, end='') line = f.readline() print(line, end='') line = f.readline() print(line, end='') f.close()	f = open('line.txt') line = f.readline().strip() print(line) line = f.readline().strip() print(line) line = f.readline().strip() print(line) f.close()

❶에서는 line에는 여전히 '\n'이 남아 있는데, 출력할 때 '\n' 전까지만 출력했습니다. ❷에서는 print() 함수의 기본으로 되어 있는 [Enter]를 없앤 것이고 ❸에서는 읽어올 때 끝에 붙은 '\n'은 떼고 읽어 와서 line에는 '\n'이 없이 저장시킨 거죠. 상황에 따라서 Enter↵ 를 제거해야 하는 경우 ❶, ❷, ❸ 중에 적절한 방법으로 '\n'을 제거하면 될 거예요.

- **readline(m) – 인수가 한 개인 경우**

  read() 메소드처럼 정수 인수 한 개를 넣어서 그 수만큼의 문자를 읽어올 수가 있어요. m이 한 줄에 있는 문자의 개수보다 적다면, m개의 문자만을 읽어 와요. m이 한 줄에 있는 문자의 개수보다 더 큰 수인 경우에는 m을 무시하고 그냥 한 줄만 읽어 와요. 즉, m이 큰 수라도 '\n' 을 만나면 한 줄 읽기가 끝나는 거예요.

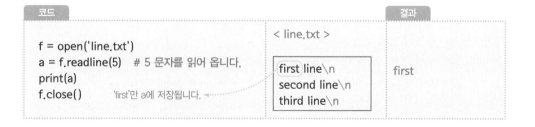

readline() 메소드에 한 줄에 있는 문자의 수보다 더 큰 수를 넣어도 한 줄만 읽어 옵니다.

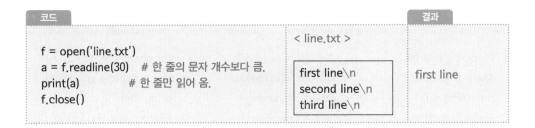

코드	결과
| ```python
f = open('line.txt')
a = f.readline(30)    # 한 줄의 문자 개수보다 큼.
print(a)              # 한 줄만 읽어 옴.
f.close()
``` | < line.txt > |

< line.txt >

```
first line\n
second line\n
third line\n
```

first line

while 반복문과 readline() 메소드를 이용하면 파일의 한 줄씩 계속 읽어 올 수가 있겠죠. 아래 두 코드는 파일 끝까지 한 줄씩 읽고 출력하는 코드예요. 두 코드의 결과는 같습니다.

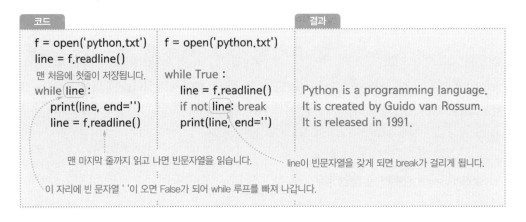

코드

```python
f = open('python.txt')
line = f.readline()
맨 처음에 첫줄이 저장됩니다.
while line :
    print(line, end='')
    line = f.readline()
```

맨 마지막 줄까지 읽고 나면 빈문자열을 읽습니다.

이 자리에 빈 문자열 ' '이 오면 False가 되어 while 루프를 빠져 나갑니다.

```python
f = open('python.txt')

while True :
    line = f.readline()
    if not line: break
    print(line, end='')
```

line이 빈문자열을 갖게 되면 break가 걸리게 됩니다.

결과

```
Python is a programming language.
It is created by Guido van Rossum.
It is released in 1991.
```

위의 while 반복문을 for 반복문으로 어떻게 바꿀 수 있을까요? 파일 객체는 iterable 자료형이라는 것을 앞에서 설명했어요. 그러면 iterable 자료형을 넣을 수 있는 자리에는 모두 들어갈 수있다는 거죠. for 반복문의 in 키워드 옆이 iterable 자료형이 들어갈 수 있는 자리예요. 아래 형식이 파일에서 자동으로 한 줄씩 읽어오는 for 반복문 형태예요. 이 형태에 맞춰서 while 반복문을 for 반복문으로 수정해 보았습니다.

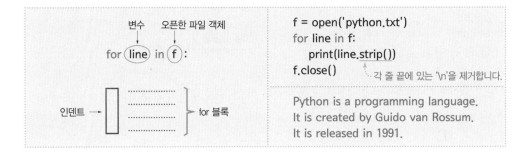

변수   오픈한 파일 객체

```python
for line in f:
```

인덴트 → for 블록

```python
f = open('python.txt')
for line in f:
    print(line.strip())
f.close()
```
각 줄 끝에 있는 '\n'을 제거합니다.

```
Python is a programming language.
It is created by Guido van Rossum.
It is released in 1991.
```
```

while 반복문에 비해서 for 반복문이 훨씬 간단하죠. line.strip() 대신에 그냥 line을 출력하면 다음과 같이 '\n'이 떼어지지 않아서 공백 줄이 추가됩니다.

`f = open('python.txt')`
 	
`for line in f:`
　　`print(line)`
 	
`f.close()`
	Python is a programming language.
	
	It is created by Guido van Rossum.
	
	It is released in 1991.
	
	>>>

CODE 80 for 반복문을 이용하여 반복 처리를 하는 코드 예제입니다. 파일명과 찾고자 하는 문자열을 입력받아서 파일 안에 입력받은 문자열이 몇 번째 라인에 몇 번씩 나오는지를 출력합니다.

코드

```
filename = input('Enter file name : ')       # 파일명 입력받습니다.
word = input('Enter word to search : ')      # 파일에서 찾고자 하는 단어를 입력받습니다.

f = open(filename)
line_number = 1
for line in f:
    if word in line:
        print('line {} - {}'.format(line_number, line.count(word)))
    line_number += 1
f.close()                                          문자열 count() 메소드
```

결과

```
Enter file name : wash_face.txt
Enter word to search : wash
line 1 - 1
line 2 - 2
line 3 - 1
```

입력 파일

```
< wash_face.txt >

This is the way we wash our face,
wash our face, wash our face,
This is the way we wash our face,
so early in the morning.
```

readlines() 메소드

이 메소드는 파일 전체를 읽어 와서 각 줄들로 구성된 리스트 객체를 반환합니다. 즉, 파일 안에 각 줄이 리스트에 저장됩니다.

다음은 'line.txt' 파일 내용을 readlines() 메소드를 이용하여 통째로 읽어서 리스트에 저장하는 것을 보이는 예제입니다.

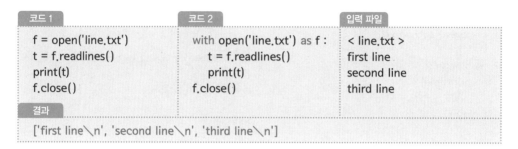

그러면 위의 코드에서 한 줄씩 출력이 되도록 하려면 readlines() 반환값을 저장한 리스트에 대해서 루프를 수행하면 되겠죠.

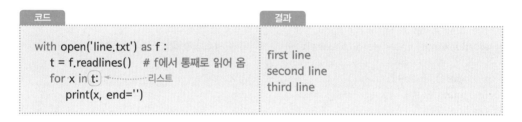

CODE 81 read() 메소드로 파일을 통째로 읽어 온 다음에 한 줄씩 리스트에 저장합니다. 그리고 앞에 라인 번호를 붙여서 각 라인을 출력하는 코드를 작성해 보겠습니다.

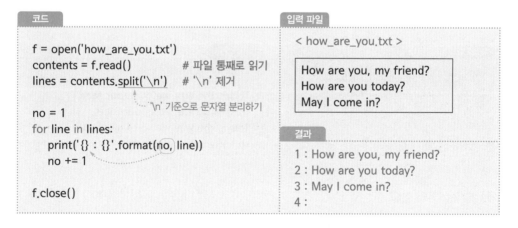

위의 코드를 보면 파일에는 세 줄이 저장되어 있는데, 출력 결과를 보면 네 줄로 나옵니다. 비록 마지막 줄의 내용은 빈 문자열이지만 4 :이 출력된 것으로 봐서 마지막 줄의 다음 줄을 읽어서 그 줄이 빈 문자열이라는 것으로 for 반복문이 끝난다는 것을 알 수 있어요. 이를 해결하려면 다음과 같이 line인 빈 문자열이라면 출력하지 않도록 하면 됩니다.

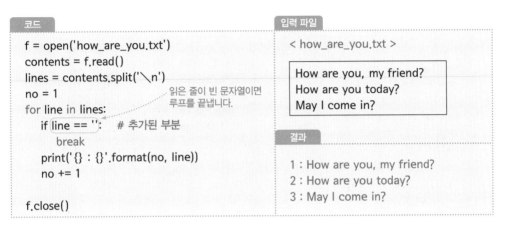

코드

```
f = open('how_are_you.txt')
contents = f.read()
lines = contents.split('\n')
no = 1
for line in lines:
    if line == '':   # 추가된 부분
        break
    print('{} : {}'.format(no, line))
    no += 1

f.close()
```

읽은 줄이 빈 문자열이면 루프를 끝냅니다.

입력 파일

< how_are_you.txt >

How are you, my friend?
How are you today?
May I come in?

결과

1 : How are you, my friend?
2 : How are you today?
3 : May I come in?

CODE 82 파일 score.txt에는 한 줄에 하나의 성적이 저장되어 있어요. 파일에 있는 성적들을 모두 읽어서 리스트에 저장한 다음에 리스트를 출력하려고 합니다. 성적을 읽어 와서 그냥 리스트에 저장하면 문자열로 저장되기 때문에 int() 함수를 적용해서 정수 데이터로 리스트에 저장해야 합니다. 그리고 성적의 평균도 소수점 두 자리에 맞추어 출력합니다.

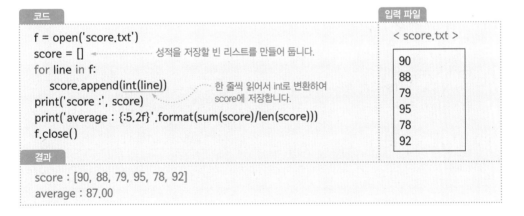

코드

```
f = open('score.txt')
score = []
for line in f:
    score.append(int(line))
print('score :', score)
print('average : {:5.2f}'.format(sum(score)/len(score)))
f.close()
```

성적을 저장할 빈 리스트를 만들어 둡니다.

한 줄씩 읽어서 int로 변환하여 score에 저장합니다.

입력 파일

< score.txt >

90
88
79
95
78
92

결과

score : [90, 88, 79, 95, 78, 92]
average : 87.00

CODE 83 이번에는 파일 score.txt 각 줄에 숫자가 두 개씩 저장되어 있습니다. 첫 번째 숫자는 학번이고 두 번째 숫자는 성적이에요. 이 경우에는 학번과 성적을 쌍으로 묶어서 사전에 저장하면 좋겠죠. 다음은 한 줄씩 읽어서 '학번:성적'으로 묶어서 사전에 저장하는 코드입니다. 이때도 학번과 성적은 정수형으로 변환하여 저장합니다.

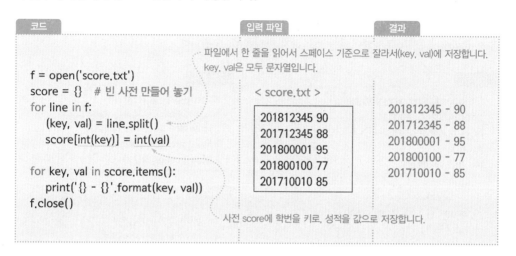

코드
```
f = open('score.txt')
score = {}    # 빈 사전 만들어 놓기
for line in f:
    (key, val) = line.split()
    score[int(key)] = int(val)

for key, val in score.items():
    print('{} - {}'.format(key, val))
f.close()
```

입력 파일
파일에서 한 줄을 읽어서 스페이스 기준으로 잘라서(key, val)에 저장합니다. key, val은 모두 문자열입니다.

< score.txt >
```
201812345 90
201712345 88
201800001 95
201800100 77
201710010 85
```
사전 score에 학번을 키로, 성적을 값으로 저장합니다.

결과
```
201812345 - 90
201712345 - 88
201800001 - 95
201800100 - 77
201710010 - 85
```

CODE 84 파일 exam.txt는 다음과 같습니다. 각 줄 첫 번째에는 시험명이 적혀 있고, 나머지는 그 시험에 등록한 사람들 이름이에요. 예를 들어서, TOEFL 시험에 등록한 사람은 Alice, Paul, David, Bob이에요. 파일의 정보를 모두 읽어서 사전에 저장하려고 해요. 이때 시험명이 키가 되고 학생들 이름을 값으로 저장하면 되겠죠. 학생들 이름은 리스트로 관리하려고 해요.

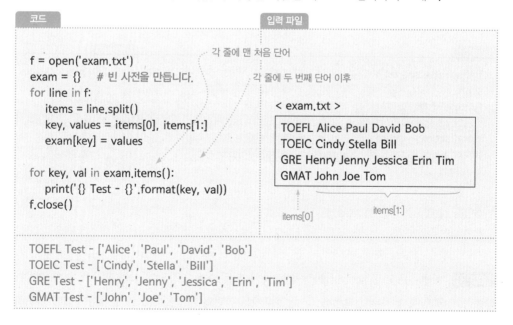

코드
```
f = open('exam.txt')
exam = {}    # 빈 사전을 만듭니다.
for line in f:
    items = line.split()
    key, values = items[0], items[1:]
    exam[key] = values

for key, val in exam.items():
    print('{} Test - {}'.format(key, val))
f.close()
```

입력 파일
각 줄에 맨 처음 단어
각 줄에 두 번째 단어 이후

< exam.txt >
```
TOEFL Alice Paul David Bob
TOEIC Cindy Stella Bill
GRE Henry Jenny Jessica Erin Tim
GMAT John Joe Tom
```
items[0]   items[1:]

```
TOEFL Test - ['Alice', 'Paul', 'David', 'Bob']
TOEIC Test - ['Cindy', 'Stella', 'Bill']
GRE Test - ['Henry', 'Jenny', 'Jessica', 'Erin', 'Tim']
GMAT Test - ['John', 'Joe', 'Tom']
```

3/ 파일 출력 – 파일에 데이터 저장하기

프로그램에서 처리한 데이터를 파일에 저장하는 것을 '파일 출력'이라고 해요. 파일로 출력하면 결과를 저장해 두었다가 나중에 다시 사용할 수 있다는 좋은 점이 있겠죠.

파일에 데이터를 저장하고자 할 때에는 모드를 잘 선택해야 해요. 쓰기 모드는 'w'와 'a' 두 가지가 있어요.

w	없는 파일명에 'w'모드를 적어주면 파일을 새로 만듭니다. 존재하는 파일명에 'w'모드를 적어주면 기존의 내용을 모두 지우고 새로운 내용을 덧씌웁니다.
a	없는 파일명에 'a'모드를 적어주면 파일을 새로 만듭니다. 존재하는 파일명에 'a'모드를 적어주면 기존의 내용은 그대로 두고, 기존의 내용 끝에 새로 입력하는 데이터를 추가합니다.

파일을 열 때, 'w'또는 'a'모드를 넣어 주면 파일 출력 메소드인 write() 또는 writelines()를 사용합니다. 하나씩 알아볼게요.

write() 메소드

write() 메소드는 괄호 안의 내용을 파일에 저장해 주는 메소드예요. 다음의 코드를 작성한 후에 수행시켜 보세요. greeting.txt 파일은 현재 없는 파일이에요. 아래 코드를 수행하고 나면 IDLE 에는 아무 것도 출력되지 않을 거예요. 하지만 greeting.txt 라는 파일이 생겼을 거예요. 그리고 파일을 열어 보면 'Nice to meet you!'라고 저장되어 있을 거예요.

```
f = open('greeting.txt', 'w')
f.write('Nice to meet you!')
f.close()
```

현재 없는 파일. 이 경우 'greeting.txt'란 이름의 파일을 만들어 줍니다.

write() 메소드는 괄호 안에 내용을 파일에 저장합니다. 괄호에는 반드시 문자열을 넣어야 합니다.

< greeting.txt >

Nice to meet you!

위 코드를 수행하고 나면 'greeting.txt'가 생깁니다. 다음으로 아래 코드를 수행해 보세요. 현재 있는 파일을 'w' 모드를 사용해서 열면, 기존의 내용을 모두 지우고 새로운 내용으로 덧씌워진다고 했어요. 따라서 아래 코드 실행 후에 파일 greeting.txt을 열어 보면 오른쪽과 같이 'Nice to meet you!' 내용은 지워지고, 'How are you?'만 저장되어 있을 거예요.

```
#  같은 코드를 파일에 저장할 내용을 바꿔서 한 번 더 수행합니다.
f = open('greeting.txt', 'w')
f.write('How are you?')
f.close()
```

< greeting.txt >

How are you?

위의 코드를 원래 내용은 유지하면서 새로운 내용을 추가하고자 한다면 'w' 모드 대신에 'a' 모드를 사용하면 되죠. 'a'는 'append'의 약자예요. 만약에 파일이 없으면 새로 만들어 주고, 이미 존재하는 파일이면 파일의 끝에 내용을 추가해 주는 거죠. 다음의 코드를 실행하면 파일의 원래 내용은 그대로 두고 그 끝에 'Good morning!'을 추가한 것을 볼 수가 있을 거예요.

'greeting.txt' 파일이 이미 있으니까, 원래 내용 뒤에 새로운 내용을 추가합니다.

```
f = open('greeting.txt', 'a')
f.write('Good morning!')
f.close()
```

< greeting.txt >

How are you?Good morning!

CODE 85 파일 이름을 input() 함수를 이용해서 받습니다. 다음으로 input() 함수를 이용해서 수학 성적을 다섯 개 입력받아서 파일에 저장하려고 합니다.

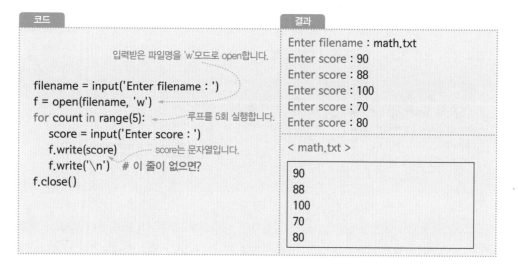

코드

입력받은 파일명을 'w'모드로 open합니다.

```
filename = input('Enter filename : ')
f = open(filename, 'w')
for count in range(5):
    score = input('Enter score : ')
    f.write(score)
    f.write('\n')   # 이 줄이 없으면?
f.close()
```

루프를 5회 실행합니다.
score는 문자열입니다.

결과

```
Enter filename : math.txt
Enter score : 90
Enter score : 88
Enter score : 100
Enter score : 70
Enter score : 80
```

< math.txt >

```
90
88
100
70
80
```

위의 코드를 수행한 후에 math.txt 파일을 열어 보면 입력한 숫자들이 한 줄에 하나씩 저장되어 있을 거예요. 그런데, 주석이 붙은 줄 f.write('\n')를 없애면 파일에 어떻게 저장될까요? '\n'을 넣지 않으므로 다섯 개의 숫자가 모두 붙어서 한 줄에 나오게 됩니다. f.write('\n')를 제외하고 다시 한 번 수행해 보세요.

CODE 86 파일을 복사하는 프로그램을 작성해 볼게요. original.txt 파일의 내용을 읽어서 copy.txt 파일에 저장하는 거예요.

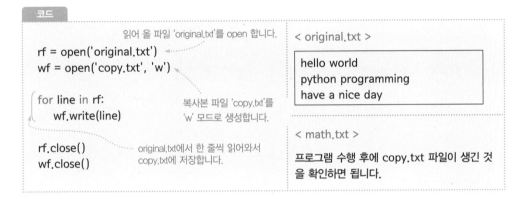

코드

```
                          읽어 올 파일 'original.txt'를 open 합니다.
rf = open('original.txt')
wf = open('copy.txt', 'w')

for line in rf:                    복사본 파일 'copy.txt'를
    wf.write(line)                 'w' 모드로 생성합니다.

rf.close()          original.txt에서 한 줄씩 읽어와서
wf.close()          copy.txt에 저장합니다.
```

< original.txt >

```
hello world
python programming
have a nice day
```

< math.txt >

프로그램 수행 후에 copy.txt 파일이 생긴 것을 확인하면 됩니다.

writelines() 메소드

writelines() 메소드는 readlines() 메소드의 반대로 동작하는 메소드입니다. 즉, 문자열로 구성된 리스트를 파일에 저장하는 거예요. 간단한 예제를 통해서 어떻게 수행되는지 볼게요.

```
f = open('greeting2.txt', 'w')
L = ['good morning\n',
     'how are you\n',
     'nice to meet you\n',
     'good afternoon\n']
f.writelines(L)
f.close()
              writelines() 메소드 인수로는
              리스트를 넣어야 합니다.
```

< greeting2.txt >

```
good morning
how are you
nice to meet you
good afternoon
```

4/ print() 함수로 파일에 데이터 저장하기

지금까지 print() 함수는 모니터로 출력하기 위해 사용했어요. 그런데, print() 함수를 이용해서도 파일 출력이 가능합니다. 방법은 print() 함수에 file 키워드 인수를 사용하는 거예요. 다음의 예를 보세요.

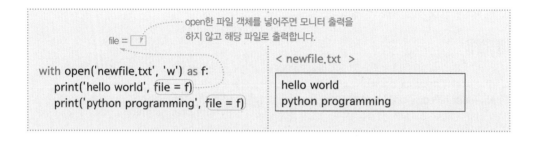

5/ 파일 경로

파일의 경로는 상대 경로와 절대 경로가 있어요. 지금까지 공부하면서 여러분들이 작성한 파이썬 코드가 컴퓨터 어디에 저장되어 있는지 한 번씩은 확인해 보셨나요? 아마도 대부분의 사람들이 다음 경로에 파이썬 코드가 저장되어 있을 거예요. 다음은 제 컴퓨터의 경로입니다.

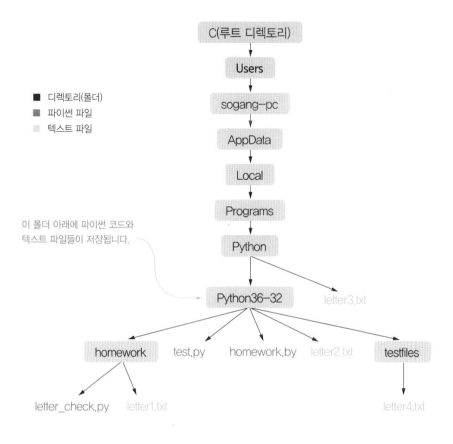

리스트 자료형

튜플 자료형

사전 자료형

세트 자료형

함수

파일 입출력

모듈

예외와 예외처리

클래스와 객체 지향 개념

■ 디렉토리(폴더)
■ 파이썬 파일
■ 텍스트 파일

C(루트 디렉토리)

Users

sogang-pc

AppData

Local

Programs

Python

이 폴더 아래에 파이썬 코드와
텍스트 파일들이 저장됩니다.

Python36-32

letter3.txt

homework

test.py

homework.by

letter2.txt

testfiles

letter_check.py

letter1.txt

letter4.txt

윈도우 운영체제에서는 '폴더'라고 하고 리눅스나 유닉스 운영체제에서는 '디렉토리'라고 부릅니다. 이 책에서는 설명할 때 '폴더'라고 하겠습니다. 위의 구조는 가장 상위 폴더는 'C' 폴더이고 C 폴더 아래에 Users → sogang-pc → AppData → Local → Programs → Python 폴더가 있고, Python 폴더 아래에 Python36-32 폴더가 있습니다. 이런 폴더 구조를 표현할 때는 다음과 같이 '/'를 이용합니다.

C:/Users/sogang-pc/AppData/Local/Programs/Python/Python36-32/test.py

우리가 특별히 폴더를 지정하지 않으면 작성한 파이썬 코드는 Python36-32 폴더 아래에 저장됩니다. 만약에 위와 같은 폴더 구조에 파이썬 코드와 텍스트 파일이 저장되어 있다고 해 볼게요.

- 절대 경로 – 가장 상위 폴더인 C 폴더부터의 경로

- 상대 경로 – 현재 파일의 위치에서부터의 경로

절대 경로와 상대 경로의 의미는 위와 같아요. 예를 들어서, homework 폴더 아래에 있는 letter_check.py 파일에서 letter1.txt를 오픈하려면 두 파일이 같은 폴더에 있기 때문에 그냥 open('letter1.txt')라고 하면 됩니다. 특별히 명시하지 않으면 같은 폴더에 저장된 텍스트 파일을 찾아봅니다.

만약에 letter_check.py에서 letter2.txt를 오픈하려면 같은 폴더가 아니기 때문에 파일명만 적으면 안 되고, 위치 정보를 같이 넣어야 해요. 이때, 절대 경로를 이용해서 위치 정보를 넣을 수도 있고, 상대 경로를 이용해서 위치 정보를 넣을 수도 있습니다. 먼저 절대 경로를 적어 볼게요.

```
open('C:/Users/sogang-pc/AppData/Local/Programs/Python/Python36-32/letter2.txt')
```

절대 경로는 별로 어렵지 않아요. C 디렉토리부터 그냥 적어 주시면 되요. 상대 경로에서는 ..을 알아야 합니다. .. 은 부모 폴더를 의미해요. 즉, 현재 폴더 바로 위의 상위 폴더를 말해요. ..을 이용해서 letter_check.py파일에서 letter2.txt를 오픈하려면 다음과 같이 적으면 되겠죠.

```
open('../letter2.txt')
        부모 폴더(하나 상위 폴더)
```

'../letter2.txt'는 현재 위치에서 부모 폴더로 가서 그 아래 있는 letter2.txt 파일이라는 뜻입니다. 그러면 letter_check.py파일에서 letter3.txt 파일을 오픈하려면 다음과 같이 적어야겠죠.

절대 경로	open('C:/Users/sogang-pc/AppData/Local/Programs/Python/letter3.txt')
상대 경로	open('../../letter3.txt')

위의 절대 경로를 다음과 같이 대소문자 구분없이 써도 괜찮습니다.

```
open('c:/users/sogang-pc/appdata/local/programs/python/letter3.txt')
```

만약에 파일이 있는데, 경로를 잘못 적거나 파일명이 틀리면 'FileNotFound' 에러가 발생합니다.

6/ 정리

이번 장에서는 파이썬의 파일 처리에 대해서 공부했습니다. 지금까지는 input() 함수와 print() 함수를 이용해서 데이터를 입력받고 출력했기 때문에 많은 양의 데이터를 처리하기는 어려웠어요. 하지만 이제부터는 파일에 많은 데이터를 저장해 두고 처리할 수 있기 때문에 훨씬 다양한 데이터 처리가 가능해요. 파일 처리는 반드시 open() 함수로 시작하고 close() 함수로 끝나야 합니다. 파일을 open()할 때는 절대 경로 또는 상대 경로를 이용하여 접근하고자 하는 파일을 올바르게 인식하는 것이 중요하고, open()의 반환값은 파일 객체로 이 객체를 이용해서 데이터의 읽기/쓰기를 했었죠. 이번 장에는 중간에 연습 문제들을 많이 넣었습니다. 반드시 직접 IDLE에서 파일을 만들고 코드도 작성해서 수행해 보기 바랍니다.

리스트 자료형

튜플 자료형

집합 자료형

사전 자료형

함수

파일 입출력

모듈

예외와 예외처리

클래스와 객체 지향 개념

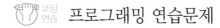

52 파일 score.txt에는 한 줄에 학생 학번과 그 학생의 성적 네 개가 저장되어 있습니다. 각 학생의 성적 네 개 중에서 좋은 성적 세 개의 평균을 구하여 출력하는 프로그램을 작성해 보세요. 평균은 소수 둘째 자리까지 출력합니다.

score.txt	프로그램 수행 결과
201812345 80 90 85 77	201812345 : 85.00
201811001 88 77 93 91	201811001 : 90.67
201812122 80 70 77 88	201812122 : 81.67
201813219 77 88 91 77	201813219 : 85.33
201800113 80 90 82 84	201800113 : 85.33
201801232 85 75 65 77	201801232 : 79.00
201811227 77 88 88 88	201811227 : 88.00

53 파일 words.txt에는 문자열이 여러 개 저장되어 있어요. 하나의 문자열을 입력받아서 입력받은 문자열의 anagram을 words.txt에서 찾아서 출력하는 프로그램을 작성해 보세요. anagram은 12장 연습문제에서 다루었습니다.

word.txt	실행 결과
ypthon	
thoyn	
thoonp	Input word to test anagram : python
triumph	
hontyp	ypthon
pythan	hontyp
tonhyp	tonhyp
yypthon	onthpy
pythom	yhtonp
onthpy	python
omthyp	pyonht
yhtonp	--------------------
yhtomp	There are 7 anagrams
nhtyyp	
python	
tytyph	
pyonht	

54 파일 population.txt에는 국가명, 인구수, 국가의 면적(km²) 순서로 저장되어 있어요. 인구 밀도는 '인구수/면적'으로 알 수 있습니다. 인구 밀도가 낮은 나라에서 인구 밀도가 높은 나라의 순서로 출력하는 프로그램을 작성해 보세요. 출력 결과는 순위, 국가명, 인구밀도입니다.

> 참고: 사전을 정렬하려면 sorted( ) 함수를 이용합니다. 그런데 sorted 함수는 '키'를 기준으로 정렬하죠. 이 문제는 '값'으로 정렬해야 합니다. 사전을 값으로 정렬할 때는 다음과 같이 하면 됩니다.

```
>>> import operator
>>> D = {'three':3, 'two':2, 'four':4, 'one':1}
>>> sorted_D = sorted(D.items(), key=operator.itemgetter(1))
>>> sorted_D
[('one', 1), ('two', 2), ('three', 3), ('four', 4)]
```

<table>
<tr><th colspan="2">population.txt</th><th colspan="3">실행 결과</th></tr>
<tr><td colspan="2">Singapore 5612300 720</td><td></td><td></td><td></td></tr>
<tr><td colspan="2">Bangladesh 163747348 143998</td><td>1. Canada</td><td></td><td>3.70</td></tr>
<tr><td colspan="2">Korea 51446201 100210</td><td>2. USA</td><td></td><td>33.19</td></tr>
<tr><td colspan="2">Japan 126670000 377944</td><td>3. Turkey</td><td></td><td>99.30</td></tr>
<tr><td colspan="2">England 65648000 242910</td><td>4. China</td><td></td><td>144.09</td></tr>
<tr><td colspan="2">Germany 81757600 357022</td><td>5. Switzerland</td><td></td><td>205.04</td></tr>
<tr><td colspan="2">China 1389170000 9640821</td><td>6. Lixembourg</td><td></td><td>226.41</td></tr>
<tr><td colspan="2">Taiwan 23557467 36191</td><td>7. Germany</td><td></td><td>229.00</td></tr>
<tr><td colspan="2">Rwanda 11809295 26338</td><td>8. England</td><td></td><td>270.26</td></tr>
<tr><td colspan="2">Turkey 77804122 783562</td><td>9. Vietnam</td><td></td><td>282.90</td></tr>
<tr><td colspan="2">Netherlands 17240000 41526</td><td>10. Japan</td><td></td><td>335.16</td></tr>
<tr><td colspan="2">Israel 7697600 20770</td><td>11. Philippines</td><td></td><td>350.35</td></tr>
<tr><td colspan="2">India 1277401883 3287240</td><td>12. Israel</td><td></td><td>370.61</td></tr>
<tr><td colspan="2">Haiti 10911819 27065</td><td>13. India</td><td></td><td>388.59</td></tr>
<tr><td colspan="2">Vietnam 93700000 331212</td><td>14. Haiti</td><td></td><td>403.17</td></tr>
<tr><td colspan="2">Philippines 105105297 300000</td><td>15. Netherlands</td><td></td><td>415.16</td></tr>
<tr><td colspan="2">Luxembourg 590667 2586</td><td>16. Rwanda</td><td></td><td>448.37</td></tr>
<tr><td colspan="2">Switzerland 8465234 41285</td><td>17. Korea</td><td></td><td>513.38</td></tr>
<tr><td colspan="2">USA 326377366 9833517</td><td>18. Taiwan</td><td></td><td>650.92</td></tr>
<tr><td colspan="2">Canada 36974730 9984670</td><td>19. Bangladesh</td><td></td><td>1137.15</td></tr>
<tr><td colspan="2"></td><td>20. Singapore</td><td></td><td>7794.86</td></tr>
</table>

55 파일 email.txt에는 이메일 주소가 여러 개 저장되어 있습니다. 저장된 이메일 주소를 하나씩 읽어서 유효한 이메일 주소인지를 판단하는 프로그램을 작성해 보세요. 이 때, 반드시 is_valid()라는 함수를 이용하여 인수로 넘기는 이메일 주소가 유효한 주소라면, True를 반환하고, 그렇지 않다면 False를 반환하도록 합니다. 다음의 조건이 맞으면 유효한 이메일 주소입니다.

- 이메일 주소는 10 글자 이상이어야 합니다.
- @는 반드시 한 개만 있어야 합니다.
- 영문자로 시작해야 합니다.

<table>
<thead>
<tr><th>email.txt</th><th colspan="2">프로그램 수행 결과</th></tr>
</thead>
<tbody>
<tr><td>paul@python.ac.kr</td><td>paul@python.ac.kr</td><td>: True</td></tr>
<tr><td>alice@lg.com</td><td>alice@lg.com</td><td>: True</td></tr>
<tr><td>a@lg.com</td><td>a@lg.com</td><td>: False</td></tr>
<tr><td>abcdefghijklmn</td><td>abcdefghijklmn</td><td>: False</td></tr>
<tr><td>smile@happy</td><td>smile@happy</td><td>: True</td></tr>
<tr><td>smile.python.ac.kr</td><td>smile.python.ac.kr</td><td>: False</td></tr>
<tr><td>1alice@helloworld.com</td><td>1alice@helloworld.com</td><td>: False</td></tr>
</tbody>
</table>

56 파일 twitter.txt에는 유명인 트위터에 있는 내용의 일부가 저장되어 있습니다. 프로그램 테스트 파일로 만들어서 내용은 이상해졌어요. 어쨌든 파일에서 @이 붙은 단어가 각각 몇 번 나오는지를 찾아서 출력하는 프로그램을 작성해 보세요. 이때, 단어 뒤에 . 또는 , 가 붙으면 떼어 내세요. 즉, @POTUS,와 @POTUS는 같은 단어입니다. 최종 출력은 다음과 같이 가장 많이 나오는 계정에서 가장 적게 나오는 계정 순으로 몇 번 나왔는지를 같이 출력하는 거예요.

twitter.txt	실행 결과

At today @Cabinet meeting @POTUS had this to say about our historic TAX CUTS plan @ POTUS @realDonaldTrump with @VP Mike Pence, @SenateMajLdr Mitch McConnell & @ SpeakerRyan yesterday, Capitol @WhiteHouse. @POTUS & I are going to be fighting every day for a TAX CUT for working families @ WhiteHouse across the nation. Colombian @VP @Gr_Naranjo following our visit to Colombia in Aug. Made clear @POTUS & I are restoring their democracy. Mapp at the @WhiteHouse - good to see him again & follow up on our visit @VP Thanked him for his commitment & leadership & @Gr_Naranjo made it clear that @POTUS & @Cabinet will continue to be with USVI. I said in Texas yesterday, under @POTUS, we are going to CUT TAXES ACROSS THE BOARD And our nation @Cabinet. @POTUS advanced peace. While in the Philippines I was forced to watch @CNN done in months.

POTUS : 7
Cabinet : 3
VP : 3
WhiteHouse : 3
Gr_Naranjo : 2
realDonaldTrump : 1
SenateMajLdr : 1
SpeakerRyan : 1
CNN : 1

모듈

이번 장에서는 모듈에 대해서 학습할 거예요. 모듈은 이전에도 본 적이 있는데, 이번 장에서 관련 문법들을 자세히 설명할게요. 모듈은 하나의 파일에 함수, 클래스, 데이터들을 모아 놓은 묶음이에요. 파이썬을 설치하면 내장 함수 외에도 다른 함수들이 많이 있어요. 그런데 그 함수들은 내장 함수처럼 필요하면 바로 사용할 수 있는 형태로 제공하지 않고, 비슷한 종류의 일을 하는 함수들끼리 따로 묶어서 '모듈'이라는 묶음으로 제공하고 있어요. 예를 들어서, 수학 시간에 배웠던 sin(), cos(), tan()와 같은 삼각 함수, 로그 함수 등을 계산해 주는 파이썬 함수들을 모아서 'math 모듈'로 제공합니다. 내장 함수들은 그냥 사용할 수 있는데, 모듈 안에 함수들은 사용하기 전에 관련 모듈을 먼저 가져와야 해요. 이것을 '모듈을 import한다'고 합니다. 모듈에는 함수뿐만 아니라 클래스들도 있어요. 그리고 파이썬에 기본적으로 포함되어 있는 모듈도 있고, 사용자가 필요하면 모듈을 만들어서 사용할 수도 있습니다. 이번 장에서 이와 관련된 내용들을 학습합니다.

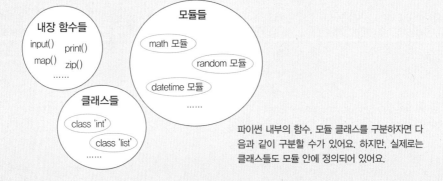

파이썬 내부의 함수, 모듈 클래스를 구분하자면 다음과 같이 구분할 수가 있어요. 하지만, 실제로는 클래스들도 모듈 안에 정의되어 있어요.

리스트 자료형

튜플 자료형

집합 자료형

사전 자료형

함수

파일 입출력

모듈

에러와 예외처리

클래스의 캡슐 자원과 개념

모듈들

```
┌─────────────────────────────────────────────────────────────┐
│                                                              │
│  ┌──────────────────┐  ┌──────────────────┐  ┌───────────┐   │
│  │ random 모듈       │  │ re 모듈           │  │ math 모듈  │   │
│  │ random( ) rand-  │  │ search( ) compile( )│ │ pow( ) cos( ) e│ │
│  │ int( ) randrange( )│ │ match( ) findall( )│ │ tan( ) pi sin( ) sqrt( )│ │
│  │ uniform( ) sample( )│ │ sub( ) purge( )  │  │ log( ) log2( ) ……│ │
│  │ shuffle( ) choice( )│ │ subn( ) split( ) ……│ └───────────┘   │
│  │ ……               │  └──────────────────┘                    │
│  └──────────────────┘  ┌──────────────────┐  ┌───────────┐   │
│                        │ rtime 모듈        │  │ datetime 모듈│   │
│  ┌──────────────────┐  │   struct_time 클래스│ │ date 클래스 │   │
│  │ itertools 모듈    │  │      ……          │  │   ……       │   │
│  │ chain( ) count( ) is-│ │ time( ) ctime( ) │  │ time 클래스 │   │
│  │ lice( ) cycle( ) drop-│ │ sleep( ) asctime( )│ │   ……       │   │
│  │ while( ) takewhile( )│ │ gmtime( ) localtime( )│ │ datetime 클래스│ │
│  │ groupby( ) ……     │  │ strptime( ) mktime( )│ │   ……       │   │
│  └──────────────────┘  │ strftime( ) ……    │  │ timedalta 클래스│ │
│                        └──────────────────┘  │   ……       │   │
│  ┌──────────────────┐  ┌──────────────────┐  └───────────┘   │
│  │ copy 모듈         │  │ sys 모듈          │                  │
│  │ copy( )          │  │ version 클래스  stdin 클래스│          │
│  │ deepcopy( )      │  │    ……        ……  │                  │
│  └──────────────────┘  └──────────────────┘                  │
└─────────────────────────────────────────────────────────────┘
```

내장 함수들

```
┌──────────────────┐
│ pow( ) abs( ) print( )│
│ input( ) enumer- │
│ ate( ) map( ) int( )│
│ list( ) dict( ) ……│
└──────────────────┘
```

자료형 클래스들

```
┌──────────────────┐
│ float int complex│
│ set dict bool list│
│ tuple frozenset  │
│ ……               │
└──────────────────┘
        ↑
import 없이 바로 사용 가능
```

파이썬의 모듈, 내장 함수, 클래스

1/ 모듈은 무엇일까요

모듈은 서로 관련 있는 프로그램 코드들을 묶어 놓은 파일이에요. 그 속에는 함수, 클래스, 데이터들이 모두 들어갈 수 있고, 파이썬 코드로 작성된 파일이기 때문에 py 확장자가 붙습니다. 파이썬을 설치하면 많은 모듈들이 같이 설치됩니다. 이렇게 파이썬 패키지 안에 포함된 모듈을 '표준 모듈'이라고 해요. 현재 파이썬에서 제공하는 표준 모듈이 어떤 것들이 있는지 알고 싶을 거예요. 다음 사이트로 접속해 보면 어떤 모듈들이 미리 설치되어 있는지 알 수 있어요.

https://docs.python.org/3.7/py-modindex.html

사용자가 직접 모듈을 만들 수도 있는데, 이번 장에서 이와 관련된 문법을 학습할 거예요. 그리고 제3자가 만들어서 제공하는 모듈이 많은데, 이런 모듈들은 써드파티(Third Party) 모듈이라고 해요.

- 모듈은 다음과 같이 세 종류가 있습니다.
  - 표준 모듈 : 파이썬 패키지에 기본적으로 포함된 모듈
  - 사용자 정의 모듈 : 사용자가 직접 만들어서 사용하는 모듈
  - 써드파티(Third Party) 모듈 – 제3자가 만들어서 제공하는 모듈

표준 모듈 중에서 math 모듈에 저장되어 있는 속성들의 목록을 알고 싶다면 IDLE에서 math 모듈을 import한 후에 dir(math)라고 입력하면 함수 목록이 나옵니다. 여기에서 pi와 e는 상수데이터예요. 각각 수학의 pi값과 e값을 가지고 있어요. 그리고 나머지는 수학 함수들이에요. 이렇게 모듈에는 함수도 있고 상수와 같은 데이터를 저장해 놓기도 해요. 상수 데이터는 가져와서 사용만 할 목적으로 만들어 둔 데이터예요.

```
>>> import math      # math 모듈을 import 합니다.
>>> dir(math)        # math 모듈에 있는 함수와 데이터 목록을 알아봅니다.
['__doc__', '__loader__', '__name__', '__package__', '__spec__', 'acos', 'acosh',
'asin', 'asinh', 'atan', 'atan2', 'atanh', 'ceil', 'copysign', 'cos', 'cosh', 'degrees',
'e', 'erf', 'erfc', 'exp', 'expm1', 'fabs', 'factorial', 'floor', 'fmod', 'frexp', 'fsum',
'gamma', 'gcd', 'hypot', 'inf', 'isclose', 'isfinite', 'isinf', 'isnan', 'ldexp', 'lgamma',
'log', 'log10', 'log1p', 'log2', 'modf', 'nan', 'pi', 'pow', 'radians', 'sin', 'sinh', 'sqrt',
'tan', 'tanh', 'tau', 'trunc']
```

표준 모듈인 datetime 모듈도 한번 볼게요. datetime 모듈은 클래스들로 구성되어 있어요.

```
>>> import datetime
>>> dir(datetime)
['MAXYEAR', 'MINYEAR', '__builtins__', '__cached__', '__doc__', '__file__',
'__loader__', '__name__', '__package__', '__spec__', '_divide_and_round', 'date',
'datetime', 'datetime_CAPI', 'time', 'timedelta', 'timezone', 'tzinfo']
```

math 모듈과 datetime 모듈의 구성을 이해하기 쉽게 그림으로 표현해 보았어요. 그림에서 보듯이 모듈은 함수, 데이터, 클래스 등을 저장합니다.

리스트 자료형

튜플, 자료형

집합, 자료형

사전, 자료형

함수

파일 입출력

모듈

에러와 예외처리

클래스와 객체 지향 개념

math module 속성

ceil(x) tan(x) cos(x)

floor(x) sin(x) fabs(x)

fsum(iterable) pi

e factorial(x) log(x[, base])

gcd(a,b) exp(x) pow(x,y)

fmod(x,y) sqrt(x) log10(x)

.....

함수(function)
상수 데이터(constant)

datetime module 속성

class date	class time	class datetime
today( )	replace( )	utcnow( )
weekday( )	strftime( )	today( )
...	......	fromtimestamp( )
min max	hour	now( )
year	minute	second
	second	min max
day	microsecond	day
month	......	year
		month
		.....

클래스 메소드
클래스 데이터

math 모듈과 datetime 모듈의 구성도

이번 장의 목표는 파이썬에 어떤 표준 모듈이 있고, 그 안에 어떤 함수, 데이터, 클래스가 있는지를 알아서, 필요한 모듈을 코딩에 적절하게 사용하는 것입니다.

2/ 모듈 사용하기

모듈을 사용하기 위해서는 우선적으로 '모듈 가져오기'를 해야 하는데, 이를 '모듈을 import한다'고 합니다. 모듈을 import하는 방식으로는 모두 세 가지가 있는데, 하나씩 알아볼게요.

모듈은 반드시 import한 후에 사용할 수 있어요.
import 방식은 모두 세 가지이고, 하나씩 설명합니다.

- **import 모듈**: 모듈의 모든 속성들을 가져다 사용하기

  하나의 모듈에 있는 모든 함수, 상수, 클래스 등을 자유로이 가져다 쓰고 싶다면 'import 모듈'을 하면 되요. import 후에는 '모듈.함수( )', '모듈.상수'라고 하면 해당하는 함수, 상수를 사용할 수가 있어요.

```
>>> import math              괄호가 붙지 않기 때문에 함수가 아니라 데이터입니다.
>>> math.pi                  # 원주율 파이값을 알 수 있습니다.
3.141592653589793
>>> math.factorial(5)        # 5 팩토리얼 값을 계산해 줍니다.
120
>>> math.pow(2,5)            # 2⁵을 계산해 줍니다.
32.0
```

- **모듈에서 일부분만 가져다 사용하기**

  모듈에서 모든 속성을 가져다 쓰지 않고 필요한 함수, 클래스 또는 데이터만 가져오는 방법이 있어요. 다음과 같이 import 뒤에 모듈에서 가져올 속성을 적어 주면 됩니다. 그러면 '모듈.함수'라고 사용하지 않고 그냥 함수명만 쓸 수 있어요. 이 경우에는 반드시 함수명만을 사용해야 합니다. '모듈.함수'라고 사용하면 에러가 발생해요.

모듈에서 가져다 사용할 함수, 클래스 등을 적어줍니다.

from <모듈> import <함수 또는 클래스명>

```
>>> from math import sqrt    # math 모듈에서 sqrt 함수만 사용하겠다는 의미예요.
>>> sqrt(9)                  # 그냥 함수이름만 사용합니다.
3.0
>>> math.sqrt(16)            이 경우에는 '모듈.함수'의 형태는 에러를 냅니다.
......
NameError: name 'math' is not defined
```

다음과 같이 math 모듈에서 pow 함수만 import 했는데, import하지 않은 sqrt 함수를 사용하면 NameError가 발생합니다.

```
>>> from math import pow
>>> pow(2,5)
32.0
>>> sqrt(9)    # math 모듈에 있지만 import하지 않았기 때문에 에러가 발생합니다.
......
NameError: name 'sqrt' is not defined
>>> math.sqrt(9)              # 앞에 모듈명을 붙여도 에러를 냅니다.
......
NameError: name 'math' is not defined
```

만약에 math 모듈에 있는 여러 함수를 이러한 방식으로 가져다 쓰고 싶으면 다음과 같이 콤마를 이용해서 나열하면 됩니다.

```
>>> from math import sqrt, factorial, pow
>>> sqrt(100)
10.0
                          콤마를 이용해서 여러 함수를 적을 수 있어요.
>>> factorial(3)
6
>>> pow(2,3)
8.0
```

이 방식으로 모듈을 사용하면 '모듈.'을 생략해도 되니까 편하겠죠. 만약에 math 모듈에 있는 모든 함수들과 상수들을 '모듈.' 없이 사용하고 싶으면 다음과 같이 import 뒤에 '*'라고 적어주면 됩니다. 컴퓨터 언어에서 '*'는 all의 의미로 많이 사용됩니다.

```
                      * 는 '모든 것' 이라는 의미가 있어요.
>>> from math import *     # math 모듈 멤버 모두 이름으로만 사용합니다.
>>> sqrt(100)              # 100의 루트 값을 구합니다.
10.0
>>> gcd(20, 32)           # 20과 32의 최대공약수를 구합니다.
4
```

• 모듈명에 별명을 붙여서 사용하는 방식

모듈 이름을 다른 이름으로 바꾸어서 사용하는 방식이 있어요.

```
>>> import math as mt    # math 대신에 mt라고 쓰겠다는 뜻이에요.
>>> mt.sqrt(100)
10.0
>>> math.sqrt(100)       # 이제는 math라고 쓰면 에러가 발생합니다.
......
NameError: name 'math' is not defined
>>> mt.pow(3,5)
243.0
```

지금까지 모듈을 가져와서 그 안에 저장되어 있는 함수들을 사용하는 문법에 대해서 학습했어요. 사용자가 세 가지 방식 중에서 상황에 따라 적절히 사용하면 됩니다.

3/ 모듈 만들기

사용자가 직접 모듈을 만들어 사용할 수도 있어요. 실제로 프로그램 규모가 커질수록 모듈 단위로 코드를 관리하는 것은 아주 좋은 습관이에요. 사용자가 자신이 만든 함수들과 자료들을 하나의 파일에 모아 두면 그 파일이 바로 모듈이 되는 거예요. 나중에 필요할 때 이 파일을 import해서 사용하면 됩니다. 다음은 모듈을 만들고 사용하는 예제예요. 파일 three_calculator.py에는 count라는 상수와 두 개의 함수(add_three(), multiply_three())를 저장하고 있어요. 이 파일이 모듈인데, 파일명에서 확장자인 .py를 떼고 three_calculator 모듈이라고 해요.

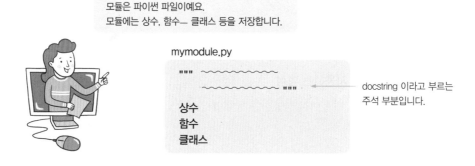

모듈은 파이썬 파일이예요.
모듈에는 상수, 함수— 클래스 등을 저장합니다.

mymodule.py

docstring 이라고 부르는
주석 부분입니다.

상수
함수
클래스

```
three_calculator.py   (파일명)

""" 모듈명 : three_calculator
    add_three(a,b,c) : a,b,c 세 수의 합을 반환합니다.          docstring으로 모듈에 대해 설명합니다.
    multiply_three(a,b,c) : a,b,c 세 수의 곱을 반환합니다.     """~"""를 docstring이라고 해요. 모듈에 대한
    count : 상수                                              설명을 넣는 주석이예요.
"""
count = 3                  # 데이터 상수 넣기

def add_three(a,b,c):      # 사용자 정의 함수 넣기
    total = a + b + c
    return total

def multiply_three(a,b,c):
    result = a * b * c
    return result
```

다른 파일에서 위의 three_calculator 모듈에 있는 함수와 상수를 이용하려고 해요. 아래 코드와 같이 import three_calculator라고 해 주고, three_calculator.add_three( )라고 함수를 호출하면 됩니다. 파이썬이 제공하는 표준 모듈과 사용법이 같습니다.

```
import three_calculator
                                        py를 뗀 이름이 '모듈명'입니다.
x = int(input('Enter integer 1 : '))
y = int(input('Enter integer 2 : '))
z = int(input('Enter integer 3 : '))

answer1 = three_calculator.add_three(x, y, z)
answer2 = three_calculator.multiply_three(x, y, z)

print('add : {}'.format(answer1))
print('multiply : {}'.format(answer2))
print('calculate for {} numbers'.format(three_calculator.count))
```

물론 다음과 같이 모듈에서 함수를 import해도 되겠죠.

```
from three_calculator import add_three, multiply_three, count
                                        바로 이름을 사용할 수 있어요.
x = int(input('Enter integer 1 : '))
y = int(input('Enter integer 2 : '))
z = int(input('Enter integer 3 : '))
```

```
                                      바로 함수명을 쓸 수 있어요.
answer1 = add_three(x, y, z)      # three_calculator.add_three라고 쓰지 못합니다.
answer2 = multiply_three(x, y, z)

print('add : {}'.format(answer1))
print('multiply : {}'.format(answer2))      바로 이름을 사용합니다.
print('calculate for {} numbers'.format(count))      three_calculator.count라고 쓰면 에러가 납니다.
```

4/ random 모듈

이번 절에서는 표준 모듈 중에 random 모듈에 대해서 정리해 볼게요. random 모듈에 있는 함수들은 임의의 데이터가 필요할 때 아주 유용해요. 우선 random 모듈에 어떤 함수들이 있는지 볼게요.

```
>>> import random
>>> dir(random)
[......, 'betavariate', 'choice', 'choices', 'expovariate', 'gammavariate', 'gauss',
'getrandbits', 'getstate', 'lognormvariate', 'normalvariate', 'paretovariate', 'randint',
'random', 'randrange', 'sample', 'seed', 'setstate', 'shuffle', 'triangular', 'uniform',
'vonmisesvariate', 'weibullvariate']
```

함수 목록을 보면 통계와 관련된 함수들이 많다는 느낌이 들 거예요. 위의 목록 중에서 처음 파이썬 코딩을 접하는 학생들이 많이 사용하게 되는 함수들을 정리해 볼게요.

함수		설명
임의의 정수 선택	randint(a,b)	a <= N <=b 사이의 임의의 정수 N 선택 (a,b: 정수)
	randrange(,,)	range( ) 함수의 결과 중에서 임의의 값 선택
임의의 실수 선택	random( )	0.0 <= F < 1.0 사이의 임의의 실수 F 선택
	uniform(a,b)	a <= F < b 사이의 임의의 실수 선택(a,b: 정수,실수)

	choice(X)	X에는 시퀀스 자료형인 문자열, 리스트, 튜플만 넣을 수 있음 (집합과 사전에는 사용할 수 없음). X에서 임의의 원소 한 개를 선택함.
컨테이너 자료형 X에서 선택	sample(X, k)	X에는 시퀀스 자료형과 집합만 넣을 수 있음(사전에 사용하려면 list( )로 변환해서 사용해야 함). X에서 k개의 원소를 임의로 중복 없이 선택함.
	shuffle(X)	X에는 리스트만 넣을 수 있고, X의 데이터들을 섞어서 리스트로 반환함.

> **참고** 파이썬에서 범위를 나타낼 때, (a, b)처럼 표현하는 경우에 a는 포함되고 b는 포함되지 않는 경우가 대부분이에요. 예를 들어서, range(1,5)라고 하면 1, 2, 3, 4 이렇게 5가 포함되지 않죠. 그런데 random.randint(a,b) 함수는 b가 포함됩니다. 즉, a 이상 b 이하의 수에서 임의의 수를 선택합니다.

randint(a,b)

a와 b에는 정수를 넣어야 하고 a 이상 b 이하의 정수 중에서 하나의 정수를 임의로 반환합니다.

```
>>> import random
>>> random.randint(0,1)      # 0이상 1이하
0
>>> random.randint(5,10)     # 5이상 100이하
5
>>> random.randint(100, 200)
152
>>> random.randint(50000, 100000)
93091
```

```
>>> import random
>>> for i in range(5):
        random.randint(10, 20)

17
10
10
20
19
```
10 이상 20 이하의 정수 중에서
임의의 정수를 다섯 개 선택합니다.

CODE 87 프로그램을 수행하면 프로그램이 1 ~ 5 사이의 정수를 하나 선택하도록 합니다. 그리고 나서 프로그램이 선택한 수를 맞추는 프로그램을 작성해 볼게요.

```
import random                    1 이상 5 이하의 정수 중에서 하나의 수를 선택해서 data에 저장해 둡니다.

data = random.randint(1, 5)     # random.randrange(1, 6)도 됩니다.
x = int(input('Choose one number between 1 and 5 : '))

                                        data에 어떤 수가 저장되어 있는지 맞추어 봅니다.
if data == x:
    print('Bingo! You and computer both choose {}.'.format(data))
else:
    print('Wrong! Computer chooses {} and you choose {}.'.format(data, x))
```

결과 1

```
Choose one number between 1 and 5 : 2
Wrong! Computer chooses 4 and you choose 2.
```

결과 2

```
Choose one number between 1 and 5 : 3
Bingo! You and computer both choose 3.
```

결과 3

```
Choose one number between 1 and 5 : 4
Wrong! Computer chooses 3 and you choose 4.
```

randrange(,,)

이 함수의 인수 처리는 range( ) 함수의 인수와 같습니다. 따라서 인수가 한 개, 두 개 또는 세 개 올 수 있어요. 그리고 range( ) 범위에 있는 수들 중에서 하나를 선택해서 반환합니다.

```
>>> random.randrange(5)          # range(5)에서 임의의 정수 선택
0
>>> random.randrange(3)          # range(3)에서 임의의 정수 선택
2
>>> random.randrange(5,10)       # range(5,10)에서 임의의 정수 선택
7
>>> random.randrange(7,10)       # range(7,10)에서 임의의 정수 선택
8
>>> random.randrange(1, 20, 4)   # range(1, 20, 4)에서 임의의 정수 선택
9
```

random( )

이 함수는 인수가 없고, 0.0 이상 1.0 미만의 실수를 반환합니다.

```
>>> random.random( )
0.9235512183687059
```

```
>>> random.random( )
0.5817530846913979
```

uniform(a, b)

이 함수는 a와 b에 실수 또는 정수가 올 수 있고, a 이상 b 미만의 실수를 반환합니다.

```
>>> random.uniform(3,4)
3.586912161723947
>>> random.uniform(10, 15)
10.164453875505
>>> random.uniform(11,12)
11.52993873767126
```

```
>>> random.uniform(2.2, 3.9)
2.242162960416483
>>> random.uniform(2, 4.9)
3.9624911035319395
>>> random.uniform(-5.5, 5.5)
-3.3962617032314393
```

choice(X)

choice( ) 함수는 순서 개념이 있는 자료형에만 적용할 수가 있어요. 그래서 문자열, 리스트, 튜플에만 적용할 수 있고, 집합과 사전에 적용하면 에러가 발생해요. 시퀀스 자료형에서 임의의 원소를 하나 선택해서 반환합니다.

```
>>> S = 'python'
>>> L = [4, 9, 13, 2, 10, 7, 30, 100, 8, 22]
>>> T = (5, 2, 3, 1)
>>> W = {3, 6, 8, 10, 11, 14}
>>> D = {'red':2, 'blue':5, 'green':7, 'white':1}
```

```
>>> import random
>>> random.choice(S)
'h'
>>> random.choice(L)
22
>>> random.choice(T)
2
```

```
>>> random.choice(W)          집합
......
TypeError: 'set' object does not support indexing
>>> random.choice(D)          사전
......
KeyError: ...
```

리스트 안에 for 반복문을 사용할 때 random.choice( ) 함수를 이용하면 시퀀스 자료형에서 손
쉽게 임의의 데이터를 모을 수 있어요. 그런데 매번 선택할 때마다 전체 데이터에서 임의로 선택
하기 때문에 데이터가 중복될 수 있습니다.

```
>>> L = [4, 100, 22, 89, 54, 67, 15, 8, 33]
>>> A = [random.choice(L) for i in range(5)]    # random.choice(L)을 5회 반복합니다.
>>> print(A)                                                     5회 반복
[4, 33, 67, 8, 33]
>>> B = [random.choice(L) for i in range(3)]    # 중복해서 선택할 수 있어요.
>>> print(B)                                                     3회 반복
[67, 4, 67]
```

sample(X, k)

sample( ) 함수는 컨테이너 자료형 X에서 k개를 임의로 선택하는데, 중복 없이 데이터를 선택해
줍니다. k에는 정수가 와야 하고, 0 <= k <= len(X) 범위의 값이 와야 합니다. X에는 문자열, 리
스트, 튜플, 집합이 올 수 있고, 사전에는 적용할 수 없어요. 그리고 sample( ) 함수는 결과를 리
스트로 내 줍니다.

자료형	예 제

리스트	```>>> A = [4, 2, 8, 9, 13, 7, 20]```
	```>>> random.sample(A, 3) # 리스트 A에서 세 개를 중복 없이 선택합니다.```
	```[4, 13, 20]```
	```>>> L = [4, 2, 5, 8, 2] # k가 리스트 길이와 같으면 모두 선택합니다.```
	```>>> random.sample(L, 5)```
	```[2, 4, 2, 8, 5]```
	```>>> random.sample(L,0) # k가 0이면, 빈 리스트가 나옵니다.```
	```[]```

튜플	```>>> B = (7, 9, 13, 2, 9, 1)```
	```>>> random.sample(B, 3)```
	```[1, 7, 9]```
	```>>> random.sample(B, 5)```
	```[9, 7, 2, 13, 9]```

문자열	```>>> C = 'abcdefgh'```
	```>>> random.sample(C, 3) # 문자열에서 문자들을 선택합니다.```
	```['e', 'a', 'g']```

집합	`>>> D = {4, 3, 9, 10, 5}`
	`>>> random.sample(D, 3)`
	`[4, 10, 9]`
	`>>> E = {4, 3, 9, 10, 5, 3}` # 3이 중복되어 있어서 원소가 5개입니다.
	`>>> random.sample(E, 6)`
	`......` 집합 E의 원소의 개수보다 큰 숫자를 넣으면 에러가 발생합니다.
	`ValueError: Sample larger than population or is negative`
	`>>> random.sample(E, 5)`
	`[4, 9, 3, 5, 10]`

사전	`>>> d = {1:'one', 2:'two', 3:'three', 4:'four'}`
	`>>> random.sample(d, 2)`
	`......`
	`TypeError: Population must be a sequence or set.  For dicts, use list(d).`
	`>>> random.sample(list(d), 2)` # 사전의 키를 리스트로 바꾸어서 sample() 함수에
	`[1, 3]` 넣을 수는 있어요.

shuffle(X)

shuffle( ) 함수는 X에 있는 원소들을 섞어서 순서를 바꾸어 다시 X에 저장하기 때문에 mutable 자료형에만 적용할 수 있습니다. 그리고 섞을 때 순서 개념이 필요해요. 따라서 mutable 자료형인 리스트, 집합, 사전 중에서 순서 개념이 있는 리스트에만 적용 가능한 함수예요.

```
>>> A = [4, 6, 10, 5, 2, 1, 9]
>>> random.shuffle(A)
>>> print(A)
[10, 4, 9, 1, 2, 6, 5]
```

5/ itertools 모듈

itertools 모듈은 iterable 객체에 대해 어떤 반복적인 일을 처리하는 데 도움을 주는 함수들로 구성되어 있어요.

우선 함수 목록을 보고 유용한 함수 몇 개를 살펴보겠습니다.

```
>>> import itertools
>>> dir(itertools)
['__doc__', '__loader__', '__name__', '__package__', '__spec__', '_grouper',
'_tee', '_tee_dataobject', 'accumulate', 'chain', 'combinations', 'combinations_
with_replacement', 'compress', 'count', 'cycle', 'dropwhile', 'filterfalse', 'groupby',
'islice', 'permutations', 'product', 'repeat', 'starmap', 'takewhile', 'tee', 'zip_
longest']
```

chain() 함수

chain() 함수는 iterable 객체에서 원소를 하나씩 순서대로 넘겨 주는 일을 해요. itertools.
chain() 함수의 괄호에 iterable 객체를 얼마든지 넣을 수 있어요. 두 리스트를 연속해서 출력하
는 일을 chain() 함수를 이용하면 효율적으로 할 수 있어요.

코드	L1이 순서대로 출력되고 L2가 연이어서 출력됩니다.

`from itertools import chain`
`L1 = [1,3,5]`
`L2 = [2,4,6,8]`
`for x in chain(L1, L2):`
`    print(x, end=' ')`
	결과
	
	1 3 5 2 4 6 8

itertools.chain() 함수를 사용하지 않더라도 다음과 같이 리스트를 연달아 출력할 수 있습니다.
하지만 L1 + L2 자리에 새로운 리스트가 생긴 후에 새로운 리스트에 대해서 for 반복문을 수행
하게 됩니다. itertools.chain() 함수는 그런 과정없이 L1을 출력하고 바로 연이어서 L2를 출력
합니다. 따라서 L1+L2를 사용하는 것보다 itertools.chain()을 사용하는 방법이 더 좋아요.

```
L1 = [1, 3, 5]
L2 = [2, 4, 6, 8]
for x in L1 + L2:     # L1 + L2 자리에 두 리스트를 합한 새로운 리스트가 생깁니다.
    print(x, end=' ')
```

chain() 함수에 여러 개의 iterable 객체를 넣어 볼게요.

리스트 자료형

튜플 자료형

집합, 자료형

사전 자료형

함수

파일 입출력

모듈

에러와 예외처리

클래스와 객체 지향 개념

```
코드 1
import itertools

L = [1, 3, 5]
T = (10, 20)
S = 'python'

for x in itertools.chain(L, T, S):
    print(x, end=' ')
```

```
결과 1
1 3 5 10 20 p y t h o n
```

```
코드 2
import itertools

S = {'red', 'blue', 'yellow'}
D = {100:'hundred', 1000:'thousand'}
                ┄┄┄ 사전은 키에 대해서 반복문을 수행합니다.
for x in itertools.chain(S, D, range(5)):
    print(x, end=' ')
```

```
결과 2
red yellow blue 100 1000 0 1 2 3 4
```

count( ) 함수

count( ) 함수는 인수로 넣는 정수로부터 수열을 무한히 만들어 나갈 수 있도록 해 주는 함수예요.
인수가 없으면 0부터 시작합니다.

count( )	0 1 2 3 4 5 6 7 8 9 10 ….
count(100)	100 101 102 103 104 105 106 107 108 109 110 111 112 …
count(100, 3)	100 103 106 109 112 115 118 121 124 127 130 133 136 …

```
from itertools import count
for x in count(100):
    print(x, end=' ')
```

100 101 102 103 104 105 …
한없이 출력됩니다.

count( ) 함수는 zip( ) 내장 함수와 같이 사용하면 효율적이에요.

```
코드
from itertools import count

A = ['one', 'two', 'three']
B = zip(count(1), A)
print(list(B))
```

```
결과
[(1, 'one'), (2, 'two'), (3, 'three')]
```

dropwhile( ) 함수

dropwhile(f, X) 함수에는 인수가 두 개 들어가야 하는데, 첫 번째 인수 f에는 '참 또는 거짓을 반환하는 함수'를 넣고, 두 번째 인수 X에는 iterable 객체를 넣어야 해요. X에 저장된 각 데이터에 대해서 함수 f를 적용해서 결과가 True인 데이터는 버리고 처음으로 False가 되는 데이터를 찾아요. 그리고 그 데이터부터 모든 나머지 데이터를 결과로 반환합니다. f에는 람다 함수를 넣을수 있어요. 아래 왼쪽 코드는 L에서 짝수인 데이터를 버리고 처음으로 홀수가 나오는 3부터 나머지 숫자들을 반환합니다. 오른쪽 코드는 5보다 작은 4, 3은 버리고 처음으로 5보다 크거나 같은 데이터인 10부터 나머지 숫자들을 반환합니다.

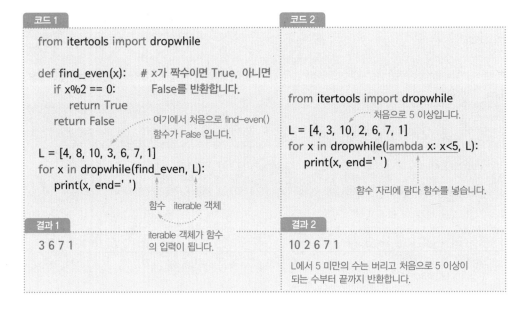

코드 1

```
from itertools import dropwhile

def find_even(x):     # x가 짝수이면 True, 아니면
    if x%2 == 0:        False를 반환합니다.
        return True
    return False        여기에서 처음으로 find-even()
                        함수가 False 입니다.

L = [4, 8, 10, 3, 6, 7, 1]
for x in dropwhile(find_even, L):
    print(x, end=' ')

              함수  iterable 객체
```

결과 1

```
3 6 7 1
```
iterable 객체가 함수의 입력이 됩니다.

코드 2

```
from itertools import dropwhile
              처음으로 5 이상입니다.
L = [4, 3, 10, 2, 6, 7, 1]
for x in dropwhile(lambda x: x<5, L):
    print(x, end=' ')

              함수 자리에 람다 함수를 넣습니다.
```

결과 2

```
10 2 6 7 1
```
L에서 5 미만의 수는 버리고 처음으로 5 이상이되는 수부터 끝까지 반환합니다.

takewhile( ) 함수

takewhile(f, X) 함수는 dropwhile(f, X) 함수와 사용법은 같은데 반대로 동작합니다. f에는 True 또는 False를 반환하는 함수를 넣어야 하고, X에는 iterable 객체를 넣습니다. X에 있는 데이터에 대해서 f를 적용해서 결과가 True인 동안의 데이터를 결과로 반환합니다.

리스트 자료형

튜플 자료형

컬렉션 자료형

시퀀스 자료형

함수

파일 입출력

모듈

에러와 예외처리

클래스와 객체 지향 개념

코드 1

```python
from itertools import takewhile

def find_even(x):
    if x%2 == 0:
        return True
    return False

L = [4, 8, 10, 3, 6, 7, 1]
for x in takewhile(find_even, L):
    print(x, end=' ')
```

결과 1

4 8 10

코드 2

```python
from itertools import takewhile

L = [4, 3, 10, 2, 6, 7, 1]
for x in takewhile(lambda x: x<5, L):
    print(x, end=' ')
```

결과 2

4 3

groupby( ) 함수

groupby(X, f) 함수는 X에 iterable 객체를 넣어야 하고 두 번째 인수는 없을 수도 있는데, 있는 경우에는 어떤 함수 f가 와야 해요. 함수 f를 넣는 경우에는 f가 key로 사용되어 f를 기준으로 X를 그룹으로 나누어 묶습니다. 만약에 두 번째 인수에 함수를 넣지 않으면, X 내의 데이터 자체가 키가 되어 그룹으로 묶어 줍니다. 이때 X는 정렬된 형태여야 합니다. 예제를 볼게요.

```python
>>> from itertools import groupby
>>> L = [1, 1, 2, 2, 2, 2, 3, 3, 3]
>>> x = groupby(L)     # 두 번째 인수가 없어서 L에 있는 데이터 자체가 키가 됩니다.
>>> for k, v in x:
        print(k, ':', list(v))          리스트로 변환해야 보기 쉽습니다.
                                  groupby() 함수는 튜플 형태의 iterable 객체를 반환합니다.
1 : [1, 1]
2 : [2, 2, 2, 2]
3 : [3, 3, 3]
```

정렬되지 않은 iterable 객체는 정렬해 주어야 그룹으로 묶을 수 있어요.

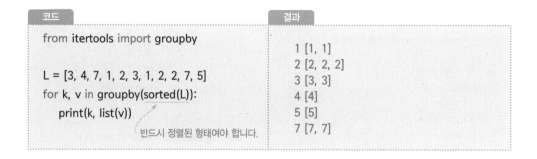

위의 예제에서 groupby(sorted(L)) 자리에는 L을 정렬한 후에 키 기준으로 그룹 단위로 묶여요. 여기에서 groupby 함수에 두 번째 인수가 없기 때문에 L에 있는 값 자체가 키가 됩니다.

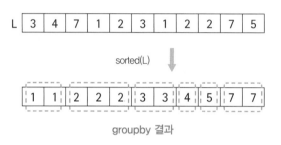

예제를 하나 더 볼게요. 문자열로 구성된 리스트 words에는 중복된 단어들이 저장되어 있어요. groupby 함수를 이용하여 같은 단어들을 그룹으로 묶어주는 예제입니다.

리[스트 자료형

튜플 자료형

집[합 자료형

사전 자료형

함수

파일 입출력

모듈

에러와 예외처리

클래스와 객체 지향 개념

코드	결과

``python
from itertools import groupby
 	
words = ['table', 'book', 'boy', 'red', 'table',
'boy', 'home', 'home', 'boy', 'rose','table',
'boy', 'top', 'pass', 'hat','rose', 'rose', 'dog',
'nose', 'table']
 	
for k, group in groupby(sorted(words)):
    print(k, list(group))
``
	book ['book']
	boy ['boy', 'boy', 'boy', 'boy']
	dog ['dog']
	hat ['hat']
	home ['home', 'home']
	nose ['nose']
	pass ['pass']
	red ['red']
	rose ['rose', 'rose', 'rose']
	table ['table', 'table', 'table', 'table']
	top ['top']

위의 코드 역시 list(group)를 len(list(group))으로 하면 words 리스트에 같은 단어가 몇 번씩 나오는지를 알 수 있겠죠. 이 문제는 사전을 공부할 때 해 보았던 문제예요.

위의 문제를 조금 변형시켜 볼게요. 단어들이 저장된 리스트에서 같은 alphabet으로 시작하는 단어 들로 그룹을 만들고 싶다면 어떻게 해야 할까요? 만약에 groupby 함수를 모른다면 아마도 다음과 같이 사전으로 작성할 거예요. 이 문제는 사전을 공부할 때 연습 문제에 있었어요. words에 있는 단어는 모두 22개이고 중복되는 단어들은 없어요. 사전을 이용한 코드는 다음과 같습니다.

```python
words = ['table', 'book', 'pen', 'red', 'phone', 'eraser', 'house', 'home',
    'computer', 'chair', 'mirror', 'boy', 'top', 'pass', 'hat', 'cat',
    'air', 'rose', 'dog', 'nose', 'boat', 'apple']
```

코드	결과

``python
d = {}   # 빈 사전 d를 만듭니다.
for word in sorted(words):
    if word[0] in d: # 각 단어의 첫 문자가
        d[word[0]].append(word)   # 사전에 키로 있는 경우
    else:
        d[word[0]] = []
        d[word[0]].append(word)
 	
for k in d.keys():
    d[k].sort()
 	
for k, v in d.items():
    print(k, v)
``
	a ['air', 'apple']
	b ['boat', 'book', 'boy']
	c ['cat', 'chair', 'computer']
	d ['dog']
	e ['eraser']
	h ['hat', 'home', 'house']
	m ['mirror']
	n ['nose']
	p ['pass', 'pen', 'phone']
	r ['red', 'rose']
	t ['table', 'top']

CODE 88 위의 코드를 groupby( ) 함수를 이용해서 바꾸어 볼게요.

```
from itertools import groupby

words = ['table', 'book', 'pen', 'red', 'phone', 'eraser', 'house', 'home',
        'computer', 'chair', 'mirror', 'boy', 'top', 'pass', 'hat', 'cat',
        'air', 'rose', 'dog', 'nose', 'boat', 'apple']

for k, group in groupby(sorted(words), lambda w: w[0]):
    print(k, list(group))
```

정렬된 데이터가 와야 하죠.

그룹으로 묶을 때 기준이 되는 함수가 있어야 합니다.
첫 문자가 기준이 됩니다.

람다 함수 'lambda w: w[0]'는 입력 w에서 w[0]을 반환하라는 의미죠. groupby( ) 함수와 람다 함수를 이용했더니 코드가 많이 간결해졌어요. groupby( ) 함수는 이렇게 iterable 객체 내의 데이터들을 원하는 기준에 따라 그룹으로 묶을 수 있는 효율적인 함수입니다.

CODE 89 다음과 같이 colors 리스트에 데이터가 저장되어 있습니다. groupby 함수를 이용하여 아래와 같은 결과가 나오도록 코딩해 볼게요(이 문제는 그룹을 짓는 문제가 아니고, groupby( ) 함수의 결과가 사전의 형태임을 연습해 보는 문제예요).

코드
```
from itertools import groupby

flowers = [('red', 'rose'), ('yellow', 'sunflower'), ('yellow', 'iris'),
        ('red', 'anemone'), ('red', 'peony'), ('purple', 'lavendar'),
        ('orange', 'begonia'), ('purple', 'windflower')]

F = {}
for key, group in groupby(sorted(flowers), lambda x: x[0]):
    F[key] = list(group)

import pprint
pprint.pprint(F, width='40')
```
결과
```
{ 'orange': [('orange', 'begonia')],
  'purple' : [('purple', 'lavenda')
            ('purple', 'windflower')],
  'red': [('red', 'anemone'),
        ('red', 'peony'),
        ('red', 'rose')],
  'yellow': [('yellow', 'iris')
            ('yellow', 'sunflower')]}
```

6/ keyword 모듈

키워드 모듈을 이용하면 파이썬 언어의 키워드 정보를 알 수가 있어요. keyword 모듈에 있는 kwlist 속성을 이용하면 모든 키워드 리스트가 나오고, iskeyword( ) 함수는 키워드인지를 판단하는 함수예요.

```
>>> import keyword
>>> dir(keyword)
['__all__', '__builtins__', '__cached__', '__doc__', '__file__', '__loader__', '__name__', '__package__', '__spec__', 'iskeyword', 'kwlist', 'main']
>>> keyword.kwlist                    # 모든 키워드 목록이 나옵니다.
['False', 'None', 'True', 'and', 'as', 'assert', 'break', 'class', 'continue', 'def', 'del', 'elif', 'else', 'except', 'finally', 'for', 'from', 'global', 'if', 'import', 'in', 'is', 'lambda', 'nonlocal', 'not', 'or', 'pass', 'raise', 'return', 'try', 'while', 'with', 'yield']
>>> len(keyword.kwlist)               # 키워드의 개수가 33개임을 알 수가 있습니다.
33
>>> keyword.iskeyword('global')     # 'global'은 파이썬 키워드입니다.
True
>>> keyword.iskeyword('delete')     # 'delete'는 파이썬 키워드가 아닙니다.
False
```

7/ sys 모듈

sys 모듈은 파이썬 인터프리터에 대한 정보를 가지고 있는 모듈이에요. sys 모듈을 이용해서 인터프리터의 버전, 표준 모듈 목록, 표준 모듈의 위치 등을 알 수가 있어요. sys 모듈에서 유용하게 사용할 수 있는 내용에 대해서 학습할게요.

■ **파이썬 버전 정보** : sys.version, sys.version_info

```
>>> sys.version
'3.6.3 (v3.6.3:2c5fed8, Oct  3 2017, 17:26:49) [MSC v.1900 32 bit (Intel)]'
>>> sys.version_info
sys.version_info(major=3, minor=6, micro=3, releaselevel='final', serial=0)
```

■ **표준 모듈 목록** : sys.modules라고 넣으면 모듈 목록이 나오는데, {모듈명 : 위치}의 사전 형
태로 나와요. 한번 직접 넣어서 확인해 보세요. 아주 많은 목록들이 나옵니다. 만약에 모듈 이
름만 출력하고 싶다면 다음과 같이 하면 되겠죠.

```
for module_name in sys.modules.keys():    # sys.modules 결과는 사전입니다.
    print(module_name)
```

■ **표준 모듈의 위치** : 모듈이 시스템 어느 위치에 있는지 확인해 볼 수도 있어요. sys.path라고
하면 되는데, 이것도 스스로 확인해 두기 바랍니다.

```
>>> sys.path
['C:/Users/sogang-pc/AppData/Local/Programs/Python/Python36-32', .........., 'C:\\
Users\\sogang-pc\\AppData\\Local\\Programs\\Python\\Python36-32',
'C:\\Users\\sogang-pc\\AppData\\Local\\Programs\\Python\\
Python36-32\\lib\\site-packages']
```

■ **사용 중인 기본 문자열 인코딩** : getdefaultencoding( ) 함수를 이용하면 현재 사용하고 있는
문자열 인코딩 정보를 알 수가 있어요.

```
>>> sys.getdefaultencoding( )
'utf-8'
```

■ **표준 입력** : sys 모듈에 멤버인 stdin을 사용하면 표준 입력을 좀 더 융통성 있게 해결할 수 있
어요. 표준 입력은 키보드로부터 입력받는 것을 뜻한다고 했어요. 지금까지 배운 방법으로는
다음과 같이 input( ) 함수로 표준 입력을 받았어요. 즉, 한 줄에 하나의 데이터를 받았죠. sys
모듈에 있는 stdin( ) 함수를 사용하면 아래 코드의 첫 두 줄을 한 줄로 해결할 수 있어요.

코드

```
first_name = input('Enter first name : ')     sys 모듈을 이용하면 이 두 줄을 한 줄로 해결할 수 있습니다.
last_name = input('Enter last name  : ')
print('You are ' + first_name + ' ' + last_name + '.')
```

결과

```
Enter first name : Alice
Enter last name  : Lee
You are Alice Lee.
```

위의 코드에서 입력받는 데이터가 두 개이기 때문에 input( ) 함수를 두 번 사용했어요. 그런데 sys 모듈을 이용해서 sys.stdin.readline( )라고 하면 한 줄에 얼마든지 데이터를 받을 수 있어요. Enter↵ 를 칠 때까지 입력한 데이터를 모두 문자열로 받아 줍니다. 다음의 예제는 위의 코드를 sys.stdin. readline( )을 사용해서 수정한 거예요. 라인 ❸에서 name 변수에는 한 줄에 입력한 데이터를 모두 저장하게 되는데, 문자열로 저장해 줍니다. 라인 ❹에서 입력받은 문자열 name을 스페이스 단위로 잘라냅니다.

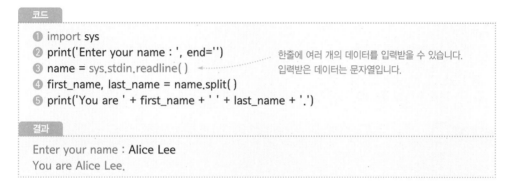

코드

```
❶ import sys
❷ print('Enter your name : ', end='')
❸ name = sys.stdin.readline( )
❹ first_name, last_name = name.split( )
❺ print('You are ' + first_name + ' ' + last_name + '.')
```

한줄에 여러 개의 데이터를 입력받을 수 있습니다.
입력받은 데이터는 문자열입니다.

결과

```
Enter your name : Alice Lee
You are Alice Lee.
```

예제 하나를 더 보겠습니다. 이번에는 숫자를 입력받아서 합을 구하는 프로그램을 작성해 볼게요.

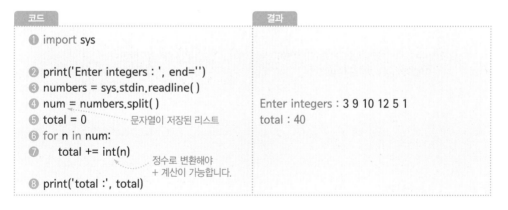

코드

```
❶ import sys

❷ print('Enter integers : ', end='')
❸ numbers = sys.stdin.readline( )
❹ num = numbers.split( )
❺ total = 0          ···· 문자열이 저장된 리스트
❻ for n in num:
❼     total += int(n)
                    정수로 변환해야
                    + 계산이 가능합니다.
❽ print('total :', total)
```

결과

```
Enter integers : 3 9 10 12 5 1
total : 40
```

라인 ❸에서 받은 '3 9 10 12 5 1'는 문자열입니다. 따라서 ❹에서 split하면 문자열로 구성된 리스트 ['3', '9', '10', '12', '5', '1']가 나오겠죠. 문자열로 되어 있는 숫자들을 더하려면 일일이 정수로 바꾸어야 합니다.

CODE 90 위의 여러 개를 입력받는 방식과 itertools.groupby( ) 함수를 이용해서 다음과 같은 결과가 출력되는 코드를 작성해 보겠습니다.

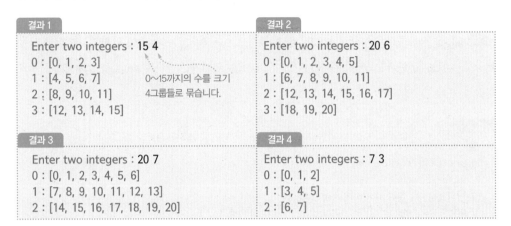

결과 1

```
Enter two integers : 15 4
0 : [0, 1, 2, 3]
1 : [4, 5, 6, 7]
2 : [8, 9, 10, 11]
3 : [12, 13, 14, 15]
```
0~15까지의 수를 크기 4그룹들로 묶습니다.

결과 2

```
Enter two integers : 20 6
0 : [0, 1, 2, 3, 4, 5]
1 : [6, 7, 8, 9, 10, 11]
2 : [12, 13, 14, 15, 16, 17]
3 : [18, 19, 20]
```

결과 3

```
Enter two integers : 20 7
0 : [0, 1, 2, 3, 4, 5, 6]
1 : [7, 8, 9, 10, 11, 12, 13]
2 : [14, 15, 16, 17, 18, 19, 20]
```

결과 4

```
Enter two integers : 7 3
0 : [0, 1, 2]
1 : [3, 4, 5]
2 : [6, 7]
```

코드

```python
import sys
import itertools

print('Enter two integers : ', end='')
numbers = sys.stdin.readline()
num1, num2 = numbers.split()
num1, num2 = int(num1), int(num2)

for k, group in itertools.groupby(range(num1+1), lambda x : x // num2):
        print(k, ':', list(group))
```
0~num1 까지　　　　x를 num2로 나눈 몫으로 그룹을 구성합니다.

8/ copy 모듈

다음으로 copy 모듈에 대해서 알아볼게요. 시퀀스 자료형인 문자열, 리스트, 튜플, 그리고 집합과 사전 중에서 mutable한 자료형인 리스트, 집합, 사전만이 copy( ) 메소드를 가지고 있어요. 이 자료형들이 copy( ) 메소드를 가지고 있는 이유는 모두 같았어요. 리스트로 copy( ) 메소드를 다시 한번 볼게요. 집합과 사전을 공부할 때도 설명한 적이 있습니다.

```
>>> L = [3, 7, 20, 5]
>>> M = L    # L, M은 객체를 공유
>>> id(L), id(M)
(35467312, 35467312)
>>> M[2] = 100
>>> print(L, M)
[3, 7, 100, 5] [3, 7, 100, 5]
```

```
>>> L = [3, 7, 20, 5]
>>> M = L.copy()   # L, M은 다른 객체
>>> id(L), id(M)
(35599424, 35599784)
>>> M[2] = 100
>>> print(L, M)
[3, 7, 20, 5] [3, 7, 100, 5]
```

위의 오른쪽 코드에서 M = L.copy() 대신에 M = L[:] 또는 M = L[::] 이라고 해도 같은 결과예요. copy 모듈에는 copy()함수와 deepcopy() 함수 두 가지가 있어요. copy.copy() 함수는 위의 리스트에 있는 copy() 메소드, [:], [::]와 똑같은 방식으로 수행됩니다. 이 네 가지 방식은 모두 복사를 하면 새로운 객체를 만들어 줍니다.

```
>>> import copy
>>> L = [3, 5, 2, 1, 10]
>>> M = copy.copy(L)     # L과 M은 다른 객체입니다.
>>> id(L), id(M)
(35440280, 35440240)
>>> M[2] = 100
>>> print(L, M)
[3, 5, 2, 1, 10] [3, 5, 100, 1, 10]
```

그런데 copy.copy(), [:], [::], copy() 메소드 모두 문제가 있는 경우가 있어요. mutable 객체 안에 mutable 객체가 있는 경우예요.

리스트 안에 또 리스트가 있어요.

```
L1 = [1, 2, [3, 4]]
L2 = L1.copy()
L2[2][0] = 100
print('L1 :', L1)
print('L2 :', L2)
```
리스트 copy() 메소드

```
L1 = [1, 2, [3, 4]]
L2 = L1[:]
L2[2][0] = 100
print('L1 :', L1)
print('L2 :', L2)
```

```
import copy
L1 = [1, 2, [3, 4]]
L2 = copy.copy(L1)
L2[2][0] = 100
print('L1 :', L1)
print('L2 :', L2)
```
copy 모듈

```
L1 : [1, 2, [100, 4]]
L2 : [1, 2, [100, 4]]
```

```
L1 : [1, 2, [100, 4]]
L2 : [1, 2, [100, 4]]
```

```
L1 : [1, 2, [100, 4]]
L2 : [1, 2, [100, 4]]
```

리스트 안에 리스트가 또 들어간 경우에 문제가 생기는 것을 볼 수 있어요. 위의 두 경우 모두 아래 그림과 같은 일이 발생한 거예요.

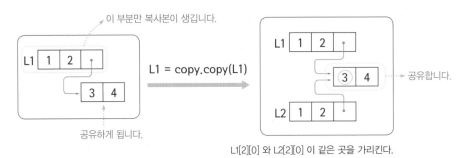

이런 복사를 '얕은 복사(shallow Copy)'라고 합니다. 이에 반해 리스트 안에 있는 리스트까지 재귀적으로 완전히 동일하게 복사하는 것은 '깊은 복사(Deep Copy)'라고 해요. 깊은 복사는 copy.deepcopy( ) 함수를 사용하면 되고, 위의 문제를 해결해 줍니다.

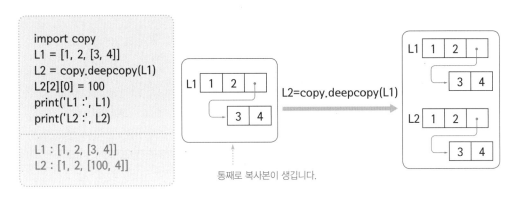

9/ 정리

이번 장에서는 파이썬 모듈에 대해서 학습하였습니다. 모듈은 함수, 클래스 등을 모두 포함하기 때문에 이 내용들을 먼저 설명하느라 모듈이 맨 마지막 장이 되었네요. 파이썬 코딩은 많은 부분이 모듈을 이용해서 이루어집니다. 이 장에서 본 모듈이 없다고 생각해 보세요.

임의 값을 구하고자 할 때 random 모듈이 없다면 코딩이 힘들거예요. 이 외에도 파이썬이 제공하는 모듈은 있습니다. 우선 여기에 나와 있는 모듈을 익혀 두고, 파이썬 언어에 익숙해지면 인터넷 등을 통해서 다양한 모듈들을 사용해 보기 바랍니다.

🖐️코딩연습 프로그래밍 연습문제

57 컴퓨터와 가위바위보 게임을 하는 프로그램을 작성합니다. 컴퓨터는 가위(scissors), 바위(rock), 보 (paper) 중 하나를 random하게 선택하고, 사용자에게 묻도록 합니다. 아래 실행 예를 보고 프로그램을 완성해 보세요. rock, paper, scissors, y, n 모두 대소문자 가능하도록 합니다. 만약에 잘 못 입력하면 아무 것도 출력하지 않고 'Do more? (y/n)'이 다시 나오도록 해야 하고 n을 입력하면 'Goodbye ~'를 출력하고 프로그램을 끝냅니다.

```
Enter your choice (rock/paper/scissors) : rock
It's a tie
Do more? (y/n) : y
Enter your choice (rock/paper/scissors) : paper
It's a tie
Do more? (y/n) : Y
Enter your choice (rock/paper/scissors) : SCIssorS
Computer choice is paper. You win
Do more? (y/n) : y
Enter your choice (rock/paper/scissors) : ppaper
Do more? (y/n) : y
Enter your choice (rock/paper/scissors) : Rock
It's a tie
Do more? (y/n) : n
Goodbye ~
```

에러와
예외 처리

지금까지 파이썬을 공부하면서 많은 에러를 만났을 거예요. 프로그래밍을 처음 배우는 분들은 에러가 발생하면 꼭 어떤 에러인지 생각해 보고, 어떻게 해야 에러를 없앨 수 있는지 생각해 보아야 합니다. 에러에서 배우는 내용이 많거든요. 지금까지 공부하면서 SyntaxError, TypeError, NameError, IndexError, ValueError, KeyError를 많이 만났을 거예요. 이 중에서 SyntaxError는 파이썬 문법을 잘못 사용해서 발생한 에러이고 나머지는 문법을 잘못 사용한 에러가 아니예요. 에러가 발생하지 않는 것이 제일 좋겠지만, 어쩔 수 없이 에러가 발생하는 상황이 생길 수 있어요. 이번 장에서는 어쩔 수 없이 발생하는 에러에 대해서는 어떤 처리를 해야 하는지를 공부합니다.

SyntaxError는 문법을 잘못 썼을 때 발생하는 에러예요.

```
KeyError
TypeError
NameError
IndexError
　　⋮
```

이러한 에러가 발생했을 때 문제를 일으키지 않도록 해 줄 수 있는데 이를 '예외 처리'라고 해요.

1/ 에러와 예외

파이썬에서는 발생하는 모든 에러들을 묶어서 '예외'라고 부릅니다. 즉, 에러가 발생했을 때, 예외가 발생했다고 얘기하기도 합니다. 지금까지 SyntaxError, IndexError, KeyError, TypeError, NameError, ValueError 등을 많이 보았을 거예요. 이 중에서 SyntaxError는 문법을 잘못 사용해서 발생하는 에러입니다. 예를 들어서, 다음과 같은 코드들이 SyntaxError를 발생시킵니다.

`>>> print('hello)` `SyntaxError: EOL while scanning string literal`	print() 함수의 인수에 따옴표가 빠졌어요.
`>>> print('hello'))` `SyntaxError: invalid syntax`	괄호가 잘못 되었어요.

`>>> a = 10`
`>>> if a == 10`
`SyntaxError: invalid syntax`
	if 줄 끝에 콜론(:)이 빠졌어요.

`>>> a = 10; b = 20`
`>>> a + = b`
`SyntaxError: invalid syntax`
	+= 기호는 붙여서 써야 합니다.

`>>> a =< b` `SyntaxError: invalid syntax`	=< 기호는 없습니다. <=이라고 써야죠.

SyntaxError는 문법을 잘못 사용했을 때 발생한다는 것을 알겠죠. 그러니까 SyntaxError가 발생하면 에러가 발생하는 부분의 문법을 올바르게 고쳐야 합니다. 아무리 긴 코드를 작성했다고 하더라도 중간에 SyntaxError가 하나라도 있으면 코드가 아예 수행되지 않아요. 무조건 문법에 맞게 코드를 수정해야 합니다.

다음으로 SyntaxError가 아닌 다른 에러들이 발생하는 경우를 볼게요. 다음 세 개의 코드는 모두 SyntaxError는 없고, 다른 에러가 있습니다. 어떤 에러인지 생각해 보고, SyntaxError와 어떻게 다른지를 생각해 보세요.

①	②	③
❶ a = 10	❶ m = 10	❶ print('hello')
❷ b = 20	❷ n = 15 분모가 15임.	❷ A = [10,20,30]
❸ c = 30	❸ p = m / n	❸ print(A[0])
❹ print(a)	❹ print(p)	❹ print(A[3])
❺ print(b)	❺ n = 0	❺ print(A[1]) IndexError
❻ print(d) ⋯ NameError	❻ q = m / n ⋯ ZeroDivisionError	❻ print('goodbye')
❼ print(c)	❼ print(p) 분모가 0임.	

위의 세 코드는 모두 에러 발생 전까지 수행되다가 에러가 발생하면 에러 메시지를 내고 코드 수행을 끝내요. 아래가 위의 세 코드를 실행한 화면인데, 코드 ①은 라인 ❻에서 NameError 가 발생하고, 코드 ②는 라인 ❻에서 ZeroDivisionError가 발생하고, 코드 ③은 라인 ❹에서 IndexError가 발생합니다.

①	②	③
10 20 Traceback ...... NameError: name 'd' is not defined	0.6666666666666666 Traceback ...... ZeroDivisionError: division by zero	hello 10 Traceback ...... IndexError: list index out of range

- ①번 코드에서는 ❻ print(d)가 잘못되었죠. d라는 변수를 만들지 않았는데 출력하려고 하니까 모르는 이름이라는 'NameError'가 발생한 거예요.

- ②번 코드는 무슨 문제인가요? ❻ q = m / n에서 n이 0이니까 수학적으로 불가능한 일을 시키고 있죠. 즉, n이 0이 아니면 문제가 없는데, n이 0이기 때문에 문제가 발생한 거예요. 실제로 ❸은 같은 수식인데 n이 0이 아니기 때문에 문제가 없어요.

- ③번 코드는 리스트에 인덱스가 0, 1, 2만 가능한데 ❹에서 A[3]을 출력하라고 했으니까 문제가 생긴 거죠. 3이 아니라 0, 1, 2 또는 −1, −2, −3 중에서 사용했다면 문제가 없었겠죠. 위의 에러들과 SyntaxError와의 차이를 아시겠죠?

좀 더 의미 있는 에러 상황을 볼게요. 사전을 공부할 때 보았던 예제인데, 다시 한 번 볼게요.

```
>>> info = {'name':'Alice', 'address':'Seoul', 'age':20, 'cell_phone':'010-111-0000'}
>>> info['age']              # 사전에서는 키가 인덱스입니다.
20
>>> info['mail_address']        # 없는 키를 넣으면 KeyError가 발생합니다.
......
KeyError: 'mail_address'
```

위의 코드는 KeyError가 발생하죠. 만약에 여기에서 KeyError가 발생하지 않도록 하려면 어떻게 해야 할까요? 당연히 없는 키를 넣지 않는 것이 제일 좋겠지만, 데이터가 많을 때는 일일이 존재하는 키인지 아닌지를 체크해 보기 어려울 거예요. 그렇다면 이런 생각을 하는 사람도 있을 거예요. if를 이용해서 사전에 존재하는 키인지를 확인한 다음에, 존재한다면 처리를 해 주면 되지 않을까? 이런 생각이요. 맞아요. if를 이용해서 에러 상황이 발생하지 않도록 할 수 있죠. 그런데, 파이썬에서는 'EAFP'라는 코딩 스타일을 권장하고 있어요. 'EAFP'를 파이썬 문서에는 다음과 같이 명시하고 있어요(https://docs.python.org/3/glossary.html).

Easier to Ask for Forgiveness than Permission. This common Python coding style assumes the existence of valid keys or attributes and catches exceptions if the assumption proves false. This clean and fast style is characterized by the presence of many try and except statements. The technique contrasts with the LBYL style common to many other languages such as C.

위의 글을 설명해 볼게요. 파이썬 코딩 스타일에서는 '키와 속성이 존재한다고 가정하고, 만약에 이 가정이 틀릴 경우에는 예외로 처리하도록 한다'라는 것이죠. 무슨 뜻인지 알겠나요? 일단은 키가 존재한다고 가정하고 코드를 작성하라는 얘기예요. 그 다음에 만약에 그 가정이 틀린다면 예외 처리를 통해서 문제를 해결하는 것이 좋은 코딩 스타일이라는 거죠.

어떤 문법적인 에러든지 문법을 잘못 적은 경우에는 SyntaxError라는 이름으로 에러가 발생하고 코드가 전혀 수행되지 않아요. 그래서 SyntaxError는 무조건 수정해야 하는 에러예요. 그에 반해 다른 에러들은 에러가 발생하지 않을 거라는 가정 하에 코드를 작성하고 만약에 에러가 생기면 어떻게 처리해야 한다는 것을 코드에 추가하도록 권장하고 있다는 거예요. 바로 이것이 예외 처리입니다. 이번 장에서 이러한 예외 처리 문법을 설명합니다.

2/ 에러 종류

코드를 작성하고 수행시켰을 때 생길 수 있는 에러 종류는 많은데 자주 보게 되는 에러를 정리해 볼게요.

AttributeError

모듈에 있는 속성을 잘못 사용했을 때나, 클래스에 있는 속성을 잘못 사용했을 때 Attribute Error가 발생합니다.

• 모듈에 있는 속성을 잘못 사용한 경우예요.

```
>>> import math
>>> print(math.pii)    # math 모듈에는 pi 속성이 있습니다.
......
AttributeError: module 'math' has no attribute 'pii'
>>> math.abs(-10)    # math 모듈에는 abs() 함수가 없습니다. (abs()는 내장 함수로 존재)
......
AttributeError: module 'math' has no attribute 'abs'
```

• 클래스에 있는 속성을 잘못 사용한 경우입니다. 예를 들어서, 파이썬의 list 클래스를 볼게요.

```
>>> L = [1,3,5]
>>> L.append(7)     # append()는 리스트의 메소드입니다.
>>> L.add(10)       # add()는 리스트에 없는 메소드입니다.
......
AttributeError: 'list' object has no attribute 'add'
>>> dir(list)          # 리스트에 있는 메소드를 확인해 보세요. 'add'는 없어요.
[...... 'append', 'clear', 'copy', 'count', 'extend', 'index', 'insert', 'pop', 'remove',
'reverse', 'sort']
```

IndexError

IndexError는 이름대로 인덱스를 잘못 사용하여 범위를 벗어난 경우에 발생하는 에러입니다. 주로 시퀀스 자료형인 문자열, 리스트, 튜플에서 발생하겠죠.

```
>>> L = [1,3,5]                          >>> name = 'Alice'
>>> print(L[5])   # 5는 없는 인덱스      >>> print(name[10])   # 10은 없는 인덱스
......                                    ......
IndexError: list index out of range      IndexError: string index out of range
```

빈 리스트에 pop() 메소드를 적용하거나, 리스트에 없는 인덱스 x를 사용하여 pop(x)하는 경우
에도 IndexError가 발생해요.

```
>>> L = [5,7]                            >>> L = [1, 3, 5, 7, 9]
>>> L.pop()      # 마지막 원소 삭제       >>> L.pop(1)   # 인덱스 1의 원소 삭제, 반환
7                                        3
>>> L.pop()                              >>> L.pop(5)   # 인덱스 5는 없음
5                                        ......
>>> L.pop()      # 빈 리스트              IndexError: pop index out of range
......
IndexError: pop from empty list
```

KeyError

KeyError는 집합과 사전에서 발생합니다.

• 빈 집합에서 pop() 메소드를 적용하거나, 집합에 없는 원소를 remove()하면 KeyError가 발
생합니다.

```
>>> S = {10, 15}
>>> S.pop()                              >>> S = {1,2,3}
10                                       >>> S.remove(2)
>>> S.pop()                              >>> S.remove(5)   # 5는 없는 원소
15                                       ......
>>> S.pop()   # S는 빈 집합              KeyError: 5
......
KeyError: 'pop from an empty set'
```

• 사전에 없는 키를 이용하면 KeyError가 발생합니다.

```
>>> D = {1:'one', 2:'two'}
>>> print(D[3])     # 3은 D에 없는 키입니다.
......
KeyError: 3
```

pop(x), popitem() 메소드도 키를 이용하여 수행되는 메소드이기 때문에 KeyError가 발생할 수 있어요. pop(x)는 x에 키가 들어가야 하는데, 없는 키인 경우 KeyError가 발생하죠. popitem() 메소드는 임의의 키와 값을 쌍으로 반환하는 메소드라서 만약에 사전이 비어 있다면 popitem() 메소드는 KeyError를 발생시켜요.

```
>>> D = {1:'one', 2:'two', 3:'three'}
>>> D.pop(7)    # 7은 없는 키
......
KeyError: 7
```

```
>>> D = {'name':'Alice', 'age':10}
>>> D.popitem()
('age', 10)
>>> D.popitem()
('name', 'Alice')
>>> D.popitem()    # D가 빈 사전이에요.
......
KeyError: 'popitem(): dictionary is empty'
```

ValueError

ValueError는 어떤 값을 가져올 수 없는 경우에 발생하는 에러예요.

- 리스트에 없는 원소 x에 대해서 remove(x)하거나 또는 index(x) 속성을 적용하면 ValueError가 발생합니다.

```
>>> L = [1,3,5]
>>> L.remove(3)    # 3은 있는 데이터
>>> L.remove(10)   # 10은 없는 데이터
......
ValueError: list.remove(x): x not in list
```

```
>>> L = [10, 20]
>>> L.index(20)   # 20은 있는 데이터
1
>>> L.index(30)   # 30은 없는 데이터
......
ValueError: 30 is not in list
```

- 튜플도 없는 원소의 인덱스를 알기 위해 index(x) 속성을 적용하면 ValueError가 발생해요.

```
>>> T = (5,6,7)
>>> T.index(6)      # 6은 있는 데이터
1
>>> T.index(10)     # 10은 없는 데이터
......
ValueError: tuple.index(x): x not in tuple
```

FileNotFoundError

없는 파일을 open()할 때 발생하는 에러입니다.

```
>>> f = open('data.txt')     # 만약에 'data.txt'가 없는 데이터이면 에러가 발생합니다.
......
FileNotFoundError: [Errno 2] No such file or directory: 'data.txt'
```

TypeError

자료형에 맞는 연산을 수행하지 않는 경우에는 TypeError가 발생할 수 있어요. 우선 크게 고려해야 할 부분을 정리해 볼게요.

> NOTE
> - 수치 자료형인 정수(int), 실수(float), 복소수(complex)끼리는 연산이 가능합니다.
> - 수치 자료형과 부울 자료형도 섞어서 연산이 가능합니다.
> - 시퀀스 자료형(문자열, 리스트, 튜플)은 같은 자료형끼리만 + 연산이 가능합니다.
> - 집합과 사전에는 '+' 연산을 할 수가 없습니다.

```
< 리스트 + 튜플 >

>>> L = [1,2,3]; T = (4,5)
>>> L + T    # list + tuple
......
TypeError: can only concatenate list (not "tuple") to list
```

➡ 해결
```
>>> L + list(T)
[1, 2, 3, 4, 5]
>>> tuple(L) + T
(1, 2, 3, 4, 5)
```

리스트와 문자열도 다른 자료형이라서 '+' 연산을 하면 TypeError가 발생해요.

```
< 리스트 + 문자열 >

>>> L = ['melon', 'pear']
>>> string = 'apple'
>>> L + string       # list + str
......
TypeError: can only concatenate list (not "str") to list
>>> L + list(string)       # 문자열에 list() 함수를 적용하면 다음과 같은 결과예요.
['melon', 'pear', 'a', 'p', 'p', 'l', 'e']
```

집합이나 사전은 '+' 연산에서 사용할 수가 없어요.

- 시퀀스 자료형 + 수치 자료형도 TypeError를 발생시켜요.

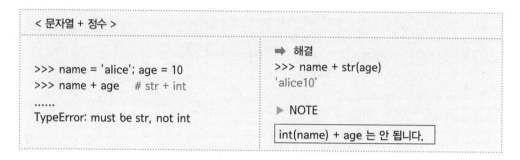

```
< 문자열 + 정수 >

>>> name = 'alice'; age = 10
>>> name + age    # str + int
......
TypeError: must be str, not int
```

➡ 해결
```
>>> name + str(age)
'alice10'
```

▶ NOTE
int(name) + age 는 안 됩니다.

리스트와 정수 간에 '+' 연산을 볼게요.

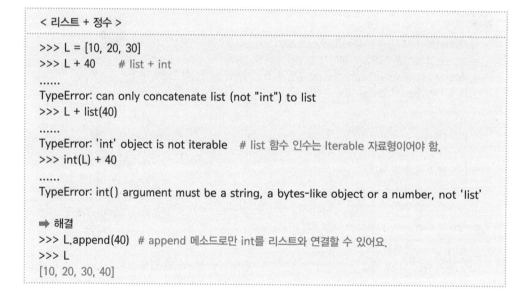

```
< 리스트 + 정수 >

>>> L = [10, 20, 30]
>>> L + 40      # list + int
......
TypeError: can only concatenate list (not "int") to list
>>> L + list(40)
......
TypeError: 'int' object is not iterable    # list 함수 인수는 Iterable 자료형이어야 함.
>>> int(L) + 40
......
TypeError: int() argument must be a string, a bytes-like object or a number, not 'list'

➡ 해결
>>> L.append(40)   # append 메소드로만 int를 리스트와 연결할 수 있어요.
>>> L
[10, 20, 30, 40]
```

- 시퀀스 자료형에 * 연산은 반복을 의미하죠. 시퀀스 * 정수 형태만 가능합니다.

```
>>> L = [1, 2, 3]                              >>> string = 'hello'
>>> L * 3                                      >>> string * 3
[1, 2, 3, 1, 2, 3, 1, 2, 3]                    'hellohellohello'
>>> L * 3.0    # float는 안 됩니다.              >>> string * '3.0'  # float 는 안 됩니다.
......                                          ......
TypeError: can't multiply sequence by          TypeError: can't multiply sequence by
non-int of type 'float'                        non-int of type 'str'

➡ 해결                                          ➡ 해결
>>> L * int(float('3.0'))                       >>> string * int(float('3.0'))
[1, 2, 3, 1, 2, 3, 1, 2, 3]                     'hellohellohello'

┌─────────────────────────┐                    ┌──────────────────────────────┐
│ L * int('3.0') 은 안 됩니다. │                  │ string * int('3.0') 은 안 됩니다. │
└─────────────────────────┘                    └──────────────────────────────┘
```

- 내장 함수를 사용하려면 인수 부분을 함수 정의에 맞게 적어 주어야 해요. 이것을 지키지 않는 경우에 TypeError가 발생합니다.

sum 내장 함수는 iterable 객체의 합을 구하는 데 유용한 함수죠. sum() 함수는 인수를 한 개 또는 두 개만 가질 수 있고, 첫 번째 인수는 Iterable 자료형이어야 하고, 두 번째는 수치 자료형이어야 해요. 이것을 지키지 않으면 TypeError가 발생합니다.

```
>>> L = [1,2,3,4,5]
>>> sum(L)                   # 리스트 L의 합을 구합니다.
15
>>> sum(L, 10)               # 리스트 L의 원소들과 10의 합을 구합니다.
25
>>> sum(L, 10, 20)           # sum 함수는 인수를 세 개 가질 수 없습니다.
......
TypeError: sum expected at most 2 arguments, got 3
>>> sum(10, 20)              # sum 함수의 첫 번째 인수는 iterable 자료형이어야 합니다.
......
TypeError: 'int' object is not iterable
>>> M = [10, 20]
>>> sum(L, M)                # sum의 두 번째 인수는 수치 자료형이어야 합니다.
......
TypeError: can only concatenate list (not "int") to list
```

- for 반복문을 사용하는 경우에도 iterable 자료형을 제대로 사용하지 않는 경우에 TypeError 가 발생할 수 있어요.

```
>>> for x in 10000:        # in 다음에는 반드시 iterable 객체가 와야 합니다.
        print(x)
......
TypeError: 'int' object is not iterable
```

- 파이썬은 함수를 호출할 때 인수의 자료형을 결정하기 때문에 다음과 같이 함수의 인수를 넘 길 때도 TypeError가 발생하지 않도록 조심해야 합니다.

코드 1	코드 2	코드 3
정수 정수	문자열 문자열	문자열 정수
```def add_two(a, b): total = a + b return total# mainx, y = 10, 20result = add_two(x, y)print(result)```	```def add_two(a, b): total = a + b return total# mainx, y = 'hello', 'world'result = add_two(x, y)print(result)```	```def add_two(a, b): total = a + b return total# mainx, y = 'hello', 200result = add_two(x, y)print(result)```
결과 1	결과 2	결과 3
300	helloworld	TypeError 발생

NameError

NameError는 만들지 않은 변수를 사용하려는 경우에 발생합니다. 또는 이미 만들어서 사용하 다가 del 키워드를 이용해서 삭제한 변수를 사용하려고 해도 NameError가 발생합니다.

```
>>> a = 10; b = 20
>>> d = a + b + c     # c는 없는 변수입니다.
Traceback (most recent call last):
  File "<pyshell#19>", line 1, in <module>
    d = a + b + c
NameError: name 'c' is not defined
```

```
>>> del a
>>> print(a)
Traceback (most recent call last):
  File "<pyshell#21>", line 1, in <module>
    print(a)
NameError: name 'a' is not defined
```

3/ 예외 처리 기초

에러가 발생하면 어떤 에러인지를 파악하고 코드를 수정하면 되겠죠. 그런데 코드 자체가 수정이 어렵다면 에러가 발생하는 부분에 예외 처리 코드를 추가하여 코드를 깔끔하게 정리할 수 있어요.

예외 처리 문법에 대해서 설명을 시작할게요. 우선 다음 코드를 수행시켜 보세요.

코드	실행 ①	실행 ②	실행 ③
❶ a = int(input('a : ')) ❷ b = int(input('b : ')) ❸ c = a / b ❹ print(c) ❺ print('goodbye')	a : 10 b : 5 2.0 goodbye	a : 0 b : 10 0.0 goodbye	a : 5 b : 0 ...... ZeroDivisionError: ......

위의 코드는 문법적으로 문제가 없죠. 즉, SyntaxError가 없어요. 그런데, 코드를 실행시킬 때 b의 값에 따라서 문제가 발생하기도 하고 발생하지 않기도 하죠. 즉, 실행 ①과 ②에서는 문제가 없고, 실행 ③에서 에러가 발생했어요. 이런 경우는 if를 이용해서 b가 0이 되는 경우에는 나누기 연산을 진행하지 않도록 할 수도 있지만 우리는 '예외 처리'를 이용해서 문제를 해결할 거예요.

예외 처리 문법은 다음과 같습니다. 예외 처리는 반드시 try 키워드로 시작해야 하고 try 구문 안에는 에러가 발생할 가능성이 있는 문장들을 적어 줍니다. try 구문 아래에는 except 구문이 1개 이상 올 수 있어요. 이 except 구문이 에러가 발생했을 때 어떻게 처리해야 하는지를 명시하는 부분입니다. 그 외에 else와 finally 구문이 있을 수 있어요.

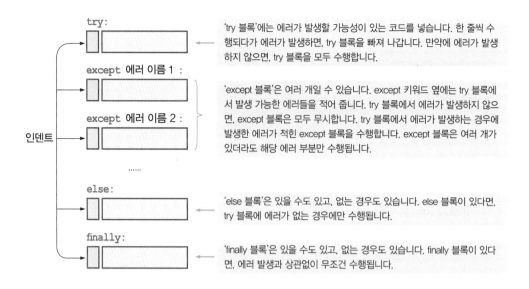

'try 블록'에는 에러가 발생할 가능성이 있는 코드를 넣습니다. 한 줄씩 수행되다가 에러가 발생하면, try 블록을 빠져 나갑니다. 만약에 에러가 발생하지 않으면, try 블록을 모두 수행합니다.

'except 블록'은 여러 개일 수 있습니다. except 키워드 옆에는 try 블록에서 발생 가능한 에러들을 적어 줍니다. try 블록에서 에러가 발생하지 않으면, except 블록은 모두 무시합니다. try 블록에서 에러가 발생하는 경우에 발생한 에러가 적힌 except 블록을 수행합니다. except 블록은 여러 개가 있더라도 해당 에러 부분만 수행됩니다.

'else 블록'은 있을 수도 있고, 없는 경우도 있습니다. else 블록이 있다면, try 블록에 에러가 없는 경우에만 수행됩니다.

'finally 블록'은 있을 수도 있고, 없는 경우도 있습니다. finally 블록이 있다면, 에러 발생과 상관없이 무조건 수행됩니다.

앞의 코드에 try~except 문법을 적용해서 예외 처리하는 과정을 설명할게요.

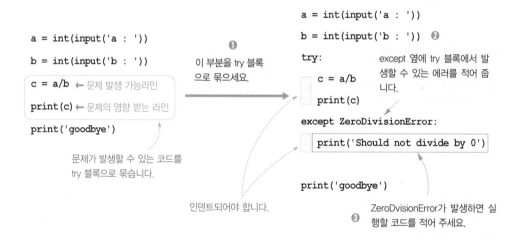

예외 처리를 한 후에 코드가 어떻게 수행되는지 설명할게요.

리스트 자료형

튜플 자료형

집합 자료형

사전 자료형

함수

파일 입출력

모듈

에러와 예외처리

클래스와 객체 지향 개념

```
a = int(input('a : '))                    ① a를 입력받습니다.
b = int(input('b : '))                    ② b를 입력받습니다.

try:                                       ③ try를 만나면 try 블록의 첫 줄부터 수행합니다.
    c = a/b                                ④ b가 0인 경우와 아닌 경우에 따라 수행이 다릅니다.
    print(c)        인덴트
except ZeroDivisionError:
    print('Should not divide by 0')

print('goodbye')
```

① a를 입력받습니다.

② b를 입력받습니다.

③ try를 만나면 try 블록의 첫 줄부터 수행합니다.

④ b가 0인 경우와 아닌 경우에 따라 수행이 다릅니다.

경우 1 b가 0이 아닌 경우
아무 문제없이 c=a/b가 수행되고 print(c)도 수행됩니다.
try 블록 안에서 아무 문제가 없기 때문에 except는 건너뜁니다.

경우 2 b가 0인 경우
c=a/b에서 ZeroDivisionError가 발생하게 되고 try 블록을 빠져나가서 except 중에 ZeroDivisionError가 있는지 살펴 봅니다.

⑤ 위의 **경우 2** 일때, except block이 수행되어 'should not divide by 0'가 출력됩니다.

⑥ 'goodbye'는 에러 발생과 무관하게 항상 출력됩니다.

try 블록

except 블록

에러와 관계없는 문장입니다.

그러면 다양한 에러를 통해서 try~except 구문을 연습해 볼게요.

코드에 에러가 한 개인 경우의 예외 처리

ValueError가 발생할 수 있는 코드에 예외 처리하는 예제를 볼게요. ValueError가 발생하는 여러 경우 중에서 리스트의 index() 메소드에서 ValueError가 발생하는 예제를 살펴 보겠습니다.

리스트 fruits에는 제가 좋아하는 과일이 순서대로 저장되어 있어요. 저는 사과를 제일 좋아하고, 다음으로 멜론, 그리고 오렌지를 좋아합니다. 코드가 수행되면 친구가 좋아하는 과일을 입력받아서 그 과일이 제가 몇 번째로 좋아하는 과일인지를 출력하려고 해요. 다음의 코드를 보세요.

코드 1

```
fruits = ['apple', 'melon', 'orange']
your_favorite = input('What is your favorite fruit : ')
x = fruits.index(your_favorite)    your_favorite이 fruits 리스트 어디에 있는지 찾습니다.
print('{} is my number {} favorite fruit.'.format(your_favorite, x+1))
```

정상 수행	What is your favorite fruit : melon melon is my number 2 favorite fruit.

정상 수행	What is your favorite fruit : apple apple is my number 1 favorite fruit.
정상 수행	What is your favorite fruit : orange orange is my number 3 favorite fruit.
ValueError 발생	What is your favorite fruit : kiwi ◄┄┄┄┄ ....　　　　　　리스트 fruits에 없는 과일을 넣으니 ValueError가 발생했어요. ValueError: 'kiwi' is not in list

위의 코드에서 fruits 리스트에 있는 과일을 입력하면 괜찮지만, fruits 리스트에 없는 과일을 입력하면 ValueError가 발생합니다. 위의 코드에 ValueError에 대해서 예외 처리를 해볼게요.

```python
fruits = ['apple', 'melon', 'orange']
your_favorite = input('What is your favorite fruit : ')

try:                                  ┄┄ ValueError가 발생할 가능성이 있는 부분을 try로 묶습니다.
    x = fruits.index(your_favorite)        리스트의 인덱스는 0부터이기 때문에 1을 더합니다.
    print('{} is my number {} favorite fruit.'.format(your_favorite, x+1))
except ValueError:    ┄┄ 반드시 try 블록에서 발생 가능한 에러를 적습니다.
    print('I don\'t like {} much.'.format(your_favorite))
else:   ◄┄┄┄┄┄ try 블록에서 에러가 발생하지 않은 경우, else블록이 있으면 수행합니다.
    print('We both like {}'.format(your_favorite))
```

정상 수행	What is your favorite fruit : melon melon is my number 2 favorite fruit.
ValueError 발생	What is your favorite fruit : strawberry I don't like strawberry much.

여기서 주의할 점을 하나 얘기할게요. 위의 코드는 ValueError가 발생하는 경우의 예외 처리예요. 만약에 except 옆에 ValueError가 아닌 다른 에러를 적어 주면 어떤 일이 생길까요? 다음 코드를 보세요. 엉뚱한 에러를 적어 주었더니 예외 처리 효과가 전혀 없네요. 그러니까 except 옆에는 정확한 에러를 적어 주어야 합니다.

```
fruits = ['apple', 'melon', 'orange']
your_favorite = input('What is your favorite fruit : ')

try:                           index 메소드는 KeyError를 발생하지 않습니다.
    x = fruits.index(your_favorite)
    print('{} is my number {} favorite fruit.'.format(your_favorite, x+1))
except KeyError:      # ValueError를 KeyError로 바꾸었어요.
    print('I don\'t like {} much.'.format(your_favorite))
else:          try 블록에서 에러가 발생하는 경우, else는 수행되지 않습니다.
    print('We both like {}'.format(your_favorite))
```

에러 발생	What is your favorite fruit : kiwi ...... ValueError: 'kiwi' is not in list

코드에 에러가 여러 개인 경우의 예외

이번에는 하나의 코드에 두 개 이상의 에러가 발생하는 경우에는 예외 처리를 어떻게 해야 하는 지 볼게요. 아래 코드는 ZeroDivisionError와 IndexError가 있는 코드예요. ❶에서 b가 0이면 'ZeroDivisionError'가 발생하고, ❸은 'IndexError'가 발생하겠죠. 즉, 예외가 두 개 발생할 수 있는 코드인데, 이렇게 에러가 여러 개 있는 경우에는 먼저 발생하는 에러에 대한 에러 메시지를 내 주고 프로그램이 비정상으로 끝나게 됩니다.

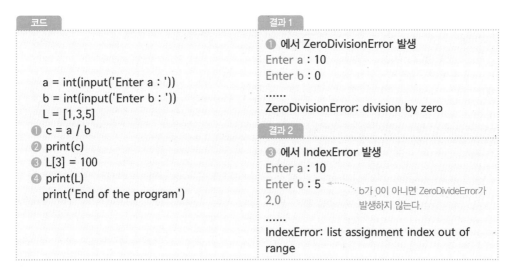

코드
```
    a = int(input('Enter a : '))
    b = int(input('Enter b : '))
    L = [1,3,5]
❶   c = a / b
❷   print(c)
❸   L[3] = 100
❹   print(L)
    print('End of the program')
```

결과 1

❶ 에서 ZeroDivisionError 발생
```
Enter a : 10
Enter b : 0
......
ZeroDivisionError: division by zero
```

결과 2

❸ 에서 IndexError 발생
```
Enter a : 10
Enter b : 5        b가 0이 아니면 ZeroDivideError가
2.0                발생하지 않는다.
......
IndexError: list assignment index out of
range
```

위의 코드에 예외 처리를 해서 비정상으로 종료하지 않도록 하려면 두 가지 예외 처리를 모두 처리해야겠죠. 위의 코드에 예외 처리를 해 볼게요.

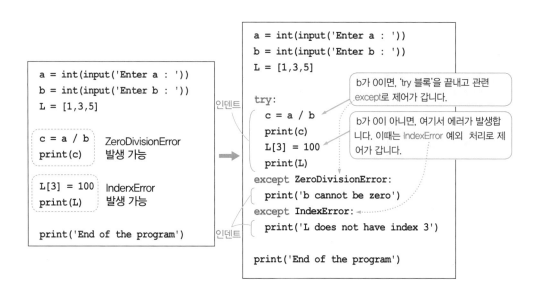

예외 처리 후의 실행 결과는 다음과 같습니다.

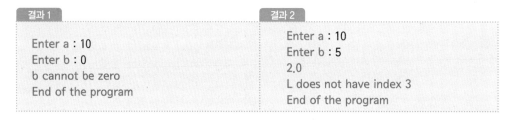

except 옆에 아무 에러도 적지 않는 경우

except 옆에 발생하는 에러의 종류를 정확히 적어 주어야 한다고 했어요. 그런데 아무 것도 적지 않을 수도 있고, except 옆에 Exception이라고 넣을 수도 있어요. 여기에 대해서 얘기해 볼게요.

except 옆에 아무 것도 적지 않는 것은 어떤 에러도 모두 처리하겠다는 의미예요. 아래 코드를 보면 try 블록 안에 문장들이 모두 다른 에러를 발생시키는데 exept 옆에 아무 것도 적지 않는 형태로 모든 에러를 처리하고 있어요.

리스트 자료형

튜플 자료형

컬렉션 자료형

사전 자료형

함수

파일 입출력

모듈

예외와 예외처리

클래스의 상속 기능 겸

	[IndexError 처리 전 코드]	[IndexError 처리 후 코드]

IndexError	L = [23, 29, 17]
	print(L[1])
	print(L[3]) # 에러
	print(L[-3])
	
	결과
	29
	......
	IndexError: ......
		L = [23, 29, 17]
		print(L[1])
		try:
		    print(L[3])
		except: # except만 적음.
		    print('Check index!')
		print(L[-3])
		
		결과
		29
		Check index!
		23

TypeError	[TypeError 처리 전 코드]
	L = [1, 3, 5]
	T = (7, 9)
	V = L + T # 에러
	print(V)
	
	결과
	......
	TypeError: ......
		[TypeError 처리 후 코드]
		L = [1, 3, 5]
		T = (7, 9)
		try:
		    V = L + T
		    print(V)
		except: # except만 적음.
		    print('Check the type!')
		
		결과
		Check the type!

ZeroDivisionError	[ZeroDivisionError 처리 전 코드]
	a = 10
	b = 0
	c = a / b # 에러
	print(c)
	
	결과
		[ZeroDivisionError 처리 후 코드]
		a = 10
		b = 0
		try:
		    c = a / b
		    print(c)
		except: # except만 적음.
		    print('cannot divide by zero')
		
		결과

ZeroDivisionError	...... ZeroDivisionError:	cannot divide by zero

except 옆에 에러를 적는 자리에 Exception이라고 적어도 됩니다. 이 경우는 except 옆에 아무 것도 안 적는 것과 같아요. 예를 들어 볼게요.

```
a = int(input('Enter a : '))
b = int(input('Enter b : '))
L = [1, 3, 5]

try:
    c = a / b  ◀····· b가 0이면 ZeroDivisionError가 발생합니다.
    print(c)
    L[3] = 100  ◀····· IndexError가 발생합니다.
    print(L)
except Exception:  ◀····· try 블록에서 어떤 에러가 발생하든지 예외 처리를 하겠다는 표현입니다.
    print('Some error occured')
```

결과 1	결과 2
ZeroDivisionError가 발생한 경우	IndexError가 발생한 경우
Enter a : 5 Enter b : 0 Some error occured	Enter a : 5 Enter b : 1 5.0 Some error occured

위의 예에서 보듯이 except 옆에 Exception을 삭제해도 같은 결과가 나와요. 어쨌든 두 경우 모두 어떤 에러이든 처리를 해 줄 수 있어요. 하지만 위의 코드에는 에러에 대한 정보를 정확히 나타내지 않기 때문에 권장할 만한 예외 처리 방법은 아니예요.

except ~ as 구문

try 블록 안에서 에러가 발생하면 except 블록으로 제어가 간다고 했어요. 이때 except ~ as 표현을 이용해서 에러 메시지를 출력해 볼 수가 있어요. except~as 블록은 다음과 같이 작성하는 거예요.

```
try :
    < 에러 발생 가능성이 있는 문장 >
except 에러 이름 as e :     # e는 변수예요. 다른 이름으로 해도 됩니다.
    < 예외 처리 문장 >          에러가 발생했을 때 어떤 에러인지 e에 저장됩니다.
    ....
else :
    < 예외가 발생하지 않은 경우에 수행할 문장 >
finally :
    < 예외 발생 유무에 상관없이 try 블록 이후 수행할 문장 >
```

TypeError를 이용해서 except~as 구문을 살펴보고, 어떤 에러 메시지를 보여 주는지 알아볼게요. 이때, 출력되는 에러 메시지를 보면 문제를 쉽게 파악할 수 있어요.

코드

```
x = int(input('x : '))      ◀---- x는 정수입니다.
y = input('y : ')           ◀---- y는 문자열입니다.
try:
    z = x + y               # 정수 + 문자열은 TypeError가 발생합니다.
except TypeError as e:  ◀------ e에는 에러 메시지가 저장됩니다. e대신에 다른 이름을 사용해도 됩니다.
    print(e)                # e에는 컴퓨터가 넣은 에러 정보가 있습니다.
```
            ⌐------ try 블록에서 발생하는 에러를 적습니다.

결과

```
x : 5
y : 7                                          ⌐---- print(e) 결과
unsupported operand type(s) for +: 'int' and 'str'
```

여기에 나오는 에러 메시지는 IDLE에서 예외 처리를 안 했을 때 에러명 옆에 나오는 에러 메시지와 일치해요.

```
>>> x = 5; y = '7'
>>> z = x + y
Traceback (most recent call last):
  File "<pyshell#6>", line 1, in <module>
    z = x + y
TypeError: unsupported operand type(s) for +: 'int' and 'str'   # 에러 메시지
```
              이 내용이 except 에러 이름 as ⓔ에서 e에 들어갑니다.

다음은 IndexError예제와 ValueError 예제를 볼게요.

코드 1	코드 2

``L = [90, 88, 98, 70]
try:
    score = L[5]
    print(score)
except IndexError as err:
    print(err)```
	``L = [90, 88, 98, 70]
	try:
	    score = L.index(100)
	    print(score)
	except ValueError as err:
	    print(err)```

결과 1	결과 2
list index out of range ◀---- 같음	100 is not in list ◀---- 같음

[셀에서 보는 에러 메시지]
>>> L = [90, 88, 98, 70]
>>> score = L[5]
......
IndexError: list index out of range
	[셀에서 보는 에러 메시지]
	>>> L = [90, 88, 98, 70]
	>>> score = L.index(100)
	......
	ValueError: 100 is not in list

에러가 여러 개인 상황에서 Exception을 쓰는 경우에는 조심할 게 있어요. 다음의 코드를 보세요. 만약에 b에 0을 넣으면 어떻게 될까요?

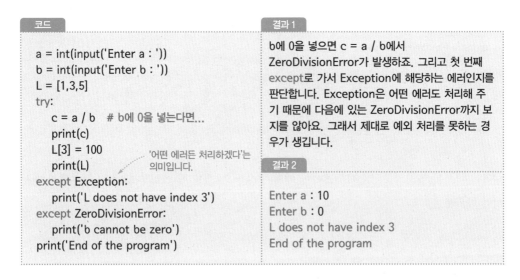

코드

```
a = int(input('Enter a : '))
b = int(input('Enter b : '))
L = [1,3,5]
try:
    c = a / b   # b에 0을 넣는다면...
    print(c)
    L[3] = 100
    print(L)
except Exception:        ← '어떤 에러든 처리하겠다'는
    print('L does not have index 3')      의미입니다.
except ZeroDivisionError:
    print('b cannot be zero')
print('End of the program')
```

결과 1

b에 0을 넣으면 c = a / b에서 ZeroDivisionError가 발생하죠. 그리고 첫 번째 except로 가서 Exception에 해당하는 에러인지를 판단합니다. Exception은 어떤 에러도 처리해 주기 때문에 다음에 있는 ZeroDivisionError까지 보지를 않아요. 그래서 제대로 예외 처리를 못하는 경우가 생깁니다.

결과 2

```
Enter a : 10
Enter b : 0
L does not have index 3
End of the program
```

except: pass 구문

except 옆에 아무 에러도 명시하지 않고, except 블록 안에 pass만 있는 경우에는 어떤 에러가 발생하더라도 아무 일도 하지 않겠다는 뜻이에요. except에서 모든 에러를 잡아 주기 때문에 프로그램 수행 시에 에러 메시지가 출력되지 않겠죠.

```
a = int(input('a : '))
b = int(input('b : '))
L = [4, 8, 12]

try:
    c = a / b        # ZeroDivisionError
    v = L.index(3)   # IndexError
except:
    pass
finally:
    print('finally block entered')
```

```
a : 10
b : 0
finally block entered
```

```
a : 10
b : 5
finally block entered
```

위처럼 pass를 이용하면 에러 상황은 처리해 줍니다. 에러가 발생했을 때, 특별히 처리할 내용이 없다면 이렇게 간단히 pass로 블록을 완성해도 괜찮습니다.

4/ else 블록 이해하기

try 구문에서 else 블록이 있는 경우도 있고 없는 경우도 있습니다. else 구문이 있는 경우, 에러가 발생하지 않은 경우에 수행되는 구문이에요. 만약에 에러가 발생하면 except 구문만 처리하고 else는 무시하게 됩니다.

예외 발생하는 코드	예외 발생하지 않는 코드

```L = [1,3,5]```
```try:```
    ```L[3] = 100``` ◀······ indexError 에러 발생합니다.
    ```print(L)```
```except IndexError:```
    ```print('L does not have index 3')```
```else:``` ◀······ else 수행되지 않습니다.
    ```print('exception not occurred')```
	```L = [1,3,5]```
	```try:``` ◀······ 에러가 없습니다.
	    ```L[2] = 100```
	    ```print(L)```
	```except IndexError:```
	    ```print('L does not have index 3')```
	```else:```
	    ```print('I am else')```

[결과] L does not have index 3	[결과] [1, 3, 100] I am else

5/ finally 블록 이해하기

finally 블록도 try 마지막 부분에 있는 경우도 있고, 없는 경우도 있습니다. finally 구문은 예외와 상관없이 무조건 수행되는 코드 블록이에요.

코드	결과 1

```L = [1, 2, 3, 4]```
```x = int(input('Enter data to remove : '))```
```try:```
    ```L.remove(x)```
```except ValueError:```
    ```print('Error : index out of range')```
```else:```
    ```print('exception not occurred')```
```finally:```
    ```print('try ends here')```
	Enter data to remove : 3
	exception not occurred
	try ends here

	결과 2
	Enter data to remove : 10 Error : index out of range try ends here

위의 코드는 L.remove(x)에서 x가 L에 없는 데이터이면 ValueError가 발생하겠죠. 수행 결과 1은 x가 3이면, 에러가 없기 때문에 else 블록이 수행됩니다. 그리고 finally 구문은 예외와 상관없이 수행되기 때문에 'try ends here'를 출력하고 프로그램 수행이 끝나게 되겠죠. 결과 2는 x에 L에 없는 데이터 10을 넣었기 때문에 ValueError가 발생하고, except 블록이 수행되고, else는 무시하고, finally 블록을 수행하고 프로그램을 끝냅니다.

try ~ finally 만 있는 구문

예외 처리에서 try 블록 다음에 바로 finally 블록이 올 수가 있어요. 즉 except 블록이 없는 거예요. 그러면 에러는 잡겠지만 except가 없어서 적절한 처리 부분은 없는 거죠. 그리고 finally 블록은 에러 발생과 상관없이 무조건 수행되는 부분이니까 그냥 수행되고 프로그램을 끝내도록 합니다.

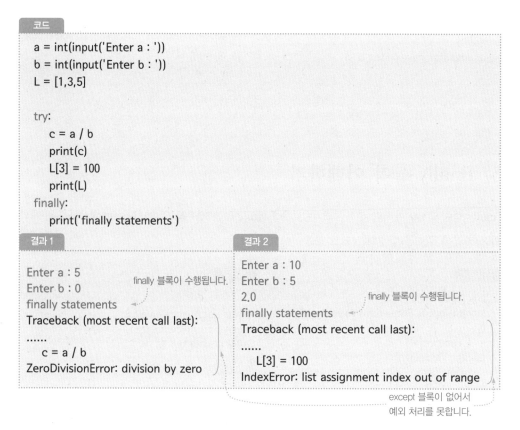

코드
```
a = int(input('Enter a : '))
b = int(input('Enter b : '))
L = [1,3,5]

try:
    c = a / b
    print(c)
    L[3] = 100
    print(L)
finally:
    print('finally statements')
```

결과 1
```
Enter a : 5
Enter b : 0
finally statements
Traceback (most recent call last):
......
    c = a / b
ZeroDivisionError: division by zero
```
finally 블록이 수행됩니다.

결과 2
```
Enter a : 10
Enter b : 5
2.0
finally statements
Traceback (most recent call last):
......
    L[3] = 100
IndexError: list assignment index out of range
```
finally 블록이 수행됩니다.

except 블록이 없어서 예외 처리를 못합니다.

452

6/ 예외를 직접 발생시키기 – raise

지금까지는 피할 수 없는 에러가 발생하는 경우에 어떻게 처리해야 하는지에 대해서 학습했어요. 이번에는 프로그래머가 필요할 때 예외를 직접 발생시키는 방법에 대해서 설명하려고 해요. 파이썬에서 예외를 발생시키는 키워드가 raise입니다. raise를 이용해서 예외를 직접 발생 시키는 코드의 예를 볼게요.

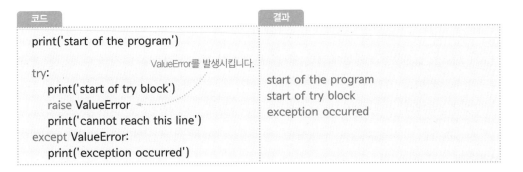

코드	결과

print('start of the program')
 	
ValueError를 발생시킵니다.
try:
    print('start of try block')
    raise ValueError
    print('cannot reach this line')
except ValueError:
    print('exception occurred')
	start of the program
	start of try block
	exception occurred

별 의미는 없는 코드예요. 그냥 예외를 발생시키는 예제를 간단히 만들어 본 건데, 우선 이 예제를 이해해 보세요. raise 키워드 옆에는 에러를 하나 적어 줘야 합니다. 이 경우에도 에러 스펠링이 틀리지 않도록 조심하세요. 파이썬 에러 중에서 상황에 적합한 에러를 적어 주면 됩니다. 프로그램이 수행되다가 raise 키워드를 만나면 무조건 에러를 발생시켜요. 그러면 try 블록 안에서 에러가 발생한 거니까 except 구문으로 가서 해당 에러가 있는지 봅니다. 즉, 나머지 부분은 지금까지 보았던 예외 처리와 같아요. 다음으로 의미 있는 예외를 발생시켜 보겠습니다.

코드	결과

answer = input("Enter y or n to continue : ")
try:
    if answer == 'y':
        print("Let's continue ~ ")
    elif answer == 'n':
        print("Let's stop ~ ")
    else: 'y'나 'n'이 아니면 ValueError를 발생시킵니다.
        raise ValueError # 에러 발생시킴.
except ValueError:
    print(answer, 'is not acceptable answer')
	Enter y or n to continue : y
	Let's continue ~
	
	Enter y or n to continue : n
	Let's stop ~
	
	Enter y or n to continue : t
	t is not acceptable answer

7/ 정리

이번 장에서는 파이썬 코드에서 발생 가능한 에러들에 대해서 알아보았어요. 파이썬 에러는 크게 SyntaxError와 다른 에러들로 나뉜다고 했어요. 이때 SyntaxError는 문법적으로 잘못된 경우에 발생하는 에러이기 때문에 반드시 코드를 수정해야 합니다. 프로그램을 작성할 때 문제가 되는 경우는 문법 에러가 아닌 에러가 발생하는 경우예요. 그런데, IndexError라든가 NameError 등은 발생하지 않도록 조심하는 것이 중요한데, KeyError, ValueError, FileNotFoundError의 경우는 조심하더라도 발생하기 쉬운 에러이고, 파이썬의 'EAFP' 코딩 스타일에 대해서 권장한 문서에서 이러한 에러들은 적절한 에러 처리를 하는 것이 더욱 좋은 코드라고 말하고 있어요. 그러니까 코드에 이러한 에러가 발생할 가능성이 있다면 에러 처리 구문을 넣는 것이 좋습니다. 실제로 코드를 보았을 때, try~except 구문이 있으면 어떤 일을 하는 코드인지를 이해하는 데 더욱 쉬울 수가 있어요. 이번 장을 통해서 그 동안 만났던 에러들을 다시 한 번 정리해 두기 바랍니다.

프로그래밍 연습문제

58 다음 코드는 입력에 따라서 문제없이 수행되기도 하고, 에러를 발생시키기도 합니다. 적절한 예외 처리를 해서 오른쪽과 같이 수행되도록 코드를 수정해 보세요.

```
s = {1, 6, 3}
n = int(input('s에서 삭제할 수는? '))
s.remove(n)
print(s)
```

위의 코드 수행 결과 (예외 처리 전)		예외 처리 후
< 문제가 없는 경우 >	< 문제가 있는 경우 >	s에서 삭제할 수는? 6 s에서 6이 삭제되었습니다.
		s에서 삭제할 수는? 5 5는 없는 원소입니다.
s에서 삭제할 수는? 6 1, 3	s에서 삭제할 수는? 5 Traceback ...... KeyError: 5	s에서 삭제할 수는? 10 10은 없는 원소입니다.
		s에서 삭제할 수는? 1 s에서 1이 삭제되었습니다.

59 아래 왼쪽은 하나의 양의 정수 n을 입력받아서 n 팩토리얼의 결과를 구하는 코드예요. 오른쪽은 이 코드를 수행했을 때 n에 정수를 올바르게 넣었을 때의 결과와 문자를 넣어서 ValueError가 발생한 결과입니다. 예외 처리를 이용하여 올바르게 n이 입력될 때까지 입력을 받아서 n 팩토리얼 값을 구할 수 있도록 코드를 완성해 보세요.

```
n = int(input('Enter n : '))

result = 1
for i in range(1, n+1):
    result *= i

print('factorial() = '.format(n,
result))
```

```
Enter n : 5
factorial(5) = 120

Enter n : t
Traceback (most recent call last):
 ......
    n = int(input('Enter n : '))
ValueError: invalid literal for int() with base 10: 't'
```

다음과 같이 수행되도록 코드를 수정해야 합니다.

```
Enter n : t
You should input positive integer.
Enter n : p
You should input positive integer.
Enter n : \
You should input positive integer.
Enter n : 5
factorial(5) = 120
```

클래스와
객체 지향 개념

지금까지 모든 데이터를 '객체'라고 불렀어요. 이 객체는 '클래스(class)'를 통해서 만들어지는 거예요. 즉, 정수 객체를 만들 때에는 정수 클래스(class 'int')를 사용했던 것이고, 실수 객체를 만들 때에는 실수 클래스(class 'float')를 사용했던 거예요. 9가지 자료형 모두 각자의 클래스를 갖고 있어서 객체를 만들 때마다 내부적으로 이 클래스를 이용한 거죠. 그래서 type() 함수를 이용하면 객체가 어느 클래스에서 생성된 것인지를 알 수가 있었죠. 그러니까 클래스가 자료형이고 객체를 만들어주는 도구입니다.

만약에 우리가 파이썬에 없는 어떤 객체를 만들고 싶다면 그 객체를 생성할 수 있는 클래스를 직접 만들 수도 있어요. 실제 클래스를 이용해서 이 세상의 모든 물체를 객체로 만들 수 있어요. 이번 장에서는 이러한 클래스에 대해서 공부합니다.

```
>>> a = 10
>>> type(a)
<class 'int'>
```

클래스는 객체를 만드는 도구예요.
그리고 객체의 자료형입니다.

1/ 파이썬의 데이터 객체

지금까지 파이썬의 9가지 자료형으로 만든 데이터는 모두 객체라고 했어요. 다음의 예에서 a는 클래스 'int'의 객체임을 알 수가 있고, b는 클래스 'float'의 객체임을 알 수가 있죠. 나머지 객체도 type() 함수를 적용해 보면 어느 클래스에서 만들어진 객체인지 알 수 있어요.

```
>>> a = 10            >>> d = True          >>> g = (1,3,5)
>>> type(a)           >>> type(d)           >>> type(g)
<class 'int'>         <class 'bool'>        <class 'tuple'>

>>> b = 3.5           >>> e = 'hello'       >>> h = {2,4,6,8}
>>> type(b)           >>> type(e)           >>> type(h)
<class 'float'>       <class 'str'>         <class 'set'>

>>> c = 3+7j          >>> f = [1,2,3,4]     >>> i = {'baseball':9, 'soccer':11}
>>> type(c)           >>> type(f)           >>> type(i)
<class 'complex'>     <class 'list'>        <class 'dict'>
```

리스트 객체에 적용할 수 있는 속성 목록을 다시 한 번 볼게요.

```
>>> dir(list)
['__add__', ...... '__subclasshook__', 'append', 'clear', 'copy', 'count', 'extend',
'index', 'insert', 'pop', 'remove', 'reverse', 'sort']
```

이번 장을 공부하고 나면 __로 시작하고 끝나는 속성들에 대한 이해가 생길 거예요. 아래 코드는 이미 익숙한 코드인데, 다시 한 번 보고 넘어 갈게요.

```
❶ >>> L = [1, 3, 5]; M = [4, 5]      # 두 개의 리스트 객체 L과 M을 만듭니다.
❷ >>> L.append(10) ◀────── 리스트 객체 L 맨 뒤에 10을 추가합니다.
❸ >>> M.append(20) ◀────── 리스트 객체 M 맨 뒤에 20을 추가합니다.
❹ >>> L, M                            # L과 M을 출력합니다.
   ([1, 3, 5, 10], [4, 5, 20])
```

파이썬에서 list 클래스는 미리 만들어져 있고, list 클래스의 객체는 원하는 만큼 만들 수 있죠. 그리고 위의 열한 개의 메소드들은 모든 리스트 객체가 공유하게 됩니다. 따라서 라인 ❷,❸에 append() 메소드 앞에 붙은 객체가 아주 중요해요. ❷는 객체 L에 원소를 추가하라는 명령이고,

❸은 M에 원소를 추가하라는 명령이죠.

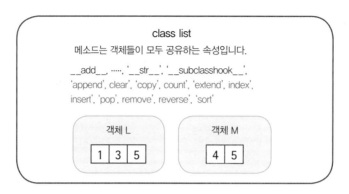

- 어떤 클래스든지 객체는 얼마든지 만들 수 있고, 모든 객체들이 메소드를 공유합니다. 따라서 메소드를 사용하고자 할 때 '객체.메소드()'라고 호출하여 어떤 객체에 적용하는 메소드임을 분명히 명시해야 합니다.

지금까지 9가지 자료형 중에서 수치 자료형인 int, float, complex, bool 객체에 대해서는 메소드를 생각하지 않았어요. int, float, complex, bool도 클래스이기 때문에 분명히 메소드가 존재하는데 말이에요. 지금까지는 메소드란 용어를 사용했는데, 클래스에서는 '속성(attribute)'이라는 용어가 좀 더 일반적입니다.

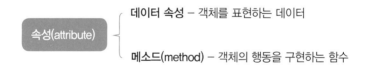

리스트는 메소드로만 구성되어 있어요. 정수(int)는 데이터 속성도 있고 메소드도 있어요. 한 번 확인해 볼게요.

```
>>> dir(int)
['__abs__', …… '__xor__', 'bit_length', 'conjugate', 'denominator', 'from_bytes',
'imag', 'numerator', 'real', 'to_bytes']
```

458

위의 목록은 모두 int 객체에 적용할 수 있는 속성들인데, 파란색으로 표시한 속성 중에서 bit_length() 메소드와 데이터 속성인 denominator, numerator를 정수 객체에 적용해 볼게요(데이터 속성은 괄호가 붙지 않고, 메소드는 함수이기 때문에 괄호가 붙습니다).

- bit_length() - 정수를 2진수로 바꾸었을 때의 길이를 알려주는 메소드예요.

- numerator / denominator – numerator는 정수를 분수로 표현했을 때 분자가 되는 데이터 속성이고, denominator는 분모의 데이터 속성이에요. 예를 들어서, 정수 10을 $\frac{10}{1}$으로 표시할 수 있기 때문에 numerator는 10이고, denominator는 1입니다.

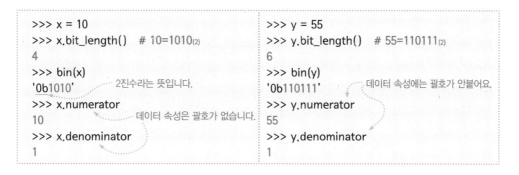

이처럼 int 객체 각각이 가지고 있는 데이터 속성(numerator, denominator)도 있고, int 객체가 공유하고 있는 메소드도 있다는 것을 알았을 거예요.

2/ 클래스 – 객체를 만드는 도구

파이썬이 제공하는 객체 외에도 프로그래머가 자기만의 클래스를 만들어서 객체를 생성할 수 있는데 이에 대해 설명해 볼게요. 예를 들어서, 우리집 강아지를 객체로 표현하고 싶어요. 그럼 강아지 클래스가 필요하겠죠. 당연히 파이썬에 없는 클래스니까 우리가 직접 만들어야죠. 우선 강아지를 표현할 수 있는 데이터가 어떤 것들이 있을까요? 강아지 '이름', '나이', '색' 등이 하나의 강아지를 표현하는 데이터가 될 수 있겠죠. 그러면 강아지들이 공통으로 하는 행동은 어떤 것이 있을까요? '꼬리 흔들기', '짖기', '달리기', '구르기' 등이 있을 거예요. 강아지 클래스 안에는 '이름', '나이', '색', '꼬리 흔들기', '짖기', '달리기', '구르기' 등을 코드로 표현할 수 있어야 해요. 이때, '이름', '나이', '색'은 데이터 속성으로 만들고, '꼬리 흔들기', '짖기', '달리기', '구르기' 등은 메소드로 구현합니다.

강아지 클래스 속성 { 데이터 속성 : 객체를 표현하는 데이터(예 : 이름, 나이, 색, ……)

메소드(Method) : 객체의 행동을 구현하는 함수(예: 꼬리흔들기, 짖기, 달리기, 구르기 ……)

우리 집에는 강아지 세 마리가 있어요. 그리고 이름이 각각 Happy, Hope, Luna예요. Happy는 2살이고 파란색, Hope는 3살이고 흰색, Luna는 1살이고 검은색이예요. 그러니까 강아지 객체가 세 개이고, 각 객체는 각자의 데이터 속성을 갖고 있습니다. 이번 장에서는 강아지 클래스를 예로 하여 클래스를 어떻게 만드는지를 설명하겠습니다.

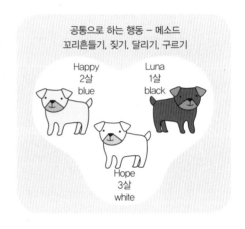

공통으로 하는 행동 – 메소드
꼬리흔들기, 짖기, 달리기, 구르기

Happy
2살
blue

Luna
1살
black

Hope
3살
white

메소드만을 갖는 클래스

가장 간단한 클래스 형태로 메소드 한 개만을 갖는 클래스 구조를 보겠습니다.

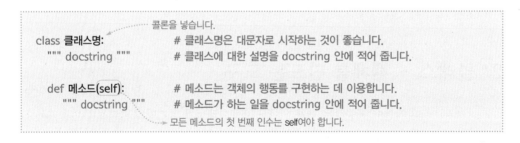

```
class 클래스명:          # 클래스명은 대문자로 시작하는 것이 좋습니다.
    """ docstring """     # 클래스에 대한 설명을 docstring 안에 적어 줍니다.

    def 메소드(self):     # 메소드는 객체의 행동을 구현하는 데 이용합니다.
        """ docstring """  # 메소드가 하는 일을 docstring 안에 적어 줍니다.
```
콜론을 넣습니다.
모든 메소드의 첫 번째 인수는 self여야 합니다.

위의 구조를 이용해서 앞에서 얘기한 강아지(Dog) 클래스를 만들어 볼게요. 메소드는 객체가 하는 어떤 행동을 표현하는 함수예요. 강아지 행동 중에 '꼬리 흔들기' 매소드를 갖는 클래스를 작성해 볼게요.

```
class Dog:
    """ 클래스 Dog은 강아지 객체를 표현하는 클래스입니다. """

    def wag_tail(self):
        """ 강아지가 꼬리 흔드는 행동을 나타내는 메소드입니다. """
        print('The dog is wagging its tail.')
```

위의 예제에서 Dog 클래스는 wag_tail() 메소드 하나만을 갖고 있어요. 이렇게 클래스를 만들어 놓으면 필요할 때마다 Dog 객체를 만들 수 있습니다. 만약에 클래스를 정의해 놓고 객체를 만들어 쓰지 않는다면 클래스가 소용없겠죠. 마치 함수를 만들어 놓고 호출하지 않으면 함수를 사용할 수 없는 것과 마찬가지예요.

그럼 위의 클래스를 이용해서 객체를 만드는 문법을 알아볼게요. 두 개의 객체를 만들려고 하는데, 각각의 이름을 happy와 hope로 할게요. 객체를 만들려면 '객체명 = 클래스명()'이라고 하면됩니다. 그리고 클래스 내에 정의한 메소드는 함수예요. 함수와 다른 점은 메소드 괄호 안에 첫번째 자리에는 반드시 self를 적어야 한다는 거예요. 그리고 클래스 내에 있는 메소드들은 객체를 통해서만 호출할 수 있기 때문에 반드시 '객체.메소드명()'의 형태로 호출해야 합니다.

```
>>> happy = Dog()          # '객체명 = 클래스명()'으로 happy 객체를 만듭니다.
>>> happy.wag_tail()       # 객체 happy가 wag_tail() 메소드를 호출했어요.
The dog is wagging its tail.

>>> hope = Dog()           # '객체명 = 클래스명()'으로 hope 객체를 만듭니다.
>>> hope.wag_tail()        # 이번에는 객체 hope가 wag_tail() 메소드를 호출했어요.
The dog is wagging its tail.
```

다음으로 객체가 만들어졌는지 확인하기 위해서 id 값을 출력해 보고 type() 함수를 이용해서 클래스 'Dog'의 객체임을 확인해 볼게요.

```
>>> id(happy)              # 객체 happy의 id값을 출력해 봅니다.
53907376
>>> type(happy)            # 객체 happy의 데이터 타입을 알아봅니다.
<class '__main__.Dog'>     ..... 클래스명이 나옵니다.
>>> id(hope)               # 객체 hope의 id값을 출력해 봅니다.
49366704
>>> type(hope)             # 객체 hope의 데이터 타입을 알아봅니다.
<class '__main__.Dog'>
```

happy.wag_tail() 이라고 하면 객체 happy가 wag_tail()을 호출하고, hope.wag_tail() 이라고 하면 객체 hope가 wag_tail()을 호출하는 거예요. 그러면 위의 Dog 클래스에 메소드를 하나 더 추가해 볼게요. 강아지가 짖는 행동을 표현하는 bark() 메소드를 추가할게요. 그리고 메소드마다 docstring을 적절히 넣는 것은 좋은 습관입니다. 이 책에서는 코드가 너무 늘어져서 메소드 각각에 대해서는 docstring을 생략하는 경우도 있을 거예요. 하지만 여러분은 꼭 docstring을 넣어 주세요.

```python
class Dog:
    """ 클래스 Dog은 강아지 객체를 표현하는 클래스입니다. """

    def wag_tail(self):
        """ 강아지가 꼬리 흔드는 행동을 나타내는 메소드입니다. """
        print('The dog is wagging its tail.')

    def bark(self):
        """ 강아지가 짖는 행동을 나타내는 메소드입니다. """
        print('The dog is barking. woof ~')
```

이번에도 Dog 클래스의 객체 happy와 hope를 만들어 볼게요. 두 객체 모두 bark() 메소드를 호출하고 있어요.

```python
>>> happy = Dog()
>>> hope = Dog()
>>> happy.bark()          # 객체 happy가 bark() 메소드를 호출합니다.
The dog is barking. woof ~
>>> hope.bark()           # 객체 hope가 bark() 메소드를 호출합니다.
The dog is barking. woof ~
```

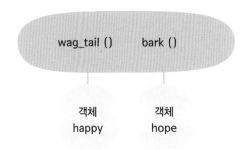

객체 happy와 hope는 메소드 wag_tail(), bark()를 공유합니다.
happy.bark()는 객체 happy가 bark() 메소드를 호출합니다. 마찬가지로 hope.wag_tail()은 wag_tail() 메소드를 객체 hope가 호출합니다.

여기서 한 가지 확인하고 넘어갈게요. IDLE에서 다음과 같이 dir(Dog)이라고 입력하면 클래스 Dog
의 메소드 목록이 나옵니다. 마치 dir(list)라고 하면 리스트의 메소드 목록이 나오는 것처럼요. 지
금까지 설명해 오면서 dir 목록에서 이름에 __이 붙은 아이템은 신경쓰지 말라고 했었죠. 아래
dir(Dog) 결과를 보면 왜 그랬는지 이해가 되나요? __이 붙은 메소드들은 프로그래머가 넣지 않
았는데도 자동으로 추가되고 있어요. __이 붙은 메소드들은 특별한 의미와 사용법이 정해진 메
소드라는 뜻이에요. 그래서 클래스를 제대로 이해하려면 __ 기호가 붙는 메소드들도 이해해야
합니다.

```
>>> dir(Dog)
['__class__', '__delattr__', '__dict__', '__dir__', '__doc__', '__eq__', '__format__',
'__ge__', '__getattribute__', '__gt__', '__hash__', '__init__', '__init_subclass__',
'__le__', '__lt__', '__module__', '__ne__', '__new__', '__reduce__', '__reduce_ex__',
'__repr__', '__setattr__', '__sizeof__', '__str__', '__subclasshook__', '__weakref__',
'bark', 'wag_tail']
```

데이터 속성 추가하기

위의 Dog 클래스의 객체 happy와 hope가 각각 bark() 메소드를 호출하지만 수행 결과만 보면
두 객체 중에 누가 bark() 메소드를 호출했는지 알 수가 없어요. bark() 메소드를 호출할 때 아
래 왼쪽과 같이 출력되는 코드를 오른쪽과 같이 출력되도록 할 수 있다면 좋지 않을까요? 즉, 객
체에 '이름' 데이터 속성을 추가해서 어느 객체가 메소드를 수행하는지를 알고자 해요.

bark() 메소드 호출	이름이 추가된 bark() 메소드 호출
The dog is barking. woof ~	**Happy** is barking. woof ~ **Hope** is barking. woof ~

각 객체에 이름을 추가하는 것은 객체를 표현하는 어떤 데이터를 추가하는 거예요. 이 작업은 생
성자인 __init__()을 통해서 할 수 있어요. 생성자는 객체를 생성할 때 자동으로 호출되는 특별
한 메소드입니다.

생성자를 이용해서 Dog 객체에 데이터 속성을 추가해 봅시다. Dog 클래스에는 '이름', '나이', '성
별', '종류', '색' 등이 적절한 속성인 것 같아요. 이 중에서 '이름', '나이' 두 속성을 추가해 볼게요.

__init__ 메소드도 다른 메소드들처럼 첫 번째 매개 변수로 self를 가져야 하고, 다음으로 객체의 속성 정보를 받는 매개 변수들을 넣으면 됩니다. 다음과 같이 __init__() 메소드를 클래스에 추가합니다. 반드시 __init__()으로 적어 주어야 하고, __init__() 메소드는 객체를 만들 때 자동으로 호출됩니다. 아래 코드의 __init__() 메소드의 name과 age는 객체를 만들 때 데이터 속성을 받는 매개 변수예요. name과 age에 들어가는 값을 self.name과 self.age에 저장합니다. self.name과 self.age는 객체 내의 데이터 속성입니다.

```python
def __init__(self, name, age):     # __init__()은 객체를 만들 때 자동 호출됩니다.
    self.name = name     # 만들어진 객체의 name 공간에 name값으로 초기화합니다.
    self.age = age         # 만들어진 객체의 age 공간에 age값으로 초기화합니다.
        객체가 만들어지고 객체 안에 속성으로 name, age를 저장하게 됩니다.
```

클래스 전체를 완성하고 객체를 만들어 보겠습니다.

```python
class Dog:
    """ 클래스 Dog은 강아지 객체를 표현하는 클래스입니다. """

    def __init__(self, name, age):     # __init__()은 객체를 만들 때 자동 호출됩니다.
        self.name = name
        self.age = age

    def introduce(self):
        """ 나를 소개하는 메소드입니다. """
        print('My name is {} and {} years old.'.format(self.name, self.age))

    def wag_tail(self):
        """ 강아지가 꼬리 흔드는 행동을 나타내는 메소드입니다. """
        print('{} is wagging its tail.'.format(self.name))

    def bark(self):
        """ 강아지가 짖는 행동을 나타내는 메소드입니다. """
        print('{} is barking. woof ~'.format(self.name))
```

여기에서 중요한 것은 'self'입니다. 클래스는 일단 만들어 놓으면, 객체는 얼마든지 만들 수 있죠. 객체를 만들면 객체 각각은 자신만의 데이터 속성을 갖고 메소드는 공유한다고 했어요. 그래서 공유하고 있는 메소드를 어떤 객체가 호출하는지가 중요해요. self는 메소드를 호출하는 객체의 정보를 갖게 됩니다. 즉, 클래스에 self 변수는 딱 한 개 있어서, 매 순간에 메소드를 부르는 객체를 가리키게 되는 거예요. 위의 Dog 클래스의 객체를 두 개 만들어 보고, __init__() 메소드 와 self의 의미를 다시 확인해 볼게요.

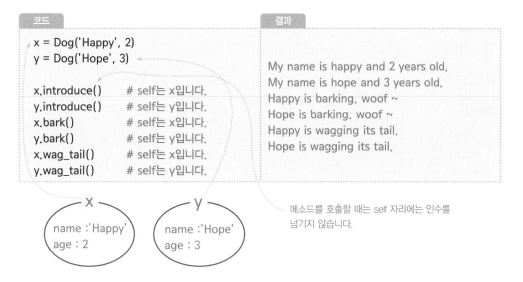

코드
x = Dog('Happy', 2) y = Dog('Hope', 3) x.introduce()　　　# self는 x입니다. y.introduce()　　　# self는 y입니다. x.bark()　　　　　# self는 x입니다. y.bark()　　　　　# self는 y입니다. x.wag_tail()　　　 # self는 x입니다. y.wag_tail()　　　 # self는 y입니다.

결과

My name is happy and 2 years old.
My name is hope and 3 years old.
Happy is barking. woof ~
Hope is barking. woof ~
Happy is wagging its tail.
Hope is wagging its tail.

메소드를 호출할 때는 self 자리에는 인수를 넘기지 않습니다.

x
name :'Happy'
age : 2

y
name :'Hope'
age : 3

NOTE 모든 클래스에는 self 변수가 있습니다. self 변수는 메소드를 호출하는 객체를 가리키는 특별한 변수입 니다.

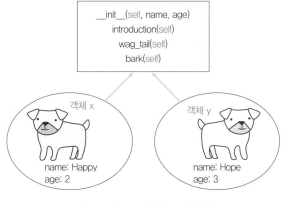

__init__(self, name, age)
introduction(self)
wag_tail(self)
bark(self)

객체 x
name: Happy
age: 2

객체 y
name: Hope
age: 3

메소드를 부르는 객체가 self가 됩니다.

__init__( ) 메소드를 포함해서 클래스에 정의되는 모든 메소드는 첫 매개 변수 자리에 self를 넣어야 합니다. 하지만 객체를 만들어서 메소드를 호출할 때는 일반적으로 self 자리에는 인수를 넘기지 않습니다.

CODE 91 학생들의 성적 관리를 위해서 학생 클래스를 만들어 볼게요. 데이터 속성으로는 학번, 이름, 성적을 넣을 거예요. 그리고 세 명의 학생 객체를 만들어서 가장 좋은 성적을 출력하는 코드를 작성해 볼게요.

코드

```python
class Student:
    """ 학생들의 성적을 관리하기 위한 Student 클래스입니다.
        학생들의 학번, 이름, 성적을 데이터로 저장합니다. """

    def __init__(self, no, name, score):
        self.no = no
        self.name = name
        self.score = score

    def info(self):
        print('학번 - {}, 이름 - {}, 성적 - {}'.format(self.no, self.name, self.score))

    def getScore(self):
        return self.score
# main
s1 = Student(201812345, '홍길동', 90)
s2 = Student(201811111, '이철수', 85)
s3 = Student(201800100, '김영희', 93)

s1.info()
s2.info()
s3.info()

print('가장 좋은 성적 : {}'.format(max(s1.getScore(), s2.getScore(), s3.getScore())))
```

결과

```
학번 - 201812345, 이름 - 홍길동, 성적 - 90
학번 - 201811111, 이름 - 이철수, 성적 - 85
학번 - 201800100, 이름 - 김영희, 성적 - 93
가장 좋은 성적 : 93
```

리스트 자료형

튜플 자료형

집합 자료형

사전 자료형

함수

파일 입출력

모듈

예외와 예외 처리

클래스와 객체 지향 개념

CODE 92   동전 지갑 클래스를 만들어 볼게요. 동전 지갑에는 500원짜리, 100원짜리, 50원짜리, 10원짜리 동전이 들어 있어요. 동전 지갑 클래스의 각 동전의 개수를 데이터 속성으로 갖습니다. 지갑에 들어 있는 동전이 얼마인지 출력하는 클래스를 작성합니다.

코드

```
class Purse:
    """ 현재 지갑에 돈이 얼마 있는지를 저장하는 클래스입니다.
        데이터 속성은 다음과 같이 4개입니다.
        c500 - 500원짜리 동전 개수
        c100 - 100원짜리 동전 개수
        c50 - 50원짜리 동전 개수
        c10 - 10원짜리 동전 개수 """

    def __init__(self, c500, c100, c50, c10):
        self.c500 = c500
        self.c100 = c100
        self.c50 = c50
        self.c10 = c10

    def total(self):        # 지갑에 있는 동전의 총 액수를 반환합니다.
        return self.c500 * 500 + self.c100 * 100 + self.c50 * 50 + self.c10 * 10

# main
p1 = Purse(3, 2, 5, 1)    # __init__() 메소드 자동 호출
p2 = Purse(4, 1, 1, 2)    # __init__() 메소드 자동 호출

print('지갑 p1에는 {}원 있습니다.'.format(p1.total()))
print('지갑 p2에는 {}원 있습니다.'.format(p2.total()))
```

결과

```
지갑 p1에는 1960원 있습니다.
지갑 p2에는 2170원 있습니다.
```

self 변수

self는 클래스 안에 있는 모든 메소드의 첫 번째 매개 변수 자리에 넣어야 하고 생략할 수 없다고 했어요. 지금까지는 메소드를 호출할 때 self 자리에 인수를 넘기지 않았어요. 그런데, self 자리에 인수를 넘기는 경우도 있어요. 이와 관련된 내용을 설명하겠습니다. 위에서 만든 Dog 클래스를 다시 이용해 볼게요. Dog 클래스에 __init__() 메소드와 introduce() 메소드만 넣고 설명합니다.

```
class Dog:
    """ Dog 객체의 데이터 속성으로 이름과 색을 갖습니다. """

    def __init__(self, name, color):
        self.name = name
        self.color = color

    def introduce(self):
        print('나의 이름은 {}이고, {} 색이에요.'.format(self.name, self.color))
```

self에 인수를 넘기지 않는 경우	self에 인수를 넘기는 경우
a = Dog('Luna', 'white') b = Dog('Terry', 'black') a.introduce() b.introduce()	a = Dog('Luna', 'white') b = Dog('Terry', 'black') Dog.introduce(a) ⟵ self에 객체 a 넘김 Dog.introduce(b) ⟵ self에 객체 b 넘김 ⟶ 이 때는 클래스명으로 메소드를 호출해야 합니다.

리스트 클래스에도 self를 이용할 수 있습니다.

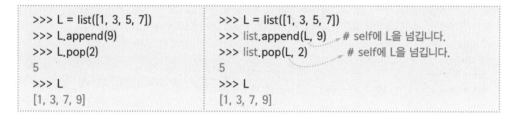

```
>>> L = list([1, 3, 5, 7])
>>> L.append(9)
>>> L.pop(2)
5
>>> L
[1, 3, 7, 9]
```

```
>>> L = list([1, 3, 5, 7])
>>> list.append(L, 9)    # self에 L을 넘깁니다.
>>> list.pop(L, 2)        # self에 L을 넘깁니다.
5
>>> L
[1, 3, 7, 9]
```

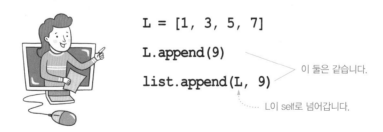

```
L = [1, 3, 5, 7]

L.append(9)
                          이 둘은 같습니다.
list.append(L, 9)

                  L이 self로 넘어갑니다.
```

객체의 데이터 속성 이해하기

위의 Dog 클래스의 데이터 속성은 name, color 이렇게 두 개입니다. 데이터 속성은 각 객체마다 갖고 있는 자기만의 데이터라고 했죠. 데이터 속성을 클래스 외부에서 사용할 수도 있어요. 다음과 같이 클래스 외부에서 x.name이라고 하면 객체 x의 데이터 속성 name을 의미합니다.

```
a = Dog('Luna', 'white')
b = Dog('Terry', 'black')
print('{} is {}.'.format(a.name, a.color))    # 데이터 속성을 직접 사용
print('{} is {}.'.format(b.name, b.color))    # 데이터 속성을 직접 사용
```

```
Luna is white.
Terry is black.
```

객체 출력하기

print(객체)를 이용해서 객체를 출력해 볼게요.

```
>>> happy = Dog('Happy', 'white')   # 이름 'Happy', 색 'white'인 Dog 객체 생성
>>> print(happy)              # 객체를 출력하면 객체의 위치 정보가 나옵니다.
<__main__.Dog object at 0x021C8690>
>>> id(happy)                 # Dog 객체 happy의 위치 id를 출력합니다.
35423888
>>> hex(id(happy))            # 16진수로 id를 출력합니다.
'0x21c8690'
```

객체의 참조값은 객체 id예요. 객체 x의 참조값 0x03064710는 16진법의 숫자예요. 그래서 id 함수의 결과는 십진수로 id를 출력해 주는데, 여기에 hex() 함수를 적용해서 16진수로 출력하면 같은 값이 나오는 것을 알 수 있어요(참조값 안에 대소문자는 구별하지 않아요. 즉, F와 f가 같습니다).

print(객체)를 수행하면 객체의 데이터 속성을 출력해 주지 않고 객체의 참조값을 출력하기 때문에, 객체의 데이터 속성을 출력하려면 따로 메소드를 만들어 주어야 해요. 일반적으로 다음과 같이 출력 메소드를 작성합니다.

```
def print_dog(self):
    print('name : {}, color : {}'.format(self.name, self.color))
```

```
>>> a = Dog('Luna', 'white')
>>> a.print_dog()        # print(객체명)으로 사용할 수 없어서 메소드를 만들었어요.
name : Luna, color : white
```

하지만 위처럼 print_dog()과 같이 메소드를 만들어 주는 것보다 print(객체)라고 했을 때 참조값이 아닌 객체의 데이터 속성을 출력해 주면 더욱 편리할 거예요. 이와 관련된 메소드가 __str__과 __repr__인데, 뒤에서 설명합니다.

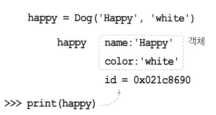

객체를 만들어서 출력하면 객체의 주소값이 나옵니다. 그래서 객체가 갖고 있는 실제 정보를 출력하려면 메소드를 만들어야 합니다.

```
happy = Dog('Happy', 'white')
happy   name:'Happy'    객체
        color:'white'
        id = 0x021c8690
>>> print(happy)
```

3/ int 클래스 이해하기

컨테이너 자료형을 공부할 때에는 dir() 함수를 이용해서 각 자료형이 갖고 있는 메소드를 학습하는 것이 중요했어요. 그리고 수치 자료형인 정수(int), 실수(float), 복소수(complex), 부울(bool)을 학습할 때는 숫자를 다루는 연산에 대한 학습이 중요했죠. 그런데, 아홉 가지 자료형 모두 dir() 함수로 확인해 보면 __이 붙은 메소드가 많아요. 이번 절과 다음 절에서는 이런 __이 붙은 메소드의 의미를 알게 될 거예요. 이번 절에서는 정수 자료형에 대해 설명합니다.

```
>>> a = 5
>>> type(a)
<class 'int'>
>>> dir(int)        # int 클래스의 속성들을 알아 봅니다.
['__abs__', '__add__', '__and__', '__bool__', '__ceil__', '__class__', '__delattr__',
'__dir__', '__divmod__', '__doc__', '__eq__', '__float__', '__floor__', '__floordiv__',
```

리스트 자료형

튜플 자료형

집합 자료형

사전 자료형

함수

파일 입출력

모듈

예외와 예외처리

클래스와 객체 지향 개념

```
'__format__', '__ge__', '__getattribute__', '__getnewargs__', '__gt__', '__hash__',
'__index__', '__init__', '__init_subclass__', '__int__', '__invert__', '__le__', '__
lshift__', '__lt__', '__mod__', '__mul__', '__ne__', '__neg__', '__new__', '__or__',
'__pos__', '__pow__', '__radd__', '__rand__', '__rdivmod__', '__reduce__',
'__reduce_ex__', '__repr__', '__rfloordiv__', '__rlshift__', '__rmod__', '__rmul__',
'__ror__', '__round__', '__rpow__', '__rrshift__', '__rshift__', '__rsub__',
'__rtruediv__', '__rxor__', '__setattr__', '__sizeof__', '__str__', '__sub__', '__
subclasshook__', '__truediv__', '__trunc__', '__xor__', 'bit_length', 'conjugate',
'denominator', 'from_bytes', 'imag', 'numerator', 'real', 'to_bytes']
```

__init__() 생성자

__init__() 메소드는 객체를 만드는 생성자라고 했어요. 위에 보니까 정수 클래스에도 생성자가
있죠. 생성자 내용이 어떻게 작성되어 있는지는 모르겠지만 생성자가 있다는 것은 알 수가 있어
요. 우리는 정수 객체를 만들 때 간단히 a = 10이라고 했어요. 그런데 파이썬에서 객체를 만드는
문법은 '객체명 = 클래스()'예요. 그러니까 int 클래스의 객체를 만들려면 원래는 아래 오른쪽과
같이 적어야겠죠.

```
>>> a = 10
>>> type(a)
<class 'int'>
```

```
>>> a = int(10)  # '객체명 = 클래스()'
>>> type(a)
<class 'int'>
```

위의 오른쪽과 같이 적으면 자동으로 __init__() 생성자를 호출하면서 객체를 만들어 준다고 했
어요. 그런데 a = 10 이라고 써도 int 객체가 만들어지고 초기화되었어요. 어떻게 된 걸까요? 이
것은 정수가 파이썬의 기본 아홉 가지 자료형 중에 하나로 객체를 만들 일이 아주 많기 때문에
간단하게 'a = 정수'라고 써도 정수 객체가 만들어지도록 되어 있어서 그래요. 다른 클래스들도
마찬가지겠죠.

```
>>> b = 3.5
>>> type(b)
<class 'float'>
```

```
>>> b = float(3.5)
>>> type(b)
<class 'float'>
```

이해가 되시나요? 파이썬을 공부하면서 클래스는 아주 중요합니다. 우리가 직접 클래스를 구현해서 객체를 만들어 사용하는 일이 별로 없다고 하더라도 클래스가 어떻게 동작하는지를 이해하고 있어야 데이터 속성과 메소드를 더욱 다양하게 이용할 수 있습니다.

연산자 중복

클래스에 연산자 중복이라는 개념이 있어요. 이것은 메소드에 +, − 같은 연산자 개념이 중복되어 있는 것을 말해요. 다음 표는 메소드가 어떤 연산 기호와 연관되어 있는지를 정리한 거예요. __add__ 메소드에는 '+' 기호가 중복되어 있고, __sub__ 메소드에는 '−' 기호가 중복되어 있다는 의미예요. 이름으로 구별이 되니까 메소드와 연산 기호는 어렵지 않게 연결할 수 있을 거예요.

메소드	연산 기호
__add__(self, other)	+
__sub__(self, other)	−
__mul__(self, other)	*
__truediv__(self, other)	/
__floordiv__(self, other)	//
__mod__(self, other)	%
__pow__(self, other[, modulo])	**
__gt__(self, other)	〉
__ge__(self, other)	〉=
__lt__(self, other)	〈
__le__(self, other)	〈=
__eq__(self, other)	==
__ne__(self, other)	!=

예제 하나를 보면 위의 표를 이해할 거예요. 다음 예제에서 왼쪽의 연산 기호를 이용한 코드와 오른쪽 연산자 중복 메소드를 이용한 코드는 같은 일을 하는 코드입니다. 우리는 왼쪽과 같이 사용하죠. 이것은 파이썬이 사용자가 연산을 편하게 할 수 있도록 해 주어서 가능한 거예요. 그러니까 c = a + b 라고 쓰지만, 이 경우에 연산자 중복 메소드 중에서 __add__()가 수행된다는 말

입니다. 실제로 __add__()를 사용하려면 오른쪽 코드와 같이 c = a.__add__(b) 해야 합니다. 이것이 파이썬의 '연산자 중복' 기능이에요. 연산자 각각에 메소드가 중복되어 있어서 굳이 메소드를 호출하지 않더라도 연산자를 사용하면 연산이 가능하도록 한 기능이죠.

연산 기호 이용	연산자 중복 메소드 이용

>>> a = 30; b = 7
>>> c = a + b
>>> d = a - b
>>> e = a * b
>>> f = a / b
>>> g = a // b
>>> h = a % b
>>> i = a ** b
>>> c, d, e, f, g, h, i
(37, 23, 210, 4.285714285714286, 4,
2, 21870000000)
	클래스명　　　self 자리
	>>> a = int(30); b = int(7)
	>>> c = a.__add__(b) # c = int.__add__(a,b)
	>>> d = a.__sub__(b) # d = int.__sub__(a,b)
	>>> e = a.__mul__(b) # e = int.__mul__(a, b)
	>>> f = a.__truediv__(b) # f=int.__tmediv__(a, b)
	>>> g = a.__floordiv__(b) # g=int.__floordiv__(a, b)
	>>> h = a.__mod__(b) # h=int.__mool__(a, b)
	>>> i = a.__pow__(b) # i=int.__pow__(a, b)
	>>> c, d, e, f, g, h, i
	(37, 23, 210, 4.285714285714286, 4, 2, 21870000000)

연산과 중복 메소드들은 간단히 연산자를 사용할 수 있도록 합니다.

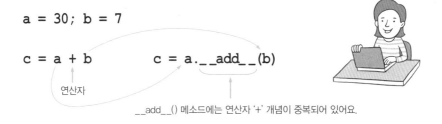

다음은 관계 연산자 중복에 대한 예제예요. 여기에서도 위와 마찬가지로 우리는 왼쪽과 같이 기호를 사용해서 대소 비교를 하는데, 실제로 파이썬 내부에서는 오른쪽과 같이 연산자 중복 코드가 수행되었던 거예요.

```
>>> x = 5; y = 5; z = 7
>>> x > y
False
>>> x >= y
True
>>> x < z
True
>>> x <= y
True
>>> x == y
True
>>> x == z
False
>>> x != z
True
```

```
>>> x = 5; y = 5; z = 7
>>> x.__gt__(y)
False
>>> x.__ge__(y)
True
>>> x.__lt__(z)
True
>>> x.__le__(y)
True
>>> x.__eq__(y)
True
>>> x.__eq__(z)
False
>>> x.__ne__(z)
True
```

연산자 중복 중에서 r로 시작하는 메소드들은 이항 연산자에서 피연산자를 바꾸어 계산합니다.
다음과 같은 메소드들이 있어요.

메소드	연산 기호	예제

__radd__(self, other)
__rsub__(self, other)
__rmul__(self, other)
__rtruediv__(self, other)
__rfloordiv__(self, other)
__rmod__(self,other)
__rpow__(self, other
	+
	-
	*
	/
	//
	%
	**
		`>>> a = int(100)`
		`>>> b = int(15)`
		`>>> a.__radd__(b)        # b + a`
		`115`
		`>>> a.__rsub__(b)        # b - a`
		`-85`
		`>>> a.__rmul__(b)        # b * a`
		`1500`
		`>>> a.__rtruediv__(b)    # b / a`
		`0.15`
		`>>> a.__rfloordiv__(b)   # b // a`
		`0`
		`>>> a.__rmod__(b)        # b % a`
		`15`
		`>>> a.__rpow__(b)        # b ** a`
		`40656117753521523739727970756704167101038789063237976342905176987875638319617013771711810932174557819962501525887890625`

연산자 중복과 관련된 예제를 하나 볼게요.

리스트 자료형

튜플 자료형

집합 자료형

사전 자료형

함수

파일 입출력

모듈

에러와 예외처리

클래스와 객체 지향 개념

CODE 93 좌표평면의 좌표들을 객체로 만들고 두 좌표간에 덧셈과 뺄셈 연산을 속성으로 갖는 Point 클래스를 작성해 볼게요. 이때, +, − 연산자 중복을 이용합니다. 오른쪽과 같이 수행했을 때 제대로 동작할 수 있도록 Point 클래스를 작성합니다.

point.py	Point 객체 생성 및 연산
```class Point: """ 좌표 평면의 좌표를 나타내는 클래스 """ def __init__(self, x = 0, y = 0): # 기본값 갖는 매개변수 self.x = x self.y = y def __add__(self, other): newX = self.x + other.x newY = self.y + other.y return Point(newX, newY) def __sub__(self, other): newX = self.x - other.x newY = self.y - other.y return Point(newX, newY) def print_point(self): print('({},{})'.format(self.x, self.y))```	```>>> p1 = Point(3, 5)>>> p2 = Point(7, 8)>>> p3 = p1 + p2>>> p4 = p1 - p2>>> p1.print_point()(3,5)>>> p2.print_point()(7,8)>>> p3.print_point()(10,13)>>> p4.print_point()(-4,-3)```

'+' 연산에 대해서는 __add__() 이름으로 메소드를 만들어야 합니다.

'−' 연산에 대해서는 __add__() 이름으로 메소드를 만들어야 합니다.

4/ 컨테이너 자료형 클래스 이해하기 – str, list, tuple, set, dict

이번 절에서는 컨테이너 클래스들의 속성 중에서 __이 붙은 속성들에 대해서 공부합니다. 이 속성들을 공부하고 나면 컨테이너 자료형에 대해 보다 깊은 이해를 할 수 있을 거예요.

각 자료형에 대해서 dir() 함수를 적용해 보면 많은 속성들이 나오는데, 그 중에서 __add__, __mul__, __contains__, __len__, __getitem__, __setitem__, __delitem__, __iter__에 대해서 설명할 거예요. 우선 다음의 표는 각 자료형이 이러한 속성들을 갖고 있는지를 정리한 표예요.

	__add__ __mul__	__contains__	__len__	__getitem__	__setitem__	__delitem__	__iter__
str	O	O	O	O	X	X	O
list	O	O	O	O	O	O	O
tuple	O	O	O	O	X	X	O
set	X	O	O	X	X	X	O
dict	X	O	O	O	O	O	O

집합과 사전에 +, * 연산자를 사용할 수 없는 이유가
__add__(), __mul__() 메소드가 없기 때문입니다.

__add__의 '+' 연산자 중복, __mul__의 '*' 연산자 중복

다섯 개의 자료형 중에서 시퀀스 자료형인 str, list, tuple만 __add__와 __mul__ 속성을 갖고
있어요. __add__ 속성이 있는 자료형은 두 객체 간에 '+'연산이 지원되고, __mul__ 속성이 있
는 자료형은 '*'연산을 지원하는 거예요. 문자열, 리스트, 튜플은 같은 자료형의 객체 간에 '+'연
산을 취하면 두 객체를 하나로 연결해 주었어요. 바로 __add__ 속성이 정의되어 있기 때문에 가
능한 거예요. 반면에 집합과 사전은 __add__ 속성이 없기 때문에 '+'연산을 할 수가 없고요. __
mul__ 마찬가지예요. 다음의 예를 보세요.

자료형	__add__ ('+'연산)	__mul__ ('*'연산)
문자열	>>> A = 'python'; B = 'coding'	

	>>> A + B
	'pythoncoding'
	>>> A.__add__(B)
	'pythoncoding'
		>>> A * 3
		'pythonpythonpython'
		>>> A.__mul__(3)
		'pythonpythonpython'

리스트	>>> L1 = [1,2,3]; L2 = [5, 8, 9, 10]	

	>>> L1 + L2
	[1, 2, 3, 5, 8, 9, 10]
	>>> L1.__add__(L2)
	[1, 2, 3, 5, 8, 9, 10]
		>>> L1 * 2
		[1, 2, 3, 1, 2, 3]
		>>> L1.__mul__(2)
		[1, 2, 3, 1, 2, 3]

튜플	>>> T1 = (3, 5); T2 = (8, 9, 13)	

	>>> T1 + T2
	(3, 5, 8, 9, 13)
	>>> T1.__add__(T2)
	(3, 5, 8, 9, 13)
		>>> T1 * 3
		(3, 5, 3, 5, 3, 5)
		>>> T1.__mul__(3)
		(3, 5, 3, 5, 3, 5)

집합	>>> S1 = {11, 22, 33}; S2 = {44, 55}	
	>>> S1 + S2 ...... TypeError: unsupported operand type(s) for +: 'set' and 'set'	>>> S1 * 2 ...... TypeError: unsupported operand type(s) for *: 'set' and 'int'
사전	D1 = {11:'eleven', 12:'twelve'}; D2 = {100:'hundred', 1000:'thousand'}	
	>>> D1 + D2 ...... TypeError: unsupported operand type(s) for +: 'dict' and 'dict'	>>> D1 * 3 ...... TypeError: unsupported operand type(s) for *: 'dict' and 'int'

__contains__, __len__

- 컨테이너 자료형은 모두 __contains__ 메소드를 갖고 있어요. __contains__ 메소드는 in, not in 연산을 지원합니다. 즉, __contains__ 메소드를 갖고 있는 자료형 객체만이 in, not in 연산을 할 수 있습니다(__contains__ 메소드에 in, not in 연산이 중복되어 있는 거죠).

- 컨테이너 자료형 모두 len() 내장 함수를 이용하여 원소의 개수를 구할 수가 있어요. 이것이 가능한 이유는 각 자료형에 __len__() 메소드가 정의되어 있기 때문이에요.

자료형	__contains__ (in, not in 연산)	__len__ (len() 함수)
문자열	>>> A = 'hello world'	

	>>> 'w' in A # A.__contains__('w')
	True
	>>> 't' not in A
	True
		>>> len(A)
		11
		>>> A.__len__()
		11

리스트	>>> L = [1,3,5,7,9]	

	>>> 7 in L # L.__contains__(7)
	True
	>>> L.__contains__(10) # 10 in L
	False
		>>> len(L)
		5
		>>> L.__len__()
		5

튜플	`>>> T = (2,4,6,8)`	

	`>>> 8 in T    # T.__contains__(8)`
	`True`
	`>>> 2 not in T`
	`False`
		`>>> len(T)`
		`4`
		`>>> T.__len__()`
		`4`

집합	`>>> S = {4, 7, 1, 2, 9}`	

	`>>> 7 in S    # S.__contains__(7)`
	`True`
	`>>> 10 not in S`
	`True`
		`>>> len(S)`
		`5`
		`>>> S.__len__()`
		`5`

사전	`>>> D = {1:'one', 2:'two', 3:'three'}`	

	`>>> 2 in D    # D.__contains__(2)`
	`True`
	`>>> 5 in D`
	`False`
		`>>> len(D)`
		`3`
		`>>> D.__len__()`
		`3`

다음 두 코드를 보세요. 왼쪽 코드와 오른쪽 코드의 차이가 무엇인가요?

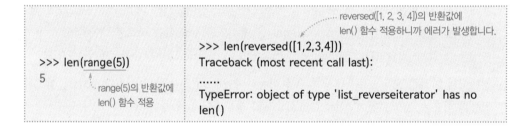

```
>>> len(range(5))
5
```
········ range(5)의 반환값에
         len() 함수 적용

········ reversed([1, 2, 3, 4])의 반환값에
         len() 함수 적용하니까 에러가 발생합니다.
```
>>> len(reversed([1,2,3,4]))
Traceback (most recent call last):
......
TypeError: object of type 'list_reverseiterator' has no len()
```

range(5)의 반환값 클래스는 __len__() 메소드를 갖고 있어서 len() 함수가 제대로 수행되었고, reversed([1,2,3,4])의 반환값 클래스는 __len__() 메소드를 갖고 있지 않아서 에러가 발생한 거예요. 그러면, 양쪽 반환값 클래스의 __len__() 메소드의 존재 여부를 확인해 볼게요. dir() 함수를 이용하면 되겠죠.

```
>>> dir(range(5))                                          __len__() 존재합니다.
['__bool__', '__class__', '__contains__', '__delattr__', '__dir__', '__doc__', '__eq__',
'__format__', '__ge__', '__getattribute__', '__getitem__', '__gt__', '__hash__',
'__init__', '__init_subclass__', '__iter__', '__le__', '__len__', '__lt__', '__ne__',
'__new__', '__reduce__', '__reduce_ex__', '__repr__', '__reversed__', '__setattr__',
'__sizeof__', '__str__', '__subclasshook__', 'count', 'index', 'start', 'step', 'stop']
>>> dir(reversed([1,2,3,4]))    # __len__() 메소드가 없습니다.
['__class__', '__delattr__', '__dir__', '__doc__', '__eq__', '__format__', '__ge__',
'__getattribute__', '__gt__', '__hash__', '__init__', '__init_subclass__', '__iter__',
'__le__', '__length_hint__', '__lt__', '__ne__', '__new__', '__next__', '__reduce__',
'__reduce_ex__', '__repr__', '__setattr__', '__setstate__', '__sizeof__', '__str__',
'__subclasshook__']
```

dir(클래스)를 이용해서 __len__(), __contains__() 메소드가 있는지 확인합니다.

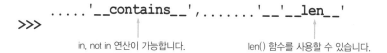

>>> **dir** (클래스)

>>>   ....'**__contains__**',.......'**__**'**len**'

in, not in 연산이 가능합니다.   len() 함수를 사용할 수 있습니다.

지금까지 편하게 사용했던 in, not in 연산자라든가, len() 내장 함수에 이런 깊은 내용이 있었는지 모르셨을 거예요. 그리고 클래스를 공부하는 것이 파이썬에서는 아주 중요하다는 것을 위의 내용을 통해서 느꼈을 거예요. 따라서 파이썬 언어로 코딩을 할 때 클래스를 작성할 필요는 없더라도 클래스의 의미는 알고 있어야 제대로 연산자와 함수들을 사용할 수가 있답니다.

__getitem__ 메소드

시퀀스 자료형인 문자열, 리스트, 튜플은 [] 기호를 이용하여 원소 한 개 또는 여러 개를 가져올 수 있어요. 그리고 집합에는 이 기호를 사용할 수 없지만, 사전에서는 '키'를 이용하여 [] 기호를 사용할 수 있었죠. [] 기호를 사용할 수 있는 자료형은 클래스에서 __getitem__() 메소드를 제공하는 경우예요. 그러니까 [] 기호를 사용할 수 없는 set 자료형만 __getitem__() 메소드가 없어요. 다음의 예를 보세요.

자료형	__getitem__ 메소드	

문자열	>>> A = 'computer'
	>>> A[2]
	'm'
		>>> B = 'python'
		>>> B.__getitem__(-1)　# B[-1]
		'n'　…… 문자열 객체　…… 인덱스

리스트	>>> L = [3,4,7,9]
	>>> L[1]
	4
		>>> L = [30, 22, 15, 90]
		>>> L.__getitem__(2)　# L[2]
		15　…… 리스트 객체　…… 인덱스

튜플	>>> T = (10, 2, 8, 5)
	>>> T[0]
	10
		>>> T = (2, 4, 6, 8, 10)
		>>> T.__getitem__(-2)　# T[-2]
		8　…… 튜플 객체　…… 인덱스

집합	>>> S = 1, 3, 5, 7
	>>> S[2]　◄…… 집합은 __getitem__() 메소드가 없어서 인덱스를 사용할 수 없습니다.
	……
	TypeError: 'set' object does not support indexing
	>>> S.__getitem__(2)
	……
	AttributeError: 'set' object has no attribute '__getitem__'	

사전	>>> D = {'name':'Alice', 'age':10, 'height':135}
	>>> D['age']　…… '키'가 인덱스처럼 사용됩니다.
	10
	>>> D.__getitem__('height')
	135　…… 사전 객체	

__setitem__, __delitem__ 메소드

두 메소드는 리스트와 사전에만 있어요. 즉, 인덱스 개념이 있는 mutable 자료형들에만 있어요. 이름이 의미하듯이 리스트 또는 사전에서 아이템을 수정하거나 삭제하는 메소드입니다.

자료형	__setitem__	__delitem__

리스트	>>> L = [1, 3, 5, 8, 9]
	>>> L.__setitem__(3, 7) # L[3] = 7
	>>> L
	[1, 3, 5, 7, 9]
		>>> L = [10, 20, 30]
		>>> L.__delitem__(1)　# del L[1]
		>>> L
		[10, 30]　…… __delitem__() 메소드는
		　　　　del 연산자에 해당합니다.

사전	```
	>>> D = {'name':'Alice', 'age':8, 'grade':1}
	>>> D.__setitem__('grade', 2) # D['grade'] = 2
	>>> D
	{'name': 'Alice', 'age': 8, 'grade': 2}
	>>> D.__delitem__('age') # del D['age']
	>>>
	{'name': 'Alice', 'grade': 2} ······ 'age':8이 삭제되었습니다.
	``

__iter__() 메소드

iter 메소드는 이전에 여러 번 보았어요. 언제 이용했었나요? 어떤 객체가 iterable인지 판단할 때 사용했었죠. iter() 메소드의 인수로 객체를 넣었을 때 iterable 객체이면 어떤 결과가 나오지만, iterable 객체가 아니면 에러 메시지가 나왔어요. 그리고 iterable 객체는 dir() 내장 함수를 적용 했을 때 '__iter__()' 메소드가 존재합니다. 예를 들어서, for 반복문에 in 키워드 뒤에는 반드시 iterable 객체를 넣어야 합니다. 정수형 객체는 iterable 객체가 아닌데, for 반복문에 in 다음에 넣으면 다음과 같은 에러 메시지를 내 줍니다.

```
>>> a = 100
>>> for i in a:
        print(i)

Traceback (most recent call last):
  File "<pyshell#11>", line 1, in <module>
    for i in a:
TypeError: 'int' object is not iterable
```

정수는 itearable 객체가 아니기 때문에 for 반복문을 이용할 수 없습니다.

다음과 같이 int 자료형에는 __iter__() 메소드가 없습니다.

__iter__'이 없습니다.
```
>>> dir(int)
['__abs__', '__add__', ...... '__int__',
'__invert__', '__le__', ......, '__xor__',
'bit_length', ......, 'to_bytes']
```

5/ __str__, __repr__ 메소드 이해하기

다음 왼쪽 코드와 오른쪽 코드의 차이가 무엇인가요?

```
>>> L = [1, 3, 5]                      >>> class Dog:
>>> print(L)                                  def __init__(self, name):
[1, 3, 5]                                            self.name = name
         ⌐ 리스트 객체 출력
                                                                    프로그래머가 만든
>>> S = {'red', 'blue', 'yellow'}      >>> happy = Dog('Happy')      클래스 Dog의
>>> print(S) ◄── 집합 객체 출력          >>> print(happy)              객체 출력
{'yellow', 'blue', 'red'}              <__main__.Dog object at 0x033B59B0>
```

print(객체)라고 했을 때, 양쪽의 차이가 있지 않나요? 왼쪽의 리스트와 집합에서는 print(리스트 객체) 또는 print(집합 객체)라고 했을 때는 데이터 속성이 출력되었는데, 프로그래머가 만든 Dog 클래스의 객체는 print(Dog 객체)라고 했을 때 데이터 속성인 name 'Happy'가 출력되지 않고, 객체의 id 정보가 출력되었어요. 그러니까 원래는 print(객체)라고 하면, 객체의 id 정보가 출력되는 건데, 리스트와 같이 파이썬이 만들어서 제공하는 자료형은 print(객체)라고 하면 데이터 속성이 출력되도록 만들어졌다는 얘기예요. 이것을 가능하게 한 메소드가 __str__()과 __repr__()입니다. 따라서 print(happy)라고 했을 때 name인 'Happy'가 출력되도록 하고 싶다면 Dog 클래스를 만들었을 때 기본적으로 제공되는 __repr__(), __str__() 메소드를 수정해야 합니다.

원래 print(객체)라고 출력하면, 객체의 id 정보가 출력됩니다.
객체의 id 정보대신 객체의 속성을 출력하고 싶다면 __str__()
또는 __repr__() 메소드를 수정해야 합니다.

>>> dir(list)   **>>> dir(Dog)**

···'__repr__',······'__str__',···   ···'__repr__',···'__str__',···

데이터 속성이 출력되도록 구현되어 있어요.   객체 id가 출력되도록 합니다. 속성이 출력되도록
                                       하려면 메소드의 내용을 수정해야 합니다.

리스트 자료형

튜플, 자료형

사전 자료형

사전 자료형

함수

파일 입출력

모듈

예외와 예외처리

클래스와 객체 지향 개념

코드 1	코드 2
기본 __repr__(), __str__() 사용	수정된 __repr__(), __str()__ 사용

코드 1:
```python
class Dog:
    def __init__(self, name):
        self.name = name


# main

happy = Dog('Happy')
hope = Dog('Hope')
print(happy)  # __repr__(), __str__() 없으면 id 출력
print(hope)   # __repr__(), __str__() 없으면 id 출력
```

코드 2:
```python
class Dog:
    def __init__(self, name):
        self.name = name

    def __repr__(self):
        return self.name

    def __str__(self):
        return self.name

# main
```
print() 함수의 인수가 됩니다.

```python
happy = Dog('Happy')
hope = Dog('Hope')
print(happy)   __str__() 메소드를 자동
print(hope)    호출합니다.
```
__str__() 메소드를 자동 호출합니다.

결과 1	결과 2
<__main__.Dog object at 0x012E0AB0> <__main__.Dog object at 0x025C3F10>	Happy Hope

__repr__(), __str__() 메소드는 둘 다 작성해도 되고 하나만 있어도 됩니다. print() 함수를 만나면 __str__() 메소드가 있는지 보고, 있으면 __str__() 메소드를 실행합니다. 만약에 __str__() 메소드가 없으면 __repr__() 메소드가 있는지 보고, 있으면 __repr__() 메소드를 실행해 줍니다.

```
def __str__(self):        def __repr__(self):

    return                    return
```

return 옆에 값이 **print(**   **)** 함수를 수행할 때 인수로 들어갑니다.

CODE 94 비행기 예약 클래스를 작성해 볼게요. 비행기를 예약할 때 넣는 정보를 생각해 보세요. 아마도 출발지, 도착지, 출발 시간, 도착 시간 등이 비행기 예약에 들어갈 거예요. 간단히 하기 위해서 출발지, 도착지, 비행기편 명만 고려해서 클래스를 작성해 볼게요. 간단하게 생성자와 __ str__() 메소드만 넣어 볼게요.

```python
class Plane:
    """ 비행 정보를 갖고 있는 클래스입니다.
        출발지, 도착지, 비행기편명을 데이터 속성으로 갖습니다."""

    def __init__(self, depart, dest, number):
        self.depart = depart
        self.dest = dest
        self.number = number

    def __str__(self):
        return '{} is from {} to {}'.format(self.number, self.depart, self.dest)

>>> asiana = Plane('Seoul', 'LA', 'OZ202')
>>> kal = Plane('Seoul', 'NY', 'KE0085')
>>> print(asiana)
OZ202 is from Seoul to LA          자동으로 __str__() 메소드를 호출합니다.
>>> print(kal)                     return 옆에 문자열이 print() 함수의 괄호에 들어갑니다.
KE0085 is from Seoul to NY
```

6/ 정리

이번 장에서는 클래스에 대해서 학습하였어요. 파이썬에서 클래스는 아주 중요합니다. 파이썬에 모든 자료형은 클래스로 구현되어 있고, 따라서 프로그램에서 다루어야 하는 모든 객체 데이터는 클래스를 기반으로 하기 때문이죠. 이번 장을 공부하고 나면 아홉 가지 자료형에 대한 이해가 깊어지고, 객체를 어떻게 다루어야 하는지를 자세히 알게 되었을 거예요. 파이썬의 경우 자료형 자체의 기능이 풍부하고, 다양한 모듈이 지원되기 때문에 스스로 클래스를 만들어 사용하는 경우가 많지는 않을 거예요. 하지만 클래스가 어떻게 만들어 지고 사용해야 하는지를 잘 알고 있어야 파이썬이 제공하는 내장된 자료형과 다양한 모듈을 제대로 사용할 수 있어요.

60 친구 클래스를 만들려고 해요. 데이터 속성으로는 친구 이름과 몇 살 때부터 알고 지냈는지를 저장하려고 합니다. 실행 결과와 main 코드의 일부분을 보고 코드의 빈 곳을 채워 보세요.

```python
class Friend:

    """ Friend 클래스는 친구 정보를 갖고 있습니다.
    친구 이름과 친구를 처음 만났을 때의 나이입니다.
    클래스를 완성하세요. """


    # main

    f1 = Friend('Alice', 10)     # 'Alice'는 10살 때부터 친구입니다.
    f2 = Friend('Paul', 13)      # 'Paul'은 13살 때부터 친구입니다.
    f3 = Friend('Cindy', 17)     # 'Cindy'는 17살 때부터 친구입니다.
    f4 = Friend('David', 7)      # 'David'는 7살 때부터 친구입니다.

    friends = [ f1, f2, f3, f4 ]  # Friend 객체 리스트입니다.

    print('제일 오랜 친구 이름 :', end='')

    """ 제일 오랜 친구 이름을 구해 보세요. 마지막 줄 print(name)에서 출력됩니다. """


    print(name)
```

```
제일 오랜 친구 이름 :David
```

61 [CODE 92]의 동전 지갑 클래스를 변형하여 확장한 문제를 내 보겠습니다. 이 문제에서는 두 개의 클래스를 만들어야 합니다(동전(Coin) 클래스와 지갑(Purse) 클래스).

- Coin 클래스: 각 동전에 대한 정보(동전 이름, 동전 가격)를 저장합니다. 우리 나라 동전은 500원, 100원, 50원, 10원의 4개가 있기 때문에 Coin 클래스의 객체는 4개를 만들도록 합니다.
- Purse 클래스: 데이터 속성으로 Coin 객체를 저장한 리스트를 갖습니다. 즉, 지갑 안에 있는 동전 정보입니다.

main 코드 부분은 그대로 두고, 수행 결과가 아래 파란색과 같도록 Coin 클래스와 Purse 클래스를 완성해 보세요.

```python
class Coin:
    """ 동전 클래스는 하나의 동전을 표현하는 클래스입니다.
        동전의 이름과 가치를 데이터 속성으로 갖습니다. """


class Purse:
    """ 현재 지갑에 돈이 얼마 있는지를 저장하는 클래스입니다.
        데이터 속성으로 리스트를 갖는데, 리스트에는 동전들이 저장됩니다."""

    def __init__(self, coin_list):   # coin_list를 Coin 객체를 모아놓은 리스트입니다.
        self.coin_list = coin_list   # 내 Purse에 들어 있는 모든 Coin입니다.


# main

c500 = Coin('500원', 500)
c100 = Coin('100원', 100)
c50 = Coin('50원', 50)
c10 = Coin('10원', 10)

coins = [c500, c500, c100, c50, c500, c100, c500, c10, c50, c10]
my_purse = Purse(coins)
my_purse.add_coin(c100)
my_purse.add_coin(c50)

print('Total in my purse : {}'.format(my_purse.getTotal()))
```

Total in my purse : 2470

01 (68쪽 참조)

```
n = 38724
a = n // 10000   # n을 10000으로 나눈 몫이 만의 자리 수입니다. (3)
n %= 10000   # n을 10000으로 나눈 나머지를 n에 저장합니다. (8724)
b = n // 1000    # n을 1000으로 나눈 몫이 천의 자리 수입니다. (8)
n %= 1000    # n을 1000으로 나눈 나머지를 n에 저장합니다. (724)
c = n // 100     # n을 100으로 나눈 몫이 백의 자리 수입니다. (7)
n %= 100     # n을 100으로 나눈 나머지를 n에 저장합니다. (24)
d = n // 10      # n을 10으로 나눈 몫이 십의 자리 수입니다. (2)
e = n % 10       # n을 10으로 나눈 나머지가 일의 자리 수입니다. (4)

print('만의 자리수 :', a)
print('천의 자리수 :', b)
print('백의 자리수 :', c)
print('십의 자리수 :', d)
print('일의 자리수 :', e)
```

02 (68쪽 참조)

```
price = 50000
sale_price = price * 0.85
acc_price = sale_price * 0.03

print('원가 :', price)
print('판매가 :', sale_price)
print('적립금 :', acc_price)
```

03 (69쪽 참조)

```
n = 20000
h = n // 3600        # n을 3600으로 나눈 몫이 '시'가 됩니다.
m = (n % 3600) // 60 # n을 3600으로 나눈 나머지를 60으로 나눈
몫이 '분'
s = (n % 3600) % 60  # n을 3600으로 나눈 나머지를 60으로 나눈
나머지가 '초'

print(n,'초는', h, '시간', m, '분', s, '초입니다.')
```

04 (69쪽 참조)

```
c = 26.5
f = c * 1.8 + 32
print('섭씨온도', c,'는 화씨온도', f, '와 같다.')
```

05 (69쪽 참조)

```
a = 2
b = 5
c = 3

D = (b*b - 4*a*c) ** 0.5
x1 = (-b + D) / (2*a)    # (2*a)에 반드시 괄호가 있어야 합니다.
x2 = (-b - D) / (2*a)

print('x1 : ', x1)
print('x2 : ', x2)
```

06 (116쪽 참조)

```
first_name = 'Bill'
last_name = 'Gates'
log_id = first_name[0] + last_name
log_id = log_id.lower()
print('login id : {}'.format(log_id))
```

07 (117쪽 참조)

```
a = 'happy'
b = 'pig'
c = 'python'

new_a = a[1:] + a[0] + 'ay'
new_b = b[1:] + b[0] + 'ay'
new_c = c[1:] + c[0] + 'ay'

print('{} -> {}'.format(a, new_a))
print('{} -> {}'.format(b, new_b))
print('{} -> {}'.format(c, new_c))
```

08 (117쪽 참조)

```
x = 'Korea:Korean'      # split()
y = 'England:English'   # partition()
z = 'France:French'     # find() 또는 index()

x2 = x.split(':')
print('In {}, people speak {}.'.format(x2[0], x2[1]))

y2 = y.partition(':')
print('In {}, people speak {}.'.format(y2[0], y2[2]))

index = z.index(':')
print('In {}, people speak {}.'.format(z[:index], z[index+1:]))
```

09 (117쪽 참조)

```
text = 'I like python programming'
text2 = text.split()
total_length = len(text2[0]) + len(text2[1]) + len(text2[2]) + len(text2[3])
average_length = total_length / 4
print('average length of words :', average_length)
```

10 (139쪽 참조)

```
n = int(input('초를 입력하세요 : '))

h = n // 3600
m = (n % 3600) // 60
s = (n % 3600) % 60

print(n,'초는', h, '시간', m, '분', s, '초입니다.')
```

11 (139쪽 참조)

```
c = float(input('섭씨온도를 입력하세요 : '))
f = c * 1.8 + 32
print('섭씨온도', c, '는 화씨온도', f, '와 같다.')
```

12 (139쪽 참조)

```
sentence = input('Enter one sentence : ')
space_count = sentence.count(' ')  # space의 개수를 셉니다.
total = len(sentence) − space_count
average_length = total / (space_count + 1)
print('average length of words :', average_length)
```

13 (163쪽 참조)

```
a = int(input('Enter a : '))
b = int(input('Enter b : '))
c = int(input('Enter c : '))

if a > b: max_value = a
else: max_value = b

if c > max_value: max_value = c

print('Max value :', max_value)
```

14 (163쪽 참조)

```
a = int(input('Enter a : '))
b = int(input('Enter b : '))
c = int(input('Enter c : '))
d = int(input('Enter d : '))

if a > b: max_value1 = a
else: max_value1 = b

if c > d: max_value2 = c
else: max_value2 = d

if max_value1 > max_value2:
    print('Max value :', max_value1)
else:
    print('Max value :', max_value2)
```

15 (164쪽 참조)

```
age = int(input('Enter age : '))
price = int(input('Enter price : '))

if age >= 70 or age < 18:
    price = price * 0.8
elif 60 <= age < 70:
    price = price * 0.85

print('You should pay ' + str(int(price)) + ' won.')
```

16 (164쪽 참조)

```
usage = int(input('electricity usage : '))
grade = int(input('grade : '))
```

```
if grade >= 4 :
    print('No such grade')
else:
    if grade == 1: unit_price = 535
    elif grade == 2: unit_price = 377
    else: unit_price = 291

    amount = usage * unit_price
    tax = amount * 0.03
    total_amount = amount + tax

    print('Your amount is {:7.2f}'.format(total_amount))
```

17 (165쪽 참조)

```
career = int(input('career : '))
hour = int(input('hour : '))

if career < 12:
    salary = hour * 9000
    if hour > 40:
        salary += (hour − 40) * 9000 * 0.3
elif 12 <= career < 36:
    salary = hour * 12000
    if hour > 40:
        salary += (hour − 40) * 12000 * 0.3
elif career >= 36:
    salary = hour * 15000
    if hour > 40:
        salary += (hour − 40) * 15000 * 0.3

salary −= salary * 0.015
print('Your weekly salary is', int(salary))
```

18 (165쪽 참조)

```
string = input('string : ')

if string == string[::−1]:   # string == ''.join(list(reversed(string)))
    print(string, 'is palindrome.')
else:
    print(string, 'is not palindrome.')
```

19 (165쪽 참조)

```
password = input('Enter password : ')

if len(password) < 8:
    print('password should be at least 8')
elif not password[0].islower():
    print('first letter should be a lower letter')
elif not (password[−1].isdigit() and password[−2].isdigit()):
    print('last two letters should be numbers')
else:
    print('Nice password')
```

20 (190쪽 참조)

```
pos_count = 0   # 양의 정수의 개수
zero_count = 0  # 0의개수
neg_count = 0   # 음의 정수의 개수
```

```
i = 1
while i <= 10:
    prompt = 'Enter number ' + str(i) + ' : '
    n = int(input(prompt))
    if n > 0: pos_count += 1
    elif n == 0: zero_count += 1
    else: neg_count += 1
    i += 1

print('Number of positive integers :', pos_count)
print('Number of negative integers :', neg_count)
print('Number of zeros :', zero_count)
```

21 (190쪽 참조)

```
n = int(input('Enter one integer : '))

a = 1
count = 0
while a <= n:
    if n % a == 0 :
        count += 1
        print(a, end=' ')
    a += 1
print('({})'.format(count))
```

22 (191쪽 참조)

```
input_data = int(input('Enter input : '))

if input_data == 1 or input_data == 2:
    output_data = 1
else:
    first = 1
    second = 1
    i = 3
    while i <= input_data:
        output_data = first + second
        first = second
        second = output_data
        i += 1

print('fibonacci number of {} : {}'.format(input_data, output_data))
```

23 (191쪽 참조)

```
a = int(input('Enter a : '))

i = 1
while i <= a:
    j = 1
    while j <= i:
        print('*', end='')
        j += 1
    print()
    i += 1


a = int(input('Enter a : '))

i = 1
while i <= a:
```

```
        print('*' * i)
        i += 1
```

24 (191쪽 참조)

```
L = ['apple', 'APPle', 'Melon', 'melon', 'Grape', 'kiwi', 'appLE', 'KIwI']
word = input('Enter word to find : ')
i = 0
while i < len(L):
    if word == L[i].lower():
        print('{} - {}'.format(i, L[i]))
    i += 1
```

25 (214쪽 참조)

```
word = input('Enter one string  : ')
ch = input('Enter one character : ');

count = 0
for w in word:
    if w == ch:
        count += 1

print('count : {}'.format(count))
```

26 (214쪽 참조)

```
string = input('Enter one string : ')
new_string = ''
for c in string:
    if not c.isalpha():
        new_string += c

print('result : {}'.format(new_string))
```

27 (214쪽 참조)

```
L = [90, 90, 88, 92, 73, 100, 77, 80, 95]
count = 0
for score in L:
    if score >= 90:
        count += 1

print('L : {}'.format(L))
print('count : {}'.format(count))
```

28 (214쪽 참조)

```
a = int(input('Enter a : '))
b = int(input('Enter b : '))

for x in range(1, 1001):
    if x % a == 0 and x % b == 0:
        print(x, end=' ')
```

29 (215쪽 참조)

```
L = ['apple', 'APPle', 'Melon', 'melon', 'Grape', 'kiwi', 'appLE', 'KIwI']

word = input('Enter word to find : ')
for i in range(len(L)):
    if L[i].lower() == word:
        print('{} - {}'.format(i, L[i]))
```

30 (215쪽 참조)

```
word1 = input('Enter first word : ')
word2 = input('Enter second word : ')

for i in range(len(word1)):
    if word1[i] == word2[i]:
        print('{} is at {}'.format(word1[i], i))
```

31 (215쪽 참조)

```
n = int(input('Enter n : '))

flag = False
for i in range(1,n+1):
    if i ** 2 == n:
        flag = True
        break

if flag:
    print(n, 'is perfect square of', i)
else:
    print(n, 'is not perfect square number')
```

32 (249쪽 참조)

```
L = ['apple', 'melon', 'grape']
s = L[0]

for word in L[1:]:
    s += '-'+word

print(s)
```

33 (249쪽 참조)

```
L = ['Korea', 'France', 'USA', 'China']


for i in range(len(L)):
    print(str(i+1) + ':' + L[i])
```

34 (249쪽 참조)

```
L = ['apple', 'MELON', 'Kiwi', 'ORANGE', 'BLUEbERRY', 'peAR']
L2 = []

for fruit in L:
    if fruit.isupper():
        L2.append(fruit)
```

```
print('L :', L)
print('L2:', L2)
```

35 (263쪽 참조)

```
T = (89, 90, 85, 99, 77, 58, 85, 77, 85)
score = int(input('Enter score : '))
index = []
for i in range(len(T)):
    if T[i] == score:
        index.append(i)

if index:
    T_index = tuple(index)
    print('{} is at {}'.format(score, T_index))
else:
    print('{} is not in T'.format(score))
```

36 (263쪽 참조)

```
score = ([80, 90, 88, 75, 91, 65],     # 1반 성적
         [75, 65, 80, 92],             # 2반 성적
         [90, 90, 88, 95, 70],         # 3반 성적
         [83, 73, 90, 88, 90])         # 4반 성적

average = []
for ban_score in score:
    average.append(sum(ban_score) / len(ban_score))

for i in range(len(average)):
    print('{}반 - {:.2f}'.format(i+1, average[i]))
```

37 (282쪽 참조)

```
sentence = input('Enter sentence : ')
L = sentence.split()
word_set = set()
for word in L:
    if word.endswith('.') or word.endswith(','):
        word = word[:len(word)-1]
    word_set.add(word.lower())

print(word_set)
```

38 (283쪽 참조)

```
voca = ['pen', 'computer', 'fan', 'cat', 'desk', 'tape', 'pool', 'friend']
voca_len = {len(thing) for thing in voca}
print(voca_len)
```

39 (283쪽 참조)

```
sentence = input('Enter one sentence : ')
words = sentence.split()
w_set = set(words)

for word in w_set:
    print('{} : {}'.format(word, words.count(word)))
```

490

40 (283쪽 참조)

```
score = [90, 80, 92, 88, 75, 88, 80, 80, 90, 90, 90, 75]

score_set = set(score)

score2 = list(score_set)
sorted_score2 = sorted(score2, reverse=True)

for s in sorted_score2:
    print('{}점 - {}명'.format(s, score.count(s)))
```

41 (321쪽 참조)

```
words = ['book', 'pencil', 'mirror', 'to', 'for', 'with', 'cup', 'computer',
         'chair', 'of', 'a', 'an', 'I', 'desk', 'school', 'cat', 'lamp']
word_length = {}
for w in words:
    length = len(w)
    if length not in word_length:
        word_length[length] = []
    word_length[length].append(w)

for k, v in word_length.items():
    print('[{}] words of length {} -> {}'.format(len(v), k, v))
```

42 (322쪽 참조)

```
word1 = input('Word1 : ')
word2 = input('Word2 : ')

D1 = {}
for w in word1:
    if w in D1: D1[w] += 1
    else: D1[w] = 1

D2 = {}
for w in word2:

    if w in D2: D2[w] += 1
    else: D2[w] = 1

if D1 == D2:
    print('{} and {} are anagram.'.format(word1, word2))
else:
    print('{} and {} are not anagram.'.format(word1, word2))
```

43 (321쪽 참조)

```
May = {}
May[1] = ['Alice', 'Tom', 'David', 'Peter']
May[2] = ['Alice', 'Cindy', 'David', 'Eve', 'Peter']
May[3] = ['Mary', 'Tom', 'Bob', 'David', 'Jenny', 'Paul', 'Cindy']
May[4] = ['Cindy', 'David', 'Jenny', 'Bob', 'Tom']
May[5] = ['Alice', 'David', 'Eve', 'Paul', 'Bob']
May[6] = ['Cindy', 'David', 'Alice', 'Mary', 'Bob', 'Tom', 'Peter', 'Jen-
ny']
May[7] = ['Peter', 'David', 'Tom']

Attendance = {}
for day, people in May.items():
    for name in people:
        if name in Attendance:
```

```
            Attendance[name].append(day)
        else:
            Attendance[name] = [day]

for name, days in Attendance.items():
    print('{:7s} : {}'.format(name, days))
```

44 (323쪽 참조)

```
A = {'February':{13:['Cathy']}, 'May':{3:['Katie'], 8:['Peter', 'Bill']}}

B = {}
for month, month_dict in A.items():
    for day, day_list in month_dict.items():
        for name in day_list:
            B[name] = [month, day]

for name, month_day in B.items():
    print("{}'s birthday : {}/{}".format(name, month_day[0], month_
day[1]))
```

45 (367쪽 참조)

```
def isordered(a, b, c):
    if a <= b <= c:
        return True
    else:
        return False

# main

x = int(input('Enter x : '))
y = int(input('Enter y : '))
z = int(input('Enter z : '))
t = (x, y, z)

if isordered(x, y, z): print(t, 'is ordered.')
else: print(t, 'is not ordered.')
```

46 (367쪽 참조)

```
def isprime(n):
    if n == 1 : return False
    for i in range(2, n):
        if n % i == 0:
            return False
    return True

# main

n = int(input('Enter n : '))
if isprime(n): print(n, 'is prime.')
else: print(n, 'is not prime.')
```

47 (368쪽 참조)

```
def count_larger_than_n(L, n):

    # 함수 완성할 것

    count = 0
    for number in L:
```

```
        if number > n: count += 1

    return count

# main

L = [22, 80, 50, 43, 19, 2, 78, 90, 15]

print('L :', L)
n = int(input('Enter n : '))
count = count_larger_than_n(L, n)
print('{} numbers larger than {} in L.'.format(count, n))
```

48 (369쪽 참조)

```
def CtoF(deg) :
    result = (deg * 9 / 5) + 32
    return result

def FtoC(deg) :
    result = (deg - 32) * 5 / 9
    return result

# main

print("섭씨 온도를 화씨로 바꾸려면 C 또는 c를 입력하시오.")
print("화씨 온도를 섭씨로 바꾸려면 F 또는 f를 입력하시오.")
print()

choice = input("선택 ---> ")

if choice.lower() == 'c':
    degree = float(input("섭씨 온도를 입력하십시오 : "))
    result = CtoF(degree)
    print("섭씨 %.2f도는 화씨 %.2f도입니다" % (degree, result))
elif choice.lower() == 'f':
    degree = float(input("화씨 온도를 입력하십시오 : "))
    result = FtoC(degree)
    print("화씨 %.2f도는 섭씨 %.2f도입니다." % (degree, result))
else:
    print('잘못된 입력입니다')
```

49 (370쪽 참조)

```
def unzip(s):
    i = 0
    new_s = ''
    number = 1
    while i < len(s):
        if s[i].isdigit():
            n = int(s[i])
        else:
            ch = s[i]
            new_s += ch * n
            n = 1
        i += 1

    return new_s

# main

S = ['9a5b1c', '2m4n', '1x5y3z', '3o']
```

```
for string in S:
    new_string = unzip(string)
    print(string, ' : ', new_string)
```

50 (370쪽 참조)

```
def differ_by_one_char(s1, s2):
    if len(s1) != len(s2):
        return False

    count = 0
    for i in range(len(s1)):
        if s1[i] != s2[i]:
            count += 1

    if count == 1:
        return True
    else:
        return False

# main

word1 = input('Enter word 1 : ')
word2 = input('Enter word 2 : ')

W = (word1, word2)
if differ_by_one_char(word1, word2):
    print(W, ': differ by one character')
else:
    print(W, ': not differ by one character')
```

51 (371쪽 참조)

```
def encrypt(msg, code):
    crypt_msg = ''
    for ch in msg:
        crypt_msg += code[ch]
    return crypt_msg

# main

crypt_code = {'a':'g', 'b':'r', 'c':'q', 'd':'i', 'e':'u', 'f':'e', 'g':'w',
              'h':'n', 'i':'d', 'j':'l', 'k':'v', 'l':'t', 'm':'f', 'n':'s',
              'o':'o', 'p':'a', 'q':'k', 'r':'x', 's':'m', 't':'p', 'u':'y',
              'v':'b', 'w':'j', 'x':'z', 'y':'c', 'z':'h'}

plain_msg = input('Enter plain text : ')
encrypt_msg = encrypt(plain_msg, crypt_code)
print('crypted message :', encrypt_msg)
```

52 (398쪽 참조)

```
score = {}

f = open('score.txt', 'r')
for line in f:
    M = line.strip().split()
    L = [int(x) for x in M]
    score[L[0]] = L[1:]

average_score = {}
for key, value in score.items():
```

```
    total = sum(value) − min(value)
    average = total / 3
    average_score[key] = average

for key, value in average_score.items():

    print('{:10d} : {:.2f}'.format(key, value))
```

53 (398쪽 참조)

```
def char_count(s):
    D = {}
    for ch in s:
        if ch in D: D[ch] += 1
        else: D[ch] = 1
    return D

# main

word = input('Input word to test anagram : ')
word_count = char_count(word.strip())

f = open('words.txt','r')

anagrams = []

for line in f:
    line_count = char_count(line.strip())
    if word_count == line_count:
        anagrams.append(line)

print()
for w in anagrams:
    print(w, end='')

print('−' * 20)
print('There are', len(w), 'anagrams')
```

54 (399쪽 참조)

```
population = {}
f = open('population.txt', 'r')
for line in f:
    country, pop, area = line.split()
    population[country] = int(pop)/int(area)

import operator
sorted_population = sorted(population.items(), key=operator.itemget-
ter(1))
dict_sorted_population = dict(sorted_population)

no = 1
for country, density in dict_sorted_population.items():

    print('{:2d}. {:15s} {:8.2f}'.format(no, country, density))
    no += 1
```

55 (400쪽 참조)

```
def is_valid(email):
    if len(email) < 10:
        return False
    i = 0
```

```
    while i < len(email):
        if not (email[i].isalpha() or email[i] in '@.'):
            return False
        if '@' not in email:
            return False
        i += 1
    return True

# main

L = []
f = open('email.txt', 'r')
for line in f:
    L.append(line.strip())

for item in L:
    print(item, ':', is_valid(item))
```

56 (401쪽 참조)

```
import operator

f = open('twitter.txt', 'r')
contents = f.read().split()

user = {}
for word in contents:
    word = word.strip('.,')
    if word.startswith('@'):
        username = word[1:]
        if username not in user:
            user[username] = 0
        user[username] += 1

sorted_user = sorted(user.items(), reverse=True, key=operator.
itemgetter(1))

for k,v in sorted_user:
    print(k, ':', v)
```

57 (429쪽 참조)

```
import random

play = True
while play:
    choice = random.randrange(3)
    if choice == 0:
        com_choice = 'rock'
    elif choice == 1:
        com_choice = 'paper'
    else:
        com_choice = 'scissors'

    you = input('Enter your choice (rock/paper/scissors) : ')
    you_choice = you.lower()

    if com_choice == you_choice:
        print("It's a tie")
    elif com_choice == 'rock':
        if you_choice == 'paper':

            print('Computer choice is rock, You win')
```

```
        if you_choice == 'scissors':
            print('Computer choice is rock. You lose')
    elif com_choice == 'paper':
        if you_choice == 'rock':
            print('Computer choice is paper. You lose')
        if you_choice == 'scissors':
            print('Computer choice is paper. You win')
    elif com_choice == 'scissors':
        if you_choice == 'rock':
            print('Computer choice is scissors. You win')

        if you_choice == 'paper':
            print('Computer choice is scissors. You lose')

    answer = input('Do more? (y/n) : ')
    answer = answer.lower()
    if answer == 'y' or answer == 'Y':
        play = True
    else:
        play = False
        print('Goodbye ~')
```

58 (454쪽 참조)

```
s = {1, 6, 3}
n = int(input('s에서 삭제할 수는? '))

try:
    s.remove(n)
    print('s에서', n, '이 삭제되었습니다.')
except KeyError:
    print('{}은 없는 원소입니다.'.format(n))
```

59 (455쪽 참조)

```
while True:
    try:
        n = int(input('Enter n : '))
    except ValueError:
        print('You should input integer.')
    else:
        result = 1
        for i in range(1, n+1):
            result *= i
        print('factorial({}) = {}'.format(n, result))
        break
```

60 (485쪽 참조)

```
class Friend:

    """ Friend 클래스는 친구 정보를 갖고 있습니다.
        친구 이름과 친구를 처음 만났을 때의 나이입니다. """

    def __init__(self, name, age):
        self.name = name
        self.age = age

    def get_name(self):
        return self.name

    def get_age(self):
```

```
        return self.age

# main

f1 = Friend('Alice', 10)    # 'Alice'는 10살 때부터 친구입니다.
f2 = Friend('Paul', 13)     # 'Paul'은 13살 때부터 친구입니다.
f3 = Friend('Cindy', 17)    # 'Cindy'는 17살 때부터 친구입니다.
f4 = Friend('David', 7)     # 'David'는 7살 때부터 친구입니다.

friends = [ f1, f2, f3, f4] # Friend 객체 리스트입니다.


print('제일 오랜 친구 이름 :', end='')

age = 100
for friend in friends:
    if friend.get_age() < age:
        age = friend.get_age()
        name = friend.get_name()

print(name)
```

61 (486쪽 참조)

```
class Coin:
    """ 동전 클래스는 하나의 동전을 표현하는 클래스입니다.
        동전의 이름과 가치를 데이터 속성으로 갖습니다. """

    def __init__(self, name, value):
        self.name = name
        self.value = value

class Purse:
    """ 현재 지갑에 돈이 얼마 있는지를 저장하는 클래스입니다.
        데이터 속성으로 리스트를 갖는데, 리스트에는 동전들이 저장
        됩니다."""

    def __init__(self, coin_list):    # coin_list를 Coin 객체를 모아놓은
                                      #    리스트입니다.
        self.coin_list = coin_list    # 내 Purse에 들어 있는 모든 Coin입
                                      #    니다.

    def add_coin(self, coin):
        self.coin_list.append(coin)

    def getTotal(self):
        total = 0
        for coin in self.coin_list:
            total += coin.value
        return total

# main

c500 = Coin('500원', 500)
c100 = Coin('100원', 100)
c50 = Coin('50원', 50)
c10 = Coin('10원', 10)

coins = [c500, c500, c100, c50, c500, c100, c500, c10, c50, c10]
my_purse = Purse(coins)
my_purse.add_coin(c100)
my_purse.add_coin(c50)

print('Total in my purse : {}'.format(my_purse.getTotal()))
```

Foreign Copyright:
Joonwon Lee
Address: 10, Simhaksan-ro, Seopae-dong, Paju-si, Kyunggi-do,
        Korea
Telephone: 82-2-3142-4151
E-mail: jwlee@cyber.co.kr

이젠 나도! 파이썬

2018. 6. 1. 1판 1쇄 발행
2019. 10. 4. 2판 1쇄 발행

지은이 | 이지선
펴낸이 | 이종준
펴낸곳 | BM (주)도서출판 성안당
주소 | 04032 서울시 마포구 양화로 127 첨단빌딩 3층(출판기획 R&D 센터)
     | 10881 경기도 파주시 문발로 112 출판문화정보산업단지(제작 및 물류)
전화 | 02) 3142-0036
     | 031) 950-6300
팩스 | 031) 955-0510
등록 | 1973. 2. 1. 제406-2005-000046호
출판사 홈페이지 | **www.cyber.co.kr**
ISBN | 978-89-315-5627-8 (13000)
정가 | **25,000원**

이 책을 만든 사람들
책임 | 최옥현
진행 | 조혜란
기획·진행 | 앤미디어
교정·교열 | 앤미디어
본문·표지 디자인 | 앤미디어
홍보 | 김계향
국제부 | 이선민, 조혜란, 김혜숙
마케팅 | 구본철, 차정욱, 나진호, 이동후, 강호묵
제작 | 김유석

■ 도서 A/S 안내

성안당에서 발행하는 모든 도서는 저자와 출판사, 그리고 독자가 함께 만들어 나갑니다.
좋은 책을 펴내기 위해 많은 노력을 기울이고 있습니다. 혹시라도 내용상의 오류나 오탈자 등이 발견되면 "좋은 책은 나라의 보배"로서 우리 모두가 함께 만들어 간다는 마음으로 연락주시기 바랍니다. 수정 보완하여 더 나은 책이 되도록 최선을 다하겠습니다.
성안당은 늘 독자 여러분들의 소중한 의견을 기다리고 있습니다. 좋은 의견을 보내주시는 분께는 성안당 쇼핑몰의 포인트(3,000포인트)를 적립해 드립니다.
잘못 만들어진 책이나 부록 등이 파손된 경우에는 교환해 드립니다.